초보자를 위한

PHP 200제

김태영 지음

정보문화사
Information Publishing Group

초보자를 위한

PHP 200제

초판 1쇄 인쇄 | 2018년 9월 15일
초판 1쇄 발행 | 2018년 9월 20일

지 은 이 | 김태영
발 행 인 | 이상만
발 행 처 | 정보문화사

책임편집 | 최동진
편집진행 | 노미라

주   소 | 서울시 종로구 대학로 12길 38 (정보빌딩)
전   화 | (02)3673-0037(편집부) / (02)3673-0114(代)
팩   스 | (02)3673-0260
등   록 | 1990년 2월 14일 제1-1013호
홈 페 이 지 | www.infopub.co.kr

I S B N | 978-89-5674-789-7

머리말

본서는 서버에서 작동하는 웹프로그래밍 언어 중 하나인 PHP에 대해 학습합니다. PHP는 웹상에서 글을 작성했을 때 그 글을 데이터베이스에 저장하는 역할을 하고, 그 글을 보고 싶다면 데이터베이스로부터 불러오는 역할을 하며, 서버 측에서 여러 연산을 가능하게 합니다.

웹 서비스는 PHP 하나만으로는 많은 것을 할 수 없습니다. 그래서 프로젝트를 만들기 위해 필요한 최소한의 HTML과 데이터베이스의 학습도 포함됩니다.

HTML을 이용하면 여러분이 웹에서 글을 입력하는 공간을 만들 수 있으며, 데이터베이스를 이용하면 입력한 글을 저장할 수 있습니다.

PHP는 전세계에서 가장 많이 쓰이고 있는 웹 프로그래밍 언어입니다. 쉽고 빠르게 개발할 수 있다는 장점으로 홈페이지를 제작하는 여러 프로그램들이 PHP로 개발되었습니다. 이러한 웹 사이트를 제작하는 프로그램을 이용하여 홈페이지를 제작함으로써 많은 사이트가 PHP로 만들어졌으며, 많은 이용자를 보유하여 필요한 기능을 구글링을 통해 쉽게 얻을 수도 있습니다.

본서는 총 5개의 파트(입문, 초급, 중급, 활용, 실무)로 구성되어, 200개의 예제를 학습하면서 PHP를 익히도록 만들어졌습니다.

본서를 학습하면서 궁금한 사항은 mybookforweb@gmail.com로 보내주시면 피드백이 가능합니다.

학습에 필요한 예제 파일은 정보문화사 홈페이지(http://www.infopub.co.kr)의 자료실이나 본서의 웹사이트(http://mybook.everdevel.com/php200)에서 다운로드 할 수 있습니다.

김태영

이 책의 구성

❶ 예제 제목

해당 예제의 번호와 제목을 가장 핵심적인 내용으로 나타냅니다.

❷ 학습 내용

해당 예제에서 배울 내용을 핵심적으로 나타냅니다.

❸ 힌트 내용

예제에 대한 힌트나 시간을 절약할 수 있는 방법, 앞에서 설명한 내용과 관련된 또 다른 과정, 일반적으로 알려진 기본 방법 이외에 숨겨진 기능을 설명해 줍니다.

❹ 소스

예제의 파일명을 나타냅니다. 예제 파일은 정보문화사 홈페이지(www.infopub.co.kr)의 자료실에서 다운로드 받을 수 있습니다.

❺ 예제 소스

해당 단락에서 배울 내용의 전체 예제(소스)를 나타냅니다.

입문
006 ❶ **연결 연산자 사용하기**

❷ **· 학습 내용 :** 연결 연산자를 사용하면 변수와 변수, 문자열과 문자열, 문자열과 변수를 연결할 수 있습니다.
❸ **· 힌트 내용 :** 연결 연산자는 .(dot)입니다.

연결 연산자는 데이터와 데이터를 서로 연결할 때 사용하며 사용 기호는 .(dot)입니다. 데이터는 변수의 값 또는 문자열과 문자열입니다.

연결 연산자 사용하기

```
변수와 변수 연결하기
$str = "안녕";
$str2 = "하세요.";

echo $str.$str2; //결과 : 안녕하세요.

문자열과 문자열 연결하기
echo "안녕"."하세요."; //결과 : 안녕하세요.

변수와 문자열 연결하기

$str = "안녕";
echo $str."이라고 그가 말했다."; //결과 : 안녕이라고 그가 말했다.
```

다음은 연결 연산자를 활용한 예제입니다.

❹ 📁 **[코드 6] 6-operator.php**

```
1:  <?php
2:      //변수와 변수 연결하기
3:      $str = "안녕";
4:      $str2 = "하세요.";
5:
6:      echo $str.$str2;
```

042

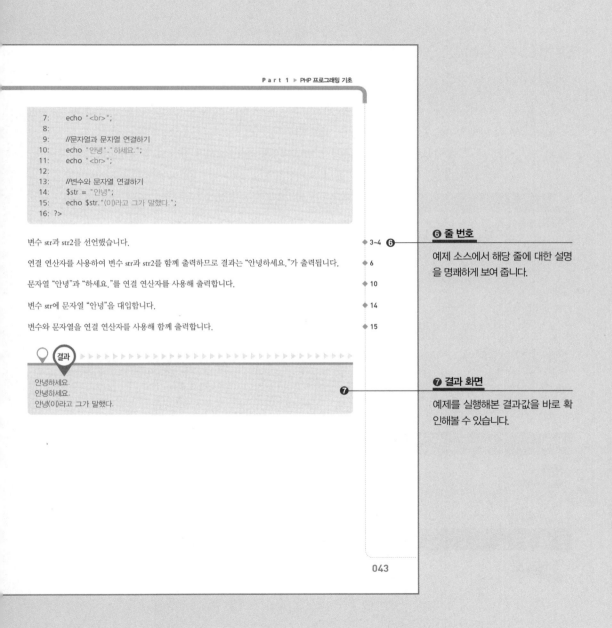

```
7:      echo "<br>";
8:
9:      //문자열과 문자열 연결하기
10:     echo "안녕"."하세요.";
11:     echo "<br>";
12:
13:     //변수와 문자열 연결하기
14:     $str = "안녕";
15:     echo $str."(이)라고 그가 말했다.";
16: ?>
```

변수 str과 str2를 선언했습니다.　　　　　　　　　　　　　　　　　　　　　　◆ 3~4 **❻**

연결 연산자를 사용하여 변수 str과 str2를 함께 출력하므로 결과는 "안녕하세요."가 출력됩니다.　◆ 6

문자열 "안녕"과 "하세요."를 연결 연산자를 사용해 출력합니다.　　　　　　　　　　◆ 10

변수 str에 문자열 "안녕"을 대입합니다.　　　　　　　　　　　　　　　　　　　◆ 14

변수와 문자열을 연결 연산자를 사용해 함께 출력합니다.　　　　　　　　　　　　　◆ 15

❻ 줄 번호

예제 소스에서 해당 줄에 대한 설명을 명쾌하게 보여 줍니다.

結果 **결과** ▶▶▶▶▶▶▶▶▶▶▶▶▶▶▶▶▶▶▶▶▶▶▶▶▶▶▶▶▶▶▶▶▶▶▶▶

안녕하세요.
안녕하세요.　　　　　　　　　　　　　　　　　　**❼**
안녕(이)라고 그가 말했다.

❼ 결과 화면

예제를 실행해본 결과값을 바로 확인해볼 수 있습니다.

043

005

Scheduler 한 달에 책 한 권 끝내기!

공부하고자 마음먹고 책은 샀는데,
어떻게 학습 계획을 세워야할지 막막한가요?

정보문화사가 스케줄러까지 꼼꼼하게 책임지겠습니다. 난이도별로 날짜에 맞춰 차근차근 공부하다
보면 어느새 한 달에 한 권 뚝딱 끝내는 마법이 벌어집니다.
이 스케줄러를 기본으로 학습자의 진도에 맞춰 수정하며 연습하여 실력이 향상되길 바랍니다.

1일	2일	3일
설치하고 훑어보기	PART 1 입문 ● 001~005	● 006~010
7일	**8일**	**9일**
● 027~031	● 032~036	● 037~042
13일	**14일**	**15일**
● 058~063	● 064~069	PART 3 중급 ● 070~080
19일	**20일**	**21일**
Chapter 1 ● 117~125	Chapter 1 ● 126~133	Chapter 2 ● 134~144
25일	**26일**	**27일**
Chapter 2 ● 170~177	Chapter 3 ● 178~187	Chapter 4 ● 188~191

- PART 1 입문 예제
- PART 2 초급 예제
- PART 3 중급 예제
- PART 4 활용 예제
- PART 5 실무 예제

개발 환경 구축하기

서버에서 작동하는 언어를 구동하기 위해 컴퓨터를 서버로 만들어야 합니다. 개발 환경 구축을 매우 간단하게 해주는 프로그램인 MAMP를 설치하여 컴퓨터를 서버로 만들겠습니다. MAMP는 필요한 다수의 소프트웨어를 하나의 패키지로 만들어 설치하는 프로그램입니다.

1. macOS에서 개발 환경 구축하기

현재 사용하고 있는 OS는 macOS High Sierra 10.13.6입니다. 이후 버전이 출시되더라도 개발 환경 구축 과정은 다르지 않을 것입니다. MAMP 사이트(https://www.mamp.info)에 접속합니다. MAMP는 무료인 MAMP와 유료인 MAMP PRO가 있으며 본서에서는 무료인 MAMP를 사용합니다. 왼쪽에 위치한 [Free Download] 링크를 클릭하면 다운로드 페이지로 이동합니다.

왼쪽에 있는 [MAMP & MAMP PRO 5.0.1] 박스를 클릭하여 MAMP 프로그램을 다운로드 후 실행합니다.

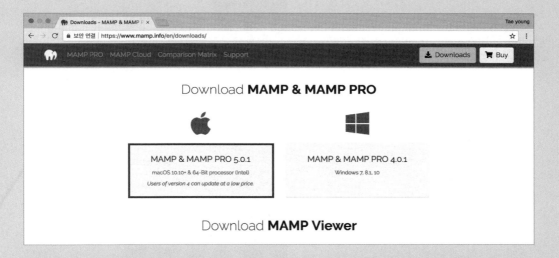

해당 파일이 보안 설정에 의해 실행되지 않을 때에는 [시스템 환경 설정] – [보안 및 개인 정보 보호]에 있는 [다음에서 다운로드 한 앱 허용]에서 [App Store 및 확인된 개발자]를 체크 후 다시 시도합니다.

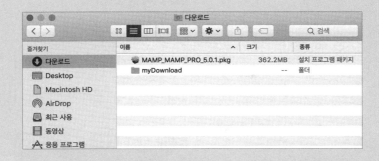

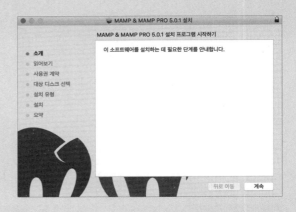

MAMP 프로그램의 설치가 끝나면 실행합니다. [Stop Servers] 버튼을 눌러 서버의 작동을 중지시킵니다.

프로그램을 시작하기 전 MAMP 프로그램의
설정(Preferences)에 들어갑니다.

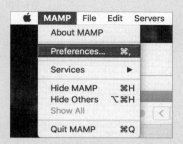

설정에 들어가서 [Ports] 탭을 선택 후 [Set
Web & MySQL ports to 80 & 3306]을 클릭
하고 [OK] 버튼을 눌러 설정을 저장합니다.

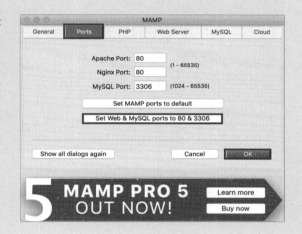

MAMP 프로그램의 [Start Servers]를 눌러 서
버를 시작합니다. 이제 컴퓨터는 PHP를 실
행할 수 있는 서버가 됩니다.

이제 웹브라우저에 'Hello World'라는 문구가 나타나도록 하겠습니다. 이를 가능하게 하기 위해 에디터를 설치합니다. 에디터는 ATOM을 설치하는 방법에 대해 기술하지만 자신이 원하는 에디터를 사용해도 무방합니다. ATOM 사이트(https://atom.io)에 접속합니다.

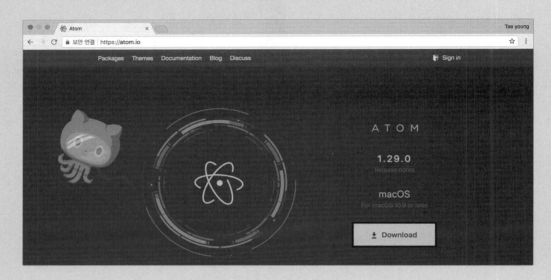

[Download] 버튼을 눌러 ATOM 프로그램을 다운로드합니다. 다운로드가 완료되면 다음과 같이 ATOM 실행 파일이 보입니다.

ATOM 실행 파일을 실행 후 [Hello World]를 작성합니다.

저장할 폴더는 /Applications/MAMP/htodcs입니다.
저장 화면의 왼쪽에서 [응용 프로그램]을 클릭 후 [MAMP]를 클릭합니다. [MAMP]를 클릭하면 여러 폴더가 보이는데 그 중 [htdocs]를 클릭합니다. 파일명은 [helloworld.php]로 저장합니다.

이제 웹브라우저를 열고 [localhost/helloworld.php]를 입력합니다.

주소에서 [localhost]는 [MAMP]의 [htdocs] 폴더를 의미합니다. [htdocs]에 파일을 작성해야 웹브라우저에서 실행할 수 있습니다.

개발 환경 구축과 에디터 설치가 끝났으므로 본격적인 PHP 학습을 시작하겠습니다.

2. windows10에서 개발 환경 구축하기

windows10에서 개발 환경을 구축하기 위해 사용하는 XAMPP라는 프로그램이 있습니다. 이 프로그램 하나만 설치하면 windows10이 설치된 컴퓨터를 서버로 활용할 수 있습니다. XAMPP를 다운로드 하기 위해 웹브라우저를 켠 후 https://www.apachefriends.org 사이트로 이동합니다.

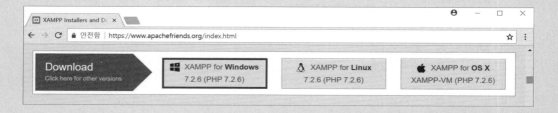

[XAMPP for Windows] 문구가 있는 박스를 클릭하면 다음과 같이 XAMPP 설치 파일 다운로드를 시작합니다.

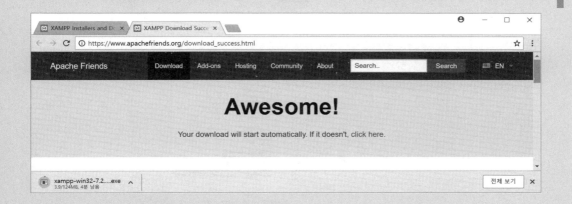

다운받은 파일을 더블클릭하여 설치를 진행하겠습니다.

실행하면 설치 프로그램의 화면이 나오며, [Next] 버튼을 눌러 다음 단계로 진입합니다.

설치할 패키지를 선택합니다. Apache는 기본
적으로 선택되어 있으므로 MySQL과 PHP
그리고 phpMyAdmin을 선택한 후 [Next] 버
튼을 눌러 다음 단계로 진입합니다.

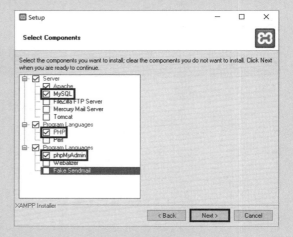

설치할 폴더가 C:\xampp로 설정되지 않았
다면 C:\xampp로 변경합니다.

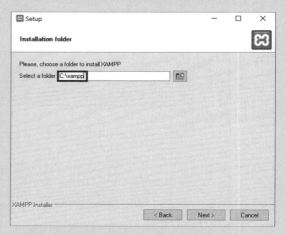

설치를 위해 [Next] 버튼을 누릅니다.

이제 설치할 준비가 되었습니다. [Next] 버튼을 눌러 다음 단계로 진입합니다.

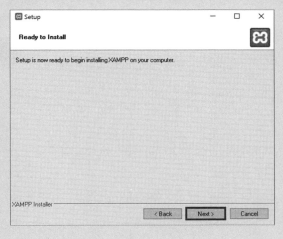

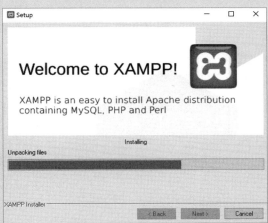

설치가 완료되면 [Finish] 버튼을 누릅니다. 체크박스는 해제하지 않아야 합니다.

사용할 언어를 선택하는 창이 나오면 언어를
선택 후 [Save] 버튼을 누릅니다. 본서에서는
영어를 사용합니다.

이제 설치가 완료되어 XAMPP Panel이 실행
되었습니다.
박스의 [Start] 버튼 2개를 누르면 컴퓨터는
이제 서버가 됩니다.

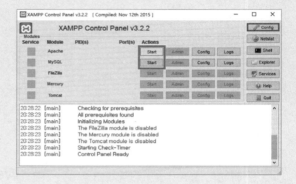

서버 [Start] 버튼이 [Stop] 버튼으로 변경됩
니다.

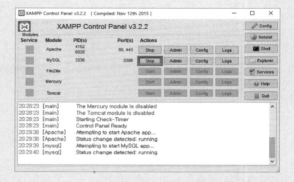

컴퓨터가 서버가 되었는지 확인하기 위
해 웹브라우저를 실행 후 주소에 http://
localhost를 입력합니다. 본서에는 Google사
의 Chrome 브라우저를 사용합니다.

웹브라우저에서 다음과 같은 화면이 나오면
컴퓨터는 이제 서버가 된 것입니다.

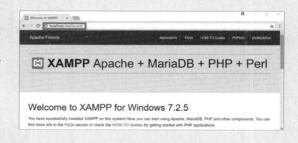

localhost는 우리가 사용하는 컴퓨터를 뜻합니다. 더 정확히는 XAMP의 설치 도중 봤던 C 드라이브의 [xampp] 폴더에 있는 [htdocs]라는 폴더입니다. 우리가 연습할 예제들은 모두 [htdocs] 폴더에 있어야만 경로에 맞게 예제를 실행할 수 있습니다.

[Htdocs] 안에 여러 폴더와 파일이 보입니다. 우리가 만든 소스들로 채워질 공간이니 모두 삭제합니다.

웹브라우저에 'Hello World'라는 문구를 띄워보겠습니다.

본서에서는 아톰(atom)이라는 에디터의 설치 방법을 제공하며, 필자도 아톰 에디터를 사용합니다. 아톰을 설치하기 위해 atom 사이트(https://atom.io)에 접속합니다. 아톰의 웹사이트에서 [Download] 박스를 클릭하여 아톰 설치 파일을 다운로드 합니다.

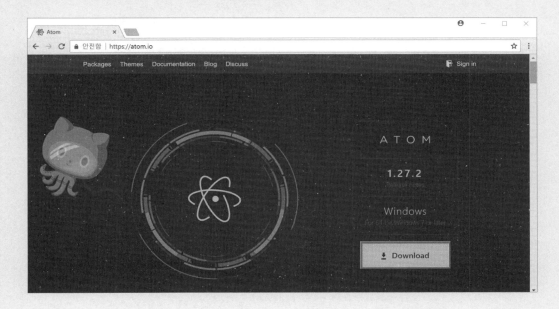

파일 다운로드가 완료되면 아톰 설치 파일을
실행합니다.

아톰 설치를 시작합니다.

설치가 완료되면 바탕화면에서 Atom 아
이콘을 더블클릭하여 실행합니다. 'Hello
World'라고 문구를 입력 후 저장합니다. 파
일명은 helloWorld.html로 하여 [htdocs] 폴
더에 저장합니다.

웹브라우저에서 http://localhost/helloWorld.html을 입력합니다. 그럼 우리가 만든 helloWorld.html 이 실행되어 'Hello World'라는 문구가 나옵니다.

개발 환경 구축이 완료되었습니다.

차례

PART 1 입문 **PHP 프로그래밍 기초**

PART 2 초급 **PHP 프로그래밍 초급**

차례

PART 3 중급 **PHP 프로그래밍 중급**

차례

차례

1

PHP 프로그래밍 기초

초보자를 위한

PHP

200제

echo문으로 문자열 출력하기

- **학습 내용 :** PHP 출력문으로 웹페이지에 문자열을 출력하는 방법을 학습합니다.
- **힌트 내용 :** echo문을 사용합니다.

문자열을 출력하기에 앞서 PHP를 시작하는 방법에 대해 알아보겠습니다. PHP의 코드는 '<?php'와 '?>' 사이에 작성되어야 합니다.

PHP 코드 작성 방법

```
<?php
이곳에 PHP 코드 작성
?>
```

echo문 사용 방법

```
echo 출력할 문구 작성
```

학습한 기능은 직접 코딩하여 결과를 확인합니다.

여러 코드가 한 폴더에서 섞이지 않도록 [htdocs] 폴더에 [php] 폴더를 생성하고 파일을 저장합니다.

[코드 1]의 파일명은 명시된대로 [1-echo.php]입니다. [코드 1]을 에디터에 작성 후 [php] 폴더에 [1-echo.php] 파일명으로 저장합니다.

앞으로의 예제(코드)도 이러한 방법으로 진행합니다.

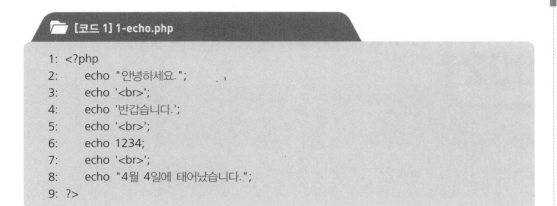

[코드 1] 1-echo.php

```php
1: <?php
2:     echo "안녕하세요.";
3:     echo '<br>';
4:     echo '반갑습니다.';
5:     echo '<br>';
6:     echo 1234;
7:     echo '<br>';
8:     echo "4월 4일에 태어났습니다.";
9: ?>
```

출력할 문구가 문자열이면 큰따옴표(") 또는 작은따옴표(')로 감쌉니다.

은 HTML의 줄바꿈 기능을 하는 태그입니다.　　　　　　　　　　　　　◆ 3

숫자만 출력하려면 따옴표를 사용하지 않습니다.　　　　　　　　　　　　　◆ 6

코딩 결과를 확인하려면 웹브라우저를 연 후 다음의 주소를 입력합니다.

http://localhost/php/1-echo.php

다음과 같은 결과가 나타납니다.

결과 ▶▶▶▶▶▶▶▶▶▶▶▶▶▶▶▶▶▶▶▶▶▶▶▶▶▶▶▶▶▶▶▶▶▶▶

안녕하세요.
반갑습니다.
1234
4월 4일에 태어났습니다.

[코드 1]에서 br 태그를 사용하지 않았다면 결과는 다음과 같이 출력됩니다.

결과 ▶▶▶▶▶▶▶▶▶▶▶▶▶▶▶▶▶▶▶▶▶▶▶▶▶▶▶▶▶▶▶▶▶▶▶▶▶▶

안녕하세요.반갑습니다.12344월 4일에 태어났습니다.

print문으로 문자열 출력하기

- **학습 내용 :** PHP 출력문으로 웹페이지에 문자열을 출력하는 방법을 학습합니다.
- **힌트 내용 :** print문을 사용합니다.

출력문에는 echo문 외 print문도 있습니다. 사용 방법은 echo문과 같습니다.

print문을 사용하여 문자열을 출력하는 방법

```
큰따옴표를 사용하는 경우
print "문자열";

작은따옴표를 사용하는 경우
print '문자열';
```

숫자만 출력하는 경우 따옴표를 사용하지 않습니다.

print문을 사용하여 숫자만 출력하는 방법

```
숫자 1을 출력하는 경우
print 1;

숫자 1234를 출력하는 경우
print 1234;

문자열 속에 숫자가 있는 경우(따옴표 사용)
print "PHP의 세계에 어서오세요.";
```

다음과 같이 큰따옴표로 시작하여 작은따옴표로 끝나거나 또는 그 반대이면 작동하지 않습니다.

```
print "PHP의 세계에 어서오세요.';
print 'PHP의 세계에 어서오세요.";
```

[코드 2] 2-print.php

```
1: <?php
2:     print "안녕하세요.";
3:     print '<br>';
4:     print '반갑습니다.';
5:     print '<br>';
6:     print 1234;
7:     print '<br>';
8:     print "4월 4일에 태어났습니다.";
9: ?>
```

결과 ▶▶▶

안녕하세요.
반갑습니다.
1234
4월 4일에 태어났습니다.

주석

• **학습 내용 :** PHP 코드에 주석을 입력하는 방법을 학습합니다.
• **힌트 내용 :** 1개 라인은 //, 다수의 라인은 /**/을 사용합니다.

주석은 코드를 입력할 때 어떠한 코드인지 설명하거나 참조해야 할 내용들을 작성해야 할 때 사용합니다. 자신이 작성한 코드라도 1년 후에 보면 어떤 의도로 만들었는지 기억하기 어렵고, 작성한 코드를 다시 분석하는 시간적 비용이 들기 때문에 주석을 작성하면 편리합니다.

주석문을 사용하면 화면에는 출력되지 않습니다. 1개의 라인만 주석 처리할 경우 //를 작성하며, 여러 라인을 주석 처리할 경우 /* 주석 내용 */을 사용합니다.

주석 사용 방법

```
1개의 라인 주석 처리
//안녕하세요.

여러 개의 라인 주석 처리
/*
안녕하세요.
반갑습니다.
*/
```

📁 **[코드 3] 3-annotation.php**

```php
1: <?php
2:    // echo "싱글 라인 주석";
3:    /*
4:    echo "멀티 라인 주석";
5:    echo "멀티 라인 주석";
6:    echo "멀티 라인 주석";
7:    */
8: ?>
```

1개 라인에 주석을 사용했습니다.　　　　　　　　　　　　　　　　　　◆ 2

여러 라인 주석을 사용했습니다.　　　　　　　　　　　　　　　　　　◆ 3~7

모든 코드에 주석이 적용되어 결과 화면에는 아무것도 표시되지 않습니다.

웹브라우저의 코드 보기 기능을 사용하면 HTML 코드의 주석을 사용자가 볼 수 있습니다.

HTML 코드의 주석

```
<!-- 주석 내용 -->
```

사용자에게 보여도 관계 없는 내용이 아닌 경우에는 php의 주석을 사용하면 코드 보기에서도 표시되지 않습니다.

코드 보기 기능에서 HTML 주석을 표시하지 않기 위해 PHP 주석 사용

```
<?php // 주석 내용 ?>
```

변수 선언

- **학습 내용** : 변수를 선언하는 방법을 학습합니다.
- **힌트 내용** : 변수를 선언하려면 변수명 앞에 $를 붙입니다.

변수는 데이터를 저장하는 공간이며 변하는 수를 의미합니다. 변하는 수라는 것은 어떠한 데이터를 변수에 대입한 후 또다른 값을 대입할 수 있다는 것입니다. 변수는 변수명과 값으로 구성되며 변수명 앞에는 $를 붙여서 사용합니다.

변수의 구성

$변수명 = 대입할 값;

=는 대입 연산자라고 부르며 값을 대입할 때 사용하는 연산자입니다.

변수명이 num이고 num 변수에 1을 대입한다면 다음과 같이 작성합니다.

$num = 1;

num 변수에 1을 대입하면 num 변수의 값은 1이 됩니다. 변수는 변하는 수를 의미하므로 다른 값을 대입할 수 있습니다.

$num = 1;
$num = 3;

앞의 코드를 보면 num 변수에 1을 대입 후 다시 3을 대입했습니다. 마지막에 대입된 값인 3이 num 변수의 값이 됩니다.

다음은 변수를 선언하고 값을 대입한 후 변수의 값을 출력하는 예제입니다.

[코드 4] 4-variable.php

```
1: <?php
2:    $num = 4;
3:    echo "변수 num의 값은 {$num} 입니다.";
4: ?>
```

변수 num을 선언 후 값으로 숫자 4를 대입했습니다.　　　　　　　　　　　　　　◆ 2

문자열 안에 변수 num을 입력했습니다. 문자열 안에서 변수는 {}로 감싸서 사용합니다.　　◆ 3

결과 ▶

변수 num의 값은 4 입니다.

문자열 속 변수의 잘못된 사용 예

"변수 num의 값은 $num입니다.";

앞의 코드는 변수명 num과 문자열 [입니다]가 붙어 있어서 컴퓨터는 변수명을 [num입니다.]로 인식합니다.

변수명 짓기 규칙과 값 대입하기

- **학습 내용** : 변수명을 짓는 규칙과 변수에 값을 대입하는 방법을 학습합니다.
- **힌트 내용** : 숫자를 대입할 때 따옴표로 감싸면 컴퓨터는 문자열로 인식합니다.

변수 선언 시 변수명을 짓는 규칙이 있습니다.

❶ 변수명 앞에 숫자를 사용할 수 없다.

❷ 언더바(_)를 제외한 특수문자를 사용할 수 없다.

❸ 변수명은 대소문자를 구별한다.

앞의 규칙에 이어 변수 선언 법칙에 대해 더 알아보겠습니다.

변수명 짓기

변수명	여부	근거
$1num	X	변수명 앞에 숫자가 있어서
$num2	O	변수명 앞에 숫자가 있지 않으므로
$num3num	O	변수명 앞에 숫자가 있지 않으므로
$num%	X	특수문자가 있어서
$num_	O	특수문자 중 언더바(_)는 사용 가능하므로(보통 이렇게 사용하지 않음)
$_num	O	특수문자 중 언더바(_)는 사용 가능하므로(보통 이렇게 사용하지 않음)
$한국어	O	변수명 앞에 숫자가 없고 변수명에 특수문자가 없어서(보통 이렇게 사용하지 않음)
$日本語	O	변수명 앞에 숫자가 없고 변수명에 특수문자가 없어서(보통 이렇게 사용하지 않음)
$Num $num	O	변수명은 대소문자를 구별하므로 $Num과 $num은 서로 같지 않음에 주의

한글이나 한자를 변수로 사용할 수는 있으나 파일의 인코딩 방식에 의해 깨질 수 있으므로 안전하게 알파벳을 사용합니다. 앞의 표에서 (보통 이렇게 사용하지 않음)이라고 작성된 부분은 사용하지 않는 것이 좋습니다.

두 개의 단어를 붙여서 사용할 때는 단어와 단어 사이에 언더바(_)를 사용하거나, 두 번째 오는 단어의 앞글자를 대문자로 사용합니다. 두 번째 오는 단어의 앞글자를 대문자로 표기하는 것을 카멜 표기법이라고 부릅니다.

school과 student를 합쳐서 변수명으로 사용한다면 school_student 또는 schoolstudent로 작성해야 합니다. 이것은 꼭 지켜야 하는 것은 아니지만 이렇게 사용하기로 한 프로그래머 간의 약속입니다.

경험상 카멜표기법이 압도적으로 많이 쓰이며, 본서에서도 카멜표기법을 사용합니다. 카멜은 낙타를 의미하는데 낙타의 등과 같은 모양이라는 뜻으로 카멜표기법이라고 합니다.

변수에 값을 대입하는 방법에 대해 좀 더 알아보겠습니다. echo문에 대해 학습할 때 큰따옴표, 작은따옴표 짝을 지어 사용했듯이 변수에 문자열 값을 대입할 때에도 이 규칙을 따릅니다.

또한 문자열 속에서 따옴표를 사용할 때는 따옴표 앞에 \(역슬래시)를 사용합니다.

문자열 대입 시 다음과 같이 사용합니다.

변수에 문자열 대입 방법

```
//큰따옴표 속 큰따옴표 표시하기
$str = "선생님은 말씀하셨다. \"여기까지 시험범위입니다.\"";

//작은따옴표 속 작은따옴표 표시하기
$str = '선생님은 말씀하셨다. \'여기까지 시험범위입니다.\'';
```

앞에서 확인한 규칙들을 코드로 생성하여 확인하겠습니다.

📁 **[코드 5-1] 5-1-variableRule.php**

```
1: <?php
2:    $num2 = "변수명 num2";
3:    echo $num2;
4:    echo "<br>";
5:
6:    $num3num = "변수명 num3num";
7:    echo $num3num;
```

```
 8:    echo "<br>";
 9:
10:    $_num = "변수명 _num";
11:    echo $_num;
12:    echo "<br>";
13:
14:    $Num = "변수명 Num";
15:    echo $Num;
16:    echo "<br>";
17:
18:    $num = "변수명 num";
19:    echo $num;
20:    echo "<br>";
21:
22:    $str = "선생님은 말씀하셨다. \"여기까지 시험범위입니다.\"";
23:    echo $str;
24: ?>
```

[코드 5-1]에 쓰인 변수명 $num2, $num3num, $_num, $Num, $num, $str 모두 변수 선언 규칙에 맞게 선언되어 오류 없이 대입된 값이 출력됩니다.

```
변수명 num2
변수명 num3num
변수명 _num
변수명 Num
변수명 num
선생님은 말씀하셨다. "여기까지 시험범위입니다."
```

다음은 변수 선언 규칙에 어긋나는 변수명을 사용한 예제입니다.

[코드 5-2] 5-2-variableRuleError.php

```php
1: <?php
2:    $12Num = "변수명 num2";
3:    echo $12Num;
4: ?>
```

변수명 짓기 규칙에 어긋나게 선언했으므로 화면에는 오류가 발생했다는 안내 문구가 나타납니다.　◆2

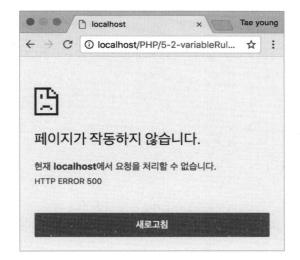

연결 연산자 사용하기

- **학습 내용 :** 연결 연산자를 사용하면 변수와 변수, 문자열과 문자열, 문자열과 변수를 연결할 수 있습니다.
- **힌트 내용 :** 연결 연산자는 .(dot)입니다.

연결 연산자는 데이터와 데이터를 서로 연결할 때 사용하며 사용 기호는 .(dot)입니다. 데이터는 변수의 값 또는 문자열과 문자열입니다.

연결 연산자 사용하기

```
변수와 변수 연결하기
$str = "안녕";
$str2 = "하세요.";

echo $str.$str2; //결과 : 안녕하세요.

문자열과 문자열 연결하기
echo "안녕"."하세요."; //결과 : 안녕하세요.

변수와 문자열 연결하기

$str = "안녕";
echo $str."이라고 그가 말했다."; //결과 : 안녕이라고 그가 말했다.
```

다음은 연결 연산자를 활용한 예제입니다.

📁 [코드 6] 6-operator.php

```
1:  <?php
2:      //변수와 변수 연결하기
3:      $str = "안녕";
4:      $str2 = "하세요.";
5:
6:      echo $str.$str2;
```

```
 7:     echo "<br>";
 8:
 9:     //문자열과 문자열 연결하기
10:     echo "안녕"."하세요.";
11:     echo "<br>";
12:
13:     //변수와 문자열 연결하기
14:     $str = "안녕";
15:     echo $str."(이)라고 그가 말했다.";
16: ?>
```

변수 str과 str2를 선언했습니다.　　　　　　　　　　　　　　　　　　　　◆ 3~4

연결 연산자를 사용하여 변수 str과 str2를 함께 출력하므로 결과는 "안녕하세요."가 출력됩니다.　　◆ 6

문자열 "안녕"과 "하세요."를 연결 연산자를 사용해 출력합니다.　　　　　　◆ 10

변수 str에 문자열 "안녕"을 대입합니다.　　　　　　　　　　　　　　　　◆ 14

변수와 문자열을 연결 연산자를 사용해 함께 출력합니다.　　　　　　　　　◆ 15

결과

안녕하세요.
안녕하세요.
안녕(이)라고 그가 말했다.

입문

007

상수

- **학습 내용** : 한 번 값을 대입하면 값이 변경되지 않는 상수에 대해 학습합니다.
- **힌트 내용** : 상수를 선언하려면 define를 사용합니다.

변수는 변하는 수를 의미합니다. 즉 변수의 값이 또 다른 값으로 변해야 할 이유가 있다면 변수를 사용하며, 대입한 값이 절대 변하지 않아야 한다면 상수를 사용합니다.

상수를 선언하고 값을 대입하면 그 이후에 다른 값을 대입해도 값이 대입되지 않습니다.

상수 선언 방법

```
define(상수명, 상수값);
```

상수명 또한 변수명 짓기의 규칙을 지킵니다. 하지만 프로그래머 사이에 관례적으로 상수 선언 시에는 보통 상수명을 대문자를 사용하며 두 개의 단어로 상수명을 사용할 경우 언더바를 사용합니다.

다음은 상수 선언 후 상수의 값을 출력하며, 이후 같은 상수에 다른 값을 대입하여 값이 변하는지 확인하는 예제입니다.

📁 **[코드 7] 7-constant.php**

```php
1:  <?php
2:      //상수 FAVORITE_DOLL에 값 gelatoni를 대입
3:      define("FAVORITE_DOLL", "gelatoni");
4:      echo "상수 FAVORITE_DOLL의 값은 ".FAVORITE_DOLL."<br>";
5:
6:      //상수 FAVORITE_DOLL에 값 duffy를 대입
7:      define("FAVORITE_DOLL", "duffy");
8:      echo "상수 FAVORITE_DOLL의 값은 ".FAVORITE_DOLL;
9:  ?>
```

상수 FAVORITE_DOLL을 선언하고 값으로 gelatoni를 대입했습니다. ◆ 3

상수 FAVORITE_DOLL을 선언하고 값으로 duffy를 대입했습니다. ◆ 7

상수 FAVORITE_DOLL의 값을 출력합니다. 이미 3라인에서 대입된 값이 있으므로 7라인에서 대 ◆ 8
입한 값은 대입되지 않아 gelatoni가 출력됩니다.

결과 ▶ ▷

상수 FAVORITE_DOLL의 값은 gelatoni
상수 FAVORITE_DOLL의 값은 gelatoni

windows에서는 결과 화면에 이미 FAVORITE_DOLL이 선언되었다고 알려주는 문구가 표시될 수
있습니다.

입문

008

연산자

- **학습 내용 :** 더하기, 빼기, 곱하기, 나누기를 할 수 있는 연산자에 대해 학습합니다.
- **힌트 내용 :** 더하려면 +, 빼려면 −, 곱하려면 *, 나누려면 /를 사용합니다.

수를 더하고 빼고, 곱하고, 나누고, 나머지를 구하는 기능을 하는 연산자에 대해 알아보겠습니다.
연산자에 사용하는 기호는 다음과 같습니다.

연산자 종류

기호	기능
+	더하기
−	빼기
*	곱하기
/	나누기
%	나머지 값

표를 보면 사칙연산 외에 %가 있습니다. 이것은 나누기 연산의 나머지 값을 구할 때 사용합니다.
5 나누기 3을 연산해서 나오는 나머지 값인 2를 구할 때 사용합니다.

연산자 활용

```
더하기
5 + 5; //결과 : 10

빼기
5 - 2; //결과 : 3

곱하기
5 * 3; //결과 : 15

나누기
6 / 3; //결과 : 2
```

나머지
5 % 3; //결과 : 2

다음은 연산자를 활용한 예제입니다.

📁 [코드 8] 8-operator.php

```php
1:  <?php
2:      //더하기
3:      $sum = 5 + 5; // 5+5를 연산한 값이 변수 sum에 대입
4:      echo "5 더하기 5 는 ".$sum;
5:      echo "<br>";
6:
7:      //빼기
8:      $minus = 5 - 2; // 5-2를 연산한 값이 변수 minus에 대입
9:      echo "5 빼기 2 는 ".$minus;
10:     echo "<br>";
11:
12:     //곱하기
13:     $mul = 5 * 3; //5*3을 연산한 값이 변수 mul에 대입
14:     echo "5 곱하기 3 은 ".$mul;
15:     echo "<br>";
16:
17:     //나누기
18:     $division = 6 / 3;  // 6/3을 연산한 값이 변수 division에 대입
19:     echo "6 나누기 3 은 ".$division;
20:     echo "<br>";
21:
22:     //나머지
23:     $rest = 5 % 3; // 5%3을 연산한 값이 변수 rest에 대입
24:     echo "5 나누기 3의 나머지 값은 ".$rest;
25: ?>
```

변수 sum을 선언 후 값으로 5 + 5를 연산한 값을 대입하므로 값 10이 변수 sum의 값으로 대입됩니다. ◆ 3

변수 minus를 선언 후 값으로 5 − 2를 연산한 값을 대입하므로 값 3이 변수 minus의 값으로 대입됩니다. ◆ 8

13 ◆ 변수 mul를 선언 후 값으로 5 * 3을 연산한 값을 대입하므로 값 15가 변수 mul의 값으로 대입됩니다.

18 ◆ 변수 division을 선언 후 값으로 6 / 3을 연산한 값을 대입하므로 값 2가 변수 division의 값으로 대입됩니다.

23 ◆ 변수 rest를 선언 후 값으로 5 % 3을 연산한 값을 대입하므로 2가 변수 rest의 값으로 대입됩니다.

```
5 더하기 5 는 10
5 빼기 2 는 3
5 곱하기 3 은 15
6 나누기 3 은 2
5 나누기 3의 나머지 값은 2
```

대입 연산자

- **학습 내용 :** 대입 연산자는 = 외에도 다양한 종류가 있습니다.
- **힌트 내용 :** $num = $num + 2를 더 간단히 하려면 $num += 2를 사용합니다.

대입 연산자는 대입할 때 사용하는 연산자입니다. 앞에서 학습한 [=]도 변수에 값을 대입하는 대입 연산자입니다. 이외에도 대입 연산자는 여러 종류가 있습니다.

대입 연산자

기호	뜻	예시	결과
변수 += 값	변수의 값에서 다른 값을 더한 값을 대입	$num = 10; $num += 2;	12
변수 −= 값	변수의 값에서 다른 값을 뺀 값을 대입	$num = 10; $num −= 2;	8
변수 *= 값	변수의 값에서 다른 값을 곱한 값을 대입	$num = 10; $num *= 2;	20
변수 /= 값	변수의 값에서 다른 값을 나눌 때 사용	$num = 10; $num /= 2;	5
변수 %= 값	변수의 값에서 다른 값을 나눠서 나온 나머지 값을 대입	$num = 10; $num %= 3;	1
변수 .= 값	변수의 문자열에서 다른 문자열을 붙일 때 사용	$city = '서울'; $city .= '특별시';	서울특별시

다음은 대입 연산자를 활용한 예제입니다.

📁 **[코드 9] 9-operator.php**

```
1:  <?php
2:  // += 활용
3:  $num = 10;
4:  $num += 2;
5:  echo "[+=사용] 변수 num의 값은 ".$num."<br />";
6:
```

```
 7:   // -= 활용
 8:   $num = 10;
 9:   $num -= 2;
10:   echo "[-=사용] 변수 num의 값은 ".$num."<br />";
11:
12:   // *= 활용
13:   $num = 10;
14:   $num *= 2;
15:   echo "[*=사용] 변수 num의 값은 ".$num."<br />";
16:
17:   // /= 활용
18:   $num = 10;
19:   $num /= 2;
20:   echo "[/=사용] 변수 num의 값은 ".$num."<br />";
21:
22:   // %= 활용
23:   $num = 10;
24:   $num %= 3;
25:   echo "[%=사용] 변수 num의 값은 ".$num."<br />";
26:
27:   // .= 활용
28:   $city = '서울';
29:   $city .= '특별시';
30:   echo "[.=사용] 변수 city의 값은 ".$city;
31: ?>
```

4 ◆ 변수 num의 값에 연산자 [+=]를 사용해 2를 더한 값 12가 값으로 대입됩니다.

9 ◆ 변수 num의 값에 연산자 [−=]를 사용해 2를 뺀 값 8이 값으로 대입됩니다.

14 ◆ 변수 num의 값에 연산자 [*=]를 사용해 2를 곱한 값 20이 값으로 대입됩니다.

19 ◆ 변수 num의 값에 연산자 [/=]를 사용해 2를 나눈 값 5가 값으로 대입됩니다.

24 ◆ 변수 num의 값에 연산자 [%=]를 사용해 3으로 나눈 값의 나머지인 1이 값으로 대입됩니다.

결과 ▶

[+=사용] 변수 num의 값은 12
[-=사용] 변수 num의 값은 8
[*=사용] 변수 num의 값은 20
[/=사용] 변수 num의 값은 5
[/=사용] 변수 num의 값은 1
[.=사용] 변수 city의 값은 서울특별시

어떠한 연산을 수행할 때 먼저 연산해야 하는 경우 괄호를 사용하여 먼저 연산해야 함을 나타냅니다.

다음과 같은 식에서 +를 먼저 연산해야 하는 경우 괄호를 사용합니다.

(5 + 5) * 5

컴퓨터에서도 마찬가지로 앞과 같은 경우 괄호를 사용하여 연산합니다.

$num = (5 + 5) * 5;

괄호를 사용하지 않으면 곱하기를 먼저 연산 후 더하기를 연산합니다.

5 + 5 * 5 = 30

괄호를 사용하는 경우 괄호의 식을 먼저 연산 후 다음 연산을 진행합니다.

(5 + 5) * 5 = 50

증감 연산자

- **학습 내용 :** 대입 연산자를 사용하지 않고도 값을 증가하거나 감소할 수 있습니다.
- **힌트 내용 :** ++은 값에 1을 더하고, --는 값에 1을 뺍니다.

증감 연산자는 대상 값에 1을 더하는 (++) 연산자와, 대상 값에 1을 빼는 (--)가 있습니다. 이 증감 연산자는 대상 값의 앞이나 뒤에 사용할 수 있으며 위치에 따라 기능이 다르게 작동합니다.

증감 연산자의 종류

위치	기능
변수++	변수의 현재 값을 반환한 후 값에 1을 더함
++변수	변수의 현재 값에 1을 더한 후 값을 반환
변수--	변수의 현재 값을 반환한 후 값에 1을 뺌
--변수	변수의 현재 값에 1을 뺀 후 값을 반환

어떻게 다른지 예제를 통해 확인하겠습니다.

📁 **[코드 10] 10-operator.php**

```php
1:  <?php
2:      $num = 10;
3:      // ++가 변수 뒤에 위치하므로 10을 반환 후 11이 됨
4:      echo "num++의 값 : ".$num++;
5:
6:      //줄바꿈
7:      echo "<br>";
8:
9:      //값이 11이 되었는지 확인
10:     echo "num++가 작동 후의 값 : ".$num;
11: ?>
```

(++)가 변수 뒤에 붙어 값 10이 출력된 후 1을 더해 11로 대입됩니다.

◆ 2

2라인에서 11로 대입되어 값 11이 출력됩니다.

◆ 10

 결과 ▶▶▶▶▶▶▶▶▶▶▶▶▶▶▶▶▶▶▶▶▶▶▶▶▶▶▶▶▶▶▶▶▶▶▶▶▶

num++의 값은 10
num++가 작동 후의 값 : 11

[코드10]에서 다음과 같이 4라인의 증감 연산자가 변수 num의 앞에 위치하면 4라인의 결과는 [++num의 값은 11]이 됩니다.

```
4: echo "++num의 값 : ".++$num;
```

2

PART 초급

PHP 프로그래밍
초급

초보자를 위한

PHP

200제

배열

- **학습 내용** : 배열을 이용하면 하나의 변수에 여러 값을 대입할 수 있습니다.
- **힌트 내용** : 변수를 배열로 만들려면 array( )를 사용합니다.

지금까지는 하나의 변수에 하나의 값만 대입할 수 있었습니다. 하지만 배열을 이용하면 하나의 변수에 여러 개의 값을 대입할 수 있습니다.

어딘가로 데이터를 보낼 때 하나의 변수에 여러 개의 값을 대입하여 보내면 더욱 편리할 것입니다. 변수에 여러 값을 대입하려면 여러 개의 값을 받도록 배열로 만들어야 합니다.

변수를 배열로 만들기

```
변수명 = array( );
```

배열에 여러 값을 대입하려면 인덱스를 사용합니다.

예를 들어 여러 명의 사람들이 아파트 한 건물에 살고 있습니다. 그 중 택배를 어떤 사람에게 전달하려면 택배를 받을 사람이 거주하는 호수를 알아야 전달할 수 있습니다. 이 호수가 인덱스입니다.

한 변수에 배열을 이용해 여러 개의 값을 대입한 후 대입된 여러 값 중 특정 값을 가져오려면 값이 있는 인덱스를 알아야 합니다.

하나의 변수를 배열로 만들어 여러 값을 대입하는 방법

```
1.변수를 배열로 선언
$space = array( );

2.변수 space에 첫 번째 값으로 earth를 입력하기 위해 인덱스 사용
$space[0] = 'earth'; //인덱스는 0부터 시작

3.변수 $space에 두 번째 값으로 moon 입력
$space[1] = 'moon';
```

4.변수 $space에 세 번째 값으로 jupiter 입력
$space[2] = 'jupiter';

좀 더 쉽게 본다면 다음과 같습니다.

변수명	인덱스		
	0	1	2
space	earth	moon	jupiter

다음은 earth라는 변수를 선언하고 배열로 지정한 후 0번 인덱스에 값을 대입하는 예제입니다.

📁 [코드 11] 11-array.php

```php
 1: <?php
 2:     //배열 선언
 3:     $earth = array( );
 4:
 5:     //earth의 0 인덱스에 'korea' 대입
 6:     $earth[0] = 'korea';
 7:
 8:     //earth 배열의 0 인덱스 출력
 9:     echo "earth 배열의 0 인덱스는 ".$earth[0];
10: ?>
```

변수 earth를 선언하고 데이터형을 배열로 변경합니다. ◆ 3

배열 earth의 인덱스 0에 'korea'를 대입합니다. ◆ 6

배열 earth의 인덱스 0을 출력합니다. ◆ 9

결과 ▶▶▶▶▶▶▶▶▶▶▶▶▶▶▶▶▶▶▶▶▶▶▶▶▶▶▶▶▶▶▶▶▶▶▶▶▶▶

earth 배열의 0 인덱스는 korea

배열 인덱스를 문자로 적용

• **학습 내용 :** 배열의 인덱스를 문자열로 지정하는 방법에 대해 학습합니다.
• **힌트 내용 :** 인덱스를 숫자 대신 문자로 작성합니다.

인덱스는 숫자뿐 아니라 문자로도 지정할 수 있습니다. 문자는 따옴표로 감싸서 사용합니다.

인덱스를 문자로 사용하는 방법

변수명['인덱스명'] = 값;

변수명이 earth이고 인덱스가 continent이면 다음과 같이 입력합니다.

$earth['continent '] = 값;

다음은 인덱스를 문자로 사용한 예제입니다.

📁 [코드 12] 12-arrayIndexStr.php

```php
 1: <?php
 2:     //배열 선언
 3:     $earth = array( );
 4:
 5:     //earth의 nation 인덱스에 'korea' 대입
 6:     $earth['nation'] = 'korea';
 7:
 8:     //earth 배열의 nation 인덱스 출력
 9:     echo "earth 배열의 nation 인덱스는 ".$earth['nation'];
10: ?>
```

3 ◆ 변수 earth를 선언하고 데이터형을 배열로 변경합니다.

배열 earth의 인덱스로 'nation'을 지정하고 문자열 'korea'를 대입합니다. ◆ 6

배열 earth의 인덱스 'nation'을 출력합니다. ◆ 9

 결과 ▶▶▶

earth 배열의 nation 인덱스는 korea

다음과 같은 방법으로 배열에 다수의 인덱스와 값을 추가할 수 있습니다.

```
array('인덱스1' => '값1', '인덱스2' => '값2', '인덱스 3' => '값 3');
```

[코드 12]의 6라인을 위와 같은 방법으로 표현하면 다음과 같습니다.

```
6: $earth = array('nation' => 'korea');
```

PHP에서는 인덱스를 키(key)라고 부르기도 합니다.

실수뿐 아니라 정수 중에서도 특정 위치를 기준으로 반올림할 수 있습니다.
숫자 1234에서 2를 기준으로 반올림하려면 함수 round( )의 값을 음의 정수 값으로 입력합니다.

코드로 표현하면 다음과 같습니다.

```
round(1234, -2) // 1200을 반환
```

−2는 숫자 2를 기준으로 반올림을 처리하므로 다음 숫자가 위치한 자릿수를 1234의 마지막에서 세어 나온 값입니다.

배열에 배열 적용

- **학습 내용 :** 배열 안에 값 대신 배열을 지정할 수 있습니다.
- **힌트 내용 :** 값 대신 array( )를 선언합니다.

배열에 어떠한 값을 대입했습니다. 값 대신 배열을 선언하여 선언한 배열 안에 여러 값을 대입할 수 있습니다.

배열에 배열 대입하기

1. 변수를 배열로 선언
$earth = array( );

2. 배열 $earth에 nation 인덱스를 지정하고 이를 배열로 선언
$earth['nation'] = array( );

3. 인덱스 0부터 값 입력
$earth['nation'][0] = 'korea';
$earth['nation'][1] = 'america';

다음은 배열에 배열을 선언한 후 선언한 배열의 값을 출력하는 예제입니다.

📁 [코드 13] 13-arrayInArray.php

```
 1:  <?php
 2:      //변수 dr을 배열로 선언
 3:      $dr = array( );
 4:      //배열 dr에 continent 인덱스를 생성하고 이것을 배열로 선언
 5:      $dr['continent'] = array( );
 6:
 7:      //배열 dr['continent']에 ['america'] 인덱스 생성 후 배열로 선언
 8:      $dr['continent']['america'] = array( );
 9:      $dr['continent']['america'][0] = '애너하임';
10:      $dr['continent']['america'][1] = '올랜도';
```

```
11:
12:     $dr['continent']['asia'] = array( );
13:     $dr['continent']['asia'][0] = '우라야스';
14:     $dr['continent']['asia'][1] = '홍콩';
15:     $dr['continent']['asia'][2] = '상하이';
16:
17:     $dr['continent']['europe'] = array( );
18:     $dr['continent']['europe'][0] = '파리';
19:
20:     echo "다음 도시의 공통점은?";
21:     echo "<br><br>";
22:     echo "아메리카 :<br>";
23:     echo $dr['continent']['america'][0]."<br>";
24:     echo $dr['continent']['america'][1]."<br>";
25:     echo "<br>";
26:
27:     echo "아시아 :<br>";
28:     echo $dr['continent']['asia'][0]."<br>";
29:     echo $dr['continent']['asia'][1]."<br>";
30:     echo $dr['continent']['asia'][2]."<br>";
31:     echo "<br>";
32:
33:     echo "유럽 :<br>";
34:     echo $dr['continent']['europe'][0];
35: ?>
```

변수 dr을 배열로 선언합니다.   ◆ 3

변수 dr에 continent 인덱스를 생성하고 배열로 선언합니다. $dr['continent']은 배열이므로 여러 값   ◆ 5
을 대입할 수 있습니다.

$dr['continent']에 America 인덱스를 생성하고 $dr['continent']['america']에 0 인덱스를 생성 후 값   ◆ 8
으로 문자열 '애너하임'을 대입합니다.

변수 dr에 있는 인덱스, 'continent'에 있는 인덱스, 'america'에 있는 인덱스 0의 값을 출력합니다.   ◆ 23

다음 도시의 공통점은?

아메리카 :
애너하임
올랜도

아시아 :
우라야스
홍콩
상하이

유럽 :
파리

배열에 값 추가하기
array_push( )

- **학습 내용** : 배열에 값을 대입하는 함수도 있습니다.
- **힌트 내용** : array_push( ) 함수를 사용합니다.

array_push( ) 함수는 배열에 값을 추가하는 기능을 합니다.

array_push( ) 함수 사용 방법

array_push(변수명, 배열에 들어갈 값, 배열에 들어갈 값);

첫 번째 자리에 배열로 선언된 변수명을 입력한 후 두 번째 값부터 입력할 값을 지정합니다. 배열의 인덱스는 입력된 값 순서대로 0부터 지정됩니다.

다음은 array_push( ) 함수를 활용한 예제입니다.

📁 [코드 14] 14-arrayPush.php

```php
 1: <?php
 2:     $fruit = array( );
 3:
 4:     array_push($fruit, 'apple', 'banana', 'grape', 'coconut', 'tangerine');
 5:
 6:     echo $fruit[0].'<br>';
 7:     echo $fruit[1].'<br>';
 8:     echo $fruit[2].'<br>';
 9:     echo $fruit[3].'<br>';
10:     echo $fruit[4];
11: ?>
```

array_push( )를 이용하여 여러 과일의 이름을 배열 fruit에 대입합니다.

♦ 4

인덱스가 0부터 4까지 지정된 값을 순차적으로 출력합니다.

♦ 6~10

```
apple
banana
grape
coconut
tangerine
```

이쯤에서 배열을 출력하려면 앞과 같이 인덱스를 직접 입력해가며 출력해야 하는가라는 의문이 생길 수 있습니다. 배열을 이렇게 직접 출력하는 경우보다는 나중에 나올 for 반복문이나 foreach 반복문을 사용하여 짧은 코드로 배열의 값을 출력합니다.

배열의 구조 보기 var_dump( )

• **학습 내용** : 배열의 구조를 한 눈에 파악하는 방법에 대해 학습합니다.
• **힌트 내용** : var_dump( ) 함수를 사용합니다.

배열의 구조를 보여주는 함수인 var_dump( )를 사용하여 배열의 구조와 값을 확인하겠습니다.

var_dump( ) 사용 방법

```
var_dump(변수명);
```

var_dump( )만으로는 파악하기 어렵게 표시됩니다. HTML의 pre 태그와 함께 사용하면 한눈에 파악하기 쉽게 표시됩니다.

pre 태그와 함께 var_dump( ) 사용 방법

```
ehco '<pre>';
var_dump(배열 변수명);
echo '</pre>';
```

다음은 배열을 생성하고 var_dump( ) 함수를 사용하여 배열의 구조를 확인하는 예제입니다.

📁 **[코드 15] 15-vardump.php**

```php
1:  <?php
2:      $dr = array( );
3:      $dr['continent'] = array( );
4:
5:      $dr['continent']['america'] = array( );
6:      $dr['continent']['america'][0] = '애너하임';
7:      $dr['continent']['america'][1] = '올랜도';
8:
```

```
 9:        $dr['continent']['asia'] = array( );
10:        $dr['continent']['asia'][0] = '우라야스';
11:        $dr['continent']['asia'][1] = '홍콩';
12:        $dr['continent']['asia'][2] = '상하이';
13:
14:        $dr['continent']['europe'] = array( );
15:        $dr['continent']['europe'][0] = '파리';
16:
17:        echo "<pre>";
18:        var_dump($dr);
19:        echo "</pre>";
20: ?>
```

2~15 ◆ var_dump( ) 함수로 확인하기 위한 배열을 생성합니다.

17~19 ◆ var_dump( ) 함수는 pre 태그와 함께하면 보기 편하므로 pre 태그에 감싸서 사용합니다. 태그에 대해 더 자세한 사항은 PART 4에서 다룹니다.

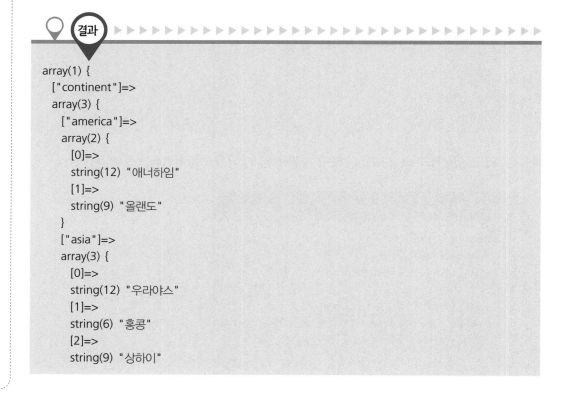

결과

```
array(1) {
  ["continent"]=>
  array(3) {
    ["america"]=>
    array(2) {
      [0]=>
      string(12) "애너하임"
      [1]=>
      string(9) "올랜도"
    }
    ["asia"]=>
    array(3) {
      [0]=>
      string(12) "우라야스"
      [1]=>
      string(6) "홍콩"
      [2]=>
      string(9) "상하이"
```

```
      }
      ["europe"]=>
      array(1) {
        [0]=>
        string(6) "파리"
      }
    }
  }
}
```

pre 태그를 사용하지 않을 때에는 다음과 같이 출력됩니다.

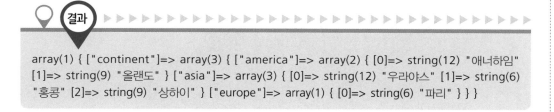

array(1) { ["continent"]=> array(3) { ["america"]=> array(2) { [0]=> string(12) "애너하임"
[1]=> string(9) "올랜도" } ["asia"]=> array(3) { [0]=> string(12) "우라야스" [1]=> string(6)
"홍콩" [2]=> string(9) "상하이" } ["europe"]=> array(1) { [0]=> string(6) "파리" } } }

[코드 15]의 pre 태그 부분인 17라인과 19라인을 주석처리하여 재실행하면 쉽게 차이를 알 수 있습니다.

배열에 인덱스를 지정하지 않고 값 입력하기

- **학습 내용 :** 배열에 값을 인덱스를 지정하지 않고 대입하는 방법을 학습합니다.
- **힌트 내용 :** [ ](대괄호)를 사용하여 값을 순차적으로 입력합니다.

인덱스를 지정하지 않고 배열의 값을 입력하는 방법에 대해 알아보겠습니다.

[코드 16]과 같이 대괄호를 사용해 값을 순차적으로 입력하면 왼쪽에서 오른쪽 순서로 인덱스 0부터 순차적으로 지정됩니다.

📁 **[코드 16] 16-arrayNoIndex.php**

```
1: <?php
2:     $fruit = array( );
3:     $fruit = ['banana', 'water melon', 'grape', 'apple', 'mango'];
4:
5:     echo $fruit[0]; //banana
6:     echo "<br>";
7:     echo $fruit[2]; //grape
8: ?>
```

3 ◆ 대입한 문자열이 왼쪽부터 오른쪽순으로 0부터 인덱스를 갖습니다.

5 ◆ 인덱스가 0인 데이터를 출력합니다.

7 ◆ 인덱스가 2인 데이터를 출력합니다.

 결과 ▶▶▶▶▶▶▶▶▶▶▶▶▶▶▶▶▶▶▶▶▶▶▶▶▶▶▶▶▶▶▶▶▶▶▶

banana
grape

list( ) 함수를 이용한 배열의 값 출력하기

초급
017

- **학습 내용 :** list( ) 함수를 사용하여 배열을 출력하는 방법에 대해 학습합니다.
- **힌트 내용 :** list(변수명, 변수명) = 배열 변수;

배열을 출력하는 또 하나의 방법인 list( ) 함수를 사용하는 방법에 대해 알아보겠습니다. list( ) 함수는 각 배열의 값을 변수에 대입시켜 출력하는 방법입니다.

📁 **[코드 17] 17-list.php**

```php
1: <?php
2:     $fruit = array( );
3:     $fruit = ['grape','strawberry','apple'];
4:
5:     list($first, $second, $third) = $fruit;
6:     echo $second;
7: ?>
```

배열 fruit의 인덱스 0의 값을 변수 first에 대입, 인덱스 1의 값을 변수 second에 대입, 인덱스 2의 값을 변수 apple에 대입합니다. ◆ 5

5라인에서 대입된 변수 second를 출력, 변수 second의 값은 'strawberry'가 대입되어 있으므로 'strawberry'를 출력합니다. ◆ 6

결과 ▶

strawberry

018 특정 범위의 수를 배열로 만들기

- **학습 내용 :** 특정 범위의 수를 간단히 배열로 만듭니다.
- **힌트 내용 :** range( ) 함수를 사용합니다.

특정 범위의 수를 직접 입력하지 않고 범위로 지정하여 배열로 만들려면 range( ) 함수를 사용합니다. 예를 들어, 1부터 10까지의 수를 배열로 만들려고 할 때 1부터 10까지 직접 입력하지 않고, 1과 10만 입력하여 배열로 만들 수 있습니다.

range( ) 함수 사용 방법

```
range(시작하는 수, 끝나는 수);
```

1부터 10까지의 수를 배열로 만든다면 다음과 같습니다.

range( ) 함수를 사용해 1부터 10까지 배열로 생성하는 방법

```
range(1, 10);
```

다음은 range( ) 함수를 사용한 예제입니다.

📁 [코드 18-1] 18-1-range.php

```php
1: <?php
2:     $num = range(1,10);
3:
4:     echo "<pre>";
5:     var_dump($num);
6: ?>
```

range 함수를 사용하여 1부터 10까지의 수를 변수 num에 배열로 대입합니다. ◆ 2

var_dump( ) 함수를 사용해 배열 num의 구조를 확인합니다. ◆ 5

pre 태그를 닫는 태그인 〈/pre〉가 없는데, 확인만 하는 용도이므로 사용하지 않았습니다.

결과 ▶

```
array(10) {
  [0]=>
  int(1)
  [1]=>
  int(2)
  [2]=>
  int(3)
  [3]=>
  int(4)
  [4]=>
  int(5)
  [5]=>
  int(6)
  [6]=>
  int(7)
  [7]=>
  int(8)
  [8]=>
  int(9)
  [9]=>
  int(10)
}
```

연속된 수 외에도 수의 간격을 지정하여 값을 배열로 만들 수 있습니다.

range( ) 함수로 1부터 10까지 간격을 사용해 배열로 생성하는 방법

```
range(시작하는 수, 끝나는 수, 간격);
```

range( ) 함수 시작하는 수, 끝나는 수 이후에 간격을 지정할 수 있습니다. 시작하는 수가 1, 끝나는 수가 3, 간격이 3이면 배열에는 1, 4, 7, 10의 값이 입력됩니다.

다음은 range( ) 함수에 간격을 지정한 예제입니다.

📁 [코드 18-2] 18-2-range.php

```php
1: <?php
2:     $num = range(1, 10, 3);
3:
4:     echo "<pre>";
5:     var_dump($num);
6: ?>
```

2 ◆ range 함수에 1부터 10까지의 수를 3 간격으로 지정하여 값을 배열에 대입합니다.

📍 결과 ▶▶

```
array(4) {
  [0]=>
  int(1)
  [1]=>
  int(4)
  [2]=>
  int(7)
  [3]=>
  int(10)
}
```

결과를 보면 3 간격으로 하여 1, 4, 7, 10이 대입된 것을 알 수 있습니다.

배열의 값 개수 확인하기

초급

019

- **학습 내용** : 배열의 값의 수를 세는 방법에 대해 학습합니다.
- **힌트 내용** : count( ) 함수를 사용하면 배열의 값의 수를 알 수 있습니다.

배열 안에 값이 몇 개가 있는지 개수를 알고 싶을 때는 count( ) 함수를 사용합니다.

count( ) 함수 사용 방법

```
count(배열 변수명);
```

다음은 count( ) 함수를 사용한 예제입니다.

📂 **[코드 19] 19-count.php**

```php
1: <?php
2:    $arr = range(1,10,3);
3:    echo "배열 arr의 값의 수는 : " .count($arr);
4: ?>
```

range 함수를 사용해 1, 4, 7, 10의 값을 배열 arr에 대입합니다.　　　◆ 2

count( ) 함수가 반환한 배열 arr에 있는 값의 수를 출력합니다.　　　◆ 3

 결과 ▶

배열 arr의 값의 수는 : 4

데이터형

- **학습 내용** : 데이터형에 대해 학습합니다.
- **힌트 내용** : 숫자, 문자열, 배열 등이 데이터형입니다.

프로그래밍 언어에서 사용되는 데이터형에 대해 알아보겠습니다. 어떠한 값이 숫자인지, 문자열인지, 논리값인지, 배열인지 구분하는 것을 데이터형이라고 합니다.

데이터형의 종류

데이터형	값
int 또는 integer	숫자 – 정수
double	숫자 – 소수
string	문자열
boolean	논리값(값 : true, false)
NULL	없는값(값 : null)
array	배열

NULL은 없는값을 의미하는 데이터형입니다. 값이 없다는 것 또한 변수의 값으로 대입할 수 있습니다. boolean은 true(참)와 false(거짓)의 2개 값만 대입할 수 있습니다. 즉, 참이냐 거짓이냐의 두 가지 값만 갖는 데이터형입니다.

프로그래밍 언어 중 JAVA나 C언어 등에서는 변수를 지정할 때 변수에 데이터형도 함께 지정해 주어야 합니다.

숫자 중 정수만 받으려면 앞에 나열한 데이터형의 종류 중 int를 변수 선언 시 함께 지정해 주어 선언합니다. PHP는 값을 확인한 후 데이터형을 자동으로 지정해 줍니다. gettype( ) 함수는 데이터형을 알려주는 기능을 합니다.

다음은 변수의 값의 데이터형을 gettype( ) 함수를 사용해 확인하는 예제입니다.

📁 **[코드 20] 20-dataType.php**

```php
 1: <?php
 2:     $num = 12;
 3:     echo "\$num의 데이터형(값 {$num})은 ". gettype($num);
 4:     echo "<br>";
 5:
 6:     $greeting = "안녕";
 7:     echo "\$greeting의 데이터형(값 {$greeting})은 ". gettype($greeting);
 8:     echo "<br>";
 9:
10:     $numStr = "121212";
11:     echo "\$numStr의 데이터형(값 {$numStr})은 ". gettype($numStr);
12:     echo "<br>";
13:
14:     $fruit = array( );
15:     echo "\$fruit의 데이터형은 ". gettype($fruit);
16:     echo "<br>";
17:
18:     $nai = null;
19:     echo "\$nai의 데이터형(값 {$nai})은 ". gettype($nai);
20:     echo "<br>";
21:
22:     $boolean = true;
23:     echo "\$boolean의 데이터형(값 {$boolean})은 ". gettype($boolean);
24: ?>
```

변수 num에 숫자 12를 대입했습니다.   ◆ 2

숫자 12를 대입했으므로 데이터형 integer가 출력됩니다.   ◆ 3

변수 greeting에 문자열 "안녕"을 대입했습니다.   ◆ 6

문자열 "안녕"을 대입했으므로 데이터형 string이 출력됩니다.   ◆ 7

변수 numStr에 문자열 "121212"를 대입했습니다. 121212는 숫자지만 따옴표로 감싼다는 것은 문자   ◆ 10
열로 인식을 하게 한다는 의미입니다. 따옴표를 사용하지 않는다면 숫자로 인식됩니다.

문자열 "121212"를 대입했으므로 데이터형 string이 출력됩니다.   ◆ 11

14 ◆ 변수 fruit를 배열로 선언합니다.

15 ◆ 배열로 선언했으므로 데이터형은 array가 출력됩니다.

18 ◆ 변수 nai의 값으로 null을 대입했습니다. null은 없는값을 의미하며 데이터형은 NULL입니다.

19 ◆ null을 대입했으므로 데이터형 NULL을 대입합니다.

22 ◆ 변수 boolean의 값으로 true(참)를 대입했습니다. true는 데이터형 boolean의 값인 true와 false의 값 중 하나입니다.

23 ◆ true를 선언했으므로 데이터형 boolean이 출력됩니다.

결과 ▶▶

```
$num의 데이터형(값 12)은 integer
$greeting의 데이터형(값 안녕)은 string
$numStr의 데이터형(값 121212)은 string
$fruit의 데이터형은 array
$nai의 데이터형(값 )은 NULL
$boolean의 데이터형(값 1)은 boolean
```

결과를 보면 변수 nai의 값은 없는값 null을 대입했으므로 표시되지 않는 것을 확인할 수 있습니다.

데이터형 변환

초급
021

- **학습 내용 :** 데이터형을 변경하는 방법에 대해 학습합니다.
- **힌트 내용 :** 변수에 대입할 값 앞에 데이터형을 적습니다.

예를 들어, 데이터형을 변경한다는 것은 어떤 변수의 데이터형이 string(문자열)인데 integer(숫자 – 정수)로 변경하는 것을 의미합니다.

먼저, 변수에 값을 대입할 때 데이터형을 지정하는 방법에 대해 알아보겠습니다.

데이터형을 지정하여 변수에 값을 대입하는 방법

```
변수 = (데이터형) 값;
```

변수명이 str이고 대입할 값이 "문자열"이라면 다음과 같이 사용합니다.

```
$str = (string) "문자열";
```

데이터형을 변경하는 방법도 이와 다르지 않습니다.

데이터형이 문자열인 변수의 데이터형을 int(정수)로 변경하는 방법은 다음과 같습니다.

```
$str = (string) "문자열";
$str = (int) $str;
```

이렇게 되면 변수 str의 데이터형을 int로 변경됩니다. 대입된 값인 "문자열"은 데이터형이 string이 므로 숫자로 표현할 수 없으므로 숫자 0이 대입됩니다. 그러므로 변수 str의 값은 0입니다.

다음은 이를 확인하는 예제입니다.

📁 [코드 21-1] 21-1-dataTypeConversion.php

```php
1: <?php
2:     $str = "문자열";
3:     echo "데이터형 변경 전의 데이터형 ".gettype($str)."<br>";
4:
5:     $str = (int) $str;
6:     echo "데이터형 변경 후의 데이터형 ".gettype($str)." 값은 {$str}";
7: ?>
```

2 ◆ 변수 str의 값으로 "문자열"을 대입합니다. "문자열"을 대입했으므로 데이터형은 string입니다.

3 ◆ 변수 str의 데이터형을 확인합니다.

5 ◆ 변수 str의 데이터형을 숫자 정수인 int로 변경합니다.

6 ◆ 변수 str의 데이터형을 확인하고 형변환으로 인해 변경된 값을 확인합니다.

결과

데이터형 변경 전의 데이터형 string
데이터형 변경 후의 데이터형 integer 값은 0

결과를 보면 데이터형 변경 전에는 데이터형이 string이지만 형변환 이후 데이터형은 정상적으로 integer(int)로 변경되었고, 값을 숫자로 변경할 수 없으므로 0으로 변경되었습니다.

이번에는 변수 str에 "555문자열"을 대입 후 int로 형변환 후의 결과를 확인하겠습니다.

📁 [코드 21-2] 21-2-dataTypeConversion.php

```php
1: <?php
2:     $str = "123문자열";
3:     echo "데이터형 변경 전의 데이터형 ".gettype($str)."<br>";
4:
5:     $str = (int) $str;
6:     echo "데이터형 변경 후의 데이터형 ".gettype($str)." 값은 {$str}";
7: ?>
```

변수 str에 값 "123문자열"을 대입합니다. ◆ 2

int 데이터형으로 변수 str의 데이터형을 변경합니다. ◆ 5

 결과 ▶

데이터형 변경 전의 데이터형 string
데이터형 변경 후의 데이터형 integer 값은 123

결과를 보면 형변환 후의 값이 123으로 변경된 것을 알 수 있습니다. 이렇게 형변환 시에는 형변환 전 데이터의 앞에 있던 숫자는 그대로 유지되고 뒤에 있는 문자열은 제외되어 대입됩니다.

하지만 "문자열123"과 같이 숫자가 뒤에 위치한다면 int 데이터형으로 변환해도 대입되는 값은 0이 됩니다.

이번에는 소수를 정수로 변경하여 어떻게 값이 변경되는지 확인하겠습니다.

📂 **[코드 21-3] 21-3-dataTypeConversion.php**

```php
1: <?php
2:    $double = 86.44;
3:    echo "데이터형 변경 전의 데이터형 ".gettype($double)."<br>";
4:
5:    $double = (int) $double;
6:    echo "데이터형 변경 후의 데이터형 ".gettype($double)." 값은 {$double}";
7: ?>
```

변수 double에 값 86.44를 대입합니다. 소수이므로 데이터형은 double입니다. ◆ 2

데이터형이 int로 변경합니다. ◆ 5

 결과 ▶

데이터형 변경 전의 데이터형 double
데이터형 변경 후의 데이터형 integer 값은 86

86.44를 데이터형 정수(int)로 변경하면 86.44의 정수 부분인 86이 대입됨을 알 수 있습니다.

if 조건문

- **학습 내용 :** 조건문과 조건문에 쓰이는 기호에 대해 학습합니다.
- **힌트 내용 :** if문을 사용합니다.

프로그래밍을 하면서 가장 많이 쓰이는 문은 조건문이 아닐까 싶습니다. 조건문은 어떠한 조건이 참인지 거짓인지를 판별하여 각각의 결과를 다르게 수행해야 할 때 사용합니다. 예를 들어, 게시글의 [입력] 버튼을 눌렀을 때 사용자가 게시글을 입력했는지 입력하지 않았는지를 판별합니다. 입력을 했다면 게시글을 업로드하고 입력하지 않았다면 게시글을 입력하라는 문구를 사용자에게 알려야 합니다. 이러한 경우를 조건문을 사용하여 처리합니다.

조건문은 if라는 명령문을 사용합니다. if라는 명령문의 조건이 참이면 해당 명령을 실행하고, 참이 아니면 실행하지 않습니다.

조건문 판별 기호

기호	의미	예문	예문 결과
〉	크다	2 〉 1	참
〉=	크거나 같다	3 〉= 3	참
〈	작다	2 〈 1	거짓
〈=	작거나 같다	3 〈= 3	참
==	같다	2 == 1	거짓
!=	같지 않다	2 != 1	참(같지 않으므로 참)

2 〉 1은 2가 1보다 크므로 참입니다.

3 〉= 3은 크거나 같으므로 참입니다.

2 〈 1은 2가 1보다 작지 않으므로 거짓입니다.

3 〈= 3은 3이 3과 작거나 같으므로 참입니다.

2 ==1은 2가 1과 같지 않기 때문에 거짓입니다.

2 != 1은 2와 1이 같지 않아야 참입니다. 같지 않다는 조건이 일치하므로 참입니다.

if문 조건식 사용 방법

```
$a = 10;
$b = 20;
if ($a == $b) {
   //조건이 참일 때 사용할 명령어
}
```

다음은 if 조건문을 사용한 예제입니다.

📁 [코드 22-1] 22-1-if.php

```
1: <?php
2:     $num1 = 4;
3:     $num2 = 4;
4:
5:     //두 값이 서로 일치하는지 판별
6:     if($num1 == $num2){
7:         echo "변수 num1과 num2의 값은 같습니다.";
8:     }
9: ?>
```

변수 num1과 변수 num2에 4를 대입합니다.　　　　　　　　　　　　　　　　　◆ 2, 3

if문의 조건으로 변수 num1과 변수 num2의 값이 동일한지 확인합니다.　　　　◆ 6

값이 같다면 7라인의 출력문이 실행되며, 값이 같지 않다면 실행되지 않습니다.　◆ 7

결과

변수 num1과 num2의 값은 같습니다.

하나의 if문에 여러 개의 조건문을 사용할 수 있습니다. 여러 개의 조건문을 사용하려면 AND 연산자와 OR 연산자를 사용합니다.

AND 연산자는 조건이 모두 참이면 참이고, OR 연산자는 조건 중 하나라도 참이면 참입니다.

&&(AND)	모든 조건이 참이어야 참
||(OR)	조건 중 하나라도 참이면 참

AND 연산자는 기호 &&로 표기하며, OR 연산자는 기호 ||로 표기합니다.

&&와 || 사용 방법

• **&&(AND)**

if((1==1) && (2==2))
앞의 조건은 1==1도 참이고, 2==2도 참입니다.
2개의 조건식 모두 참이므로 if문의 조건식은 참이 됩니다.

if((1==2) && (2==2))
앞의 조건은 1==2에서 거짓이므로 그 다음 식이 참이라 하더라도 거짓으로 판명되어 실행되지 않습니다.

• **||(OR)**

if((1==2)) || (2 ==2))
앞의 조건에서 1==2는 거짓이지만, 2==2는 참이므로 실행됩니다.

if((1==2) || (5 <= 2))
앞의 조건은 둘 다 거짓이므로 실행되지 않습니다.

AND 연산자와 OR 연산자는 주로 기호를 사용하지만 AND나 OR을 직접 작성해도 작동합니다.

다음의 두 식은 같은 의미입니다.

if((1==2)) || (2 ==2))
if((1==2)) OR (2 ==2))

다음은 여러 개의 조건을 사용한 if문 예제입니다.

📁 **[코드 22-2] 22-2-if.php**

```php
1: <?php
2:     $gender = "boy";
3:     $likePlace = "disneyland";
4:
5:     //변수 gender의 값과 변수 likePlace의 값이 모두 참인지 확인
6:     if ($gender == "boy" && $likePlace == "disneyland") {
7:         echo "소년은 디즈니랜드를 좋아합니다.";
8:     }
9:
10:    echo '<br>';
11:
12:    $gender = "girl";
13:    $likePlace = "Universal Studios";
14:
15:    //변수 gender의 값과 변수 likePlace의 값이 모두 참인지 확인
16:    if ($gender == "girl" && $likePlace == "disneyland") {
17:        echo "소녀는 디즈니랜드를 좋아합니다.";
18:    }
19: ?>
```

두 개의 조건을 사용했고, 두 개의 조건이 모두 참이어야 if문의 조건이 참이 됩니다. 이 두 조건은 ◆ 6
모두 참이므로 조건문이 실행됩니다.

두 개의 조건을 사용했고 6라인과 같이 모두 참이어야 if문의 조건이 참이 됩니다. 첫 번째 조건은 ◆ 16
참이지만 두 번째 조건은 거짓이므로 if문은 실행되지 않습니다.

결과 ▶▶▶▶▶▶▶▶▶▶▶▶▶▶▶▶▶▶▶▶▶▶▶▶▶▶▶▶▶▶▶▶▶▶▶▶▶▶

소년은 디즈니랜드를 좋아합니다.

if 조건문의 조건이 거짓이면 else문 사용

• **학습 내용 :** 조건문의 조건의 참이 아닐 시에 작동하는 명령문을 학습합니다.
• **힌트 내용 :** else 문을 사용합니다.

if문의 조건이 거짓일 때 어떠한 명령을 수행하려면 else문을 사용합니다.

else문 사용 방법

```
if (조건문) {
  //조건이 참일 때 사용할 명령어
} else {
   //조건이 참이 아닐 때 사용할 명령어
}
```

else문은 if 조건문 다음에 사용하며 서로 짝을 이뤄 사용되므로 if 조건문이 거짓이면 else문이 실행됩니다. 다음은 else문을 사용한 예제입니다.

📁 [코드 23] 23-else.php

```php
1:  <?php
2:      $num1 = 3;
3:      $num2 = 4;
4:
5:      //두 값이 서로 일치하는지 안하는지 판별
6:      if ($num1 == $num2){
7:          echo "변수 num1과 num2의 값은 같습니다.";
8:      } else {
9:          echo "변수 num1과 num2의 값은 같지 않습니다.";
10:     }
11: ?>
```

6 ◆ 변수 num1의 값과 변수 num2의 값이 같은지 확인합니다. 값은 서로 다르므로 if 조건문의 조건은
거짓이 되어 else문이 실행됩니다.

변수 num1과 num2의 값은 같지 않습니다.

조건에 대해 좀 더 알아보겠습니다. 조건이 참이라는 것은 참 성향의 값을 의미합니다. 참 성향의 값에는 false와 null 이외의 값을 의미합니다. 즉, 조건의 값이 꼭 true가 아니더라도 1 또는 '참'과 같은 값이 조건에 사용되면 그 조건문은 참으로 판별됩니다. 거짓 성향의 값은 false와 null이 있습니다.

다음과 같이 조건문에 true를 입력하면 if문의 조건은 참이 됩니다.

```
if(true){
    echo '참';
}
```

다음과 같이 조건문에 숫자 1과 문자열 '안녕'을 입력해도 if문의 조건은 참이 됩니다.

```
if(1){
    echo '참';
}

if('안녕'){
    echo '참';
}
```

다음과 같이 조건에 거짓 성향의 값을 if문의 조건문에 사용하면 조건은 거짓으로 판별됩니다. 다음의 if문 코드는 실행되지 않습니다.

```
if(null){
    echo '참';
}

if(false){
    echo '참';
}
```

else문에 if문 사용하기

- **학습 내용** : else문에 다른 명령문을 사용할 수 있습니다.
- **힌트 내용** : else 다음에 명령문을 입력합니다. else if

else문에 if문을 붙여서 사용할 수 있습니다. if문의 조건문이 거짓일 때 else문에 if문을 사용해 다른 조건을 제시할 경우 사용합니다.

else문에 if문 사용 방법

```
if (조건문) {
    //조건이 참일 때 조건
} else if(조건문) {
    //조건이 참일 때 조건
}
```

if문의 조건이 참이 아니면 else문에 있는 if문의 조건을 확인하며, 참이면 명령어를 실행합니다.

📁 [코드 24] 24-else-if.php

```
1:  <?php
2:      $gender = 'girl';
3:      $likePlace = "Universal Studios";
4:
5:      if($gender == 'girl' && $likePlace == 'disney land'){
6:          echo "소녀는 디즈니랜드에 가는 것을 좋아합니다.";
7:      } else if($gender == 'girl' && $likePlace == 'Universal Studios'){
8:          echo "소녀는 유니버설 스튜디오에 가는 것을 좋아합니다.";
9:      }else{
10:         echo "소녀는 무엇도 좋아하지 않습니다.";
11:     }
12: ?>
```

if문의 조건이 거짓이므로 7라인의 조건이 참인지 확인합니다. ◆ 5

7라인의 조건은 참이므로 8라인이 실행됩니다. ◆ 7

7라인의 조건이 참이므로 10라인은 실행되지 않습니다. ◆ 9

결과 ▶▶

소녀는 유니버셜 스튜디오에 가는 것을 좋아합니다.

switch 조건문

• **학습 내용 :** switch 조건문에 대해 학습합니다.
• **힌트 내용 :** switch 조건문은 여러 개의 조건을 확인할 때 사용합니다.

조건문에는 if문 외에도 switch문이 있습니다. 한 번에 여러 개의 조건문을 사용하고 조건에 따라 명령문이 달라야 하는 경우에 유용하게 사용할 수 있는 조건문입니다.

switch문 사용 방법

```
switch (일치해야 할 대상) {
  case 일치하는지를 비교할 값 또는 조건:
    //실행할 명령문
  break;

  //case문에 일치하는 대상이 없을 때 실행하는 명령문 default
  default:
    //case문에 일치하는 대상이 없을 때 사용
  break;
}
```

일치해야 할 대상을 switch문에 적은 후 안에서 case문으로 같은 값 또는 조건을 확인합니다. case문의 안에는 break문을 넣어야 그 다음 case문을 확인하지 않고 바로 switch문을 빠져나오게 됩니다. break문을 넣지 않으면 다음 case문이 실행되므로 break문을 넣어줍니다. case문과 일치하는 값이나 조건이 없는 경우에는 default문이 실행됩니다.

다음은 case문을 활용한 예제입니다.

📁 **[코드 25-1] 25-1-switch.php**

```php
1: <?php
2:     $likeCharacter = 'mickey';
3:
4:     switch($likeCharacter) {
5:         case 'mickey':
6:             echo '미키';
7:         break;
8:
9:         case 'minnie';
10:             echo '미니';
11:         break;
12:
13:         case 'stellalou':
14:             echo '스텔라루';
15:         break;
16:
17:         case 'duffy':
18:             echo '더피';
19:         break;
20:
21:         default :
22:             echo '무엇도 좋아하지 않습니다. ';
23:         break;
24:     }
25: ?>
```

변수 likeCharacter을 선언합니다.　　　　　　　　　　　　　　　　　　　　◆ 2

switch문에서 확인할 값으로 변수 likeCharacter을 사용합니다.　　　　　　◆ 4

case문으로 변수 likeCharacter의 값과 일치하는지 확인합니다. 일치하면 6라인이 실행되며 7라인의 ◆ 5
break;문을 만나 switch문이 종료됩니다.

일치하는 case문이 없으면 default 문이 실행되지만 5라인에서 일치하므로 실행되지 않습니다. ◆ 21

미키

break문이 없다면 어떠한 현상이 나타나는지 확인해보겠습니다.

다음은 [코드 25-1]과 같은 코드에 7라인의 break문을 삭제한 예제입니다.

📁 [코드 25-2] 25-2-switchNoBreak.php

```php
 1: <?php
 2:     $likeCharacter = 'mickey';
 3:
 4:     switch($likeCharacter) {
 5:         case 'mickey':
 6:             echo '미키';
 7:
 8:         case 'minnie';
 9:             echo '미니';
10:         break;
11:
12:         case 'stellalou':
13:             echo '스텔라루';
14:         break;
15:
16:         case 'duffy':
17:             echo '더피';
18:         break;
19:
20:         default :
21:             echo '무엇도 좋아하지 않습니다. ';
22:         break;
23:     }
24: ?>
```

5 ◆ 변수 likeCharacter의 값과 일치하므로 6라인은 실행됩니다.

case문의 설정된 값 minnie와는 일치하지 않지만 5라인의 case문과 일치했으므로 case를 확인하지 않 ◆ 8
고 다음 명령문을 실행하게 됩니다.

break문을 만나 switch문에서 빠져나옵니다. ◆ 10

♀ 결과 ▶▶▶

미키미니

첫 번째 case문에 break가 없으므로 다음 case문까지 실행되어 6라인의 미키와 9라인의 미니가 출력
되었습니다.

else문에 switch문 사용하기

• 학습 내용 : else 문에 switch문을 사용하는 방법에 대해 학습합니다.
• 힌트 내용 : else문 다음에 if문을 사용했듯이 switch문도 사용할 수 있습니다.

앞에서 else문 다음에 if 조건문을 사용했었습니다. 같은 원리로 else문 다음에 switch도 사용할 수 있습니다.

else문에 switch문 사용하기

```
if (조건) {
명령문
} else switch (변수) {
명령문
}
```

다음은 else문에 switch문을 사용한 예제입니다.

[코드 26] 26-else-switch.php

```php
1: <?php
2:     $gender = 'woman';
3:     $likePlace = "Universal Studios";
4:
5:     if($gender == 'man'){
6:         echo "only woman.";
7:     } else switch ($likePlace){
8:         case 'disneyland':
9:             echo "디즈니랜드를 좋아합니다.";
10:            break;
11:        case 'disneysea':
12:            echo "디즈니씨를 좋아합니다.";
13:            break;
14:        case 'Universal Studios':
```

```
15:            echo "유니버셜 스튜디오를 좋아합니다. ";
16:            break;
17:        default :
18:            echo "무엇도 좋아하지 않습니다.";
19:    }
20: ?>
```

if 조건문의 조건이 거짓이므로 else문의 switch문이 실행됩니다. ◆5

else문에 switch문을 사용하여 변수 likePlace의 값에 따른 명령을 실행합니다. ◆7

 결과 ▶▶▶

유니버셜 스튜디오를 좋아합니다.

switch문의 case문에 조건 사용하기

- **학습 내용** : switch–case문에 조건을 적용하는 방법에 대해 학습합니다.
- **힌트 내용** : case문에 조건을 사용합니다.

지금까지 case문을 학습하면서 정해진 값을 대상으로 일치 여부를 확인했습니다. 정해진 값 외에도 조건을 부여하여 참인 경우 원하는 명령을 실행할 수 있습니다.

switch문의 case문에 조건 적용하기

```
switch(변수){
  case (조건):
    //명령문;
    break;
}
```

나이를 토대로 10대, 20대, 30대를 구별한다면 다음과 같이 사용할 수 있습니다.

📁 **[코드 27] 27-switch-condition.php**

```php
 1: <?php
 2:     $age = 24;
 3:
 4:     switch ($age){
 5:         case ($age >= 10 && $age <= 19):
 6:             echo "10대입니다.";
 7:             break;
 8:
 9:         case ($age >= 20 && $age <= 29):
10:             echo "20대입니다.";
11:             break;
12:
13:         case ($age >= 30 && $age <= 39):
14:             echo "30대입니다.";
```

```
15:            break;
16:    }
17: ?>
```

변수 age에 정수 24를 값으로 대입합니다.   ◆ 2

switch문이 확인할 값으로 변수 age를 사용합니다.   ◆ 4

변수 age의 값에 대한 조건을 확인합니다.   ◆ 5, 9, 13

 결과 ▶▶▶

20대입니다.

여러 가지 조건을 사용하는 목적으로 switch 조건문이 있기 때문에 else if문을 여러 개 사용하는 것
보다는 switch문을 사용하는 것이 좋습니다.

for 반복문

- **학습 내용 :** 같은 유형의 명령을 반복적으로 사용할 때 반복문을 사용합니다.
- **힌트 내용 :** for( )문은 초기값, 조건식, 증감식으로 구성됩니다.

같은 일을 반복적으로 구현할 때는 반복문을 사용합니다. 예를 들어, 화면에 "김태영"을 10번 출력한다고 할 때 반복문을 사용하면 echo문을 10번 입력할 필요가 없습니다.

for문 사용 방법

```
for(초기값; 조건식; 증감식){
    실행할 코드
}
```

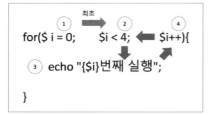

초기값	변수를 선언한 후 값을 대입 $i = 0;
조건식	초기값에서 선언한 변수가 조건에 참일 경우 for문 작동 예) $i <= 10; i가 10보다 작거나 같으면 for문 작동
증감식	i를 증가시켜 조건식을 모두 만족한 후 for문을 빠져나오게 함 예) i++(++는 값에 1을 더한다는 의미) 예) i--(--는 i의 값에 1을 뺀다는 의미)
실행할 코드	조건이 참인 동안 실행할 코드

다음의 코드가 있습니다.

```
for ($i = 0; $i < 4; $i++) {
    echo "{$i}번째 실행";
}
```

다음은 i의 값에 따라 어떻게 실행되는지 테이블로 표현하였습니다.

변수 i의 값	조건식	조건의 상태	행동
0	0 〈 4	참	echo "0번째 실행"
1	1 〈 4	참	echo "1번째 실행"
2	2 〈 4	참	echo "2번째 실행"
3	3 〈 4	참	echo "3번째 실행"
4	4 〈 4	거짓	for문 빠져나옴

변수 i의 값이 4가 된 후 조건식에서 거짓으로 판명되어 명령문을 실행하지 않고 for문을 빠져나오게 됩니다.

다음은 1부터 10을 출력하는 예제입니다.

📁 [코드 28] 28-for.php

```php
1: <?php
2:     for ($i = 1; $i <= 10; $i++ ) {
3:         echo $i.',';
4:     }
5: ?>
```

for문의 변수 i에 1을 대입한 뒤 10보다 작거나 같다는 조건을 설정하고 변수 i를 1씩 증감하여 조건이 참인 동안 3라인을 실행합니다.   ◆ 2

결과 ▶▶▶▶▶▶▶▶▶▶▶▶▶▶▶▶▶▶▶▶▶▶▶▶▶▶▶▶▶▶▶▶▶

1,2,3,4,5,6,7,8,9,10,

변수 i의 값이 1부터 대입되기 시작하여 10까지 대입되어 값이 출력됨을 알 수 있습니다. 변수 i의 값이 11이 대입된 후 조건에 거짓으로 판명되어 for문을 빠져나와 더이상 for문이 실행되지 않았음을 알 수 있습니다.

초급

029

for 반복문 안 if 조건문 사용하기

- **학습 내용 :** for 문 안에서도 여러 명령문을 사용할 수 있습니다.
- **힌트 내용 :** for문 조건의 결과가 참인 동안 실행할 명령문은 무엇이든 입력합니다.

for 반복문 안에서 여러 가지 명령문을 사용할 수 있습니다. if문을 사용하는 방법에 대해 알아보겠습니다.

for 반복문 안에서 if 조건문 사용 방법

```
for (초기값; 조건문; 증감식) {
    if (조건문) {
    }
}
```

다음은 for 반복문 속에서 if 조건문을 활용하여 1부터 50까지의 수에서 짝수의 합을 구하는 예제입니다.

📂 [코드 29] 29-for-in-if.php

```php
1:  <?php
2:      $sum = 0;
3:      $maxValue = 50;
4:      for ($i = 1; $i <= $maxValue; $i++) {
5:          if($i % 2 == 0){
6:              $sum += $i;
7:          }
8:      }
9:
10:     echo "1부터 {$maxValue}까지의 짝수 누적합 : {$sum}";
11: ?>
```

수를 합하는 값을 대입하기 위한 변수 sum을 선언합니다. ◆ 2

변수 i에 1을 대입하고 변수 i의 값이 변수 maxValue의 값인 50이 될 때까지 작동하는 for문입니다. ◆ 3

변수 i의 값을 2로 나누기하여 나머지 값이 0이면 짝수라는 의미이므로 5라인을 실행합니다. ◆ 4

연산자 [+=]를 사용해 변수 sum의 값에 변수 i의 값을 더합니다. 변수 sum의 값은 2로 나누기하여 ◆ 5
나머지 값이 0인 값만 더해집니다.

결과 ▶

1부터 50까지의 짝수 누적합 : 650

반복문에서 빠져나오기 break

• **학습 내용 :** for 반복문 작동 중 반복문의 수행을 중단할 수 있습니다.
• **힌트 내용 :** for문이 작동하는 동안 break문을 만나면 중단됩니다.

반복문 실행 도중 break문을 만나면 반복문은 실행을 중단하게 됩니다.

다음은 for문이 10회 작동하도록 하고 변수 $i의 값이 5이면 for문을 중단하는 예제입니다.

📁 **[코드 30] 30-break.php**

```php
1: <?php
2:     for ($i = 0; $i < 10; $i++) {
3:         if($i == 5){
4:             break;
5:         }
6:         echo $i.',';
7:     }
8: ?>
```

3 ◆ 변수 i의 값이 5이면 6라인의 break문이 작동하여 for문의 작동이 중단됩니다.

📍 **결과** ▶▶▶▶▶▶▶▶▶▶▶▶▶▶▶▶▶▶▶▶▶▶▶▶▶▶▶▶▶▶▶▶▶▶▶▶

0,1,2,3,4,

결과를 보면 변수 i가 5일 때 for문의 작동이 중단되었음을 알 수 있습니다.

반복문에서 스킵하기 continue

초급
031

- **학습 내용** : for문에서 특정 조건에서는 스킵할 수 있습니다.
- **힌트 내용** : for문이 작동하는 동안 continue문을 만나면 스킵합니다.

반복문 작동 중 continue문을 만나면 continue문 아래에 있는 명령문을 실행하지 않고 바로 다음 반복을 진행합니다.

다음은 for문이 10회 작동하도록 하고 변수 $i의 값이 5이면 이후의 명령문을 실행하지 않고 다음 반복으로 넘어가는 예제입니다.

📁 **[코드 31] 31-continue.php**

```php
1: <?php
2:    for ($i = 0; $i < 10; $i++) {
3:        if($i == 5){
4:            continue;
5:        }
6:        echo $i.',';
7:    }
8: ?>
```

변수 i의 값이 5이면 4라인의 continue문이 작동하여 해당 명령이 수행되지 않고 다음 회로 넘어갑니다. 그러므로 6라인은 실행되지 않습니다.

◆ 3

 결과 ▶

0,1,2,3,4,6,7,8,9,

결과를 보면 변수 i의 값이 5일 때 스킵되는 것을 알 수 있습니다.

for 반복문 속 for 반복문

초급
032

- **학습 내용 :** for문 안에서 for문을 작동시키는 방법에 대해 학습합니다.
- **힌트 내용 :** for문 안에서 for문을 작동시키면 복잡한 연산을 간단히 처리할 수 있습니다.

for 반복문에서 if문을 사용할 수 있듯이 for 반복문 안에서 여러 프로그래밍이 가능합니다.

다음의 코드를 보겠습니다.

```
for($i = 0; $i < 3; $i++){
  echo "바깥쪽 for문 횟수 : {$i}";

  for($n = 0; $n < 3; $n++) {
    echo "안쪽 for문 횟수 : {$n}";
  }
}
```

처음 보는 for문을 바깥쪽 for문이라 칭하고, 바깥쪽 for문 안에 있는 for문을 안쪽 for문으로 칭하겠습니다. 바깥쪽 for문이 작동하면 안쪽 for문이 작동하고, 조건이 거짓이 되면 다시 바깥쪽 for문이 작동을 한 후 안쪽 for문이 작동하는 방식입니다.

다음은 바깥쪽 for문의 변수 i와 안쪽 for문의 변수 n의 값 변화입니다.

변수	값								
i	0			1			2		
n	0	1	2	0	1	2	0	1	2

바깥쪽 반복문의 변수 i의 값이 0일 때 안쪽 for문의 변수 n의 값이 0부터 1, 2가 되며, 바깥쪽 반복문이 작동 중인 상태이므로 바깥쪽 반복문이 작동하여 변수 i의 값이 1이 되고 다시 안쪽 반복문이 작동하여 변수 n의 값이 0부터 1, 2가 됩니다.

그럼 앞의 코드를 조금 수정하여 직접 실행하여 결과를 보겠습니다.

📁 **[코드 32-1] 32-1-for-in-for.php**

```php
 1: <?php
 2:     for($i = 1; $i <= 3; $i++){
 3:         echo "바깥쪽 for문 횟수 : {$i}<br>";
 4:
 5:         for($n = 1; $n <= 3; $n++) {
 6:             echo "안쪽 for문 횟수 : {$n}<br>";
 7:         }
 8:
 9:         echo '<br>';
10:     }
11: ?>
```

바깥쪽 for문은 변수 i 의 값이 1이고 3이 될 때까지 작동하므로 3회 작동합니다. ◆ 2

바깥쪽 for문의 변수 i의 값과 반복 횟수를 알기 위한 표시입니다. ◆ 3

안쪽 for문도 마찬가지로 3회 작동하도록 만듭니다. ◆ 5

안쪽 for문의 변수 n의 값과 반복 횟수를 알기 위한 표시입니다. ◆ 6

두 반복문 간의 구분을 하기 위해 br 태그를 사용합니다. 안쪽 for문의 바깥에 위치하므로 바깥쪽 ◆ 9
for문 작동 시에만 작동합니다.

📍 **결과** ▶▶▶

바깥쪽 for문 횟수 : 1
안쪽 for문 횟수 : 1
안쪽 for문 횟수 : 2
안쪽 for문 횟수 : 3

바깥쪽 for문 횟수 : 2
안쪽 for문 횟수 : 1
안쪽 for문 횟수 : 2
안쪽 for문 횟수 : 3

바깥쪽 for문 횟수 : 3

```
안쪽 for문 횟수 : 1
안쪽 for문 횟수 : 2
안쪽 for문 횟수 : 3
```

이번에는 for 반복문 안에서 for 반복문을 사용해 구구단을 출력하는 프로그램을 만들겠습니다. 바깥쪽 for문은 단수(2단, 3단 …)를 반복하기 위함이고, 안쪽 for문은 곱할 수(1…9)를 반복하기 위함입니다.

다음은 구구단의 2단과 3단을 출력하는 예제입니다.

📁 [코드 32-2] 32-2-mul.php

```php
1:  <?php
2:     for($i = 2; $i <= 3; $i++){
3:
4:         echo "{$i}단<br>";
5:
6:         for($n = 1; $n <= 9; $n++){
7:             $mul = $i * $n;
8:             echo "{$i} 곱하기 {$n} = {$mul}<br>";
9:         }
10:
11:        echo "<br><br>";
12:     }
13: ?>
```

2◆ 구구단은 보통 2단부터 세기 때문에 변수 i의 값에 2를 대입하며, 3단까지 표시하므로 3까지만 작동하게 조건을 설정합니다.

4◆ 단수를 표시합니다.

6◆ 단수가 곱할 값은 1부터 9이므로 변수 n의 값으로 1을 대입하며 9가 될 때까지 작동합니다.

7◆ 변수 mul에 변수 i의 값과 변수 n을 곱한 값을 대입합니다.

8◆ 단수와 곱하는 값을 표시합니다.

11◆ 단의 구분을 위해 br 태그를 사용합니다.

결과 ▶▶▶▶▶▶▶▶▶▶▶▶▶▶▶▶▶▶▶▶▶▶▶▶▶▶▶▶▶▶▶▶▶▶▶▶▶▶▶

```
2단
2 곱하기 1 = 2
2 곱하기 2 = 4
2 곱하기 3 = 6
2 곱하기 4 = 8
2 곱하기 5 = 10
2 곱하기 6 = 12
2 곱하기 7 = 14
2 곱하기 8 = 16
2 곱하기 9 = 18


3단
3 곱하기 1 = 3
3 곱하기 2 = 6
3 곱하기 3 = 9
3 곱하기 4 = 12
3 곱하기 5 = 15
3 곱하기 6 = 18
3 곱하기 7 = 21
3 곱하기 8 = 24
3 곱하기 9 = 27
```

결과를 보면 3단까지 표시합니다. 더 많이 표시하려면 [코드 32-2]의 2라인의 조건 3을 9로 변경하면 9단까지 확인할 수 있습니다.

초급
033

foreach( ) 반복문 사용하기

foreach는 배열을 다루기에 편리한 반복문입니다.

foreach문 사용 방법

```
foreach(배열 변수 as 배열의 값을 대입할 변수){
    배열의 값을 대입할 변수 사용
}
```

회원의 이름을 담고 있는 배열이 있습니다.

```
$memberList = ['김미우','김유나','김민후','김해윤'];
```

앞의 배열을 for문을 이용해서 출력한다면 다음과 같이 작성할 것입니다.

```
$memberListCount = count($memberList) - 1;
for($i = 0; $i < $memberListCount; $i++){
  echo memberListCount[$i];
}
```

foreach문을 사용하면 다음과 같이 더 적은 코드로 이름을 출력할 수 있습니다.

```
foreach($memberList as $ml){
  echo $ml;
}
```

다음은 foreach를 활용한 예제입니다.

📁 **[코드 33-1] 33-1-foreach.php**

```
1: <?php
2:     $memberList = ['미우','유나','민후','해윤'];
3:
4:     foreach($memberList as $ml){
5:         echo $ml;
6:         echo '<br>';
7:     }
8: ?>
```

이름 데이터가 있는 배열을 선언합니다.   ◆ 2

foreach문에 사용할 배열 데이터로 변수 memberList를 사용하고 foreach문 안에서 사용할 변수로 ml   ◆ 4
을 사용합니다.

변수 ml을 출력하여 배열의 데이터를 출력합니다.   ◆ 5

결과 ▶▶▶

```
미우
유나
민후
해윤
```

배열의 인덱스가 숫자가 아닌 문자로 된 배열을 처리하는 방법에 대해 알아보겠습니다. 다음과 같
이 이름과 이메일 정보가 있는 배열이 있습니다.

```
$memberList[0] = ['name'=>'미우','id'=>'miu'];
```

배열의 정보를 foreach를 사용해 출력하려면 다음과 같습니다.

```
foreach($memberList as $ml){
  echo '이름 : '.$ml['name'];
  echo 'ID : '.$ml['id'];
}
```

변수 ml에 출력할 배열의 인덱스도 함께 명시합니다. 예제를 통해서 결과를 확인하겠습니다.

📁 [코드 33-2] 33-2-foreach.php

```php
1: <?php
2:     $memberList[0] = ['name'=>'미우','id'=>'miu'];
3:     $memberList[1] = ['name'=>'유나','id'=>'yuna'];
4:     $memberList[2] = ['name'=>'민후','id'=>'minhoo'];
5:     $memberList[3] = ['name'=>'해윤','id'=>'haeyun'];
6:
7:     foreach($memberList as $ml){
8:         echo "이름 : ".$ml['name'];
9:         echo '<br>';
10:        echo " 아이디 : ".$ml['id'];
11:        echo '<br><br>';
12:    }
13: ?>
```

2~5 ◆ 이름과 아이디 정보가 있는 여러 명의 정보를 배열로 만듭니다.

8,10 ◆ 배열의 인덱스를 사용해 해당 정보를 출력합니다.

결과 ▶▶▶

이름 : 미우
아이디 : miu

이름 : 유나
아이디 : yuna

이름 : 민후
아이디 : minhoo

이름 : 해윤
아이디 : haeyun

배열의 인덱스를 출력하는 방법에 대해 알아보겠습니다.

foreach문에서 배열의 인덱스를 가져오는 방법

```
$memberList = ['name' => '미우','id' => 'miu'];
foreach(배열 as 인덱스를 대입할 변수 => 값을 대입할 변수){
}
```

인덱스를 대입할 변수의 이름이 index라고 하면 배열 memberList에 사용된 인덱스인 name과 id가
순차적으로 대입됩니다. 또한 값을 대입할 변수의 이름이 value라고 하면 값인 미우와 miu가 변수
value에 순차적으로 대입됩니다.

다음의 예제를 통해 결과를 확인하겠습니다.

📁 **[코드 33-3] 33-3-foreach.php**

```
1: <?php
2:     $memberList = ['name' => '미우','id' => 'miu'];
3:
4:     foreach($memberList as $index => $value){
5:         echo "인덱스 {$index}의 값 : {$value}";
6:         echo '<br>';
7:     }
8: ?>
```

foreach문에서 배열의 인덱스를 변수 index에 대입하고, 값을 변수 value로 대입합니다.

◆ 4

결과 ▶▶▶▶▶▶▶▶▶▶▶▶▶▶▶▶▶▶▶▶▶▶▶▶▶▶▶▶▶▶▶▶▶▶▶▶▶▶

인덱스 name의 값 : 미우
인덱스 id의 값 : miu

[코드 33-2]에서 사용된 다음의 데이터에서 배열의 인덱스 값을 가져오는 방법에 대해 알아보겠습
니다.

```
$memberList[0] = ['name'=>'미우','id'=>'miu'];
```

앞의 배열 데이터를 보면 인덱스 0임을 알 수 있으며 값은 배열로 되어 있습니다. 값 또한 배열이므로 foreach를 한 번 더 사용하여 인덱스와 값에 접근해야 합니다.

```php
foreach($memberList as $index => $value){
  foreach($value as $index2 => $value2){

  echo "인덱스 {$index2} 의 값 : {$value2}";
    echo '<br>';
    }
}
```

앞의 코드에서 변수 index의 값은 0이 되며, 변수 value의 값은 ['name'=>'미우','id'=>'miu'] 입니다. 안쪽의 foreach문에서 변수 value를 대상으로하여 변수 index2에는 'name', 'id'가 순차적으로 대입되며, 변수 value에는 '미우', 'miu'가 순차적으로 대입됩니다.

그럼 예제를 통해서 결과를 확인하겠습니다.

📁 [코드 33-4] 33-4-foreach.php

```php
1: <?php
2:     $memberList[0] = ['name'=>'미우','id'=>'miu'];
3:     $memberList[1] = ['name'=>'유나','id'=>'yuna'];
4:     $memberList[2] = ['name'=>'민후','id'=>'minhoo'];
5:     $memberList[3] = ['name'=>'해윤','id'=>'haeyun'];
6:
7:     foreach($memberList as $index => $value){
8:         foreach($value as $index2 => $value2 ){
9:             if($index2 == 'name'){
10:                 echo "{$value2}님의 아이디는 : ";
11:             }
12:             if($index2 == 'id'){
13:                 echo "{$value2} 입니다.";
14:             }
15:         }
16:         echo '<br><br>';
17:     }
18: ?>
```

인덱스의 값이 'name'이면 변수 value2의 값은 이름을 의미하므로 10라인에서 [누구누구님의 아이디 ◆ 9
는]과 같은 문자열을 출력합니다.

인덱스의 값이 'id'이면 변수 value2의 값은 아이디를 의미하므로 13라인에서 아이디를 알리는 문구 ◆ 12
를 출력합니다.

◯ 결과 ▶

미우님의 아이디는 : miu 입니다.

유나님의 아이디는 : yuna 입니다.

민후님의 아이디는 : minhoo 입니다.

해윤님의 아이디는 : haeyun 입니다.

while 반복문

while 반복문은 for 반복문에 비해 조금 더 심플한 형태를 갖추고 있습니다.

while문 사용 방법

```
증감식으로 사용할 변수 선언
while (조건식) {
    실행문;
    증감식;
}
```

변수와 조건식을 사용하여 표시한 사용 방법

```
$i = 0;
while($i < 10){
    실행문;
    $i++;
}
```

주의할 부분은 증감식을 설정하지 않으면 변수 i의 값은 변화가 없게 되므로 조건식은 언제나 참이 되어 while문의 작동이 멈추지 않고 계속 작동하게 됩니다.

while문의 조건식이 참이면 실행문이 실행되고, 거짓이면 while문에서 빠져나옵니다.

다음은 while 반복문을 이용하여 1부터 10까지의 누적합을 구하는 예제입니다.

📁 **[코드 34] 34-while.php**

```php
1:  <?php
2:      //합산값을 저장할 변수 선언
3:      $sum = 0;
4:
5:      //누적합을 시작할 값 선언
6:      $num = 1;
7:
8:      while($num <= 10){
9:
10:         //$num값을 $sum에 더하여 누적시킴
11:         $sum += $num;
12:
13:         $num++;
14:     }
15:
16:     //while문이 종료된 후 sum에 대입된 누적합계 출력
17:     echo "1부터 10까지의 누적합은 {$sum}입니다. "
18: ?>
```

합산값을 대입할 변수 sum을 선언합니다. while문이 순차적으로 작동하면서 합할값이 이곳에 합해 집니다. ◆3

변수 num에 더할 값의 시작인 1을 선언합니다. 변수 num의 값이 1씩 증가하며 2,3,4 … 10까지 값 이 변합니다. ◆6

while 반복문의 조건으로 변수 num의 값이 10이 될 때까지 작동하도록 합니다. ◆8

변수 sum의 값에 변수 num의 값을 더해 대입합니다. ◆11

변수 num의 값을 1씩 증가시킵니다. ◆13

 결과 ▶▶▶▶▶▶▶▶▶▶▶▶▶▶▶▶▶▶▶▶▶▶▶▶▶▶▶▶▶▶▶▶▶▶▶▶▶▶▶

1부터 10까지의 누적합은 55입니다.

do-while 반복문

- **학습 내용 :** 조건의 참, 거짓과 관계없이 일단 한 번 명령문을 실행하는 반복문에 대해 학습합니다.
- **힌트 내용 :** do while

do-while문은 우선 한 번 실행이 되고 그 이후 조건식이 참이면 실행하는 구조를 가진 반복문입니다.

do-while 반복문 사용 방법

```
do {
    명령문
}
while(조건식);
```

do문에 실행문을 작성하고 while문에는 조건식만 작성합니다. while문에 있는 조건식이 거짓이더라도 do문의 실행문을 일단 1회 실행하며, 이후에 조건식의 값에 따라 실행을 할지 안 할지가 결정됩니다.

다음은 do문의 실행문이 실행을 1회 하는지 안 하는지에 대해 확인하는 예제입니다. while문의 조건식에는 false(거짓)를 지정하여 조건이 거짓이더라도 do문의 명령문이 실행되는지 확인합니다.

📁 **[코드 35-1] 35-1-do-while.php**

```
1: <?php
2:     do{
3:         echo "이 문구는 1회만 출력돼야 정상입니다.";
4:     }
5:     while(false);
6: ?>
```

2 ◆ do문 안에 3라인의 출력문을 사용합니다.

5 ◆ while문의 조건으로 거짓(false)을 입력하여 조건을 거짓으로 지정합니다. 조건과 관계없이 우선 1회는 실행하므로 3라인은 출력됩니다.

결과 ▶▶▶▶▶▶▶▶▶▶▶▶▶▶▶▶▶▶▶▶▶▶▶▶▶▶▶▶▶▶▶▶▶▶▶▶▶▶▶

이 문구는 1회만 출력돼야 정상입니다.

다음은 do-while문을 사용해 [안녕하세요]를 5회 출력하는 예제입니다.

📁 **[코드 35-2] 35-2-do-while.php**

```php
1: <?php
2:     $i = 0;
3:
4:     do{
5:         echo "안녕하세요.<br>";
6:         $i++;
7:     }
8:
9:     while($i < 5);
10: ?>
```

while문의 조건식에 사용할 변수 i를 선언합니다.   ◆ 2

while문의 조건이 참인 동안에 변수 i의 값을 1씩 증가합니다.   ◆ 6

while문의 조건이 참인 동안에 실행되는 명령문은 do 문의 명령문인 5라인, 6라인입니다.   ◆ 9

 결과 ▶▶▶▶▶▶▶▶▶▶▶▶▶▶▶▶▶▶▶▶▶▶▶▶▶▶▶▶▶▶▶▶▶▶▶▶▶▶▶

안녕하세요.
안녕하세요.
안녕하세요.
안녕하세요.
안녕하세요.

변수 i의 값이 0, 1, 2, 3, 4로 변하면서 while문의 조건이 참이 되어 '안녕하세요.' 문구가 5회 출력
되었습니다.

문자열의 시작과 끝에 있는 공백 없애기

- **학습 내용 :** 문자열의 시작과 끝에 있는 공백을 없애는 함수에 대해 학습합니다.
- **힌트 내용 :** trim( ) 함수를 사용합니다.

이제부터는 문자열 관련한 함수에 대해 알아보겠습니다. 문자열의 앞과 뒤의 공백을 제거하는 trim()이라는 함수가 있습니다. 회원가입을 할 때 이름의 앞이나 뒤에 사용자의 실수로 공백이 들어갈 수 있습니다. 이러한 경우 공백을 없앨 때 사용하면 유용합니다.

문자열의 앞에 있는 공백만 없앨 경우는 ltrim(), 문자열의 뒤에 있는 공백을 제거할 때는 rtrim()을 사용합니다.

trim( ) 사용 방법

```
trim('문자열');
ltrim('문자열');
rtrim('문자열');
```

다음은 trim(), ltrim(), rtrim()을 사용한 예제이며, 출력문 안에 있는 |는 공백 존재 여부를 확인하기 위해 사용했습니다.

📁 [코드 36] 36-trim.php

```php
 1:  <?php
 2:
 3:      $str = " 양쪽 모두 공백 없앰 ";
 4:      echo '|'.trim($str).'|'; //|는 공백 확인을 위해 사용
 5:      echo "<br>";
 6:
 7:      $str = " 앞만 공백 없앰 ";
 8:      echo '|'.ltrim($str).'|'; //|는 공백 확인을 위해 사용
 9:      echo "<br>";
10:
```

```
11:      $str = " 뒤만 공백 없앰 ";
12:      echo 'I'.rtrim($str).'I'; //I는 공백 확인을 위해 사용
13:  ?>
```

변수 str에 양쪽 모두 공백이 있는 문자열을 대입합니다.　　　　　　　◆ 3

trim( ) 함수를 사용하여 양쪽의 공백을 모두 제거합니다.　　　　　　　◆ 4

변수 str에 양쪽 모두 공백이 있는 문자열을 대입합니다.　　　　　　　◆ 7

ltrim( ) 함수를 사용하여 시작 부분의 공백만 제거합니다.　　　　　　　◆ 8

변수 str에 양쪽 모두 공백이 있는 문자열을 대입합니다.　　　　　　　◆ 11

rtrim( ) 함수를 사용하여 끝 부분의 공백만 제거합니다.　　　　　　　◆ 12

결과 ▶▶

I양쪽 모두 공백 없앰I
I앞만 공백 없앰 I
I 뒤만 공백 없앰I

문자열을 대문자로 출력하기

• **학습 내용 :** 문자열을 모두 대문자로 변경하는 함수에 대해 학습합니다.
• **힌트 내용 :** strtoupper( ) 함수를 사용합니다.

문자열에 있는 모든 영문을 대문자로 변경하려면 strtoupper( ) 함수를 사용합니다.

strtoupper( ) 사용 방법

```
strtoupper ('문자열');
```

다음은 strtoupper( )를 활용한 예제입니다.

📁 [코드 37] 37-strtoupper.php

```php
1: <?php
2:     $str = "everdevel";
3:     echo strtoupper($str);
4: ?>
```

2 ◆ 변수 str에 소문자 영문을 값으로 대입합니다.

3 ◆ strtoupper 함수를 사용해 소문자인 문자열을 대문자로 변경하여 echo문을 이용해 출력합니다.

 결과 ▶▶

EVERDEVEL

문자열을 소문자로 출력하기

초급

038

- **학습 내용 :** 문자열을 모두 소문자로 변경하는 함수에 대해 학습합니다.
- **힌트 내용 :** strtolower ( ) 함수를 사용합니다.

문자열에 있는 모든 영문을 소문자로 변경하려면 strtolower( ) 함수를 사용합니다.

strtolower( ) 사용 방법

```
strtolower ('문자열');
```

다음은 strtolower( )를 활용한 예제입니다.

📁 [코드 38] 38-strtolower.php

```
1: <?php
2:     $str = "EVERDEVEL";
3:     echo strtolower($str);
4: ?>
```

변수 str에 대문자 영문을 값으로 대입합니다. ◆ 2

strtolower 함수를 사용해 소문자인 문자열을 대문자로 변경하여 echo문을 이용해 출력합니다. ◆ 3

 결과 ▶

everdevel

초급

039

문자열의 수 세기

• **학습 내용 :** 문자열의 수를 세는 함수에 대해 학습합니다.
• **힌트 내용 :** strlen( ) 함수를 사용합니다.

문자열의 글자수를 확인하려면 strlen( ) 함수를 사용합니다.

strlen( ) 사용 방법

```
strlen ('문자열');
```

📁 **[코드 39] 39-strlen.php**

```php
1: <?php
2:     $str = "beanscent";
3:     echo "문자열 수 : ".strlen($str);
4:
5:     echo '<br>';
6:
7:     $str = " b e a n s c e n t ";
8:     echo "문자열 수 : ".strlen($str);
9: ?>
```

2 ◆ strlen( ) 함수에 사용할 문자열을 str 변수에 대입합니다.

7 ◆ strlen( ) 함수가 띄어쓰기까지 문자열로 세는지 확인하기 위해 공백(스페이스)과 문자열을 입력합니다.

 결과 ▶

문자열 수 : 9
문자열 수 : 19

결과의 두 번째 줄을 보면 공백까지 포함하여 수를 세는 것을 알 수 있습니다.

문자열의 특정 문자를 치환하기

초급
040

- **학습 내용** : 문자열에서 특정 문자를 다른 문자로 치환하는 방법에 대해 학습합니다.
- **힌트 내용** : str_replace( ) 함수를 사용합니다.

문자열 안에서 특정 문자를 다른 문자로 치환하려면 str_replace( ) 함수를 사용합니다. 대상 문자열에서 치환할 문자를 찾아 대체할 문자로 치환합니다.

str_replace( ) 사용 방법

str_replace('치환할 문자', '대체할 문자', '대상 문자열');

📁 **[코드 40] 40-str_replace.php**

```php
1: <?php
2:     $str = "welcome to everdevel";
3:
4:     //변수 str에 있는 everdevel을 beancent로 치환
5:     $changeWord = str_replace('everdevel','beanscent', $str);
6:     echo $changeWord;
7: ?>
```

일부 치환할 문자열을 변수 str에 대입합니다. ◆ 2

str_replace( )를 사용해 변수 str에 있는 'everdevel'을 'beanscent'로 치환하여 str_replace( ) 함수가 반환한 값을 변수 changeWord 변수에 대입합니다. ◆ 5

결과를 보면 'welcome to everdevel'의 'everdevel' 문구가 'beanscent'로 치환되었음을 알 수 있습니다. ◆ 6

결과 ▶

welcome to beanscent

문자열을 자릿수로 자르기

- **학습 내용** : 문자열의 자릿수를 기준으로 문자열을 자르는 방법에 대해 학습합니다.
- **힌트 내용** : substr( ) 함수를 사용합니다.

substr( )을 사용하면 문자열에서 자릿수를 지정하여 특정 자릿수의 문자열을 잘라낼 수 있습니다.

substr( ) 함수 사용 방법

substr("대상 문자열", 자르기 시작할 위치, 자를 문자열 수);

대상 문자열이 everdevel이라고 할 때 자르기 시작할 위치는 왼쪽부터 오른쪽으로 0부터 시작합니다. 즉, everdevel에서 ever를 잘라 가져오려면 자르기를 시작할 위치는 0이며, ever은 네 글자이므로 자를 문자열 수에 4를 입력합니다. 자르기 시작할 위치의 첫 번째 문자가 0이므로 거꾸로 자르려면 음수를 입력해야 합니다.

즉, 끝에서부터 시작하려면 제일 마지막 문자가 −1 위치를 갖고 있습니다. 마지막의 vel을 자른다면 자르기 시작할 위치는 −3이며 자를 문자열 수는 3이 됩니다.

다음은 substr( )를 활용하여 파일명의 확장자를 구해 이미지 파일인지 확인하는 예제입니다.

📁 [코드 41] 41-substr.php

```
1:  <?php
2:      $str = "everdevel";
3:
4:      //0자리 시작하여 5글자를 자른 후 cutStr에 대입
5:      $cutStr = substr($str, 0, 5);
6:
7:      echo $cutStr;
8:  ?>
```

자를 문자열을 변수 str에 대입합니다.　　　　　　　　　　　　　　　　　　　　　　　◆ 2

substr( ) 함수를 사용해 시작 자리를 0으로 설정, 5글자를 잘라 변수 cutStr에 대입합니다.　◆ 5

잘라진 문자열을 확인합니다.　　　　　　　　　　　　　　　　　　　　　　　　　　　◆ 7

 결과 ▶▶

everd

문자열을 자를 때 역순으로 시작하여 문자열을 잘라 devel만 출력한다면 [코드 41]의 5라인은 다음과 같습니다.

```
5: $cutStr = substr($str, -5, 5);
```

결과 ▶▶

devel

초급

042

첫 글자를 대문자로 변경하기

- **학습 내용 :** 문자열의 첫 글자가 영문이면 첫 글자만 대문자로 변경하는 방법에 대해 학습합니다.
- **힌트 내용 :** ucfirst( ) 함수를 사용합니다.

ucfirst( ) 함수는 문자열의 첫 글자가 영문이면 첫 글자를 대문자로 변경합니다.

ucfirst( ) 함수 사용 방법

```
ucfirst('문자열');
```

다음은 문자열의 첫 글자가 영문인 문자열과 그렇지 않은 문자열을 다룬 예제입니다. 첫 글자가 한 글인 경우 아무 변화가 없습니다.

📁 [코드 42] 42-ucfirst.php

```php
1: <?php
2:    $str = 'everdevel';
3:
4:    echo '첫 글자가 영문인 경우 : '.ucfirst($str);
5: ?>
```

2 ◆ 영문 소문자 문자열을 변수 str에 대입합니다.

4 ◆ 함수 ucfirst()가 반환한 문자열의 첫 글자가 대문자인지 확인합니다.

 결과 ▶

첫 글자가 영문인 경우 : Everdevel

영문의 첫 글자를 대문자로 변경하기

- **학습 내용 :** 영문 문자열의 첫 글자를 대문자로 변경하는 방법에 대해 학습합니다.
- **힌트 내용 :** ucwords( ) 함수를 사용합니다.

ucwords( ) 함수에 대해 알아보겠습니다. ucfirst( )는 문자열의 첫 글자가 영문이면 첫 글자를 대문자로 만드는 함수였습니다. 이와 달리 ucwords( ) 함수는 문자열에 있는 영문의 첫 글자를 대문자로 변경하는 함수입니다.

ucwords( ) 함수 사용 방법

```
ucwords('문자열');
```

다음은 ucwords( ) 함수를 활용한 예제입니다.

📁 [코드 43] 43-ucwords.php

```php
 1: <?php
 2:     $str = "everdevel, tomodevel, startwebcodng";
 3:     echo ucwords($str);
 4:
 5:     echo '<br>';
 6:
 7:     $str = 'one sugar dream';
 8:     $str = ucwords($str);
 9:     echo $str;
10: ?>
```

띄어쓰기가 들어간 영문을 변수 str에 대입합니다. ◆ 2

ucwords( ) 함수가 영문의 띄어쓰기로 구분된 첫 글자를 대문자로 변경하여 반환합니다. ◆ 3

띄어쓰기가 들어간 영문을 변수 str에 대입합니다. ◆ 7

8 ◆ ucwords( ) 함수가 반환한 값을 변수 str에 대입합니다.

9 ◆ ucwords( ) 함수가 반환한 값이 대입된 변수 str의 값을 출력합니다.

결과

Everdevel, Tomodevel, Startwebcodng
One Sugar Dream

문자열 속에서 특정 문자의 위치 찾기

- **학습 내용** : 문자열 안에서 특정 문자의 위치를 확인하는 방법에 대해 학습합니다.
- **힌트 내용** : strpos( ) 함수를 사용합니다.

문자열 속에서 특정 문자의 위치가 몇 번째에 위치하는지 찾아주는 함수는 strpos( )입니다. 자릿수 0부터 시작하며 숫자로 위치 값을 반환합니다.

strpos( ) 함수 사용 방법

```
strpos('전체 문자열','찾을 문자');
```

다음은 strpos( )를 활용한 예제입니다.

📁 **[코드 44] 44-strpos.php**

```php
1: <?php
2:     $str = "web development";
3:     $findStr = 'd';
4:     $pos = strpos($str,$findStr);
5:     echo "문자열 {$findStr}의 위치는 : ".$pos;
6: ?>
```

전체 문자열에 해당하는 문자열을 변수 str에 대입합니다. ◆ 2

찾을 문자열에 해당하는 문자열을 변수 findStr에 대입합니다. ◆ 3

strpos( ) 함수가 찾은 위치를 변수 pos에 대입합니다. ◆ 4

📍 **결과**  ▶▶▶▶▶▶▶▶▶▶▶▶▶▶▶▶▶▶▶▶▶▶▶▶▶▶▶▶▶▶▶▶▶▶▶

문자열 d의 위치는 : 4

변수의 존재 확인하기

- **학습 내용 :** 어떠한 변수가 선언되었는지의 유무를 확인하는 함수에 대해 학습합니다.
- **힌트 내용 :** isset( ) 함수를 사용합니다.

변수가 선언되었는지 확인이 필요한 상황에는 isset( ) 함수를 사용합니다. 변수가 선언되었다면 boolean 데이터형인 true를 그렇지 않다면 false를 반환합니다.

isset( ) 함수 사용 방법

```
isset(변수);
```

다음은 변수를 선언하지 않고 isset( ) 함수를 사용한 결과와 변수를 선언 후 isset( ) 함수를 사용한 예제입니다.

📁 **[코드 45] 45-isset.php**

```php
1: <?php
2:     if (isset($str)) {
3:         echo "변수 str이 존재합니다.";
4:     } else {
5:         echo "변수 str이 존재하지 않습니다.";
6:     }
7:
8:     echo "<br>";
9:
10:     $str = "string";
11:
12:     if (isset($str)) {
13:         echo "변수 str이 존재합니다.";
14:     } else {
15:         echo "변수 str이 존재하지 않습니다.";
16:     }
17: ?>
```

선언되지 않은 변수인 str을 isset( ) 함수로 존재 유무를 확인합니다.   ◆ 2

변수 str을 선언합니다.   ◆ 10

10라인에서 선언된 변수인 str을 isset( ) 함수를 이용해 존재 유무를 확인합니다. 변수가 선언된 후   ◆ 12
작동하므로 isset( ) 함수는 true를 반환해 13라인이 작동합니다.

▶ ▶

변수 str이 존재하지 않습니다.
변수 str이 존재합니다.

변수에 데이터형 적용하기

- **학습 내용 :** 변수에 데이터형을 지정하는 방법에 대해 학습합니다.
- **힌트 내용 :** settype( ) 함수를 사용합니다.

형변환에 대해 학습할 때 변수의 데이터형을 알려주는 함수인 gettype( )에 대해 알아보았습니다. 이와 반대로 데이터형을 지정하는 함수인 settype( ) 함수에 대해 알아보겠습니다.

settype( ) 사용 방법

settype(변수명, 변경할 데이터형);

settype( ) 함수의 첫 번째 값에는 변수명을, 두 번째 값에는 변경하려는 데이터형을 입력합니다.

다음은 settype( ) 함수를 활용한 예제입니다.

📂 **[코드 46] 46-settype.php**

```php
1:  <?php
2:      $val = "true";
3:      echo "변수 val의 데이터형 ".gettype($val);
4:
5:      echo "<br>";
6:      settype($val, 'bool');
7:      echo "변수 val의 데이터형 ".gettype($val);
8:      echo "<br>";
9:      var_dump($val);
10: ?>
```

2 ◆ settype( ) 함수를 확인하기 전에 값을 확인하기 위한 변수를 선언합니다.

3 ◆ gettype( ) 함수를 사용해 데이터형을 확인합니다.

6 ◆ 데이터형을 boolean으로 변경합니다. bool과 boolean은 같습니다.

데이터형이 boolean으로 변경되었는지 확인합니다.   ◆ **7**

데이터형을 변경 후 값은 어떻게 변경되었는지 확인하기 위해 var_dump( ) 함수를 사용해 값을 확   ◆ **9**
인합니다.

변수 val의 데이터형 string
변수 val의 데이터형 boolean
bool(true)

변수의 데이터형이 boolean이면 echo문을 사용해 결과를 확인할 경우 true이면 1, false이면 값을 표
시하지 않으므로 var_dump( )를 확인하여 사용합니다. 데이터형과 값을 모두 확인할 수 있습니다.

변수의 값이 빈 값인지 확인하기

- **학습 내용 :** 변수의 값이 빈 값인지 확인하는 함수에 대해 학습합니다.
- **힌트 내용 :** empty( ) 함수를 사용합니다.

변수의 값이 비어 있는지 아닌지를 확인할 때는 empty( ) 함수를 사용합니다. 값이 비어 있다면 true를 반환하고 그렇지 않다면 false를 반환합니다. 여기에서 비어 있는 값은 다음과 같습니다.

```
빈 문자열
$a = '';

null 데이터형
$a = null;

데이터가 없는 배열
$a = array( );
$a = [ ];

숫자 0과 문자열 "0"
$a = 0;
$a = "0"
```

다음은 empty( ) 함수의 기능을 확인하는 예제입니다.

📁 **[코드 47] 47-empty.php**

```php
1:  <?php
2:      $var = '';
3:      echo '값이 빈 문자열인 경우';
4:      var_dump(empty($var));
5:      echo '<br>';
6:
7:      $var = NULL; //소문자로 작성해도 무관
8:      echo '값이 NULL인 경우';
9:      var_dump(empty($var));
```

```
10:        echo '<br>';
11:
12:        $var = array( );   //array( ) 대신 [ ]를 작성해도 무관
13:        echo '값이 빈 배열인 경우';
14:        var_dump(empty($var));
15:        echo '<br>';
16:
17:        $var = 0;
18:        echo '값이 정수 0인 경우';
19:        var_dump(empty($var));
20:        echo '<br>';
21:
22:        $var = '0';
23:        echo '값이 문자열 0인 경우';
24:        var_dump(empty($var));
25:        echo '<br>';
26:
27:        $var = 'string';
28:        echo '값이 문자열 string인 경우';
29:        var_dump(empty($var));
30: ?>
```

변수 var의 값으로 빈 문자열을 대입합니다. ◆ 2

empty 함수가 반환하는 값을 var_dump( ) 함수를 통해 확인합니다. ◆ 4

변수 var의 값으로 NULL을 대입합니다. ◆ 7

empty 함수가 반환하는 값을 var_dump( ) 함수를 통해 확인합니다. ◆ 9

변수 var를 배열로 선언하고 값은 대입하지 않습니다. ◆ 12

empty 함수가 반환하는 값을 var_dump( ) 함수를 통해 확인합니다. ◆ 14

변수 var의 값으로 숫자 0을 대입합니다. ◆ 17

empty 함수가 반환하는 값을 var_dump( ) 함수를 통해 확인합니다. ◆ 19

변수 var의 값으로 문자열로 "0"을 대입합니다. ◆ 22

24 ◆ empty 함수가 반환하는 값을 var_dump( ) 함수를 통해 확인합니다.

27 ◆ 변수 var의 값으로 문자열로 'string'을 대입합니다.

29 ◆ empty 함수가 반환하는 값을 var_dump( ) 함수를 통해 확인합니다. 이는 값이 있는 경우 false를 반환하는지 확인하기 위함입니다.

결과 ▶▶

```
값이 빈 문자열인 경우bool(true)
값이 NULL인 경우bool(true)
값이 빈 배열인 경우bool(true)
값이 정수 0인 경우bool(true)
값이 문자열 0인 경우bool(true)
값이 문자열 string인 경우bool(false)
```

결과의 마지막 줄을 제외하고는 모두 빈 값에 해당하는 값을 대입하여 true를 반환하였습니다.

PHP 설정 보기

초급

048

시간과 관련한 함수에 대해 학습합니다. 현재 사용하는 MAMP 프로그램(windows의 경우 xampp)은 독일 회사의 프로그램이라 지역 설정이 독일의 베를린으로 설정되어 있습니다. 그래서 서울로 변경할 필요가 있습니다.

PHP의 설정을 보려면 phpinfo( )를 사용합니다.

phpinfo( ) 사용 방법

```
phpinfo( );
```

phpinfo( ) 함수를 사용하여 PHP 설정 값을 보여주는 페이지를 출력하겠습니다.

 [코드 48] 48-phpinfo.php

```
1: <?php
2:     phpinfo( );
3: ?>
```

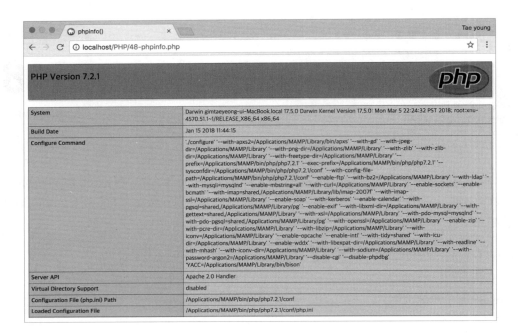

위 그림의 마지막 라인에 보이는 [Loaded Configuration File]가 php 설정 파일의 경로입니다. windows에서는 [Loaded Configuration File]의 값이 C:\xampp\php\php.ini로 표시됩니다.

페이지에서 [date.timezone]를 검색하면 다음과 같이 [Europe/Berlin]으로 설정된 것을 알 수 있습니다. 이 값은 또한 다른 값을 표시할 수도 있습니다. 이 값이 [Asia/Seoul]로 설정된 경우 변경이 필요 없지만 그렇지 않을 경우 [Asia/Seoul]로 변경이 필요합니다.

[Loaded Configuration File]에 보이는 php.ini 파일을 엽니다.

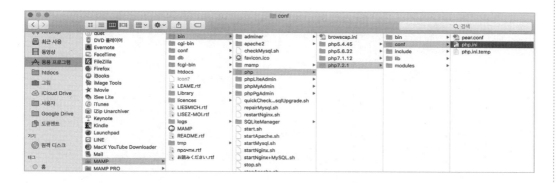

php.ini 파일을 실행하여 [date.timezone]를 검색하면 다음의 그림을 볼 수 있습니다.

```
                    php.ini — /Applications/MAMP/bin/php/php7.2.1/conf
             php.ini
901     ;;;;;;;;;;;;;;;;;;;;;
902
903     [CLI Server]
904     ; Whether the CLI web server uses ANSI color coding in its terminal output.
905     cli_server.color = On
906
907     [Date]
908     ; Defines the default timezone used by the date functions
909     ; http://php.net/date.timezone
910     date.timezone = "Europe/Berlin"
911
912     ; http://php.net/date.default-latitude
913     ;date.default_latitude = 31.7667
914
915     ; http://php.net/date.default-longitude
916     ;date.default_longitude = 35.2333
917
        ; http://php.net/date.sunrise-zenith
/Applications/MAMP/bin/php/php7.2.1/conf/php.ini    910:32         LF    UTF-8    Plain Text    0 files
```

다음과 같이 [Europe/Berlin] 값을 [Asia/Seoul]로 변경합니다.

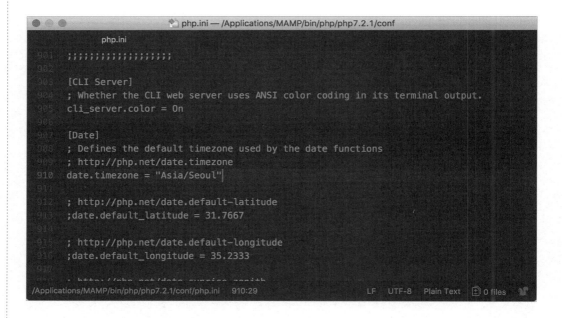

저장 후 사용 중인 MAMP 프로그램(windows의 경우 XAMPP Control Panel)의 [Stop Servers](windows 의 경우 [Stop]) 버튼을 눌러 프로그램을 중지 후 [Start Servers](windows의 경우 [Start])를 눌러 프로그램 을 재실행한 후 [코드 48]을 재실행하여 date.timezone의 값이 [Asia/Seoul]로 변경되었는지 확인합니다.

date

date/time support	enabled	
timelib version	2017.05beta9	
"Olson" Timezone Database Version	2017.3	
Timezone Database	internal	
Default timezone	Asia/Seoul	

Directive	Local Value	Master Value
date.default_latitude	31.7667	31.7667
date.default_longitude	35.2333	35.2333
date.sunrise_zenith	90.583333	90.583333
date.sunset_zenith	90.583333	90.583333
date.timezone	Asia/Seoul	Asia/Seoul

시간 설정을 한국의 시간으로 변경했으므로 시간함수에 대해 알아보겠습니다.

타임스탬프 시간 확인하기

초급

049

- **학습 내용 :** 타임스탬프 시간에 대해 학습합니다.
- **힌트 내용 :** time( ) 함수를 사용합니다.

타임스탬프는 1970년 1월 1일 0시 0분 0초부터 세기 시작한 시간을 의미합니다.

time( ) 사용 방법

```
time( );
```

다음은 time( ) 함수를 활용한 예제입니다.

📁 **[코드 49] 49-time.php**

```php
1: <?php
2:     echo time( );
3: ?>
```

time( ) 함수가 반환한 값을 echo문을 통해 화면에 출력해 확인합니다.

◆ 2

  결과 ▶

1524375634

이 결과는 현재의 시간을 초로 나타내므로 시간에 따라 결과는 다르게 나타납니다.
이 예제는 1970년 1월 1일 0초로부터 1524375634초가 흘러 실행됨을 알 수 있습니다.

이 수를 사람이 더 쉽게 인지할 수 있는 시간값으로 표시하는 방법에 대해 알아보겠습니다.

원하는 형식으로 시간 표시하기

- **학습 내용 :** 타임스탬프의 시간을 더 쉽게 알 수 있는 형태로 변경합니다.
- **힌트 내용 :** date( ) 함수를 사용합니다.

타임스탬프의 값을 몇년 몇월 며칠 형태로 바꾸려면 date( ) 함수를 사용합니다.

date( ) 함수 사용 방법

date(시간 포맷, 타임스탬프값);

시간 포맷에는 알고 싶은 시간의 단위값(연도 또는 월일 등)을 입력하고, 두 번째 값에는 알고 싶은 타임스탬프 시간 값을 입력합니다.

첫 번째 값에 들어가는 여러 가지 시간 단위를 나타내는 값은 다음과 같습니다. 대소문자를 구별하고 기능이 다르므로 사용할 때 주의합니다.

문자	의미	예	유사 기능 문자	의미	예
Y	연도를 4자리로 표시	2017	y	연도를 2자리로 표시	17
m	0이 붙어 월을 표시	04	n	0 없이 월을 표시	4
d	0이 붙어 일을 표시	04	j	0 없이 일을 표시	4
H	0이 붙어 시를 표시(24시 표현)	08	G	0 없이 시를 표시(24시 표현)	8
i	0이 붙어 분을 표시	09			
s	0이 붙어 초를 표시	09			
A	오전, 오후를 대문자로 표시	AM	a	오전, 오후를 소문자로 표시	am
D	요일을 세 글자로 표시	Sun	l	요일을 전체 글자로 표시(소문자 엘)	Sunday
w	요일을 숫자로 표시 0 ~ 6 일요일은 0 부터 토요일은 6 까지	0			
M	월을 세 글자로 표시	Jan	F	월을 전체 글자로 표시	January
z	올해의 며칠 째인지 표시	300			

현재 시간의 년도를 구한다면 다음과 같습니다.

date('Y',타임스탬프값);

현재 시간의 년도 월 일을 yyyy-mm-dd 형식으로 구한다면 다음과 같습니다.

date('Y-m-d',타임스탬프값);

다음은 현재의 시간을 출력하는 예제입니다.

 [코드 50] 50-date.php

```
1:  <?php
2:      echo "현재 시간은 ".date("Y년 m월 d일 H시 i분 s초", time( ));
3:  ?>
```

[Y년]에서 Y는 현재 년도를 4자릿수로 표시하며 네 자리 수 이후 '년'을 붙입니다.

[m월]은 월을 2자릿수로 표시하며 한 자릿수 월은 앞에 0을 붙여 표시 이후 '월'을 붙입니다.

[d일]은 일을 2자릿수로 표시하며 한 자릿수 일은 앞에 0을 붙여 표시 이후 '일'을 붙입니다.

[H시]는 시를 2자릿수로 표시하며 한 자릿수 일은 앞에 0을 붙여 표시하고 24시간제로 표시하므로 12시 이후의 오후 1시는 13시로 표시 이후 '시'를 붙입니다.

[i분]은 분을 2자릿수로 표시하며 한 자릿수 분은 앞에 0을 붙여 표시 이후 '분'을 붙입니다.

[s초]는 초를 2자릿수로 표시하며 한 자릿수 초는 앞에 0을 붙여 표시 이후 '초'를 붙입니다.

 결과 ▶

현재 시간은 2018년 08월 22일 14시 59분 19초

[코드 50] 결과는 현재의 시간을 표시하므로 [코드 50]을 실행할 때의 시간이 표시됩니다.

특정 시간을 타임스탬프 시간으로 표시하기

- **학습 내용** : 특정 시간을 타임스탬프 시간으로 변경하는 방법에 대해 학습합니다.
- **힌트 내용** : mktime( ) 함수를 사용합니다.

앞에서 진행한 내용과 반대로 특정 시간을 타임스탬프로 만드는 mktime( ) 함수에 대해 알아보겠습니다.

mktime( ) 함수 사용 방법

```
mktime(시, 분, 초, 월, 일, 년);
```

타임스탬프값으로 알고 싶은 시간 정보를 시, 분, 초, 월, 일, 년 순으로 입력합니다.

다음은 mktime( ) 함수를 활용한 예제입니다.

📁 [코드 51] 51-mktime.php

```
1: <?php
2:     echo "2020년 01월 01일 9시 15분 10초의 타임스탬프는? <br>";
3:     $timeStamp = mktime(9, 15, 10, 1, 1, 2020);
4:     echo $timeStamp;
5: ?>
```

4 ◆ 2020년 1월 1일 9시 15분 10초의 시간을 mktime( ) 함수에 보내는 값으로 시, 분, 초, 년, 월, 일 순으로 입력하며 반환값을 변수 timeStamp에 대입합니다.

 결과 ▶▶▶▶▶▶▶▶▶▶▶▶▶▶▶▶▶▶▶▶▶▶▶▶▶▶▶▶▶▶▶▶▶▶▶▶

2020년 01월 01일 9시 15분 10초의 타임스탬프는?
1577837710

특정 시간에만 특정 명령어 작동하기

초급

052

- **학습 내용 :** 특정 시간을 타임스탬프 시간으로 변경하는 방법에 대해 학습합니다.
- **힌트 내용 :** if문과 mktime( ) 함수, time( ) 함수를 사용합니다.

밤 12시 0분 0초부터 새벽 1시 59분 59초까지 페이지를 연 사람에게 어떠한 문구를 출력한다고 가정했을 때, 밤 12시까지 회사에 대기하다 그 기능을 오픈하지 않고 시간 함수를 이용하여 12시부터 1시 59분 59초까지만 작동하도록 구현하여 일찍 퇴근할 수 있습니다.

다음은 특정 시간에만 특정 기능이 동작하도록 하는 예제입니다.

📁 **[코드 52] 52-timeevent.php**

```php
1: <?php
2:     //독자분들의 현재 예제 테스트 가능한 시작 시간, 종료 시간을 입력해주세요.
3:
4:     //시작 시간 설정 2019년 1월 1일 0시 0분 0초
5:     $startTime = mktime(0, 0, 0, 1, 1, 2019);
6:
7:     //종료 시간 설정 2019년 1월 1일 0시 59분 59초
8:     $endTime = mktime(0, 59, 59, 1, 1, 2019);
9:
10:    $nowTime = time( );
11:
12:    if ($nowTime >= $startTime && $nowTime <= $endTime) {
13:        echo "현재 이벤트에 참여할 수 있는 시간입니다.";
14:    } else {
15:        echo "이벤트 시작 전이거나 종료되었습니다.";
16:    }
17: ?>
```

시작 시간을 2019년 1월 1일 0시 0분 0초의 시간을 타임스탬프 시간으로 변경하여 변수 startTime 에 대입합니다. ◆ 5

145

8 ◆ 종료 시간을 2019년 1월 1일 0시 59분 59초의 시간을 타임스탬프 시간으로 변경하여 변수 endTime
  에 대입합니다.

10 ◆ 현재의 타임스탬프 시간을 변수 nowTime에 대입합니다.

12 ◆ 변수 startTime의 값이 변수 nowTime 값보다 크거나 같은 조건이 참이면서 변수 endTime의 값이
  변수 nowTime 값보다 작거나 같은 조건이 참이면 13라인을 실행합니다.

15 ◆ 시간 범위 외에 표시할 문구입니다.

▶ ▶

시간 범위 안의 결과
현재 이벤트에 참여할 수 있는 시간입니다.

시간 범위 밖의 결과
이벤트 시작 전이거나 종료되었습니다.

특정 날짜가 있는 주(週)의 월요일 날짜 구하기

- **학습 내용** : 특정 날짜가 있는 주(週)의 월요일 날짜를 구하는 방법에 대해 학습합니다.
- **힌트 내용** : 날짜를 타임스탬프로 만들어 계산합니다.

업무를 하다 보면 통계 프로그램으로 어떠한 날을 선택하여 그 날의 통계 자료를 띄우는 페이지를 만들지만, 어떠한 날의 월요일부터 금요일까지 날짜의 통계도 만듭니다.

특정 요일을 지정하고 그 주의 월요일 날짜와 금요일의 날짜를 구하는 방법에 대해 알아보겠습니다. 특정 날짜를 타임스탬프값으로 변경한 후 해당 날짜의 요일에 맞게 값을 빼거나 추가합니다.

2019년 4월 4일은 목요일이며, 이 주의 월요일을 구하려면 목요일에서 3일을 빼야 월요일이 됩니다. 이와 같은 방식으로 해당 주의 월요일과 금요일을 구할 수 있습니다.

다음은 특정 날짜가 있는 주의 월요일과 금요일을 구하는 예제입니다.

📁 **[코드 53] 53-findMonInThisWeek.php**

```php
1: <?php
2:     $year = 2019;
3:     $month = 4;
4:     $day = 4;
5:
6:     //특정 날짜의 타임스탬프값 구하기
7:     $targetDateTimeStamp = mktime(0, 0, 0, $month, $day, $year);
8:
9:     //요일 찾기
10:     $dayOfWeek = date('w', $targetDateTimeStamp);
11:
12:     //하루의 초(second)
13:     $secondOfOneDay = 60 * 60 * 24;
14:
15:     switch($dayOfWeek){
16:         case 1: //월요일
17:             $monday = $targetDateTimeStamp;
```

```
18:            $friday = $targetDateTimeStamp + ($secondOfOneDay * 4);
19:            break;
20:        case 2: //화요일
21:            $monday = $targetDateTimeStamp - ($secondOfOneDay * 1);
22:            $friday = $targetDateTimeStamp + ($secondOfOneDay * 3);
23:            break;
24:        case 3: //수요일
25:            $monday = $targetDateTimeStamp - ($secondOfOneDay * 2);
26:            $friday = $targetDateTimeStamp + ($secondOfOneDay * 2);
27:            break;
28:        case 4: //목요일
29:            $monday = $targetDateTimeStamp - ($secondOfOneDay * 3);
30:            $friday = $targetDateTimeStamp + ($secondOfOneDay * 1);
31:            break;
32:        case 5: //금요일
33:            $monday = $targetDateTimeStamp - ($secondOfOneDay * 4);
34:            $friday = $targetDateTimeStamp;
35:            break;
36:    }
37:
38:    if(isset($monday) && isset($friday)) {
39:        echo "{$year}년 {$month}월 {$day}일이 있는 주의 월요일과 금요일의 날짜";
40:        echo '<br>';
41:        echo '월요일 : '.date('Y-m-d', $monday);
42:        echo '<br>';
43:        echo '금요일 : '. date('Y-m-d', $friday);
44:    }else{
45:        echo "월요일 부터 금요일의 날짜를 입력하세요.";
46:    }
47: ?>
```

2~4 ◆ 특정 날짜를 설정합니다.

7 ◆ 특정 날짜를 타임스탬프값으로 만들어 변수 targetDateTimeStamp에 대입합니다. 이 값에서 일수를 더하거나 빼거나 하여 월요일과 금요일의 날짜를 구합니다.

10 ◆ 특정 날짜의 요일을 구합니다. 값은 0부터 시작하며 의미는 일요일부터 시작합니다. 그러므로 1 = 월요일, 2 = 화요일 순으로 진행됩니다.

하루의 초를 구합니다. 1분은 60초이고 1분이 60개 있으면 한시간이며, 하루는 24시간으로 구성되 ◆ **13**
므로 60 * 60 * 24를 계산해 하루의 초를 구해 변수 secondOfOneDay에 대입합니다.

조건이 많으므로 switch문을 사용해 요일별 월요일의 계산과 금요일의 계산을 각각 계산하여 변수 ◆ **15~36**
monday의 값과 friday의 값을 구합니다.

switch문에서 구해진 변수 monday의 값과 friday의 값을 date 함수를 통해 yyyy년-mm월-dd일 포맷 ◆ **41, 43**
으로 출력합니다.

결과 ▶

2019년 4월 4일이 있는 주의 월요일과 금요일의 날짜
월요일 : 2019-04-01
금요일 : 2019-04-05

[코드 53]에서 2~4라인의 값을 조정하여 테스트하여 다른 결과를 확인할 수 있습니다.

현재 시간 정보를 배열로 보기

- **학습 내용 :** 시간 정보를 배열로 만들어 사용할 수 있습니다.
- **힌트 내용 :** getdate( ) 함수를 사용합니다.

현재 시간의 정보를 배열로 받으려면 getdate( ) 함수를 사용합니다.

getdate( ) 사용 방법

```
getdate( );
```

getdate( )는 다음의 배열 정보를 리턴합니다.

```
array(11) {
  ["seconds"]=>
  int(35)
  ["minutes"]=>
  int(46)
  ["hours"]=>
  int(19)
  ["mday"]=>
  int(30)
  ["wday"]=>
  int(2)
  ["mon"]=>
  int(1)
  ["year"]=>
  int(2018)
  ["yday"]=>
  int(29)
  ["weekday"]=>
  string(7) "Tuesday"
  ["month"]=>
  string(7) "January"
```

```
    [0]=>
    int(1517309195)
}
```

다음은 getdate( )가 반환하는 배열 정보의 의미입니다.

키	설명	출력값 규칙
seconds	초의 숫자 표현	0 ~ 59
minutes	분의 숫자 표현	0 ~ 59
hours	시간의 숫자 표현	0 ~ 23
mday	일의 숫자 표현	1 ~ 31
wday	요일의 숫자 표현	0(일요일) ~ 6(토요일)
mon	월의 숫자 표현	1 ~ 12
year	연도의 숫자 표현(4자리)	2018
yday	연도의 일차	0 ~ 365
weekday	요일, 완전한 문자	Sunday
month	월, 완전한 문자	January
0	타임스탬프	1970년 1월 1일 0분 0초부터의 초

다음은 getdate( ) 함수를 활용한 예제입니다.

📁 **[코드 54] 54-getdate.php**

```php
 1: <?php
 2:     $nowTime = getdate( );
 3:     echo "현재 년도 : ".$nowTime['year']."<br>";
 4:     echo "현재 월 : ".$nowTime['mon']."<br>";
 5:     echo "현재 일 : ".$nowTime['mday']."<br>";
 6:     echo "현재 시 : ".$nowTime['hours']."<br>";
 7:     echo "현재 분 : ".$nowTime['minutes']."<br>";
 8:     echo "현재 초 : ".$nowTime['seconds']."<br>";
 9:     echo "현재 요일 숫자 : ".$nowTime['wday']."<br>";
10:     echo "현재 요일 문자 : ".$nowTime['weekday']."<br>";
11:     echo "현재 월 문자 : ".$nowTime['month']."<br>";
12:     echo "현재 시간 타임스탬프 : ".$nowTime[0]."<br>";
```

```
13:      echo "올해의 일차 : ".$nowTime['yday'];
14: ?>
```

2 ◆ 현재의 시간 데이터를 배열로 반환하는 getdate( ) 함수를 사용하여 반환값을 변수 nowTime에 대입
합니다.

3~13 ◆ 각 값을 출력합니다.

결과

```
현재 년도 : 2018
현재 월 : 4
현재 일 : 22
현재 시 : 17
현재 분 : 40
현재 초 : 50
현재 요일 숫자 : 0
현재 요일 문자 : Sunday
현재 월 문자 : April
현재 시간 타임스탬프 : 1524386450
올해의 일차 : 111
```

날짜값이 유효한지 확인하기

초급

055

• 학습 내용 : 날짜값이 유효한지 확인하는 함수에 대해 학습합니다.
• 힌트 내용 : checkdate( ) 함수를 사용합니다.

날짜가 유효한 값이 맞는지 확인하려면 checkdate( ) 함수를 사용합니다. 유효한 날짜 값이면 true를 아니면 false를 반환합니다.

checkdate( ) 사용 방법

checkdate(월, 일, 년);

2019년 2월은 28일로 끝납니다. 다음은 2019년 2월 29일이 유효한 날짜인지 확인하는 예제입니다.

📁 [코드 55] 55-checkdate.php

```php
1: <?php
2:     $isDateCheck = checkdate(2,29,2019);
3:
4:     if ($isDateCheck) {
5:         echo "유효한 날짜입니다.";
6:     } else {
7:         echo "유효하지 않은 날짜입니다.";
8:     }
9: ?>
```

checkdate( ) 함수의 결과를 변수 isDateCheck에 대입합니다. 확인하는 날짜는 2019년 2월 29일입니다. ◆ 2

결과를 확인합니다. 반환값이 true, false로 반환됩니다. ◆ 4~8

📍 **결과** ▶▶▶▶▶▶▶▶▶▶▶▶▶▶▶▶▶▶▶▶▶▶▶▶▶▶▶▶▶▶▶▶▶▶▶▶

유효하지 않은 날짜입니다.

153

1초 이하의 시간 확인하기

- **학습 내용 :** 1초 이하의 값을 확인하는 방법에 대해 학습합니다.
- **힌트 내용 :** microtime( ) 함수를 사용합니다.

현재 시간을 마이크로초까지 계산해야 할 정도로 정밀한 처리가 필요한 경우에는 microtime( ) 함수를 사용합니다.

microtime( ) 함수는 다음의 두 가지 방법으로 사용할 수 있습니다.

microtime( ) 사용 방법

소수 표현과 정수 표현을 따로 표시
microtime( ); //출력 : 0.60822600 1517368162

소수 표현과 정수 표현을 함께 표시(괄호 안에 true 입력)
microtime(true); //출력 : 1517368162.6082

microtime( )을 사용하면 마이크로시간은 따로 표시하며, microtime(true)를 사용하면 소수점 4자리까지 표시합니다.

다음은 microtime( ) 함수를 사용한 예제입니다.

📁 **[코드 56] 56-microtime.php**

```php
1:  <?php
2:      //마이크로초를 따로 표시
3:      echo microtime( );
4:      echo "<br>";
5:      //마이크로초를 함께 표시
6:      echo microtime(true);
7:  ?>
```

괄호 안에 아무것도 넣지 않으면 띄어쓰기로 구분하여 값이 따로 표시됩니다.　　　　◆ 3

괄호 안에 true를 사용하면 1초 이상의 값과 함께 표시됩니다.　　　　　　　　　　◆ 6

결과 ▶

```
0.96861900 1524387791
1524387791.9687
```

결과는 [코드 56]을 실행하는 시간을 표시하므로 본서의 결과와 다르게 표시됩니다.

057

가장 큰 값 구하기

• **학습 내용 :** 배열의 값 중 가장 큰 수를 구하는 함수에 대해 학습합니다.
• **힌트 내용 :** max( ) 함수를 사용합니다.

배열에서 가장 큰 수를 찾을 때는 max( ) 함수를 사용합니다.

max( ) 함수 사용 방법

```
max(배열 변수);
```

다음은 max( ) 함수를 사용한 예제입니다.

📁 **[코드 57] 57-max.php**

```php
1: <?php
2:     $arr = range(1, 1000);
3:     echo "가장 큰 수 : ".max($arr);
4: ?>
```

2 ◆ 1부터 1000까지의 수를 배열로 만듭니다.

3 ◆ max 함수를 사용해 배열 arr의 가장 큰 수를 찾습니다.

 결과 ▶▶▶▶▶▶▶▶▶▶▶▶▶▶▶▶▶▶▶▶▶▶▶▶▶▶▶▶▶▶▶▶▶▶▶▶▶▶▶

가장 큰 수 : 1000

range 함수를 사용해 1부터 1000까지 수를 배열로 대입하였으므로 가장 큰 수인 1000이 결과로 나타납니다.

가장 낮은 값 구하기

초급

058

- **학습 내용** : 배열의 값 중 가장 작은 수를 구하는 함수에 대해 학습합니다.
- **힌트 내용** : min( ) 함수를 사용합니다.

배열에서 가장 작은 수를 찾을 때는 min( ) 함수를 사용합니다.

min( ) 함수 사용 방법

```
min(배열 변수);
```

다음은 min( ) 함수를 사용한 예제입니다.

📁 **[코드 58] 58-min.php**

```
1: <?php
2:    $arr = [5,3,100,749,9383];
3:    echo "가장 작은 수 : ".min($arr);
4: ?>
```

배열에 5, 3, 100, 749, 9383을 값으로 대입합니다. ◆ 2

min 함수를 사용해 arr 배열의 가장 작은 수를 찾습니다. ◆ 3

 결과 ▶

가장 작은 수 : 3

5, 3, 100, 749, 9383 중 가장 작은 수인 3이 결과로 나타납니다.

157

실수 반올림하기

- **학습 내용 :** 실수를 반올림하는 방법에 대해 학습합니다.
- **힌트 내용 :** round( ) 함수를 사용합니다.

통계 프로그램을 만들다 보면 몇 자리 수까지만 표시하고 반올림하여 값을 표시하는 상황이 발생합니다. 이럴 때 수를 반올림하는 함수는 round( )입니다.

round( ) 함수 사용 방법

```
round(반올림할 수, 표시할 실수의 위치)
```

반올림할 수가 23.12이고 표시할 자릿수가 1이면 소수 첫째자리까지 표시하며 이후 숫자의 수에 따라 첫째자릿수까지 반올림됩니다.

```
round(23.12, 1);
```

표시할 자릿수가 1이므로 23.1을 표시합니다. 다음의 숫자가 2이므로 반올림하여 23.1을 표시합니다.

```
round(23.15, 1);
```

표시할 자릿수가 1이므로 23.2를 표시합니다. 다음의 숫자가 5이므로 반올림하여 23.2를 표시합니다.

다음은 round( ) 함수를 사용한 예제입니다.

 [코드 59] 59-round.php

```php
1:  <?php
2:      $num = 16.78;
3:      $round = round($num,1);
4:      echo $round;
5:  ?>
```

소수 16.78을 변수 num에 대입합니다.

round 함수를 이용해 소수 첫째자리까지 표시합니다. 16.7까지 표시하며 그 뒤의 수가 8이므로 반올림 되어 16.8이 변수 round에 대입됩니다.

◆ 2

◆ 3

결과 ▶▶▶▶▶▶▶▶▶▶▶▶▶▶▶▶▶▶▶▶▶▶▶▶▶▶▶▶▶▶▶▶▶▶▶▶▶▶▶

16.8

실수뿐 아니라 정수 중에서도 특정 위치를 기준으로 반올림을 할 수 있습니다. 숫자 1234에서 2를 기준으로 반올림을 하려면 함수 round( )의 값을 음의 정수 값으로 입력합니다.

코드로 표현하면 다음과 같습니다.

```
round(1234, -2) // 1200 반환
```

위의 코드에서 −2는 숫자 1234 중 2를 기준으로 반올림을 처리하므로 두 번째 값에는 자릿수를 의미하는 −2가 들어갑니다.

−2는 1234의 마지막 자릿수에서 0부터 시작하여 세어 나온 값입니다.

1234의 3에서 반올림을 하려면 −1을 사용하며, 1234의 4에서 반올림을 하려면 0을 사용합니다.

실수 내림하기

• **학습 내용 :** 실수를 내림하는 방법에 대해 학습합니다.
• **힌트 내용 :** floor( ) 함수를 사용합니다.

floor 함수는 실수를 버림하는 기능을 합니다. 사용 방법은 round( )와 달리 정수만 표현합니다.

floor( ) 함수 사용 방법

```
floor(내림할 수);
```

📁 [코드 60] 60-floor.php

```php
1: <?php
2:     $num = 12.68;
3:     $floor = floor($num);
4:     echo $floor;
5: ?>
```

2 ◆ 12.68을 변수 num에 대입합니다.

3 ◆ floor 함수를 사용해 12.68의 실수를 버림하므로 값 12가 변수 floor에 대입됩니다.

 결과 ▶▶▶

12

실수 올림하기

- **학습 내용 :** 실수를 올림하는 방법에 대해 학습합니다.
- **힌트 내용 :** ceil( ) 함수를 사용합니다.

실수를 올림하려면 ceil( ) 함수를 사용합니다. 사용 방법은 floor( ) 함수와 같습니다.

ceil( ) 함수 사용 방법

```
ceil (내림할 수);
```

다음은 ceil( ) 함수를 사용한 예제입니다.

📁 **[코드 61] 61-ceil.php**

```php
1: <?php
2:     $num = 12.68;
3:     $ceil = ceil($num);
4:     echo $ceil;
5: ?>
```

12.68을 변수 num에 대입합니다.

◆ 2

ceil 함수를 사용해 12.68의 실수를 올림하므로 값 13이 변수 ceil에 대입됩니다.

◆ 3

 결과 ▶▶

13

숫자를 3자리씩 구분하여 , 표시하기

- **학습 내용** : 숫자를 3자리씩 구분하여 ,를 표시하는 방법에 대해 학습합니다.
- **힌트 내용** : number_format( ) 함수를 사용합니다.

1234567를 1,234,567과 같이 세자리마다 콤마(,)를 표시하려면 number_format( )을 사용합니다.

number_format( ) 사용 방법

```
number_format(표시할 수);
```

다음은 number_format( )를 사용한 예제입니다.

📁 **[코드 62-1] 62-1-number_format.php**

```php
1: <?php
2:    $num = 123456789;
3:    echo number_format($num);
4: ?>
```

2 ◆ 변수 num에 숫자형 데이터 123456789를 대입합니다.

3 ◆ number_format( ) 함수에 변수 num을 전달하여 반환하는 값을 echo문으로 출력합니다.

 결과 ▶

123,456,789

표시해야 할 숫자의 표시할 소수점 자릿수 지정 시에는 number_format( )에 2개의 값을 사용합니다.

number_format( ) 함수에 표시할 소수점 자릿수 지정하는 방법

> number_format(표시할 수, 소수점 자릿수);

다음은 number_format( ) 함수의 자릿수를 지정한 예제입니다.

 [코드 62-2] 62-2-number_format.php

```php
1: <?php
2:     $num = 123456789.794;
3:     echo number_format($num,2);
4: ?>
```

123456789.794 값을 변수 num에 대입합니다. ◆2

number_format( ) 함수에 123456789.794 값을 첫 번째 값으로 전달하고 두 번째 값으로 2(소수점 ◆3
둘째자리까지 표시를 의미)를 전달합니다.

 결과 ▶▶▶▶▶▶▶▶▶▶▶▶▶▶▶▶▶▶▶▶▶▶▶▶▶▶▶▶▶▶▶▶▶▶▶

123,456,789.79

소수점 둘째자리까지 표시하게 하여 .79까지 표시합니다. number_format( ) 함수가 화면에 표시하는 ,(콤마)와 .(닷)을 원하는 문자로 변경할 수 있습니다.

number_format( ) 함수의 기호 수정하기

number_format(표시할 수, 소수점 자릿수, 소수점 표시 문자, 콤마 표시 문자);

다음은 소수점, 콤마를 변경한 예제입니다.

📂 [코드 62-3] 62-3-number_format.php

```
1: <?php
2:     $num = 123456789.794;
3:     echo number_format($num,2,'-',':');
4: ?>
```

3◆ number_format( ) 함수의 3번째 값으로 '–', 4번째 값으로 ':'를 입력했습니다. ':'는 ',' 대신 사용되고 '–'는 '.' 대신 사용됩니다.

결과 ▶▶

123:456:789-79

랜덤값 구하기

- **학습 내용 :** 랜덤으로 수를 반환하는 함수에 대해 학습합니다.
- **힌트 내용 :** rand( ) 함수를 사용합니다.

랜덤으로 어떠한 수를 구하려면 rand( ) 함수를 사용합니다. 가위, 바위, 보 게임 또는 이벤트 페이지를 만들 때 많이 사용되는 함수입니다. rand( ) 함수는 특정한 범위의 값을 적용하면 그 사이의 값을 반환합니다.

rand( ) 함수 사용 방법

```
rand(시작할 값, 끝날 값);

rand(1, 10)
1부터 10까지 중 하나를 무작위로 반환
```

다음은 rand( ) 함수를 사용한 예제입니다.

📁 **[코드 63] 63-rand.php**

```php
1: <?php
2:     $randNum = rand(1,3);
3:     $kawibawibo = '';
4:
5:     switch($randNum){
6:         case 1 :
7:             $kawibawibo = '가위';
8:             break;
9:         case 2 :
10:            $kawibawibo = '바위';
11:            break;
12:        case 3 :
13:            $kawibawibo = '보';
```

```
14:            break;
15:        default :
16:            $kawibawibo = '';
17:            break;
18:    }
19:
20:    echo "컴퓨터의 선택은 : {$kawibawibo}";
21:
22: ?>
```

2 ◆ rand( ) 함수를 사용하여 1부터 3까지의 수 중 하나를 변수 randNum에 대입합니다.

3 ◆ 가위, 바위, 보 중 하나의 값을 대입할 변수 kawaibawibo를 선언합니다.

5~18 ◆ 변수 randNum의 값에 따라 1이면 가위, 2이면 바위, 3이면 보를 변수 kawaibawibo에 값으로 대입합니다.

결과 ▶▶▶▶▶▶▶▶▶▶▶▶▶▶▶▶▶▶▶▶▶▶▶▶▶▶▶▶▶▶▶▶▶▶▶▶

컴퓨터의 선택은 : 보

[코드 63]의 결과는 랜덤으로 표시되므로 본서의 결과와 다를 수 있습니다.

함수 만들기

초급
064

- **학습 내용 :** 함수를 만드는 방법에 대해 학습합니다.
- **힌트 내용 :** function 함수명( ){ }을 사용합니다.

지금까지 여러 함수의 사용 방법에 대해 알아보았습니다. 이렇게 이미 존재하는 함수들은 내장함수라고 부릅니다.

프로그래밍을 하다 보면 함수를 만들어야 하는 일이 많이 발생합니다. 어떠한 기능을 만들었는데 이 기능이 다른 곳에서도 쓰인다면 매번 같은 소스를 작성할 필요 없이 한 번 함수로 만들어서 필요할 때마다 호출하면 됩니다.

함수 만드는 방법

```
function 함수명( ){
  // 명령문 작성
}
```

다음은 hello world라는 문구를 출력하는 함수를 만든 예제입니다.

📁 **[코드 64] 64-makingFunction.php**

```php
1: <?php
2:    //outputHello 함수 생성
3:    function outputHello( ){
4:        echo "hello world";
5:    }
6: ?>
```

outputHello라는 이름의 함수를 생성합니다. ◆ 3

outputHello 함수를 호출하면 수행할 명령문입니다. ◆ 4

5 ◆ 함수를 닫습니다.

outputHello( ) 함수를 호출하지 않았으므로 결과에는 무엇도 표시되지 않습니다.

함수 호출하기

- **학습 내용** : 함수를 호출하는 방법에 대해 학습합니다.
- **힌트 내용** : 함수명( )을 사용합니다.

함수 호출 방법

함수명( );

함수를 호출하는 방법은 지금까지 여러 함수를 사용했던 방법과 동일합니다. 다음은 helloworld를 출력하는 함수를 호출하는 예제입니다.

📁 **[코드 65] 65-callingFunction.php**

```php
1: <?php
2:     //outputHello 함수 생성
3:     function outputHello( ){
4:         echo "hello world";
5:     }
6:
7:     //outputHello 함수 호출
8:     outputHello( );
9: ?>
```

outputHello( )라는 함수를 생성합니다. ◆ 3

outputHello( ) 함수를 호출할 때 실행될 출력문입니다. ◆ 4

outputHello( ) 함수를 호출합니다. 함수를 호출하면 해당 함수의 실행문이 실행됩니다. 함수를 호출 ◆ 8
했으므로 5라인이 실행되어 hello world를 출력합니다.

 결과 ▶▶

hello world

169

파라미터와 아규먼트

- **학습 내용 :** 파라미터(parameter)와 아규먼트(argument)에 대해 학습합니다.
- **힌트 내용 :** 함수를 호출할 때와 함수를 선언할 때의 변수를 부르는 이름은 다릅니다.

지금까지는 함수에 값을 넣을 때 첫 번째 값, 두 번째 값으로 호칭했습니다. 정식 명칭은 아규먼트입니다. 아규먼트는 함수를 호출할 때 함수에 전달하는 값의 명칭입니다. 우리가 지금까지 사용했던 함수들의 전달값이 모두 아규먼트입니다.

[코드 59]에서 사용한 코드의 변수 num과 1이 그렇습니다.

```
round($num,1);
```

아규먼트 사용 방법

```
함수명(아규먼트1, 아규먼트2);
```

함수에 값을 전달한다면 함수에서는 값을 받는 부분이 있습니다. 이 값은 파라미터(Parameter)라고 부릅니다.

파라미터 사용 방법

```
함수명(파라미터1, 파라미터2);
```

파라미터가 있는 함수를 생성한 예제를 통해 더 자세히 알아보겠습니다. 다음의 예제는 2개의 수를 전달받아 합한 값을 출력하는 예제입니다.

[코드 66] 66-sumFunc.php

```php
1:  <?php
2:
3:      //함수 생성
4:      function sum($num1, $num2){
5:          $sum = $num1 + $num2;
6:          echo $sum;
7:      }
8:
9:      //아규먼트 5와 10을 전달
10:     sum(5, 10);
11: ?>
```

함수 sum을 선언하고 파라미터로 num1, num2를 선언합니다. ◆ 4

파라미터 num1과 num2를 합한 값을 변수 sum에 대입합니다. ◆ 5

변수 sum의 값을 출력합니다. ◆ 6

함수 sum을 호출하고 아규먼트 5는 sum 함수의 파라미터 num1에 전달되며, 아규먼트 10은 sum 함 ◆ 10
수의 파라미터 num2에 전달합니다.

결과

▶ ▷

15

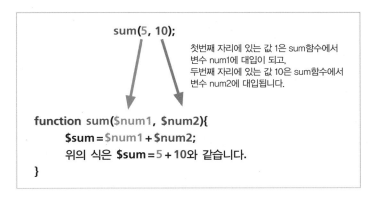

sum(5, 10);

첫번째 자리에 있는 값 1은 sum함수에서
변수 num1에 대입이 되고,
두번째 자리에 있는 값 10은 sum함수에서
변수 num2에 대입됩니다.

function sum($num1, $num2){
    $sum = $num1 + $num2;
    위의 식은 $sum = 5 + 10와 같습니다.
}

함수에서 값 반환하기

- **학습 내용 :** 함수 내의 값을 호출한 곳으로 반환하는 방법에 대해 학습합니다.
- **힌트 내용 :** return문을 사용합니다.

함수를 호출한 곳으로 값을 전달할 때는 return문을 사용합니다.

return문 사용 방법

```
return 전달할 값;
```

함수 내에서 return문을 만나면 함수는 더이상 작동하지 않고 종료됩니다. 다음의 코드에서 echo '작동 불가'; 는 return문 아래에 있어 작동하지 않습니다.

```
function sum($num1, $num2){
 return $num1 + $num2;
 echo '작동 불가';
}
```

다음은 return문을 활용한 예제입니다.

📁 **[코드 67] 67-return.php**

```
 1:  <?php
 2:
 3:     //함수 생성
 4:     function sum($num1, $num2){
 5:         $sum = $num1 + $num2;
 6:         return $sum;
 7:
 8:         //아래의 코드는 작동하지 않음
 9:         echo '함수';
10:     }
```

```
11:
12:     //아규먼트 5와 10을 전달
13:     echo sum(5, 10);
14:
15:     $plus = sum(5, 10);
16:     echo '<br>';
17:     echo $plus + 20;
18: ?>
```

sum(5, 10);을 사용해 함수 sum( )을 호출했습니다.　　　　　　　　　　　　　　　　◆ 13

sum 함수에서 파라미터로 받은 5와 10을 더한 값을 6라인에서 반환합니다.　　　　　◆ 4~6

echo문을 사용하므로 반환받은 값 15가 출력됩니다.　　　　　　　　　　　　　　　　◆ 13

반환받은 값을 15라인과 같이 변수에 대입할 수 있습니다. 변수 plus에는 값 15가 대입됩니다.　◆ 15

반환받은 값에 값 20을 더해 출력합니다.　　　　　　　　　　　　　　　　　　　　　◆ 17

return문 아래에 있으므로 그 이전에 함수가 종료되어 작동하지 않습니다.　　　　　◆ 9

결과 ▶▶▶

```
15
35
```

파라미터의 기본값 설정하기

- **학습 내용 :** 파라미터값의 기본값을 설정하는 방법에 대해 학습합니다.
- **힌트 내용 :** 파라미터를 선언 후 기본값을 대입합니다.

파라미터값이 없는 경우에 기본값을 설정하는 방법은 다음과 같습니다. 파라미터값이 없는 경우란 다음과 같습니다.

```
function sum($param1, $param2){
}

sum($num1);
```

sum 함수에는 2개의 파라미터가 선언되어 있으나 sum 함수를 호출하는 곳에서는 아규먼트를 하나만 사용하는 경우입니다. 이렇게 파라미터 param2의 값을 받지 못한 경우에 사용할 기본값을 적용할 수 있습니다.

파라미터 기본값 설정 방법

```
function 함수명(파라미터 = 기본값){ }
```

파라미터를 선언 후 기본값을 설정하면 파라미터가 없는 경우 해당 값을 사용합니다.

다음은 파라미터의 기본값을 설정한 예제입니다.

📁 **[코드 68] 68-parameterDefault.php**

```
1:  <?php
2:      function sum($param1 = 50, $param2 = 100){
3:          $sum = $param1 + $param2;
4:          return $sum;
5:      }
```

```
6:
7:      //아규먼트를 모두 적어서 호출
8:      echo "sum(5,10) = ".sum(5,10);
9:      echo "<br>";
10:     //아규먼트를 하나만 적어서 호출
11:     echo "sum(5) = ".sum(5);
12:     echo "<br>";
13:     //아규먼트를 적지 않고 호출
14:     echo "sum( ) = ".sum( );
15: ?>
```

파라미터 param1의 기본값을 50으로 대입하고, param2의 기본값을 100으로 대입합니다. ◆ 2

sum 함수를 호출하고 아규먼트로 5와 10을 전달합니다. sum 함수에서는 파라미터 param1에 5가 ◆ 8
대입되고, param2에 10이 대입되어 합한 값 15를 반환합니다.

sum 함수를 호출하고 아규먼트로 5를 전달합니다. sum 함수에서는 파라미터 param1에 5가 대입되 ◆ 11
고, param2는 값을 전달받지 못해 기본값 100이 대입되어 합한 값 105를 반환합니다.

sum 함수를 호출하고 아규먼트를 전달하지 않습니다. sum 함수에서는 파라미터 param1는 값을 전 ◆ 14
달받지 못해 기본값 50이 대입되고, param2는 값을 전달받지 못해 기본값 100이 대입되어 합한 값
150을 반환합니다.

결과 ▶

```
sum(5,10) = 15
sum(5) = 105
sum( ) = 150
```

$_SERVER 변수

- **학습 내용 :** 이미 선언된 변수에 대해 학습합니다.
- **힌트 내용 :** ip 주소, 페이지 주소 등의 정보를 알 수 있습니다.

$_SERVER은 슈퍼 글로벌 변수 중 하나입니다. 슈퍼 글로벌 변수는 PHP 자체적으로 내장된 변수이며 데이터형은 배열입니다. 인덱스값에 따라 여러 정보를 획득할 수 있습니다.

$_SERVER 변수로 얻을 수 있는 정보

인덱스	내용
PHP_SELF	현재 실행 중인 파일의 경로와 파일명 표시
argv	페이지에 전달된 데이터 표시
argc	페이지에 전달된 데이터의 라인별 수
GATEWAY_INTERFACE	서버가 사용 중인 CGI의 버전
SERVER_ADDR	현재 사용 중인 서버의 IP 주소
SERVER_NAME	현재 사용 중인 서버의 호스트명
SERVER_SOFTWARE	리스폰스헤더에 쓰여있는 서버의 소프트웨어 환경
SERVER_PROTOCOL	페이지가 리퀘스트될 때의 프로토콜명과 버전
REQUEST_METHOD	페이지에 엑세스할 때 사용된 리퀘스트의 메소드명
REQUEST_TIME	리퀘스트가 개시된 때의 타임스탬프
REQUEST_TIME_FLOAT	리퀘스트가 개시된 때의 타임스탬프(마이크로 초 표시)
QUERY_STRING	검색인수 표시
DOCUMENT_ROOT	현재 실행 파일의 경로를 현재 사용 중인 시스템의 최상위 경로부터 표시
HTTP_CONNECTION	현재 리퀘스트의 CONNECTION 헤더 내용
HTTP_HOST	현재 리퀘스트의 HOST 헤더 내용
HTTP_REFERER	현재 페이지 이전의 페이지 주소
HTTP_USER_AGENT	페이지에 접속 중인 유저 에이전트의 표시 문자열
HTTPS	HTTPS 프로토콜을 이용해 실행되는 경우의 정보를 표시

인덱스	내용
REMOTE_ADDR	현재 페이지를 보고 있는 유저의 아이피 주소
REMOTE_HOST	현재 페이지를 액세스하고 있는 호스트명
REMOTE_PORT	사용자의 기기에서 웹서버로 통신하는 포트
REMOTE_USER	인증된 사용자 여부
SCRIPT_FILENAME	현재 실행 중인 스크립트의 절대주소
SERVER_ADMIN	웹서버 설정 파일의 SERVER_ADMIN에 설정된 값
SERVER_PORT	웹서버의 통신포트(보통 : 80)

페이지에 접속한 사용자의 IP주소(회선에 부여된 숫자로 구성된 주소)를 알고자 한다면 다음의 코드를 사용합니다.

```
$_SERVER['REMOTE_ADDR'];
```

페이지의 주소를 확인하려면 다음의 코드를 사용합니다.

```
$_SERVER['PHP_SELF'];
```

다음은 $_SERVER 변수의 일부 값을 출력하는 예제입니다.

📁 **[코드 69] 69-superGlobal.php**

```
1: <?php
2:     echo 'DOCUMENT_ROOT is '.$_SERVER['DOCUMENT_ROOT'].'<br>';
3:     echo 'HTTP_ACCEPT_LANGUAGE is '.$_SERVER['HTTP_ACCEPT_LANGUAGE'].
4:        '<br>';
5:     echo 'HTTP_HOST is '.$_SERVER['HTTP_HOST'].'<br>';
6:     echo 'HTTP_USER_AGENT is '.$_SERVER['HTTP_USER_AGENT'].'<br>';
7:     echo 'SERVER_PORT is '.$_SERVER['SERVER_PORT'].'<br>';
8:     echo 'SCRIPT_NAME is '.$_SERVER['SCRIPT_NAME'].'<br>';
9:     echo 'REQUEST_URI is '.$_SERVER['REQUEST_URI'].'<br>';
10:    echo 'PHP_SELF is '.$_SERVER['PHP_SELF'].'<br>';
11:    echo 'QUERY_STRING is '.$_SERVER['QUERY_STRING'];
12:?>
```

DOCUMENT_ROOT is /Applications/MAMP/htdocs
HTTP_ACCEPT_LANGUAGE is ko-KR,ko;q=0.9,en-US;q=0.8,en;q=0.7,ja;q=0.6
HTTP_HOST is localhost
HTTP_USER_AGENT is Mozilla/5.0 (Macintosh; Intel Mac OS X 10_13_4)
AppleWebKit/537.36 (KHTML, like Gecko) Chrome/66.0.3359.117 Safari/537.36
SERVER_PORT is 80
SCRIPT_NAME is /PHP/69-superGlobal.php
REQUEST_URI is /PHP/69-superGlobal.php
PHP_SELF is /PHP/69-superGlobal.php
QUERY_STRING is

결과의 마지막에 있는 QUERY_STRING의 값은 현재 나타나지 않습니다. 나중에 다루지만 URL에 붙여서 데이터를 전송하는 방식인 GET 변수의 정보가 나타납니다.

다음의 주소로 예제를 재실행하면 QUERY_STRING가 값을 출력하는 것을 확인할 수 있습니다.

http://localhost/PHP/69-superGlobal.php?name=taeyoung

QUERY_STRING is name=taeyoung

name이라는 변수명으로 taeyoung이라는 값을 보내는 것을 의미합니다.

3 PART 중급

PHP 프로그래밍 중급

초보자를 위한

PHP

200제

하나의 파일을 여러 곳에서 사용하기 include

중급
070

- **학습 내용 :** 하나의 파일을 여러 곳에서 사용하는 방법에 대해 학습합니다.
- **힌트 내용 :** include를 사용합니다.

한 번 작성한 코드를 다른 곳에서도 사용해야 할 때 그 코드를 또 작성한다면 효율이 좋지 않은 프로그램이라고 할 수 있습니다. 메뉴가 있는 페이지로 메뉴를 만들었고, 이 페이지가 [a.php]에서도 필요하고, [b.php]에서도 필요하며, [c.php]에서도 필요하다면 메뉴에 관한 코드를 3번 작성할 필요 없이 include를 사용합니다.

include 사용 방법

```
include "파일 경로와 파일명";
```

[helloworld] 문구를 출력하는 페이지를 만들고 include를 사용해 해당 페이지를 불러오는 예제를 만들어 기능을 확인하겠습니다.

우선 [helloworld] 문구를 출력하는 페이지입니다.

📁 **[코드 70] 70-1-include.php**

```php
1: <?php
2:    echo "hello world";
3: ?>
```

 결과 ▶▶

hello world

생성한 파일을 include하는 파일을 생성하여 [코드 70]의 결과와 동일하게 나오는지 확인하겠습니다.

📁 **[코드 70-2] 70-2-include.php**

```php
1: <?php
2:     include "./70-1-include.php";
3: ?>
```

include를 사용해 70-1.php 파일을 불러옵니다.

 결과 ▶▶▶▶▶▶▶▶▶▶▶▶▶▶▶▶▶▶▶▶▶▶▶▶▶▶▶▶▶▶▶▶▶▶▶▶

hello world

공통적인 기능을 하는 파일을 하나 만들어서 include를 사용해 여러 곳에서 불러올 수 있습니다.

하나의 파일을 여러 곳에서 사용하기 require

- **학습 내용 :** 하나의 파일을 여러 곳에서 사용하는 방법에 대해 학습합니다.
- **힌트 내용 :** require를 사용합니다.

include와 같이 다른 페이지를 불러오는 방법으로 require가 있습니다. 사용 방법은 include와 같습니다.

require 사용 방법

```
require "파일 경로와 파일명";
```

다음은 require를 사용하여 70-1.php 파일을 불러오는 예제입니다.

📁 **[코드 71-1] 71-1-require.php**

```
1: <?php
2:     require "./70-1-include.php";
3: ?>
```

2 ◆ require를 사용해 70-1.php 파일을 불러옵니다.

 결과 ▶

hello world

include와 require는 같은 기능을 갖고 있습니다. 완전히 같다면 2개로 있을 필요는 없습니다.
include는 불러오는 파일의 경로나 파일명에 문제가 있더라도 오류를 발생시키지 않지만, require는
오류를 발생시킨다는 차이점이 있습니다.

다음은 inlcude문의 경로에 없는 파일을 입력한 예제입니다.

 [코드 71-2] 71-2-includeNoneFile.php

```php
1: <?php
2:    include "noneFile.php";
3:    echo "페이지에 오류가 없습니다.";
4: ?>
```

include를 사용해 실제 없는 파일을 불러옵니다.

◆ 2

결과 ▶▶▶

페이지에 오류가 없습니다.

windows에서는 해당 파일이 없음을 알려주는 경고문이 함께 표시됩니다. 존재하지 않은 페이지를 불러오도록 했지만 inlcude를 사용했으므로 오류없이 페이지가 표시됩니다.

다음은 require문의 경로에 없는 파일을 입력한 예제입니다.

[코드 71-3] 71-3-requireNoneFile.php

```php
1: <?php
2:    require "noneFile.php";
3:    echo "페이지에 오류가 없습니다.";
4: ?>
```

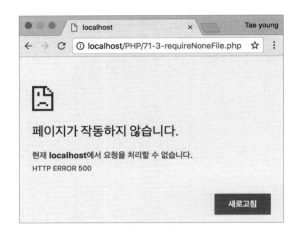

require를 사용해 존재하지 않는 파일을 불러왔으므로 페이지에 오류가 발생합니다.

include와 require를 한 번만 호출하기

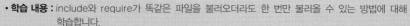

중급

072

- **학습 내용 :** include와 require가 똑같은 파일을 불러오더라도 한 번만 불러올 수 있는 방법에 대해 학습합니다.
- **힌트 내용 :** include_once, require_once를 사용합니다.

include 또는 require를 사용해서 다른 파일을 여러 회 불러오려면 명령문을 필요한만큼 사용하면 됩니다. 하지만 어떠한 경우에 의해서 여러 회 사용했지만 한 번 불러오고 그 이후에는 불러오지 않게 하려면 include_once 또는 require_once를 사용합니다. 1회 불러온 후 그 이후에는 해당 명령문이 다시 사용되어도 불러오지 않습니다.

다음은 include를 2회 사용한 예제입니다.

📁 **[코드 72-1] 72-1-include.php**

```php
1: <?php
2:     include "./70-1-include.php";
3:     include "./70-1-include.php";
4: ?>
```

include를 사용하여 70-1-include.php 파일을 불러오는 명령문을 2회 사용했습니다.

◆ 2, 3

  결과 ▶▶▶▶▶▶▶▶▶▶▶▶▶▶▶▶▶▶▶▶▶▶▶▶▶▶▶▶▶▶▶▶▶▶▶

hello worldhello world

70-1-include.php 파일에 있는 출력문 echo가 2회 작동하여 hello world가 2회 출력됨을 알 수 있습니다.

다음은 1회 출력했으면 이후에 출력하지 않음을 확인하기 위해 include_once 사용한 예제입니다.

📁 [코드 72-2] 72-2-include-once.php

```php
1: <?php
2:     include "./70-1-include.php";
3:     include_once "./70-1-include.php";
4: ?>
```

2 ◆ include를 사용하여 70-1-include.php 파일을 불러옵니다.

3 ◆ include_once를 사용하여 70-1-include.php 파일을 불러오도록 하지만 2라인에서 이미 1회 불러왔으므로 불러오지 않습니다.

  결과 ▶▶▶

hello world

정규표현식

- **학습 내용 :** 변수의 값이 숫자인지, 영문인지, 한글인지를 검사하는 preg_match( ) 함수의 사용 방법에 대해 학습합니다.
- **힌트 내용 :** 정규표현식을 사용합니다.

값이 한글로만 구성되어 있는지 영어로만 구성되어 있는지 또는 어떤 특별한 패턴을 지키고 있는지에 대해 체크하려면 정규 표현식을 사용합니다. 정규 표현식을 사용하면 이메일 주소가 옳은 주소 형식을 갖췄는지, 이름이 한글로만 이루어졌는지, 전화번호가 올바르게 입력되었는지를 검사할 수 있습니다. 정규 표현식의 패턴을 사용하려면 preg_match( )라는 함수를 사용해야 합니다.

preg_match( ) 함수 사용 방법

```
preg_match(패턴, 검사할 텍스트, 반환할 패턴 일치 결과를 받을 변수)
```

첫 번째 아규먼트인 패턴은 정규식을 이용해 만든 패턴입니다.
두 번째 아규먼트에는 정규식을 이용해 검사할 텍스트입니다.
세 번째 아규먼트에는 패턴에 어떠한 결과가 일치했는지 preg_match( ) 함수가 반환하는데, 그 반환한 값을 대입할 변수를 입력합니다.

패턴은 다음과 같이 작은따옴표와 슬래시 사이에 입력합니다.

```
$pattern = '/패턴 입력할 곳/';
```

패턴을 작성하는 방법에 대해 알아보겠습니다. 어떠한 변수의 값이 한글로만 구성되어 있는지에 대해 확인하는 패턴을 만들겠습니다.

한글로만 구성됨을 확인하려면 첫 번째 글자가 한글이어야 하고 끝나는 글자도 한글이어야 하고 또 시작하는 글자와 끝나는 글자 사이에도 한글로 구성되어야 합니다.
첫 번째 글자를 적용하는 기호는 '^'입니다. 끝나는 글자를 적용하는 기호는 '$'입니다.

문자열의 값이 i인지 확인하는 패턴은 다음과 같습니다.

```
$pattern = '/^i$/';
```

특정한 문자열이 i로 시작하고 i로 끝나는지 확인하는 패턴입니다.

다음은 앞의 패턴식을 적용한 예제입니다.

📁 [코드 73-1] 73-1-regExp.php

```
 1: <?php
 2:     //패턴 대입
 3:     $pattern = '/^i$/';
 4:
 5:     $str = 'i';
 6:
 7:     if (preg_match($pattern, $str, $matches)) {
 8:         echo "값 {$str}은(는) 정규식 표현에 적합한 값입니다. ";
 9:         echo "<pre>";
10:         var_dump($matches);
11:         echo "</pre>";
12:     }else{
13:         echo "이름에 특수문자, 한글 또는 숫자가 있는지 확인 요망";
14:     }
15: ?>
```

3 ◆ i로 시작하고 i로 끝나는 패턴식입니다.

5 ◆ 패턴을 검사할 문자열 'i'를 대입합니다.

7 ◆ preg_match( ) 함수를 사용하여 정규식 패턴을 검사합니다. if문을 사용했으므로 정규식 패턴이 맞다면 8~11라인을 실행합니다.

10 ◆ var_dump( ) 함수를 사용하여 정규식과 일치하는 부분을 출력합니다.

13 ◆ 정규식 패턴이 맞지 않을 경우 출력할 문자열입니다.

결과 ▶

```
값 i은(는) 정규식 표현에 적합한 값입니다.
array(1) {
  [0]=>
  string(1) "i"
}
```

[코드 73-1]에서 5라인의 변수 str에 값 'ii'를 대입하면 패턴식에 맞지 않게 됩니다. 패턴식은 검사할 바이트 수나 횟수를 지정하지 않으면 기본적으로 1byte를 검사하기 때문입니다.

여기서 1byte라는 것은 컴퓨터 용량의 단위이며 영문과 특수문자는 1글자당 1byte의 용량을 사용합니다.

변수 str의 값은 'i' 한글자로 1byte를 검사하므로 패턴식에 맞지만, str의 값으로 ii를 영문 2글자가 사용되어 패턴식의 규칙에 어긋나게 됩니다. 그러므로 1byte 이상의 값을 검사하려면 패턴식을 검사하는 값 뒤에 몇 byte를 검사하는지 지정해야 합니다.

1byte를 이상 검사하는 기호로 '+'를 사용하며 패턴식으로 나타내면 다음과 같습니다.

```
$pattern = '/^i+$/';
```

검사하려는 문자 뒤에 기호 '+'를 사용해 1byte 이상 체크함을 의미합니다.

다음은 앞의 패턴식을 사용한 예제입니다.

📁 **[코드 73-2] 73-2-regExp.php**

```php
 1: <?php
 2:     //패턴 대입
 3:     $pattern = '/^i+$/';
 4:
 5:     $str = 'ii';
 6:
 7:     if (preg_match($pattern, $str, $matches)) {
 8:         echo "값 {$str}은(는) 정규식 표현에 적합한 값입니다. ";
 9:         echo "<pre>";
10:         var_dump($matches);
```

```
11:        echo "</pre>";
12:    }else{
13:        echo "이름에 특수문자, 한글 또는 숫자가 있는지 확인 요망";
14:    }
15: ?>
```

3 ◆ 1byte 이상의 값을 검사하기 위해 검사할 문자 뒤에 기호 '+'를 사용합니다.

5 ◆ 변수 str에 2byte 값인 'ii'를 대입합니다. 3라인의 패턴식은 1byte 이상을 검사하므로 값으로 'iiii'를 대입해도 'iiiiiii'를 대입해도 패턴식 검사에 이상이 없습니다.

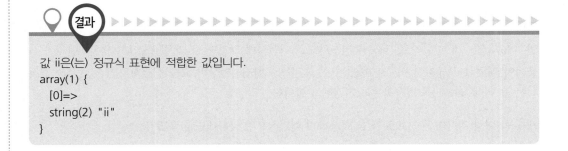

```
값 ii은(는) 정규식 표현에 적합한 값입니다.
array(1) {
  [0]=>
  string(2) "ii"
}
```

정규표현식 한글 검사

중급

074

- **학습 내용** : 변수의 값이 한글인지를 정규표현식을 사용해 검사하는 방법에 대해 학습합니다.
- **힌트 내용** : 한글의 문자는 '가'로 시작해 '힣'로 끝납니다.

값이 모두 한글로 구성되어 있는지 확인하는 방법에 대해 알아보겠습니다. 한글은 '가'로 시작하여 '힣'으로 끝납니다. '가'부터 '힣'까지를 표시하려면 기호 '-'를 사용합니다. 간격을 지정하려면 '['와 ']' 사이의 간격을 입력합니다. 한글로만 구성되어야 하므로 첫글자도 한글, 마지막 글자도 한글이어야 첫 글자를 의미하는 기호인 '^'와 마지막 글자를 의미하는 기호인 '$'를 사용하여 다음의 패턴식을 구성합니다.

```
$pattern = '/^[가-힣]$/';
```

시작하는 기호 '^' 다음으로 간격 [가-힣]가 위치하므로 '가'부터 '힣'까지의 문자가 첫 글자로 위치해야 하며 끝나는 기호 앞에 기호 '$'가 위치해 '가'부터 '힣'까지의 문자로 끝나야 합니다.

앞의 패턴에서 몇 바이트 검사를 할지 지정해야 합니다 바이트를 지정하지 않으면 1byte를 검사합니다. 정규식에서 영문과 특수문자는 한 글자당 1byte이며, 한글은 한 글자당 3byte입니다.

패턴 검사할 byte는 간격 뒤에 '{}'를 사용해 검사할 byte 수를 지정합니다. 1글자를 검사한다면 {3}을 지정하고, 3글자를 검사한다면 {9}를 지정합니다. 또한 1글자 이상 검사한다면 {3,}을 지정합니다. 물론 여기에서도 1byte 이상 검사하는 '+'를 사용해도 무관합니다.

패턴 검사할 byte 지정하는 방법

```
한글 1글자 검사하기
$pattern = '/^[가-힣]{3}$/';

한글 3글자 검사하기
$pattern = '/^[가-힣]{9}$/';
```

한글 3글자에서 5글자까지 검사하기
$pattern = '/^[가-힣]{9, 15}$/';

한글 3글자 이상 검사하기
$pattern = '/^[가-힣]{9,}$/';

다음은 값이 모두 한글로 구성되었는지 확인하는 예제입니다.

📂 **[코드 74] 74-regExp.php**

```php
1: <?php
2:     //패턴 대입
3:     $pattern = '/^[가-힣]{3,}$/';
4:
5:     $str = '웹코딩시작하기';
6:
7:     if (preg_match($pattern, $str, $matches)) {
8:         echo "값 {$str}은(는) 정규식 표현에 적합한 값입니다. ";
9:         echo "<pre>";
10:        var_dump($matches);
11:        echo "</pre>";
12:    }else{
13:        echo "이름에 특수문자, 영문 또는 숫자가 있는지 확인 요망";
14:    }
15: ?>
```

3 ◆ 한글로 시작하고 한글로 끝나는 패턴을 3바이트(한글 1글자) 이상 검사하는 패턴식입니다.

5 ◆ 패턴을 검사할 문자열 '웹코딩시작하기'를 대입합니다.

7 ◆ preg_match() 함수를 사용하여 정규식 패턴을 검사합니다. if문을 사용했으므로 정규식 패턴이 맞다면 8~11라인을 실행합니다.

10 ◆ var_dump() 함수를 사용하여 정규식과 일치하는 부분을 출력합니다.

13 ◆ 정규식 패턴이 맞지 않을 경우 출력할 문자열입니다.

값 웹코딩시작하기은(는) 정규식 표현에 적합한 값입니다.
array(1) {
  [0]=>
  string(21) "웹코딩시작하기"
}

정규표현식 영문 대문자 검사

- **학습 내용 :** 변수의 값이 영문 대문자인지를 정규표현식을 사용해 검사하는 방법에 대해 학습합니다.
- **힌트 내용 :** 영문 대문자는 'A'로 시작해 'Z'로 끝납니다.

문자가 영문 대문자로만 구성되었는지를 정규식을 사용해 알아보겠습니다.

영문 대문자는 'A'로 시작해 'Z'로 끝납니다. 그러므로 간격을 지정하면 다음과 같습니다.

```
A-Z
```

대문자로 시작하고 대문자로 끝나는 기호를 추가해 패턴식으로 만들면 다음과 같습니다.

```
'/^[A-Z]$/';
```

1byte(1글자) 이상 검사하는 식으로 변경한다면 패턴식은 다음과 같습니다.

```
'/^[A-Z]+$/';
```

다음은 문자열이 영문 대문자로만 구성되어 있는지 확인하는 예제입니다.

📁 [코드 75] 75-regExp.php

```php
1:  <?php
2:      //패턴 대입
3:      $pattern = '/^[A-Z]+$/';
4:
5:      $str = 'TOMODEVEL';
6:
7:      if (preg_match($pattern, $str, $matches)) {
8:          echo "값 {$str}은(는) 정규식 표현에 적합한 값입니다. ";
9:          echo "<pre>";
```

```
10:          var_dump($matches);
11:          echo "</pre>";
12:      }else{
13:          echo "값에 영문 대문자 외의 문자가 있는지 확인 요망";
14:      }
15: ?>
```

영문 대문자로 구성되었는지 검사하는 패턴식입니다.   ◆ 3

패턴식의 테스트를 위해 대문자로 구성된 값을 대입합니다.   ◆ 5

결과 ▶▶

```
값 TOMODEVEL은(는) 정규식 표현에 적합한 값입니다.
array(1) {
  [0]=>
  string(9) "TOMODEVEL"
}
```

[코드 75]의 5라인의 값에 영문 대문자가 아닌 값을 하나 넣는다면 패턴식에 어긋나게 됩니다.

다음은 5라인의 값을 'TOMODEVELu'로 마지막에 소문자 u를 넣었을 때의 결과입니다.

```
값에 영문 대문자 외의 문자가 있는지 확인 요망
```

정규표현식 영문 소문자 검사

- **학습 내용 :** 변수의 값이 영문 소문자인지를 정규표현식을 사용해 검사하는 방법에 대해 학습합니다.
- **힌트 내용 :** 영문 소문자는 'a'로 시작해 'z'로 끝납니다.

문자가 영문 소문자로만 구성되었는지를 정규식을 사용해 알아보겠습니다.

영문 대문자는 'a'로 시작해 'z'로 끝납니다. 그러므로 간격을 지정하면 다음과 같습니다.

```
a-z
```

소문자로 시작하고 소문자로 끝나는 기호를 추가해 패턴식으로 만들면 다음과 같습니다.

```
'/^[a-z]$/';
```

1byte(1글자) 이상 검사하는 식으로 변경하면 패턴식은 다음과 같습니다.

```
'/^[a-z]+$/';
```

다음은 문자열이 영문 대문자로만 구성되어 있는지 확인하는 예제입니다.

📁 **[코드 76-1] 76-1-regExp.php**

```php
 1: <?php
 2:    //패턴 대입
 3:    $pattern = '/^[a-z]+$/';
 4:
 5:    $str = 'everdevel';
 6:
 7:    if (preg_match($pattern, $str, $matches)) {
 8:        echo "값 {$str}은(는) 정규식 표현에 적합한 값입니다. ";
 9:        echo "<pre>";
10:        var_dump($matches);
```

```
11:        echo "</pre>";
12:     }else{
13:        echo "값에 영문 소문자 외의 문자가 있는지 확인 요망";
14:     }
15: ?>
```

영문 소문자로 구성되었는지 검사하는 패턴식입니다.

◆ 3

패턴식의 테스트를 위해 소문자로 구성된 값을 대입합니다.

◆ 5

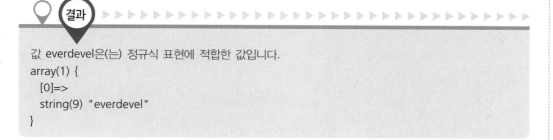

결과 ▶▶

```
값 everdevel은(는) 정규식 표현에 적합한 값입니다.
array(1) {
  [0]=>
  string(9) "everdevel"
}
```

[코드 76-1]의 5라인 값에 영문 소문자가 아닌 값을 하나 넣는다면 패턴식에 어긋나게 됩니다.

다음은 5라인의 값을 'everdevelA'로 마지막에 대문자 A를 넣었을 때의 결과입니다.

값에 영문 소문자 외의 문자가 있는지 확인 요망

영문 대문자와 소문자 관계없이 영문으로만 구성된 문자열을 확인하려면 패턴식의 범위에 영문 대문자의 범위와 영문 소문자의 범위를 함께 기입합니다.

다음은 영문 대문자와 소문자를 범위에 함께 기입한 패턴식입니다.

```
'/^[a-zA-Z]+$/';
```

영문 대문자와 소문자 그리고 한글로 구성된 패턴식을 만들면 다음과 같습니다.

```
'/^[a-zA-Z가-힣]+$/';
```

[코드 76-2] 76-2-regExp.php

```php
1: <?php
2:     //패턴 대입
3:     $pattern = '/^[a-zA-Z가-힣]+$/';
4:
5:     $str = '안녕하세요Hello';
6:
7:     if (preg_match($pattern, $str, $matches)) {
8:         echo "값 {$str}은(는) 정규식 표현에 적합한 값입니다. ";
9:         echo "<pre>";
10:        var_dump($matches);
11:        echo "</pre>";
12:    }else{
13:        echo "값에 영문과 한글 외의 문자가 있는지 확인 요망";
14:    }
15: ?>
```

3 ◆ 영문 소문자, 영문 대문자, 그리고 한글로 구성된 값을 검사하는 패턴식입니다.

5 ◆ 검사할 문자열 '안녕하세요Hello'를 대입합니다. 이 값에는 띄어쓰기가 없습니다. 띄어쓰기는 허용하지 않고 있기 때문에 패턴식에 어긋나게 됩니다.

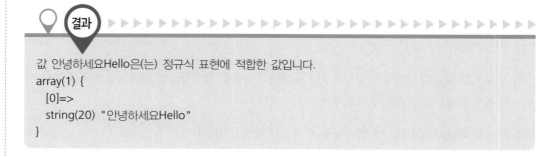

결과

```
값 안녕하세요Hello은(는) 정규식 표현에 적합한 값입니다.
array(1) {
  [0]=>
  string(20) "안녕하세요Hello"
}
```

띄어쓰기를 적용하려면 패턴식의 간격 내에 띄어쓰기를 하나 넣습니다. 또한 '안녕하세요.'와 같이 끝에 .(점)을 넣으려면 패턴식의 간격 내에 .(점)을 입력합니다.

다음은 띄어쓰기와 .(점)이 있는 것도 허용하는 패턴식입니다.

```
'/^[a-zA-Z가-힣. ]+$/';
```

위 패턴식의 .(점) 뒤에 키보드의 스페이스바로 띄어쓰기를 입력했습니다. 패턴식은 범위 내의 값이 있는지 없는지는 따지지 않으며 범위 내의 값이 아닌 값이 있는지를 검사합니다. 그러므로 검사할 패턴식에 꼭 .(점)이나 스페이스 영문 소문자, 영문 대문자, 한글을 모두 넣지 않아도 패턴식에 어긋나지 않습니다.

다음은 앞의 패턴식을 사용한 예제입니다.

📁 [코드 76-3] 76-3-regExp.php

```php
1: <?php
2:     //패턴 대입
3:     $pattern = '/^[a-zA-Z가-힣. ]+$/';
4:
5:     $str = '안녕하세요. Hello.'; //요. 다음에 띄어쓰기가 있습니다.
6:
7:     if (preg_match($pattern, $str, $matches)) {
8:         echo "값 {$str}은(는) 정규식 표현에 적합한 값입니다. ";
9:         echo "<pre>";
10:        var_dump($matches);
11:        echo "</pre>";
12:    }else{
13:        echo "값에 영문, 한글 .(점) 그리고 띄어쓰기외의 문자가 있는지 확인 요망";
14:    }
15: ?>
```

영문 소문자, 영문 대문자, 한글, .(점) 그리고 띄어쓰기로 구성된 값을 검사하는 패턴식입니다. ◆3

검사할 문자열 '안녕하세요. Hello.'를 대입합니다. 이 값에는 띄어쓰기가 있으며, 패턴식에도 띄어 쓰기를 허용하고 있으므로 패턴에 적합한 문자열입니다. ◆5

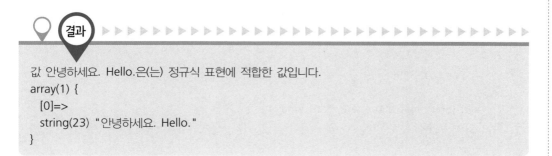

📍 결과 ▶▶

```
값 안녕하세요. Hello.은(는) 정규식 표현에 적합한 값입니다.
array(1) {
  [0]=>
  string(23) "안녕하세요. Hello."
}
```

정규표현식 숫자 검사

- **학습 내용** : 변수의 값이 숫자인지를 정규표현식을 사용해 검사하는 방법에 대해 학습합니다.
- **힌트 내용** : 영문 소문자는 '0'으로 시작해 '9'로 끝납니다.

값이 숫자로만 구성되었는지 정규식을 사용해 알아보겠습니다. 숫자의 범위는 '0'으로 시작해 '9'로 끝납니다. 그러므로 간격을 지정하면 다음과 같습니다.

```
0-9
```

숫자로 시작하고 숫자로 끝나게 기호를 추가해 패턴식으로 만들면 다음과 같습니다.

```
'/^[0-9]$/';
```

1byte(1글자) 이상 검사하는 식으로 변경한다면 패턴식은 다음과 같습니다. 숫자도 1글자당 1byte를 사용합니다.

```
'/^[0-9]+$/';
```

다음은 값이 숫자로만 구성되어 있는지 확인하는 예제입니다.

📁 [코드 77] 77-regExp.php

```php
1:  <?php
2:      //패턴 대입
3:      $pattern = '/^[0-9]+$/';
4:
5:      $str = 123456;
6:
7:      if (preg_match($pattern, $str, $matches)) {
8:          echo "값 {$str}은(는) 정규식 표현에 적합한 값입니다. ";
9:          echo "<pre>";
```

```
10:        var_dump($matches);
11:        echo "</pre>";
12:    }else{
13:        echo "값에 숫자외의 문자가 있는지 확인 요망";
14:    }
15: ?>
```

숫자로 구성되었는지 검사하는 패턴식입니다.

◆ 3

패턴식의 테스트를 위해 숫자로 구성된 값을 대입합니다. 5라인은 현재 데이터형이 정수(int)이지만 ◆ 5
문자열(string)로 넣어도 패턴식에서의 검사는 동일한 결과를 나타냅니다.

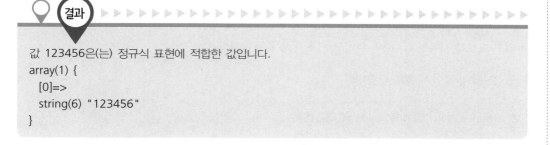

결과

```
값 123456은(는) 정규식 표현에 적합한 값입니다.
array(1) {
  [0]=>
  string(6) "123456"
}
```

5라인에 사용된 변수 str의 값으로 다음과 같이 문자열과 정수로 데이터를 대입해도 결과는 무관합니다.

```
$str = 12345;
$str = '12345';
```

중급

078

정규표현식으로 휴대전화번호 유효성 검사하기

- **학습 내용** : 정규표현식을 이용하여 휴대전화번호의 패턴을 검사할 수 있습니다.
- **힌트 내용** : 휴대전화번호는 010, 011, 016, 017, 018, 019-(n)nnn-nnnn으로 구성됩니다.

어떠한 값이 휴대전화번호의 규칙을 지키고 있는지에 대해 검사하는 패턴식을 만들겠습니다. 예전에는 휴대전화번호의 앞 번호가 통신사마다 011, 016, 017, 018, 019로 각각 달랐으나 지금은 010으로 통일된 번호를 사용합니다. 하지만 아직 011, 016, 017, 018, 019 번호는 사용되고 있습니다.

이것을 식으로 만들려면 휴대전화번호의 처음에 011, 016, 017, 018, 019가 있어야 함을 의미합니다. 여러 개의 값이 OR의(011이거나 016이거나) 조건으로 처음에 위치해야 함을 패턴식으로 표현하려면 가로를 사용하고 OR의 의미로 기호 '|'를 사용합니다.

패턴식으로 만들면 다음과 같습니다.

```
$pattern = '/^(010|011|016|017|018|019)/';
```

처음에 오는 문자를 의미하는 기호 '^'를 사용했으므로 011, 016, 017, 018, 019으로 시작하지 않으면 패턴 규칙에 어긋나게 됩니다. 앞에 3자리 다음에는 '-'(하이픈)이 붙으므로 괄호 밖에 '-'(하이픈)을 사용합니다.

패턴식으로 만들면 다음과 같습니다.

```
$pattern = '/^(010|011|016|017|018|019)-/';
```

휴대전화번호의 가운데 번호는 3자리이거나 4자리로 구성되며 0으로 시작하지 않는 규칙이 있습니다. 그러므로 처음에 0이 위치하지 않는 규칙을 만들어야 합니다.

처음에 위치하는 문자를 지정하는 기호로 '^'를 사용했습니다. 이 기호는 [ ]의 밖에 위치하면 처음에 위치하는 문자를 지정하는 기호로 사용하지만 [ ]의 안에 있다면 처음에 위치하면 안 되는 문자를 지정할 때 사용합니다.

그러므로 처음에 0이 위치하지 않게끔 패턴식을 만들려면 다음과 같습니다.

```
[^0]
```

이후에 0부터 09까지 위치하는 패턴식을 더하며 이 숫자는 3자리이거나 4자리이므로 3byte와 4byte 를 검사하는 패턴식을 추가합니다.

```
[^0][0-9]{3,4}
```

앞의 패턴식은 앞에 0이 위치하지 않으면서 0부터 9가 3글자이거나 4글자임을 검사하는 패턴식입 니다.

휴대전화번호 앞 3자리를 검사하는 패턴식과 합치면 다음과 같습니다.

```
$pattern = '/^(010|011|016|017|018|019)-[^0][0-9]{3,4}-/';
```

휴대전화번호 뒷자리는 앞에 0이 위치해도 되며 모두 4글자로 사용되므로 패턴식은 다음과 같습니다.

```
[0-9]{4}
```

최종적으로 휴대전화번호를 검사하는 패턴식은 다음과 같습니다.

```
$pattern = '/^(010|011|016|017|018|019)-[^0][0-9]{3,4}-[0-9]{4}/';
```

다음은 휴대전화번호 패턴식을 다룬 예제입니다.

📁 **[코드 78] 78-regExp.php**

```
1:  <?php
2:      //패턴 대입
3:      $pattern = '/^(010|011|016|017|018|019)-[^0][0-9]{3,4}-[0-9]{4}$/';
4:
5:      $str = '010-8670-0247';
```

```
 6:
 7:     if (preg_match($pattern, $str, $matches)) {
 8:         echo "값 {$str}은(는) 정규식 표현에 적합한 값입니다. ";
 9:         echo "<pre>";
10:         var_dump($matches);
11:         echo "</pre>";
12:     }else{
13:         echo "값에 숫자외의 문자가 있는지 확인 요망";
14:     }
15: ?>
```

3◆ 011, 016, 017, 018, 019으로 시작하면서 가운데 번호가 0으로 시작하지 않으면서 3자리이거나 4자리로 구성되며 마지막 번호가 0에서 9까지의 4자리의 번호로 구성되는 패턴식입니다.

5◆ 패턴식으로 검사할 휴대전화번호입니다. 이 값을 여러 값으로 변경해가면서 테스트할 수 있습니다.

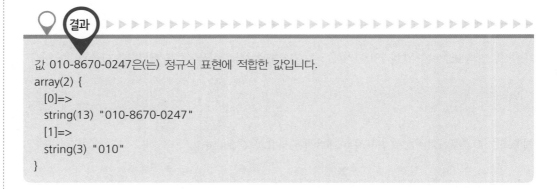

```
값 010-8670-0247은(는) 정규식 표현에 적합한 값입니다.
array(2) {
  [0]=>
  string(13) "010-8670-0247"
  [1]=>
  string(3) "010"
}
```

정규표현식 이메일 주소 유효성 검사하기

- **학습 내용 :** 정규표현식을 이용하여 이메일 주소의 패턴을 검사할 수 있습니다.
- **힌트 내용 :** 이메일 주소는 [아이디@도메인]으로 구성됩니다.

정규표현식을 이용해 이메일 주소가 맞는지 확인하는 패턴식을 만들겠습니다. 이메일 주소의 @(at) 앞에는 아이디가 위치하며, 뒤에는 도메인 주소가 위치합니다. 우선 아이디부터 패턴식을 만들겠습니다. 아이디는 보통 영문 대문자, 영문 소문자, 숫자, _(언더바), -(하이픈), .(점)이 섞여서 위치하며 아이디 앞에는 _(언더바), -(하이픈), .(점)이 위치하지 않습니다.

-(하이픈)은 [ ] 안에서 간격을 의미하므로 문자로 사용하려면 앞에 \(역슬래시)를 사용합니다.

```
[\-]
```

.(점은) [ ] 밖에서 모든 문자를 의미하므로 문자로 사용하려면 앞에 \(역슬래시)를 사용합니다.

```
\.[ ]
```

_(언더바), -(하이픈), .(점)이 아이디 앞에 위치하지 않는 패턴식을 만들면 다음과 같습니다.

```
$pattern = '/^[^.\-_]/';
```

하지만 이외에도 많은 특수문자가 앞에 위치하면 안 되므로 첫 글자가 영문 소문자, 영문 대문자가 위치하도록 하는 편이 더 편리합니다.

```
$pattern = '/^[a-zA-Z]{1}/';
```

다음은 아이디에 영문 대문자, 영문 소문자, _(언더바), -(하이픈), .(점)를 허용하는 패턴식입니다.

```
$pattern = '/[a-zA-Z0-9.\-_]+/';
```

앞의 두 아이디에 관한 패턴식을 합치면 다음과 같습니다.

```
$pattern = '/^[a-zA-Z]{1}[a-zA-Z0-9.\-_]+/';
```

다음으로 위치할 문자는 이메일 주소에 필수로 쓰이는 @(at)입니다. @(at)을 더하면 패턴식은 다음과 같습니다.

```
$pattern = '/^[a-zA-Z]{1}[a-zA-Z0-9.\-_]+@/';
```

@(at)의 뒤에는 도메인이 위치합니다. 도메인은 tomodevel.jp이나 everdevel.com과 같이 .(점)으로 구분됩니다. .(점)을 기준으로 앞의 도메인은 영문 소문자, 숫자, −(하이픈)으로 구성되며, 앞과 뒤에 −(하이픈)이 위치할 수 없습니다. 그러므로 앞과 뒤에는 영문 소문자나 숫자가 위치하고 중간에는 하이픈이 들어갈 수 있는 패턴식을 만듭니다.

이 규칙을 패턴식으로 만들면 다음과 같습니다.

```
[a-z0-9]{1}[a-z0-9\-]+[a-z0-9]{1}
```

[a−z]{1}는 영문 소문자로 1개의 글자가 시작하는 패턴식입니다. [a−z_]+는 중간에 영문 소문자와 _(하이픈)을 포함하여 1개 이상 입력을 허용하는 패턴식입니다. [a−z]{1}는 마지막 글자가 영문 소문자로 끝나는 패턴식입니다.

.도메인 주소의 .(점)을 붙여주면 식은 다음과 같습니다. [ ] 밖에서는 모든 문자를 의미하는 기호로 사용되므로 \(역슬래시)를 앞에 붙여서 사용합니다.

```
[a-z0-9]{1}[a-z0-9\-]+[a-z0-9]{1}$\.
```

마지막으로 도메인의 .(점)다음에 위치하는 문자는 com, io, jp, academy, co.kr 등 매우 다양하므로 영문 처음과 끝에 .(점)이 위치하지 않는 식으로 만들고 그 외는 영문 소문자가 위치하도록 만듭니다.

```
(([a-z]{1}[a-z.]+[a-z]{1})|([a-z]+))$
```

앞에서 만든 패턴식을 모두 합치면 다음과 같습니다.

```
'/^[a-zA-Z]{1}[a-zA-Z0-9.\-_]+@[a-z0-9]{1}[a-z0-9\-]+[a-z0-9]{1}\.(([a-z]{1}[a-z.]+[a-z]{1})|([a-z]+))$/';
```

다음은 앞의 패턴을 사용하여 이메일 유효성을 검사하는 예제입니다.

📁 **[코드 79] 79-regExp.php**

```
 1: <?php
 2:     //패턴 대입
 3:     $pattern = '/^[a-zA-Z]{1}[a-zA-Z0-9.\-_]+@[a-z0-9]{1}[a-z0-9\-]+[a-z0-9]{1}\.(([a-z]{1}
           [a-z.]+[a-z]{1})|([a-z]+))$/';
 4:
 5:     $str = 'mybookforweb@gmail.com';
 6:
 7:     if (preg_match($pattern, $str, $matches)) {
 8:         echo "값 {$str}은(는) 이메일 주소 유효성에 적합한 값입니다. ";
 9:         echo "<pre>";
10:         var_dump($matches);
11:         echo "</pre>";
12:     }else{
13:         echo "이메일 주소 유효성에 맞지 않습니다. ";
14:     }
15: ?>
```

이메일 유효성을 검사할 이메일입니다. 이 값을 변경하여 앞에 특수문자를 입력하거나 변경하면 이
메일 유효성에 어긋나는 결과를 볼 수 있습니다. ◆ 5

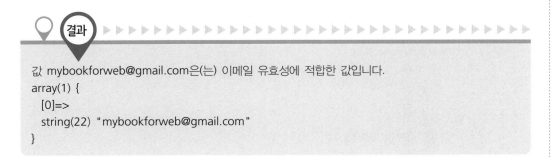

값 mybookforweb@gmail.com은(는) 이메일 유효성에 적합한 값입니다.
array(1) {
  [0]=>
  string(22) "mybookforweb@gmail.com"
}

filter_Var( ) 함수로 이메일 유효성 검사하기

- **학습 내용** : 정규표현식을 이용하지 않고 더 간단하게 이메일 주소의 유효성을 검사할 수 있습니다.
- **힌트 내용** : filter_Var( ) 함수를 사용합니다.

이메일 주소의 유효성을 검사하기 위해 어려운 정규식에 대해 알아보았습니다. 이메일 주소의 유효성을 검사하는 기능은 filter_Var( ) 함수를 이용해 더욱 간단히 구현할 수 있습니다.

filter_Var( ) 함수에 첫 번째 아규먼트로 이메일 주소를 입력하고, 두 번째 아규먼트로 상수 FILTER_VALIDATE_EMAIL를 입력합니다. 상수 FILTER_VALIDATE_EMAIL는 이미 선언된 상수이므로 따로 선언할 필요는 없습니다.

filter_Var( )을 이용하여 email 유효성 검사 방법

```
filter_Var('검사할 값', FILTER_VALIDATE_EMAIL);
```

filter_Var( ) 함수의 두 번째 아규먼트의 값에 따라 검사할 유형이 달라지는 방식입니다.

다음은 filter_Var( ) 함수를 사용하여 이메일 주소의 유효성을 검사하는 예제입니다.

📁 **[코드 80] 80-filterVar-email.php**

```
1: <?php
2:    function checkEmail($email){
3:        $emailCheck = filter_Var($email, FILTER_VALIDATE_EMAIL);
4:
5:        $returnInfo = false;
6:        if($emailCheck){
7:            $returnInfo = true;
8:        }
9:
10:        return $returnInfo;
11:
```

```
12:     }
13:
14:     $email = "mybookforweb@gmail.com";
15:
16:     if (checkEmail($email)) {
17:         echo "{$email}는 올바른 이메일 주소 입니다.";
18:     } else {
19:         echo "{$email}는 잘못된 이메일 주소 입니다.";
20:     }
21: ?>
```

이메일을 검사하는 함수입니다. 파라미터로 이메일을 주소를 받고 이메일 주소가 유효성에 적합하 ◆ **2**
면 true를 반환하고 적합하지 않으면 false를 반환합니다.

함수에서 받은 파라미터로 filter_Var( ) 함수를 사용해 이메일 주소의 유효성을 체크하여 반환받은 ◆ **3**
값을 변수 emailCheck에 대입합니다.

checkEmail( ) 함수가 반환할 값을 대입하는 변수 returnInfo에 false를 대입합니다. ◆ **5**

변수 emailCheck 변수의 값이 true이면 7라인에서 변수 returnInfo에 true를 대입합니다. ◆ **6**

변수 returnInfo를 반환합니다. ◆ **10**

이메일 주소 유효성에 적합한 이메일 주소를 변수 email에 대입합니다. ◆ **14**

if문의 조건에 checkMail( ) 함수를 사용하고 반환된 값에 따라 다른 결과를 나타냅니다. ◆ **16**

 결과 ▷▷

mybookforweb@gmail.com는 올바른 이메일 주소 입니다.
mybookforweb@는 잘못된 이메일 주소 입니다.

filter_Var( ) 함수로 URL 유효성 검사하기

- **학습 내용 :** 정규표현식을 이용하지 않고 URL의 유효성을 검사할 수 있습니다.
- **힌트 내용 :** filter_Var( ) 함수를 사용합니다.

filter_Var( ) 함수의 첫 번째 아규먼트에는 검사할 값을 입력하며, 두 번째 아규먼트에는 FILTER_VALIDATE_URL을 입력합니다. FILTER_VALIDATE_URL은 상수입니다. filter_Var( ) 함수의 두 번째 파라미터의 값에 따라 검사할 유형이 달라지는 방식입니다.

filter_Var( )을 이용하여 URL 유효성 검사 방법

```
filter_Var('검사할 값', FILTER_VALIDATE_URL);
```

다음은 filter_Var( ) 함수를 이용하여 URL의 유효성을 검사하는 예제입니다.

📁 **[코드 81] 81-filterVar-url.php**

```php
1:  <?php
2:      function checkUrl($url){
3:          $urlCheck = filter_Var($url, FILTER_VALIDATE_URL);
4:
5:          $returnInfo = false;
6:          if($urlCheck){
7:              $returnInfo = true;
8:          }
9:
10:         return $returnInfo;
11:
12:     }
13:
14:     $url = "http://www.tomodevel.jp";
15:
16:     if (checkUrl($url)) {
```

```
17:         echo "{$url}는 올바른 URL 입니다.";
18:     } else {
19:         echo "{$url}는 잘못된 URL 입니다.";
20:     }
21:
22:     echo "<br>";
23:
24:     $url = "www.everdevel.com";
25:
26:     if (checkUrl($url)) {
27:         echo "{$url}는 올바른 URL 입니다.";
28:     } else {
29:         echo "{$url}는 잘못된 URL 입니다.";
30:     }
31: ?>
```

URL을 검사하는 함수입니다. 파라미터로 URL를 받고 URL이 유효성에 적합하면 true를 반환하고 ◆ 2
적합하지 않으면 false를 반환합니다.

함수에서 받은 파라미터로 filter_Var( ) 함수를 사용해 URL의 유효성을 체크하여 반환받은 값을 변 ◆ 3
수 urlCheck에 대입합니다.

urlCheck( ) 함수가 반환할 값을 대입하는 변수 returnInfo에 false를 대입합니다. ◆ 5

urlCheck 변수의 값이 true이면 7라인에서 변수 returnInfo에 true를 대입합니다. ◆ 6

변수 returnInfo를 반환합니다. ◆ 10

URL 유효성에 적합한 URL을 변수 url에 대입합니다. ◆ 14

if문의 조건에 checkUrl( ) 함수를 사용하고 반환된 값에 따라 다른 결과를 나타냅니다. ◆ 16

URL 유효성에 적합하지 않은 url을 변수 url에 대입합니다. ◆ 24

결과 ▶▶▶

http://www.tomodevel.jp는 올바른 URL 입니다.
www.everdevel.com는 잘못된 URL 입니다.

filter_Var( ) 함수로 IP 주소 유효성 검사하기

중급

082

- **학습 내용** : 정규표현식을 이용하지 않고 IP 주소의 유효성을 검사할 수 있습니다.
- **힌트 내용** : filter_Var( ) 함수를 사용합니다.

filter_Var( ) 함수의 첫 번째 아규먼트에는 검사할 값을 입력하며, 두 번째 아규먼트에는 FILTER_VALIDATE_IP를 입력합니다. FILTER_VALIDATE_IP은 상수입니다.

IP 주소는 인터넷 회선당 갖게 되는 고유의 값입니다. 우리가 입력하는 여러 도메인 주소는 사람이 알기 쉽게 문자로 만든 주소이며 실제로는 IP 주소로 해당 서비스에 접속하게 됩니다.

IP 주소는 0.0.0.0부터 시작하여 255.255.255.255까지의 값을 갖습니다. .(점)으로 구분하여 총 0부터 255까지의 수가 4개 사용됩니다.

웹 서비스의 경우 고정 IP를 구입하여 서비스를 하며, 보통의 가정에서는 유동 IP를 부여받게 됩니다. 고정 IP는 값이 변하지 않는 IP이며, 유동 IP는 값이 변하는 IP입니다.

filter_Var( )을 이용하여 IP 주소 유효성 검사 방법

```
filter_Var('검사할 값', FILTER_VALIDATE_IP);
```

다음은 filter_Var( ) 함수를 사용하여 IP 주소의 유효성을 검사하는 예제입니다.

📁 **[코드 82] 82-filterVar-ip.php**

```php
1:  <?php
2:      $ip = "192.168.0.1";
3:      $ipCheck = filter_Var($ip, FILTER_VALIDATE_IP);
4:
5:      if ($ipCheck) {
6:          echo "{$ip}는 올바른 ip 입니다.";
7:      } else {
8:          echo "{$ip}는 잘못된 ip 입니다.";
9:      }
```

```
10:
11:      echo "<br>";
12:
13:      $ip = "192.";
14:      $ipCheck = filter_Var($ip, FILTER_VALIDATE_IP);
15:
16:      if ($ipCheck) {
17:          echo "{$ip}는 올바른 ip 입니다.";
18:      } else {
19:          echo "{$ip}는 잘못된 ip 입니다.";
20:      }
21: ?>
```

2 ◆ IP 주소의 유효성에 적합한 IP 주소를 변수 ip에 대입합니다.

3 ◆ filter_Var( ) 함수를 사용해 IP 주소의 유효성을 검사하고 그 결과를 변수 ipCheck에 반환합니다.

5~9 ◆ IP 주소의 유효성이 적합하면 6라인이 실행되고 그렇지 않으면 8라인이 실행됩니다.

13 ◆ IP 주소의 유효성에 적합하지 않은 값을 변수 ip에 대입합니다.

14 ◆ filter_Var( ) 함수를 사용해 IP 주소의 유효성을 검사하고 그 결과를 변수 ipCheck에 반환합니다.

16~20 ◆ IP 주소의 유효성이 적합하면 17라인이 실행되고 그렇지 않으면 19라인이 실행됩니다.

결과 ▶▶

192.168.0.1는 올바른 ip 입니다.
192.는 잘못된 ip 입니다.

[코드 82]에서 사용한 IP 주소를 보면 192.168로 시작합니다. IP 주소는 외부 IP와 내부 IP로 나뉩니다. 외부 IP 주소는 한 개의 집에 부여된 IP 주소를 의미합니다. 한 가정에 공용으로 사용하는 컴퓨터뿐만 아니라, 개인이 쓰는 스마트폰, 태블릿, 노트북이 모두 인터넷에 연결됩니다. 게다가 IoT 시대가 도래하여 냉장고, 로봇청소기, 로봇강아지, TV, 웹캠, 스피커, 보일러, 에어컨 등도 인터넷에 모두 연결됩니다. 인터넷에 연결되는 기기들은 각각의 IP 주소를 부여받습니다.

한 가정에서 부여받은 IP 주소를 사용하는 가정 내의 기기들은 내부 IP 주소가 부여되며 이 내부 IP 주소는 192.168로 시작하는 주소를 갖습니다.

예를 들어, 한 가정의 기기들은 다음과 같은 IP 주소가 부여됩니다.

```
인터넷 공유기 - 192.168.0.1
냉장고 - 192.168.0.2
아이폰 - 192.168.0.3
아이패드 - 192.168.0.4
로봇청소기 - 192.168.0.5
보일러 - 192.168.0.6
홈팟 - 192.168.0.7
맥북 - 192.168.0.8
.
.
.
```

중급

083

filter_Var( ) 함수로 정수 유효성 검사하기

- **학습 내용 :** 값이 정수인지 확인하는 방법에 대해 학습합니다.
- **힌트 내용 :** filter_Var( ) 함수를 사용합니다.

filter_Var( ) 함수를 사용해 값이 정수인지 아닌지를 검사할 수 있습니다.

filter_Var( )을 이용하여 정수 유효성 검사 방법

```
filter_Var('검사할 값', FILTER_VALIDATE_INT);
```

filter_Var( ) 함수의 첫 번째 아규먼트에는 검사할 값을 입력하며, 두 번째 아규먼트에는 FILTER_VALIDATE_INT을 입력합니다. FILTER_VALIDATE_INT은 상수입니다.

다음은 filter_Var( ) 함수를 사용하여 값이 정수인지 확인하는 예제입니다.

📁 **[코드 83] 83-filterVar-int.php**

```php
1: <?php
2:     function checkInt($int){
3:         $intCheck = filter_Var($int, FILTER_VALIDATE_INT);
4:         if ($intCheck) {
5:             echo "{$int}는 정수입니다.";
6:         } else {
7:             echo "{$int}는 정수가 아닙니다.";
8:         }
9:         echo '<br>';
10:     }
11:
12:     checkInt(694);
13:     checkInt(1.25);
14:     checkInt('hello');
15: ?>
```

정수를 확인하는 함수인 checkInt( )를 만들고 파라미터로 int를 선언합니다. ◆ 2

파라미터 int가 정수인지를 filter_Var( ) 함수를 통해 확인하고 결과를 변수 intCheck에 대입합니다. ◆ 3

변수 intCheck의 값에 따라 정수인지 아닌지를 출력합니다. ◆ 4~8

정수를 체크하는 함수 checkInt( )에 정수 694를 아규먼트로 사용합니다. checkInt 함수는 return문이 ◆ 12
없으므로 값을 반환하지 않지만 checkInt 함수 내에 결과를 echo 출력문으로 사용하므로 11라인에
는 echo문을 사용하지 않고 함수를 호출하는 기능만 갖게 합니다.

정수를 체크하는 함수 checkInt( )에 소수 1.25를 아규먼트로 사용합니다. ◆ 13

정수를 체크하는 함수 checkInt( )에 문자열 'hello'를 아규먼트로 사용합니다. ◆ 14

결과 ▶▶

```
694는 정수입니다.
1.25는 정수가 아닙니다.
hello는 정수가 아닙니다.
```

filter_Var( ) 함수로 실수 유효성 검사하기

- **학습 내용 :** 값이 실수인지 확인하는 방법에 대해 학습합니다.
- **힌트 내용 :** filter_Var( ) 함수를 사용합니다.

filter_Var( ) 함수를 사용해 값이 실수인지 아닌지를 검사할 수 있습니다.

filter_Var( )을 이용하여 실수 유효성 검사 방법

```
filter_Var('검사할 값', FILTER_VALIDATE_FLOAT);
```

다음은 filter_Var( ) 함수를 사용하여 값이 실수인지 확인하는 예제입니다.

📁 **[코드 84] 84-filterVar-float.php**

```php
1: <?php
2:     $float = 192.12;
3:     $floatCheck = filter_Var($float, FILTER_VALIDATE_FLOAT);
4:
5:     if ($floatCheck) {
6:         echo "{$float}는 실수입니다.";
7:     } else {
8:         echo "{$float}는 실수가 아닙니다.";
9:     }
10: ?>
```

2 ◆ 실수 192.12를 변수 float에 대입합니다.

3 ◆ filter_Var( ) 함수가 반환한 값을 변수 floatCheck에 대입합니다.

5~9 ◆ 변수 floatCheck의 값에 따라 변수 float의 값이 실수인지 아닌지를 출력합니다.

 결과 ▶

192.12는 실수입니다.

폴더 만들기

중급
085

- **학습 내용 :** 디렉터리(폴더)를 만드는 방법에 대해 학습합니다.
- **힌트 내용 :** mkdir( ) 함수를 사용합니다.

PHP를 사용하여 디렉터리(이하 폴더)를 생성할 수 있습니다. 디렉터리를 생성하는 함수는 mkdir( )입니다.

mkdir( ) 함수 사용 방법

mkdir(경로와 디렉터리 이름, 퍼미션 설정값)

mkdir( )의 첫 번째 아규먼트에는 경로와 디렉터리 이름을 입력합니다. 퍼미션(권한)은 3자리의 숫자로 구성됩니다.

퍼미션 값 자리에 따른 의미

첫째자리	둘째자리	셋째자리
소유자 권한	그룹 권한	사용자 권한

소유자는 파일을 생성하는 사람을 뜻합니다. 그룹은 소유자가 속한 그룹을 의미합니다. 즉 같은 그룹원의 권한을 뜻합니다. 사용자 권한은 이 폴더를 사용하는 사람을 의미합니다. 즉 소유자도 그룹원도아닌 보통 유저를 의미합니다. 각 권한은 읽기(read), 쓰기(write), 실행(execute)으로 구성됩니다.

권한에 사용할 수 있는 값

읽기(read)	쓰기(write)	실행(execute)
4	2	1

읽기 권한을 적용하려면 4를 입력하며, 쓰기 권한을 적용하려면 2, 실행 권한을 적용하려면 1을 입력합니다.

읽기, 쓰기, 실행 권한을 적용하려면 4 + 2 + 1의 값인 7을 입력합니다. 각 권한에 맞는 수를 합하여 적용하면 됩니다.

소유자, 그룹, 사용자 권한에게 모든 권한을 허용한다면 소유자 7, 그룹 7, 사용자 7이 되어 777이 됩니다.

```
mkdir('폴더명',777);
```

다음은 현재 사용하고 있는 [/htdocs/PHP] 폴더에 [hello]라는 폴더를 생성하는 예제입니다.

📁 [코드 85] 85-mkdir.php

```
1: <?php
2:     $folderName = 'hello';
3:     $makeDir = mkdir($folderName,'777');
4:     if ($makeDir) {
5:         echo "{$folderName} 폴더 생성 완료";
6:     } else {
7:         echo "{$folderName} 폴더 생성 실패";
8:     }
9: ?>
```

2 ◆ 생성할 폴더명을 변수 folderName에 대입합니다.

3 ◆ mkdir( ) 함수의 첫 번째 아규먼트로 폴더명, 두 번째 아규먼트로 권한 777을 사용하고 결과를 변수 makeDir에 대입합니다.

4~8 ◆ 변수 makeDir의 값에 따라 폴더 생성의 결과를 출력합니다.

결과 ▶▶▶▶▶▶▶▶▶▶▶▶▶▶▶▶▶▶▶▶▶▶▶▶▶▶▶▶▶▶▶▶▶▶▶▶▶▶▶

hello 폴더 생성 완료

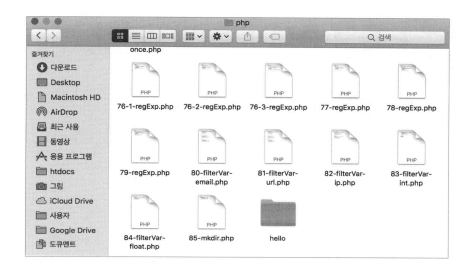

[코드 85]를 재실행하면 이미 폴더가 생성되어 있으므로 폴더를 생성할 수 없습니다.

다음은 [코드 85]를 재실행 했을 때의 결과입니다.

hello 폴더 생성 실패

폴더 존재 유무 확인하기

- **학습 내용 :** 폴더의 존재 유무를 확인하는 함수에 대해 학습합니다.
- **힌트 내용 :** is_dir( ) 함수를 사용합니다.

폴더의 존재 유무를 확인하려면 is_dir( ) 함수를 사용합니다.

is_dir( ) 함수 사용 방법

is_dir(폴더명)

다음은 is_dir( ) 함수를 사용하여 [/htdocs/php] 폴더 내에 [hello] 폴더가 있는지, [world] 폴더가 있는지 확인하는 예제입니다. [hello] 폴더는 앞에서 생성했으므로 존재하는 폴더이며 [world]는 생성하지 않았으므로 현재 없는 폴더입니다.

📁 **[코드 86] 86-isdir.php**

```php
1:  <?php
2:      $folderName = 'hello';
3:      $isDir = is_dir($folderName);
4:
5:      if ($isDir) {
6:          echo "{$folderName} 폴더가 존재합니다.";
7:      } else {
8:          echo "{$folderName} 폴더가 존재하지 않습니다. ";
9:      }
10:
11:     echo "<br>";
12:
13:     $folderName = 'world';
14:     $isDir = is_dir($folderName);
15:
```

```
16:     if ($isDir) {
17:         echo "{$folderName} 폴더가 존재합니다.";
18:     } else {
19:         echo "{$folderName} 폴더가 존재하지 않습니다. ";
20:     }
21: ?>
```

폴더명 hello를 변수 folderName에 대입합니다.   ◆ 2

is_dir( ) 함수의 아규먼트로 변수 folderName를 사용하고 결과를 변수 isDir에 대입합니다.   ◆ 3

변수 isDir의 값에 따라 hello 폴더의 존재 유무를 확인합니다.   ◆ 5~9

폴더명 world를 변수 folderName에 대입합니다.   ◆ 13

is_dir( ) 함수의 아규먼트로 변수 folderName를 사용하고 결과를 변수 isDir에 대입합니다.   ◆ 14

변수 isDir의 값에 따라 hello 폴더의 존재 유무를 확인합니다.   ◆ 16~20

 결과 ▶

hello 폴더가 존재합니다.
world 폴더가 존재하지 않습니다.

windows에서는 world 폴더가 존재하지 않는다는 알림 문구가 출력될 수 있습니다.

폴더 열기

• **학습 내용** : 폴더를 여는 방법에 대해 학습합니다.
• **힌트 내용** : opendir( ) 함수를 사용합니다.

폴더에 있는 파일의 목록을 불러오려면 해당 폴더를 여는 작업이 필요합니다. 폴더를 열려면 opendir( ) 함수를 사용합니다.

opendir( ) 함수 사용 방법

```
opendir('폴더명');
```

다음은 이미 생성한 [hello] 폴더를 opendir( ) 함수를 사용하여 여는 예제입니다.

📁 **[코드 87] 87-opendir.php**

```php
1:  <?php
2:      $folderName = 'hello';
3:      $opendir = opendir($folderName);
4:
5:      if($opendir){
6:          echo "{$folderName}폴더를 열었습니다.";
7:      } else {
8:          echo "{$folderName}폴더를 여는데 실패했습니다.";
9:      }
10:
11:     echo "<br>";
12:
13:     $folderName = 'world';
14:     $opendir = opendir($folderName);
15:
16:     if($opendir){
17:         echo "{$folderName}폴더를 열었습니다.";
18:     } else {
```

```
19:        echo  "{$folderName}폴더를 여는데 실패했습니다.";
20:    }
21: ?>
```

현재 존재하는 [hello] 폴더를 여는 폴더로 사용하기 위해 변수 folderName에 대입합니다. ◆ 2

opendir( ) 폴더를 사용해 [hello] 폴더를 열고 반환값을 변수 opendir에 대입합니다. ◆ 3

변수 opendir의 값에 따라 폴더를 열었는지에 대한 결과를 출력합니다. ◆ 5~9

현재 존재하지 않는 [world] 폴더를 여는 폴더로 사용하기 위해 변수 folderName에 대입합니다. ◆ 13

opendir( ) 폴더를 사용해 [world] 폴더를 열고 반환값을 변수 opendir에 대입합니다. world 폴더는 ◆ 14
실제로 존재하지 않으므로 열 수 없습니다.

결과 ▶▶▶▶▶▶▶▶▶▶▶▶▶▶▶▶▶▶▶▶▶▶▶▶▶▶▶▶▶▶▶▶▶▶▶▶▶▶▶

hello폴더를 열었습니다.
world폴더를 여는데 실패했습니다.

windows에서는 없는 폴더를 열기 시도했으므로 Warning 문구가 함께 출력됩니다.

3라인의 opendir( ) 함수가 반환한 값을 echo문을 통하여 확인하면 다음과 같이 어떤 데이터인지 알
수 없는 값이 출력됩니다.

Resource id #3

이러한 값을 핸들(handle)이라고 부릅니다. 핸들은 시스템에 악영향을 줄 수 있는 중요한 데이터를
사용하는 경우 이를 사용자에게 표시하지 않도록 앞과 같은 값으로 표시합니다.

폴더 읽기

- **학습 내용**: 특정 폴더에 있는 폴더명이나 파일명을 불러오는 방법에 대해 학습합니다.
- **힌트 내용**: readdir( ) 함수를 사용합니다.

opendir( ) 함수가 반환한 데이터를 이용하여 폴더의 내용을 읽을 수 있습니다. 폴더 안에 어떤 파일과 폴더가 있는지 알고자 할 때 사용합니다.

readdir( ) 함수 사용 방법

```
$opendir = opendir('폴더명')
readdir($opendir);
```

폴더를 읽으려면 폴더를 열어야 합니다. Readdir 함수의 아규먼트로 opendir( ) 함수가 반환한 값을 사용합니다. readdir( )은 폴더 내의 내용(폴더명과 파일명)을 호출할 때마다 하나씩 반환합니다. 그러므로 반복문을 사용하여 폴더의 내용을 불러옵니다.

[hello] 폴더 내에는 어떠한 폴더나 파일도 없으므로 현재 예제를 저장하고 있는 [php] 폴더를 대상으로하여 [php] 폴더 내의 폴더명과 파일명을 불러오겠습니다.

📁 **[코드 88] 88-readdir.php**

```php
1:  <?php
2:      $folderName = '../php/';
3:
4:      //디렉터리가 있는지 확인
5:      if (is_dir($folderName)) {
6:          echo '폴더가 존재합니다.<br>';
7:          $opendir = opendir($folderName);
8:          if ($opendir) {
9:              echo '폴더를 열었습니다.<br>';
10:             while(($readdir = readdir($opendir))){
11:                 echo $readdir.'<br>';
```

```
12:            }
13:        }else{
14:            echo '폴더를 열지 못했습니다.';
15:        }
16:    }else{
17:        echo '폴더가 존재하지 않습니다.';
18:    }
19: ?>
```

불러올 폴더는 [php] 폴더입니다. [php] 폴더는 현재 파일의 상위에 있는 폴더이므로 88-readdir. ◆ 2
php 파일이 있는 위치에서 상위로 이동해야 [php] 폴더를 볼 수 있습니다. [../]는 상위로 이동을 한
다는 의미입니다. 즉, 상위에 있는 [php] 폴더를 찾는 것입니다.

[php] 폴더가 있는지 is_dir( ) 함수를 사용해 확인합니다. ◆ 5

[php] 폴더를 opendir( ) 함수를 사용해 엽니다. ◆ 7

[php] 폴더에는 여러 개의 파일이 있으므로 반복문을 통해 readdir( ) 함수를 호출합니다. 불러올 파 ◆ 10
일이 없으면 false를 반환하므로 while문은 종료됩니다.

[php] 폴더에 있는 파일명이나 폴더명을 출력합니다. ◆ 11

결과 ▶▶▶▶▶▶▶▶▶▶▶▶▶▶▶▶▶▶▶▶▶▶▶▶▶▶▶▶▶▶▶▶▶▶▶▶

```
폴더가 존재합니다.
폴더를 열었습니다.
.
..
88-readdir.php
9-operator.php
33-2-foreach.php
21-2-dataTypeConversion.php
25-1-switch.php
77-regExp.php
86-isdir.php
```

폴더 닫기

• **학습 내용 :** 폴더를 닫는 함수에 대해 학습합니다.
• **힌트 내용 :** closedir( ) 함수를 사용합니다.

폴더의 활용이 끝나면 opendir( ) 함수가 반환한 데이터를 닫아줍니다. 이 데이터를 닫을 때 closedir( ) 함수를 사용합니다.

closedir( ) 함수 사용 방법

```
$opendir = opendir('hello');
closedir($opendir);
```

다음은 closedir( ) 함수를 사용한 예제입니다.

📂 **[코드 89] 89-closedir.php**

```php
1:  <?php
2:      $folderName = '../php/';
3:
4:      //디렉터리가 있는지 확인
5:      if (is_dir($folderName)) {
6:          echo '폴더가 존재합니다.<br>';
7:          $opendir = opendir($folderName);
8:          if ($opendir) {
9:              echo '폴더를 열었습니다.<br>';
10:             while(($readdir = readdir($opendir))){
11:                 echo $readdir.'<br>';
12:             }
13:             closedir($opendir);
14:         }else{
15:             echo '폴더를 열지 못했습니다.';
16:         }
17:     }else{
```

```
18:        echo '폴더가 존재하지 않습니다.';
19:    }
20: ?>
```

[코드 89]는 [코드 88]과 거의 동일하며 파일의 목록을 모두 불러오는 부분인 while문이 끝난 다음 라인인 13라인에 closedir( ) 함수를 사용하여 폴더를 닫습니다.

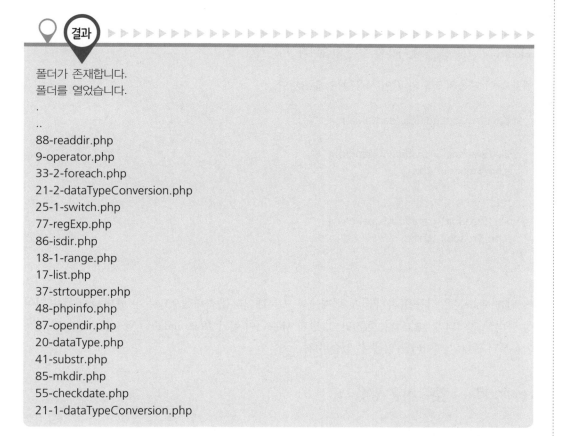

결과

폴더가 존재합니다.
폴더를 열었습니다.
.
..
88-readdir.php
9-operator.php
33-2-foreach.php
21-2-dataTypeConversion.php
25-1-switch.php
77-regExp.php
86-isdir.php
18-1-range.php
17-list.php
37-strtoupper.php
48-phpinfo.php
87-opendir.php
20-dataType.php
41-substr.php
85-mkdir.php
55-checkdate.php
21-1-dataTypeConversion.php

readdir( ) 목록을 처음으로 되돌리기

readdir( ) 함수를 사용하여 나온 데이터를 실행할 때마다 갖고 있는 데이터를 하나씩 반환합니다. readdir( )의 기능을 다시 사용할 수는 없습니다.

예를 들어 다음의 코드와 같이 사용할 수 없습니다.

```
$opendir = opendir($folderName);

while(($readdir = readdir($opendir))){
  echo $readdir.'<br>';
}

while(($readdir = readdir($opendir))){
  echo $readdir.'<br>';
}
```

첫 번째 while문은 작동을 하지만 첫 번째에서 모든 데이터를 출력했으므로 두 번째 while문은 더이상 출력할 데이터가 없습니다. 하지만 첫 번째 while문이 끝난 후 rewinddir( ) 함수를 사용하면 다시 처음부터 폴더의 데이터를 읽을 수 있습니다.

rewinddir( ) 함수 사용 방법

```
$opendir = opendir('폴더');
rewinddir($opendir);
```

다음은 rewinddir( ) 함수를 사용한 예제입니다.

📁 [코드 90] 90-rewinddir.php

```php
 1: <?php
 2:     $folderName = '../php/';
 3:     $opendir = opendir($folderName);
 4:     if ($opendir) {
 5:         echo readdir($opendir).'<br>';
 6:         echo readdir($opendir).'<br>';
 7:         echo readdir($opendir).'<br>';
 8:
 9:         rewinddir($opendir);
10:         echo "<br>rewinddir( ) 함수 실행 후<br>";
11:
12:         echo readdir($opendir).'<br>';
13:         echo readdir($opendir).'<br>';
14:         echo readdir($opendir).'<br>';
15:     }
16: ?>
```

echo문을 사용해 readdir( ) 함수를 직접 출력합니다. 3회 실행하므로 [코드 89]의 결과와 같이 다음의 3개의 데이터가 출력됩니다. ◆ 5~7

```
.

..

88-readdir.php
```

이 상태에서 1회 더 readdir( ) 함수를 실행하게 되면 다음에 나올 데이터는 다음과 같습니다.

```
9-operator.php
```

rewinddir( )을 사용하므로 readdir( ) 함수가 출력할 데이터는 초기화됩니다. ◆ 9

9라인에서 rewinddir( ) 함수를 사용했으므로 다시 처음부터 폴더의 데이터를 출력합니다. ◆ 12~14

.
..
88-readdir.php

rewinddir( ) 함수 실행 후
.
..
88-readdir.php

폴더 삭제하기

- **학습 내용 :** 폴더를 삭제하는 함수에 대해 학습합니다.
- **힌트 내용 :** rmdir( ) 함수를 사용합니다.

생성한 디렉터리를 삭제하려면 rmdir( ) 함수를 사용합니다.

rmdir( ) 함수 사용 방법

```
rmdir('삭제할 폴더명')
```

다음은 rmdir( ) 함수를 사용하여 [hello] 폴더를 삭제하는 예제입니다.

📁 **[코드 91] 91-rmdir.php**

```php
1: <?php
2:    rmdir('hello');
3:
4:    if (is_dir('hello')) {
5:        echo 'hello 폴더가 존재합니다.';
6:    } else {
7:        echo 'hello 폴더가 존재하지 않습니다.';
8:    }
9: ?>
```

[hello] 폴더를 삭제합니다.

◆ 2

[hello] 폴더의 존재 유무를 확인합니다.

◆ 4~8

 결과 ▶▶▶▶▶▶▶▶▶▶▶▶▶▶▶▶▶▶▶▶▶▶▶▶▶▶▶▶▶▶▶▶▶▶▶▶▶▶▶

hello 폴더가 존재하지 않습니다.

파일 열기

- **학습 내용 :** 파일을 여는 함수에 대해 학습합니다.
- **힌트 내용 :** fopen( ) 함수를 사용합니다.

파일 함수를 사용하면 파일을 생성한 후 텍스트 파일에 내용을 입력할 수 있으며 파일 내용을 읽어 들일 수도 있습니다. 파일 내용을 읽거나 쓰려면 PHP에서는 파일을 여는 과정이 필요합니다. 파일을 여는 함수는 fopen( ) 함수입니다.

fopen( ) 함수 사용 방법

```
fopen('파일 경로 및 파일명', 파일을 여는 옵션);
```

fopen( ) 함수에는 아규먼트가 2개 필요합니다. 첫 번째 아규먼트에는 파일 경로 및 파일명을 입력하고, 두 번째 아규먼트에는 파일을 어떻게 열 것인지에 대한 옵션을 입력합니다.

fopen( ) 함수의 파일 열기 옵션

옵션	의미
r	파일을 읽기 전용으로 열기(이 옵션으로 파일을 열면 쓰기 불가)
w	파일을 쓰기 전용으로 열기(기존 파일이 있을 경우, 내용이 삭제되고 처음부터 다시 씀)
a	파일을 쓰기 전용으로 열기(기존 파일이 있을 경우, 내용 뒤에 덧붙임)
r+	파일을 읽고 쓸 수 있도록 열기(기존에 파일이 있을 경우, 내용이 삭제되고 처음부터 다시 씀)
a+	파일을 읽고 쓸 수 있도록 열기(기존 파일이 있을 경우, 내용 뒤에 덧붙임)

r은 파일을 읽는 용도로만 사용하고, w는 파일을 쓰는(write) 용도로만 사용합니다. a는 기존 파일 내용을 지우지 않고 덧붙일 때 사용합니다. w로 열면 기존 내용은 삭제됩니다.

r+로 열면 파일을 읽고 쓸 수 있습니다. 단, 기존 파일을 열 경우 파일 내용은 삭제됩니다. a+로 열면 파일을 읽고 쓸 수 있습니다. 그리고 기존 내용은 삭제되지 않고 덧붙여 쓰기를 합니다.

다음은 fopen()을 사용하여 파일을 여는 예제입니다.

📁 **[코드 92] 92-fopen.php**

```php
1: <?php
2:     $fopen = fopen('helloworld.txt','r+');
3:     if ($fopen) {
4:         echo "파일을 열었습니다.";
5:     } else {
6:         echo "파일을 여는데 실패했습니다.";
7:     }
8: ?>
```

[helloworld.txt] 파일을 fopen 함수를 사용해 엽니다. 두 번째 아규먼트로 r+를 사용했으므로 파일을 ◆ **2**
읽고 쓸 수 있는 모드로 엽니다.

fopen() 함수의 반환값에 따라 결과를 출력합니다. 실제로 [helloworld.txt] 파일은 현재 존재하지 않 ◆ **3~7**
으므로 6라인이 실행됩니다.

📍 **결과** ▶▶▶▶▶▶▶▶▶▶▶▶▶▶▶▶▶▶▶▶▶▶▶▶▶▶▶▶▶▶▶▶▶▶▶▶▶▶▶

파일을 여는데 실패했습니다.

fopen() 함수를 테스트 하기 위해 [helloworld.txt] 파일을 생성 후 [코드 92]를 재실행하면 다른 결과
를 얻게 됩니다.

다음의 결과를 확인하기 위해 [php] 폴더에 [helloworld.txt] 파일을 생성합니다.

📍 **결과** ▶▶▶▶▶▶▶▶▶▶▶▶▶▶▶▶▶▶▶▶▶▶▶▶▶▶▶▶▶▶▶▶▶▶▶▶▶▶▶

파일을 열었습니다.

파일 닫기

• **학습 내용 :** 파일을 닫는 함수에 대해 학습합니다.
• **힌트 내용 :** fclose( ) 함수를 사용합니다.

fopen( ) 함수를 사용하여 연 파일은 작업이 끝나고 파일을 닫아야 합니다. fclose( ) 함수는 파일을 닫는 역할을 합니다.

fclose( ) 함수 사용 방법

```
$fp = fopen('파일명');
fclose($fp);
```

fclose( )의 아규먼트로 fopen의 정보를 사용합니다.

다음은 파일을 연 후 fclose( ) 함수를 사용하여 닫은 예제입니다.

📁 **[코드 93] 93-fclose.php**

```
1: <?php
2:     $fopen = fopen('helloworld.txt','r+');
3:     fclose($fopen);
4: ?>
```

2 ◆ fopen( ) 함수를 사용하여 helloworld.txt 파일을 엽니다.

3 ◆ fclose( ) 함수를 사용하여 helloworld.txt 파일을 닫습니다.

파일 쓰기

- **학습 내용 :** 파일에 내용을 쓰는 방법에 대해 학습합니다.
- **힌트 내용 :** fwrite( ) 함수를 사용합니다.

파일에 내용을 쓰는 방법에 대해 알아보겠습니다. fwrite( ) 함수를 사용하면 파일에 내용을 작성할 수 있습니다.

fwrite( ) 함수 사용 방법

```
$fp = fopen('파일 경로와 파일명','w');
$fw = fwrite($fp, '파일에 쓸 내용');
```

파일에 내용을 쓰기 위한 목적이므로 파일을 열 때 fopen( ) 함수의 두 번째 아규먼트로 w를 사용합니다. w는 파일의 내용을 모두 지우고 처음부터 새로 쓰는 옵션이므로 기존의 내용에 덧붙여 쓰려면 a를 사용합니다.

다음은 앞에서 생성한 helloworld.txt 파일에 [Hello World!]라는 문구를 쓰는 예제입니다.

📁 **[코드 94-1] 94-1-fwrite.php**

```php
1:  <?php
2:      //파일에 쓸 내용
3:      $content = "Hello World!";
4:
5:      //내용을 저장할 파일명
6:      $fileName = "helloworld.txt";
7:
8:      //파일 열기
9:      $fp = fopen($fileName,'w');
10:
11:     //파일 쓰기
12:     $fw = fwrite($fp, $content);
```

```
13:
14:     //파일 쓰기 성공 여부 확인
15:     if($fw == false){
16:         echo '파일 쓰기에 실패했습니다. ';
17:     }else{
18:         echo '파일 쓰기 완료';
19:     }
20:
21:     fclose($fp);
22: ?>
```

3 ◆ helloworld.txt 파일에 쓸 내용입니다.

6 ◆ Hello World! 문구를 쓸 파일명입니다.

9 ◆ fopen( ) 함수로 helloworld.txt 파일을 엽니다. 두 번째 아규먼트로 w를 사용했으므로 쓰기전용으로
파일을 엽니다.

12 ◆ fwrite( ) 함수를 사용하여 변수 content의 값을 helloworld.txt 파일에 씁니다.

파일 쓰기 완료

다음은 helloworld.txt 파일을 연 결과입니다.

[코드 94-1]에서 변수 content의 값을 변경하여 [코드 94-1]을 재실행하면 기존의 내용은 사라지
고 입력되므로 새로운 내용만 보이게 됩니다. 기존 내용을 유지하면서 새로운 내용을 입력하려면
fwrite( ) 함수의 두 번째 파라미터로 a+를 사용합니다.

다음은 helloworld.txt 파일에 내용을 덧붙이는 예제입니다.

📁 [코드 94-2] 94-2-fwrite.php

```php
1: <?php
2:     $content = "이 내용은 앞의 내용의 뒤에 붙어 저장됩니다.";
3:     $fileName = "helloworld.txt";
4:     //파일 열기의 옵션으로 입력
5:     $fp = fopen('./'.$fileName,'a');
6:     $fw = fwrite($fp, $content);
7:     //파일 쓰기 성공 여부 확인
8:     if ($fw == false) {
9:         echo '파일 쓰기에 실패했습니다. ';
10:    } else {
11:        echo '파일 쓰기 완료';
12:    }
13:    fclose($fp);
14: ?>
```

helloworld.txt 파일에 덧붙여 쓸 내용입니다.　　　　　　　　　　　　　　　　　◆ 2

fopen( ) 함수의 두 번째 아규먼트로 a를 사용합니다. a는 파일을 쓰기 모드로 열고 파일의 내용에 새　　◆ 5
로운 내용을 덧붙이는 옵션입니다.

결과 ▶▶▶▶▶▶▶▶▶▶▶▶▶▶▶▶▶▶▶▶▶▶▶▶▶▶▶▶▶▶▶▶▶▶▶▶▶▶

파일 쓰기 완료

다음은 helloworld.txt 파일을 연 결과입니다. [코드 94-1]에서 쓴 내용 Hello World! 뒤로 [코드 94-2]에서 쓴 내용이 덧붙어져 입력되었습니다.

파일의 내용 읽기

- **학습 내용 :** 파일의 내용을 읽는 방법에 대해 학습합니다.
- **힌트 내용 :** fread( ) 함수를 사용합니다.

파일 [helloWorld.txt]에 작성한 내용을 불러오는 방법에 대해 알아보겠습니다. 파일의 내용을 읽으려면 fread( ) 함수를 사용해야 하고, fread( ) 함수를 사용하려면 2개의 아규먼트를 입력해야 합니다. 첫 번째 아규먼트는 fwrite( ) 함수를 사용할 때와 마찬가지로 fopen( ) 함수이며, 두 번째 아규먼트에는 불러올 용량(byte)을 입력합니다.

5를 입력하면 파일의 내용 중 5byte만큼만 내용을 불러옵니다. 보통 파일의 내용을 불러온다면 전체의 내용을 읽어오는 용도로 사용하기 때문에 파일의 용량을 입력합니다.

fread( ) 함수 사용 방법

```
$fp = fopen('파일 경로와 파일명', 'r+');
$fr = fread($fp,'불러올 용량);
```

파일의 용량을 확인하려면 filesize( ) 함수를 사용합니다. filesize( )는 바이트 단위의 용량을 반환합니다.

filesize( ) 함수 사용 방법

```
filesize('파일 경로와 파일명');
```

파일을 읽기 전에 읽으려는 파일이 존재하는지의 여부를 확인해야 파일이 없더라도 발생할 수 있는 오류를 막을 수 있습니다. 파일 존재 여부를 확인하려면 file_exists( ) 함수를 사용합니다.

files_exists( ) 함수 사용 방법

```
file_exists('파일명');
```

file_exists( ) 함수는 파일이 존재하면 true를 반환하고, 파일이 존재하지 않으면 false를 반환합니다.

다음은 파일의 존재 여부를 확인하고 파일의 크기를 읽은 후 fread( ) 함수를 이용하여 파일의 내용을 읽고 출력하는 예제입니다.

📁 [코드 95] 95-fread.php

```php
1: <?php
2:     $fileName = "helloworld.txt";
3:     //파일 존재 여부 확인
4:     if(file_exists($fileName)){
5:         //파일 열기
6:         $fopen = fopen($fileName, 'r');
7:         if($fopen){
8:             //파일 읽기
9:             $fread = fread($fopen, filesize($fileName));
10:            if($fread){
11:                echo $fread; //내용 출력
12:                fclose($fopen); //파일 닫기
13:            }else{ echo "파일 읽기에 실패했습니다."; }
14:        }else{ echo "파일 열기에 실패했습니다."; }
15:    }else{ echo "파일이 존재하지 않습니다."; }
16: ?>
```

파일을 읽기 전용으로 열기 위해 fopen( ) 함수의 두 번째 아규먼트로 r을 사용합니다.　◆ 6

fread( ) 함수의 두 번째 아규먼트로 filesize( ) 함수를 사용하여 helloworld.txt 파일의 용량을 사용합니다. fread( ) 함수는 파일의 내용을 반환하고 이 내용은 변수 fread에 대입됩니다.　◆ 9

변수 fread를 출력하여 파일의 내용을 확인합니다.　◆ 11

결과

Hello World!이 내용은 앞의 내용의 뒤에 붙어 저장됩니다.

243

파일의 내용을 한 라인씩 읽기

- **학습 내용 :** 파일의 내용 한 라인씩 읽는 방법에 대해 학습합니다.
- **힌트 내용 :** fgets( ) 함수를 사용합니다.

파일의 내용을 한 라인씩 불러오는 방법에 대해 알아보겠습니다. 파일을 한 라인씩 불러오는 것은 보통 주소 정보를 최신화할 때 사용합니다. 우체국 홈페이지에서는 최신 주소 정보를 파일로 제공하며, 개발자는 그 파일을 한 줄씩 읽어 자사 서비스의 주소 데이터베이스를 최신화합니다.

한 라인씩 불러오는 기능을 구현하기 위해 여러 라인의 내용을 [helloworld.txt] 파일을 입력합니다.

다음의 텍스트를 [helloworld.txt]에 입력 후 저장합니다.

```
1 line hello world
2 line hello world
3 line hello world
4 line hello world
5 line hello world
```

이제 [helloworld.txt]의 파일 내용을 한 줄씩 불러오겠습니다. 파일을 한 줄씩 읽어올 때는 fgets( ) 함수를 사용합니다. fread( ) 함수에서 사용하는 아규먼트와 똑같은 아규먼트를 사용합니다.

fgets( ) 함수 사용 방법

```
$fopen = fopen('파일 경로 및 파일명','r+');
$fread = fgets($fopen, '불러올 용량');
```

fread( )와 fgets( )의 차이는 fgets( ) 함수의 경우 줄 바꿈을 만나면 가져오는 것을 종료한다는 것입니다. 따라서 한 줄만 가져올 수 있습니다. 불러올 용량은 어느 정도의 용량에서 줄 바꿈이 일어날지 알 수 없으므로 적당한 선에서 충분한 용량을 제시하는 편이 좋습니다. 또한 더 불러올 내용이 없다면 fgets( ) 함수는 fasle를 반환합니다. 우리는 다섯 줄을 입력했으므로 fgets( ) 함수를 5번 실행하면 되지만, fgets( ) 함수를 사용할 때는 파일이 몇 줄 있는지 알지 못하는 상황이므로 반복문을 이용하여 false를 반환하면 반복문에서 빠져나오도록 해야 합니다.

다음은 앞에서 작성한 [helloworld.txt] 파일을 한 줄씩 읽어오는 예제입니다.

📁 **[코드 96] 96-fgets.php**

```php
1: <?php
2:     $fileName = "helloworld.txt";
3:     if(file_exists($fileName)){
4:         $fopen = fopen($fileName,'r');
5:
6:         //읽어올 용량 설정 상황에 따라 다른값 넣어야 함
7:         $readByte = 512;
8:         if($fopen){
9:             while(($fgets = fgets($fopen, $readByte))){
10:                echo $fgets."<br>";
11:            }
12:        }
13:    }
14: ?>
```

한 라인에서 읽어들일 byte 단위의 값입니다.　　　　　　　　　　　　　　◆ 7

fgets( ) 함수의 반환값을 변수 fgets에 대입합니다.　　　　　　　　　　　◆ 9

변수 fgets를 출력합니다. 변수 fgets의 값은 한 라인씩 읽어들인 값입니다.　◆ 10

결과 ▶▶

1 line hello world
2 line hello world
3 line hello world
4 line hello world
5 line hello world

쿠키와 쿠키 생성하기

- **학습 내용**: 쿠키의 정의와 쿠키를 생성하는 방법에 대해 학습합니다.
- **힌트 내용**: 쿠키를 생성하려면 setCookie() 함수를 사용합니다.

쿠키는 사용자가 데이터를 사용 중인 웹브라우저에 저장할 때 사용합니다. 쿠키를 사용해야 하는 경우는 어떠한 사용자를 특정할 수는 없지만 해당 사용자가 서비스에 재접속했을 때 맞춤 서비스를 제공할 때 사용합니다.

교보문고 사이트의 검색어 저장기능을 예로 들 수 있습니다. 교보문고 사이트에 로그인을 하지 않고 검색을 한 후 다음에 재접속하면 전에 검색한 기록을 볼 수 있습니다. 이 검색어들은 웹브라우저에 저장되어 있으며 저장된 데이터를 불러온 것입니다. 로그인을 하지 않았기 때문에 사용자를 특정할 수 없지만 사용자의 컴퓨터에 직접 데이터를 저장함으로써 이러한 기능을 제공할 수 있습니다. 또한 어떤 사이트에 로그인을 하게 되면 사용자 컴퓨터에 쿠키를 저장하여 그 쿠키를 갖고 있는지를 확인하여 회원인지 아닌지를 판단하기도 합니다. 이러한 구조로 만들어진 사이트는 접속 시에 쿠키를 차단했다면 허용해달라는 문구를 띄우기도합니다. 쿠키는 용량 제한이 있으며 총 용량은 4kb입니다.

쿠키 생성 방법

```
setcookie("쿠키명","쿠키 값","폐기 시간","경로")
```

쿠키는 setcookie() 함수의 첫 번째 아규먼트에는 쿠키의 이름을 지정합니다.
두 번째 아규먼트에는 쿠키에 대입할 값을 입력합니다.
세 번째 아규먼트에는 쿠키의 유지 시간을 입력합니다.
네 번째 아규먼트에는 쿠키의 적용 범위(경로)를 입력합니다.
다섯 번째 아규먼트에는 적용할 도메인을 입력합니다. 자신의 도메인이 www.everedevel.com이라면 everdevel.com을 입력하여 그 도메인에서 실행될 때만 작동하게 됩니다.
여섯 번째 아규먼트에는 프로토콜이 http에서 작동할지 또는 https에서 작동할지를 지정할 때 사용합니다.

세 번째 아규먼트인 폐기 시간은 타임스탬프 값 단위를 사용합니다. 생성 시간으로부터 하루를 유지한다면 현재 시간에 하루를 더하여 설정합니다.

쿠키 폐기 시간을 현재로부터 하루로 설정하는 방법

```
setcookie("myCookie","hello",time( )+86400);
```

86400은 하루를 초로 계산한 값입니다. 1분은 60초이며 한시간은 60초 * 60, 하루는 24시간이므로 60 * 60 * 24로 계산하여 86400초입니다.

다음은 쿠키를 생성하는 예제입니다.

📁 **[코드 97] 97-setCookie.php**

```
1:  <?php
2:      setcookie('memberID','everdevel',time( )+3600,'/');
3:  ?>
```

쿠키명을 memberID로 하고 값으로 everdevel을 대입합니다. 유지 시간은 현재 시간으로부터 3600초(1시간)까지이며, 범위는 최상단 경로부터입니다. 쿠키를 생성하면 해당하는 범위에 있는 파일들에서 쿠키를 사용할 수 있습니다.

 ▶ ▶ ▶ ▷ ▶ ▷ ▶ ▷ ▶ ▷ ▶ ▷ ▶ ▷ ▶ ▷ ▶ ▷ ▶ ▷ ▶ ▷ ▶ ▷ ▶ ▷ ▶ ▷ ▶ ▷ ▶ ▷ ▶ ▶

[코드 97]은 어떠한 결과도 출력하는 코드가 없으므로 결과를 확인해도 쿠키가 생성되었는지 알 수 없습니다. 이런 경우에는 크롬 인스펙터를 사용하여 쿠키의 생성 여부를 확인할 수 있습니다.

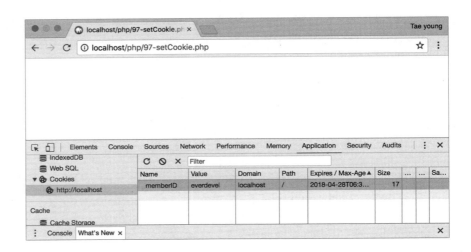

크롬 인스펙터로 쿠키를 보려면 Command + Alt + I (window F12)를 눌러 인스펙터를 켠 후 [Application]를 누른 후 왼쪽 메뉴에 있는 [Cookies]를 클릭합니다.

쿠키의 값 확인하기

중급
098

- **학습 내용** : 쿠키의 값을 출력하는 방법에 대해 학습합니다.
- **힌트 내용** : 배열 $_COOKIE에 있습니다.

쿠키를 생성하면 배열 $_COOKIE에 대입됩니다. 배열의 인덱스로 쿠키명을 사용합니다.

생성한 쿠키 값 보기

```
$_COOKIE[쿠키명];
```

다음은 앞에서 생성한 쿠키 memberID를 출력하는 예제입니다. 결과가 나타나지 않을 경우 [코드 97]을 실행하고 다음의 예제를 실행합니다.

📁 **[코드 98] 98-useCookie.php**

```php
1: <?php
2:     if(isset($_COOKIE['memberID'])){
3:         echo "쿠키 memberID의 값은 ".$_COOKIE['memberID'];
4:     } else {
5:         echo "쿠키 memberID가 존재하지 않습니다.";
6:     }
7: ?>
```

쿠키 memberID가 있는지 isset() 함수를 사용해 확인합니다.　◆ 2

쿠키가 있다면 쿠키값을 출력합니다.　◆ 3

쿠키가 없을 때의 안내 문구입니다.　◆ 5

 결과 ▶

쿠키 memberID의 값은 everdevel

쿠키의 적용 범위 확인하기

- **학습 내용** : 쿠키의 적용 범위에 대해 더 자세히 학습합니다.
- **힌트 내용** : 적용 범위 밖과 안에서 테스트합니다.

앞에서 쿠키의 적용 범위의 값으로 '/'를 사용했습니다. 범위는 최상단을 의미했으므로 htdocs 폴더 전체에서 쿠키 memberID를 사용할 수 있습니다.

이번에는 [htdocs] 폴더의 [php] 폴더를 범위로 지정한 쿠키를 생성하고 [htdocs] 폴더에 [checkCookie.php] 파일을 만들어 쿠키값을 가져오는지 확인하겠습니다.

다음은 범위를 [php] 폴더로 적용한 쿠키를 생성하는 예제입니다.

📁 [코드 99-1] 99-1-setCookie.php

```php
1: <?php
2:     setcookie('check','only php folder',time( )+3600,'/php/');
3: ?>
```

2 ◆ 쿠키명을 check로 지정하고 1시간 동안 유지하게 하며 범위를 [php] 폴더로 지정했습니다.

이제 [php] 폴더 밖에서 쿠키 check를 출력하는 예제를 만들겠습니다. 다음의 예제는 [htdocs] 폴더에도 저장하고 [htdocs] 폴더에 있는 [php] 폴더에도 저장합니다.

📁 [코드 99-2] 99-2-useCookie.php

```php
1: <?php
2:     if(isset($_COOKIE['check'])){
3:         echo "쿠키 check의 값은 ".$_COOKIE['check'];
4:     } else {
5:         echo "쿠키 check의 존재하지 않습니다.";
6:     }
7: ?>
```

저장한 2개의 99-2-useCookie.php를 실행하면 다음의 결과가 나타납니다.

왼쪽의 결과는 [php] 폴더에서 실행된 파일이므로 쿠키 check를 확인할 수 있으며, 오른쪽은 범위 외의 파일에서 실행했으므로 쿠키 check를 확인할 수 없습니다.

쿠키 삭제하기

- **학습 내용 :** 쿠키의 적용 범위에 대해 자세히 학습합니다.
- **힌트 내용 :** 적용 범위 밖과 안에서 테스트합니다.

쿠키의 적용 시간보다 빨리 쿠키를 삭제하려면 같은 이름으로 쿠키를 재생성하고 폐기 시간을 현재 시간보다 이전의 값을 입력합니다. 즉 타임스탬프 시간을 현재보다 낮은 값을 구하여 설정합니다.

쿠키 삭제 방법

```
setcookie("삭제하려는 쿠키명","쿠키값",time( )-100)
```

time( ) 함수가 반환한 값에 −100을 적용하여 현재보다 더 앞의 시간을 적용하여 종료합니다.

다음은 앞에서 생성한 쿠키인 memberID를 삭제하는 예제입니다.

📁 [코드 100] 100-deleteCookie.php

```php
1: <?php
2:     setcookie('memberID','everdevel',time( )-100,'/');
3: ?>
```

2 ◆ 삭제하는 것을 목적으로 하므로 값은 동일한 값을 대입하지 않아도 됩니다. 유지 시간에 현재보다 100초 이전의 값을 적용했습니다.

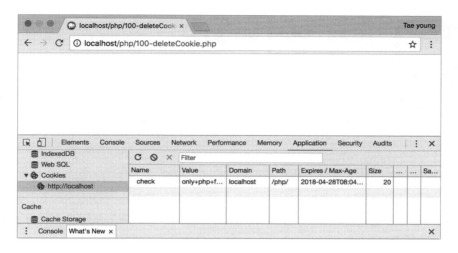

크롬 인스펙터를 통해 쿠키를 확인하면 memberID가 사라진 것을 확인할 수 있습니다.

세션 생성과 사용

- **학습 내용 :** 세션에 대해 학습합니다.
- **힌트 내용 :** 쿠키와 세션은 비슷합니다.

세션은 쿠키와 비슷하나 정보를 사용자 컴퓨터가 아닌 서버에 저장합니다. 웹브라우저 설정 시 쿠키를 차단하면 쿠키는 무용지물이 됩니다. 그래서 쿠키보다는 세션을 사용하는 경우가 많고 보안면에서도 사용자의 웹브라우저에 저장하지 않으므로 쿠키보다 더욱 좋습니다. 세션 또한 쿠키와 같이 다수의 페이지에서 사용 가능합니다.

세션 생성 방법

```
session_start( );
$_SESSION['세션명'] = 세션값;
```

세션을 생성하려면 생성하려는 페이지 가장 위에 sesstion_start( ) 함수를 먼저 작성하고 세션을 생성합니다. 주의할 점은 session_start( ) 앞에 어떠한 코드가 있으면 안됩니다.

다음은 세션을 생성하는 예제입니다.

📁 **[코드 101] 101-makeSession.php**

```
1: <?php
2:     session_start( );
3:
4:     //세션 생성
5:     $_SESSION['userId'] = 'everdevel';
6:
7:     if (isset($_SESSION['userId'])) {
8:         echo "세션 생성 완료 세션 userId의 값 : {$_SESSION['userId']}";
9:     } else {
10:        echo "세션 생성 실패";
11:    }
12: ?>
```

세션을 사용하기 위해 session_start( ) 함수를 사용합니다. 이 함수는 앞에 어떠한 코드가 있어서는 ◆ 2
안 되므로 가장 상단에 위치합니다.

세션 userId를 생성하고 값으로 everdevel을 대입합니다. ◆ 5

세션 userId가 존재하는지 isset( ) 함수로 확인 후 결과에 따라 출력합니다. ◆ 7

결과 ▷▷

세션 생성 완료 세션 userId의 값 : everdevel

세션 삭제하기

- **학습 내용 :** 세션을 삭제하는 방법에 대해 학습합니다.
- **힌트 내용 :** unset( ) 함수를 사용합니다.

세션 삭제 방법

```
unset(세션명);
예) unset($_SESSION['세션명']);
```

unset( ) 함수에 삭제하려는 세션을 아규먼트로 사용하면 해당 세션은 삭제됩니다.

다음은 [코드 101]에서 생성한 세션 userId를 unset( ) 함수를 사용하여 삭제하는 예제입니다.

📁 [코드 102] 102-unset.php

```php
1: <?php
2:     session_start( );
3:
4:     if(isset($_SESSION['userId'])){
5:         echo 'userId 세션이 존재합니다.';
6:
7:         //세션이 존재하므로 unset( ) 사용하여 삭제
8:         unset($_SESSION['userId']);
9:     } else {
10:         echo 'userId 세션이 존재하지 않습니다.';
11:     }
12:
13:     echo '<br>';
14:     echo "userId 세션의 값 : {$_SESSION['userId']}";
15: ?>
```

세션을 사용하므로 session_start( ) 함수를 사용합니다. 세션을 사용하는 페이지는 파일 앞에   ◆2
session_start( ) 함수가 작동해야 세션을 사용할 수 있습니다. session_start( ) 함수가 없으면 세션을
불러올 수 없어서 세션을 삭제할 수도 없습니다.

isset( ) 함수를 사용해 세션의 존재 유무를 확인합니다.   ◆4

세션이 있으므로 unset( ) 함수를 사용해 세션을 삭제합니다.   ◆8

세션이 삭제되었는지 확인합니다.   ◆14

▶▶

userId 세션이 존재합니다.
userId 세션의 값 :

결과를 보면 첫 번째 라인에서는 unset( ) 함수를 사용하기 전이므로 세션의 존재를 확인할 수 있
습니다. 두 번째 라인은 unset( ) 함수 사용 후이므로 세션값이 출력되지 않습니다. windows에서는
14라인의 인덱스가 없다는 알림 문구가 표시될 수 있습니다.

모든 세션 삭제

- **학습 내용** : 모든 세션을 삭제하는 방법에 대해 학습합니다.
- **힌트 내용** : session_destroy( ) 함수를 사용합니다.

생성된 모든 세션을 삭제하려면 session_destroy( ) 함수를 사용합니다. 특정한 세션을 삭제하는 것이 아니므로 아규먼트를 사용하지 않고 session_destroy( ) 함수를 호출하는 것만으로 모든 세션이 삭제됩니다.

다음은 여러 세션을 생성 후 session_destroy( ) 함수를 사용하여 모든 세션을 삭제하는 예제입니다.

📁 **[코드 103-1] 103-1-destroy.php**

```php
 1: <?php
 2:     session_start( );
 3:
 4:     //2개의 세션 생성
 5:     $_SESSION['mySession1'] = 'everdevel';
 6:     $_SESSION['mySession2'] = 'beanscent';
 7:     $_SESSION['mySession3'] = 'tomodevel';
 8:
 9:     //생성된 세션 확인
10:     echo "<pre>";
11:     var_dump($_SESSION);
12:     echo '</pre>';
13:
14:     //세션 파괴
15:     if(session_destroy( )){
16:         echo "세션 삭제 완료";
17:     } else {
18:         echo "세션 삭제 실패";
19:     }
20: ?>
```

5, 6, 7 ◆ 세션 3개를 생성합니다.

11 ◆ var_dump( ) 함수를 사용해 생성된 세션을 확인합니다.

session_destroy( ) 함수를 사용하여 세션을 모두 제거합니다.

◆ 15

결과 ▶▶▶▶▶▶▶▶▶▶▶▶▶▶▶▶▶▶▶▶▶▶▶▶▶▶▶▶▶▶▶▶▶▶▶▶▶▶

```
array(3) {
  ["mySession1"]=>
  string(9) "everdevel"
  ["mySession2"]=>
  string(9) "beanscent"
  ["mySession3"]=>
  string(9) "tomodevel"
}
세션 삭제 완료
```

다음은 모든 세션이 삭제되었는지 확인하는 예제입니다.

📁 [코드 103-2] 103-2-destroyConfirm.php

```
1: <?php
2:     session_start( );
3:
4:     //세션 존재 여부 확인
5:     echo "<pre>";
6:     var_dump($_SESSION);
7:     echo "</pre>";
8: ?>
```

var_dump( ) 함수를 사용해 현재 생성된 세션을 확인합니다.

◆ 6

결과 ▶▶▶▶▶▶▶▶▶▶▶▶▶▶▶▶▶▶▶▶▶▶▶▶▶▶▶▶▶▶▶▶▶▶▶▶▶▶

```
array(0) {
}
```

[코드 103-2]에서 session_destroy( ) 함수를 사용했으므로 현재 생성된 세션은 없음을 알 수 있습니다.

파일의 코드를 보여주는 함수 show_source( )

• **학습 내용** : PHP 파일의 코드를 출력하는 방법에 대해 학습합니다.
• **힌트 내용** : show_source( ) 함수를 사용합니다.

웹페이지에 php 파일의 코드를 출력하려면 show_source( ) 함수를 사용합니다. 단순히 보여주기만 하는게 아니라 하이라이팅 기능도 제공하여 색으로 구분하여 보여줍니다.

show_source( ) 함수 사용 방법

```
show_source('파일 경로와 파일명');
```

📁 **[코드 104] 104-showSource.php**

```php
1: <?php
2:     show_source("./18-1-range.php");
3: ?>
```

2 ◆ show_source( ) 함수를 사용하여 [코드 18-1]에서 사용한 예제 파일의 코드를 출력합니다.

 결과 ▶

```php
<?php
    $num = range(1,10);

    echo "<pre>";
    var_dump($num);
?>
```

class 사용하기

- **학습 내용 :** class를 사용하는 방법에 대해 학습합니다.
- **힌트 내용 :** 복잡한 시스템을 구현할 때 클래스를 사용하면 편리합니다.

대규모 시스템을 개발하는 것은 많은 변수와 함수를 사용함을 의미합니다. 이러한 환경에서 기능을 변경하는 것은 해당 기능의 코드를 찾는 것만으로도 어려운 일이 되기도 합니다. 이를 방지하기 위해 클래스를 사용하여 시스템을 개발합니다. 클래스는 어떠한 특정 기능에 관계가 있는 변수와 함수를 모아놓은 것을 의미합니다. 특정한 기능이라면 다음과 같은 예를 들 수 있습니다.

데이터베이스를 예로 들겠습니다. a.php 페이지에 데이터베이스의 데이터를 불러오는 프로그래밍 코드가 있고, b.php 페이지에는 데이터베이스의 데이터를 입력하는 코드가 있으며, c.php 페이지에는 데이터베이스의 데이터를 수정하는 코드가 있다고 가정합니다.

데이터베이스에 대해 입력 기능, 출력 기능, 수정 기능이 3개의 페이지에서 독립적으로 구동된다는 것을 알 수 있습니다. 이렇게 어느 하나의 대상에 대한 기능을 하나로 합칠 때 생성한 class를 대상으로 데이터를 불러오는 기능, 데이터를 입력하는 기능, 데이터를 수정하는 기능 등을 모아놓을 수 있습니다. 이렇게 class를 하나의 객체(사물, 물건 등을 뜻함)로 의미하여 이를 객체지향 프로그래밍이라고 부릅니다.

class 사용 방법

```
class 클래스명{
기능 구현
}
```

PHP에서 class를 선언할 때 주의할 점은 같은 이름의 class를 2개 이상 만들 수 없다는 것입니다. a라는 class가 2개 이상 선언되면 오류가 발생합니다.

글을 쓸 때 사용하는 pen을 프로그래밍으로 사물화한다면 다음과 같이 표현할 수 있습니다.

```
class pen{
}
```

여러 종류의 펜이 있고 색, 두께, 가격도 각각 다릅니다. 이러한 데이터를 대입하기 위한 변수를 class 내에 선언할 수 있습니다. 변수는 class 내에서 프라퍼티(property)라고 부릅니다.

펜의 색을 의미하는 프라퍼티 color, 두께를 의미하는 프라퍼티 bold, 가격을 의미하는 프라퍼티 price를 선언하면 다음과 같습니다.

```
class pen{
  public $color;
  public $bold;
  public $price;
}
```

프라퍼티 앞에 public이 있습니다. 이것은 접근 제한자입니다. 접근 제한자의 종류와 기능은 다음과 같습니다.

접근 제한자

종류	의미
public	클래스 안에서든 밖에서든 접근 가능, 상속 가능
protected	클래스 내부에서만 접근 가능, 상속 가능
private	클래스 내부에서만 접근 가능, 상속 불가

기능을 적용하기 위해 클래스에 함수를 만듭니다. 함수는 class 내에서 메소드(method)라고 부릅니다. 메소드를 선언하는 방법은 함수를 선언하는 방법과 크게 다르지 않습니다.

클래스에 메소드 만들기

```
class 클래스명{
  프라퍼티

  function 메소드명( ){

  }
}
```

메소드를 선언할 때 function의 앞에 접근 제한자를 사용합니다. 메소드 생성 시 접근 제한자를 사용하지 않을 때 public이 기본적으로 설정됩니다. 클래스 pen에 기능을 적용하겠습니다. pen의 본래 목적은 글을 쓰거나 그림을 그리는 것이므로 write( ) 함수와 draw( ) 함수를 pen 클래스에 만들겠습니다. write( ) 메소드와 draw( ) 메소드를 만들면 다음과 같습니다.

```
class pen{
  public $color;
  public $bold;
  public $price;

  function write($contents){
    echo "{$contents}을 쓰다.";
  }

  function draw($contents){
    echo "{$contents}을 그리다.";
  }
}
```

class를 사용하는 방법에 대해 알아보겠습니다. 생성한 class를 사용하려면 class의 객체를 생성해야 합니다. 이것을 인스턴스 생성이라고 부릅니다.

다음은 pen 클래스의 인스턴스를 생성하는 방법입니다.

클래스의 인스턴스 생성하기

```
new 클래스명( );
```

사용할 때마다 매번 생성할 수 없으므로 이것을 변수에 대입하여 사용합니다.

```
변수 = new 클래스명( );
```

다음은 pen 클래스의 인스턴스를 생성하는 방법입니다.

```
$pen = new pen( );
```

클래스의 메소드를 호출하는 방법에 대해 알아보겠습니다.

클래스에 있는 메소드를 호출하는 방법

```
클래스 객체 변수 -> 호출할 메소드명( );
```

클래스 pen에 있는 메소드 write( )를 호출하면 다음과 같습니다. write( ) 메소드에는 파라미터가 있으므로 아규먼트를 사용합니다. 사용하지 않으면 오류가 발생합니다.

```
$pen->write('책');
```

다음은 pen 클래스의 write( ) 메소드를 호출하는 예제입니다.

[코드 105-1] 105-1-method.php

```php
1: <?php
2:    class pen{
3:        public $color;
4:        public $bold;
5:        public $price;
6:
7:        public function write($contents){
8:            echo "{$contents}을 쓰다. ";
9:        }
10:
11:       public function draw($contents){
12:           echo "{$contents}을 그리다. ";
13:       }
14:    }
15:
16:    $pen = new pen( );
17:    $pen->write('책');
18: ?>
```

클래스 pen을 생성합니다.　　　　　　　　　　　　　　　　◆ 2

프라퍼티 color, bold, price를 선언합니다.　　　　　　　　◆ 3~5

메소드 write( )를 생성합니다. 파라미터로 contents를 사용합니다.　　◆ 7

메소드 draw( )를 생성합니다. 파라미터로 contents를 사용합니다.　　◆ 11

클래스 pen의 인스턴스를 생성합니다. 변수 pen은 객체가 됩니다.　　◆ 16

메소드 write를 호출하고 아규먼트로 문자열 '책'을 전달합니다.　　◆ 17

 결과 ▶

책을 쓰다.

인스턴스를 생성할 때 클래스명 뒤에 '()'를 사용했습니다. '()'의 용도에 대해 알아보겠습니다. 클래스의 인스턴스를 생성할 때 자동적으로 실행되는 메소드가 있습니다. 생성자는 인스턴스를 생성하면 자동적으로 호출됩니다.

생성자 사용 방법

```
class 클래스( ){
  function __construct( ){
  }
}
```

construct( ) 앞에 위치한 _(하이픈)은 2회 사용합니다. 인스턴스를 생성할 때 '()' 안에 아규먼트를 입력하면 이 값은 클래스의 생성자에 전달됩니다. 다음은 클래스에 생성자를 사용한 예제입니다.

📁 [코드 105-2] 105-2-construct.php

```php
 1: <?php
 2:     class pen{
 3:         public $color;
 4:         public $bold;
 5:         public $price;
 6:
 7:         function __construct($color, $bold, $price){
 8:             echo "사용중인 펜";
 9:             echo "<br>";
10:             echo "색 : {$color}";
11:             echo "<br>";
12:             echo "두께 : {$bold}";
13:             echo "<br>";
14:             echo "가격 : {$price}원";
15:         }
16:     }
17:
18:     $pen = new pen('핑크', '두꺼운', '1000');
19: ?>
```

266

생성자를 사용하고 파라미터로 color, bold, price를 사용합니다. ◆ 7

클래스 pen의 인스턴스를 생성하고 아규먼트를 사용합니다. 이 아규먼트는 7라인의 클래스 pen의 ◆ 18
생성자에 전달되어 10라인, 12라인, 14라인에서 사용됩니다.

결과 ▶▶▶▶▶▶▶▶▶▶▶▶▶▶▶▶▶▶▶▶▶▶▶▶▶▶▶▶▶▶▶▶▶▶▶

```
사용중인 펜
색 : 핑크
두께 : 두꺼운
가격 : 1000원
```

생성자와 반대의 개념으로 소멸자가 있습니다. 소멸자는 인스턴스의 사용이 끝날 때 작동합니다.
생성자와 마찬가지로 _(하이픈)을 2회 적고 destruct를 적습니다.

소멸자 사용 방법

```
class 클래스( ){
  function __destruct( ){
  }
}
```

다음은 소멸자를 활용한 예제입니다.

📁 **[코드 105-3] 105-3-destruct.php**

```php
1: <?php
2:     class pen{
3:         public $color;
4:         public $bold;
5:         public $price;
6:
7:         function __construct($color, $bold, $price){
8:             echo "사용중인 펜";
9:             echo "<br>";
```

```
10:            echo "색 : {$color}";
11:            echo "<br>";
12:            echo "두께 : {$bold}";
13:            echo "<br>";
14:            echo "가격 : {$price}원";
15:        }
16:
17:        public function write($contents){
18:            echo "{$contents}을 쓰다. ";
19:        }
20:
21:        function __destruct( ){
22:            echo "pen 객체 사용이 끝났습니다. ";
23:        }
24:    }
25:
26:    $pen = new pen('핑크', '두꺼운', '1000');
27:    echo 'Hello World ';
28:    $pen->write('글');
29: ?>
```

21 ◆ 소멸자를 생성합니다.

26 ◆ 클래스 pen의 인스턴스를 생성합니다. 생성자에 값을 전달했으므로 7라인의 생성자가 작동됩니다.

27 ◆ 클래스와 무관한 문자열 Hello World를 출력합니다.

28 ◆ 클래스 pen의 write( ) 메소드를 호출합니다. 이 후에 인스턴스를 사용하지 않으므로 21라인의 소멸자가 실행됩니다.

결과 ▶▶▶▶▶▶▶▶▶▶▶▶▶▶▶▶▶▶▶▶▶▶▶▶▶▶▶▶▶▶▶▶▶▶▶▶▶▶▶

사용중인 펜
색 : 핑크
두께 : 두꺼운
가격 : 1000원Hello World 글을 쓰다. pen 객체 사용이 끝났습니다.

이번에는 프라퍼티에 값을 대입하는 방법에 대해 알아보겠습니다. 처음에 값을 대입할 때는 변수에 값을 대입하는 방법과 같습니다.

```
$color = 'blue';
```

이후에 인스턴스를 생성할 때나 메소드를 호출하여 프라퍼티에 새로운 값을 대입하기 위해서는 $this를 사용합니다.

```
$this->프라퍼티명 = 값;
```

생성자 안에서 프라퍼티 color에 새로운 값을 대입하려면 다음과 같이 사용합니다.

```
$this->color = 값;
```

다음은 인스턴스 생성 시에 생성자에 아규먼트를 사용하고 프라퍼티의 값을 변경하는 예제입니다.

📁 **[코드 105-4] 105-4-this.php**

```php
1:  <?php
2:    class pen{
3:        public $color = '파란';
4:
5:        function __construct($color){
6:            echo "파라미터 color의 값 : {$color}";
7:            echo "<br>";
8:            echo "프라퍼티 color의 값 : {$this->color}";
9:            echo "<br>";
10:           $this->color = $color;
11:       }
12:
13:       public function write($contents){
14:           echo "{$this->color}색 펜을 사용하여 ";
15:           echo "{$contents}을 쓰다. ";
16:       }
17:   }
18:
```

```
19:        $pen = new pen('핑크');
20:        $pen->write('글');
21: ?>
```

3 ◆ 프라퍼티 color에 값 '파란'을 대입합니다.

6 ◆ 파라미터 color의 값을 확인합니다.

8 ◆ 프라퍼티 color의 값을 확인합니다.

10 ◆ 프라퍼티 color의 값으로 파라미터 color의 값을 대입합니다.

14 ◆ 프라퍼티 color의 값을 출력합니다. 생성자에서 변경되었으므로 값은 '핑크'로 변경됩니다.

20 ◆ write( ) 메소드를 호출하고 아규먼트로 문자열 '글'을 전달합니다.

 결과 ▶▶

```
파라미터 color의 값 : 핑크
프라퍼티 color의 값 : 파란
핑크색 펜을 사용하여 글을 쓰다.
```

결과의 두 번째 줄을 보면 프라퍼티 color의 값은 '파란'이지만 세 번째 줄에서 '핑크'로 바뀐 것을 알 수 있습니다.

앞에서 학습한 접근 제한자를 보면 상속이라는 내용이 있었습니다. public과 protected는 상속이 가능하며, private는 상속이 불가합니다. 상속은 이미 선언된 클래스의 내용을 다른 클래스에서 사용할 수 있는 기능입니다. 즉 상속을 사용하면 클래스와 클래스 간에 부모 자식 관계가 형성됩니다. 상속을 사용하려면 extends라는 명령문을 사용합니다.

extends 사용 방법

class 클래스명 extends 상속받을 클래스명

다음은 클래스 a를 생성하고 클래스 a에 메소드 hello를 생성한 후 클래스 a를 상속받는 클래스 b를 생성하고 클래스 b의 인스턴스를 생성하여 메소드 hello를 호출하는 예제입니다.

📁 **[코드 105-5] 105-5-extends.php**

```php
 1: <?php
 2:    class a{
 3:       function hello( ){
 4:          echo 'hello world';
 5:       }
 6:    }
 7:
 8:    class b extends a{ }
 9:
10:    $b = new b;
11:    $b->hello( );
12: ?>
```

클래스 a를 생성합니다. ◆ 2

메소드 hello( )를 생성합니다. ◆ 3

클래스 b를 생성하며 클래스 a를 상속받습니다. 클래스 b를 보면 어떠한 메소드도 선언되어 있지 않 ◆ 8
습니다.

b 클래스의 인스턴스를 생성합니다. ◆ 10

b 클래스의 인스턴스로 hello( ) 메소드를 호출합니다. a 클래스를 상속받았으므로 a 클래스의 ◆ 11
hello( ) 메소드가 호출됩니다.

 결과 ▶▶▶▶▶▶▶▶▶▶▶▶▶▶▶▶▶▶▶▶▶▶▶▶▶▶▶▶▶▶▶▶▶▶▶▶▶▶

hello world

접근 제한자 중 private를 사용하면 상속받아도 사용할 수 없습니다. 다음은 이를 확인하는 예제입니다.
[코드 105–5]와 동일하며 메소드 hello를 선언할 때 private 접근 제한자를 사용한 부분만 다릅니다.

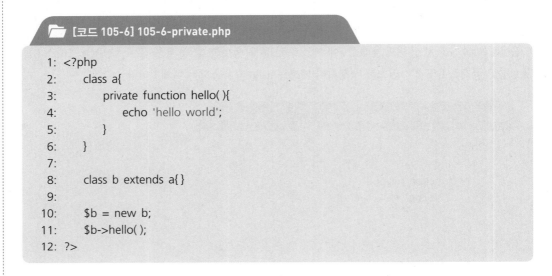

[코드 105-6] 105-6-private.php

```php
1: <?php
2:    class a{
3:       private function hello( ){
4:          echo 'hello world';
5:       }
6:    }
7:
8:    class b extends a{ }
9:
10:    $b = new b;
11:    $b->hello( );
12: ?>
```

3 ◆ 상속받을 수 없는 접근 제한자인 private를 사용하여 메소드를 선언합니다.

11 ◆ 접근 제한자 private로 선언된 hello( ) 메소드를 호출합니다.

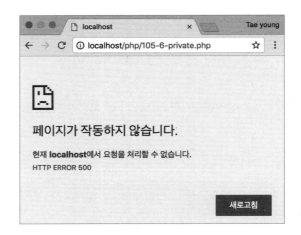

상속받을 수 없는 메소드를 상속받은 클래스에서 호출했으므로 오류가 발생합니다. 클래스는 1개의
클래스로부터 상속받을 수 있지만, 2개 이상의 클래스는 상속받을 수 없습니다. 그러므로 1개 이상
의 자식 클래스는 있을 수 있지만 2개 이상의 부모 클래스는 있을 수 없습니다.

다음은 1개의 부모 클래스와 2개의 자식 클래스를 생성한 예제입니다.

📁 [코드 105-7] 105-7-extends.php

```php
 1: <?php
 2:    class operation{
 3:       function plus($num1, $num2){
 4:           $result = $num1 + $num2;
 5:           return "{$num1} + {$num2} = ".$result;
 6:       }
 7:    }
 8:
 9:    class load extends operation{}
10:    class load2 extends operation{}
11:
12:    $load2 = new load2;
13:    echo $load2->plus(1,2);
14: ?>
```

부모 클래스인 operation를 생성합니다.   ◆ 2

부모 클래스의 메소드인 plus( ) 메소드를 생성합니다.   ◆ 3

메소드도 함수이므로 return을 사용할 수 있습니다.   ◆ 5

부모클래스를 상속받는 자식클래스 2개를 생성합니다.   ◆ 9, 10

결과 ▶▶

1 + 2 = 3

오류 없이 결과가 나타납니다.

[코드 105-6]에서 접근 제한자의 상속 가능, 상속 불가능에 대해 알아보았습니다. 이번에는 접근 제한자의 public의 의미인 클래스 밖에서도 안에서도 접근 가능의 의미와 protected, private의 클래스 내부에서만 접근 가능의 의미에 대해 알아보겠습니다.

클래스 밖의 의미는 클래스를 생성할 때 사용한 괄호의 밖을 의미합니다. 클래스 안의 의미는 클래스를 생성할 때 사용한 괄호의 안을 의미합니다.

지금까지 여러 예제를 통해 클래스 밖에서 메소드를 호출했습니다. 이것은 public으로 메소드를 선언했기 때문이고 protected 또는 private로 생성했다면 오류가 발생하게 됩니다.

다음은 protected로 메소드를 선언한 예제입니다.

📁 **[코드 105-8] 105-8-protected.php**

```php
1: <?php
2:     class a{
3:         protected function hello( ){
4:             echo 'hello world';
5:         }
6:     }
7:
8:     $a = new a;
9:     $a->hello( );
10: ?>
```

3 ◆ 접근 제한자 protected를 사용하여 메소드 hello( )를 생성합니다.

6 ◆ 클래스 a가 끝나는 라인입니다.

9 ◆ 클래스 범위 밖에서 protected로 선언된 메소드 hello( )를 호출합니다.

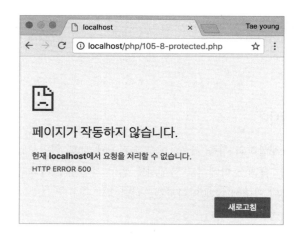

protected로 선언된 메소드를 클래스 밖에서 호출하여 에러가 발생합니다.

다음은 protected로 선언하여 같은 클래스 내에서 호출하는 함수입니다. 같은 클래스에서 프라퍼티
를 사용할 때 $this를 사용했듯이 같은 클래스에서 메소드를 사용하려면 $this를 사용합니다.

📁 **[코드 105-9] 105-9-protected.php**

```php
 1: <?php
 2:     class a{
 3:         protected function hello( ){
 4:             echo 'hello world';
 5:         }
 6:
 7:         public function print( ){
 8:             $this->hello( );
 9:         }
10:     }
11:
12:     $a = new a;
13:     $a->print( );
14: ?>
```

접근 제한자 protected를 사용하여 메소드 hello( )를 생성합니다. ◆ 3

접근 제한자 public를 사용하여 메소드 print( )를 생성합니다. ◆ 7

$this를 사용하여 메소드 hello( )를 호출합니다. ◆ 8

클래스 밖에서 print( ) 메소드를 호출합니다. print( ) 메소드는 접근 제한자가 public이므로 호출할 ◆ 13
수 있으며 print( ) 메소드는 클래스 안에서 메소드 hello( )를 호출하므로 오류가 발생하지 않습니다.

📍 **결과** ▶▶▶▶▶▶▶▶▶▶▶▶▶▶▶▶▶▶▶▶▶▶▶▶▶▶▶▶▶▶▶▶▶▶▶▶▶

hello world

지금까지는 클래스의 인스턴스를 생성하여 객체에서 메소드를 호출할 수 있었습니다.

이번에는 인스턴스 생성 없이 메소드를 호출하는 방법에 대해 알아보겠습니다. 메소드를 선언할 때 function 앞에 static을 붙여주면 해당 메소드는 클래스 외부에서 인스턴스를 생성하지 않고도 호출할 수 있는 메소드가 됩니다.

static 사용 방법

```
static function 메소드명( ){ }
```

접근 제한자를 사용하여 메소드를 생성할 경우에는 접근 제한자 다음에 static을 기입합니다.

```
접근 제한자 static function 메소드명( ){ }
```

인스턴스를 생성하지 않고 클래스를 사용하려면 클래스명 뒤에 (::)를 사용한 후 메소드명을 입력합니다.

인스턴스를 생성하지 않고 메소드(static 사용)를 호출하는 방법

```
클래스명::메소드명( );
```

다음은 static을 사용하여 메소드를 생성한 후 인스턴스를 생성하지 않고 메소드를 호출하는 예제입니다.

📁 [코드 105-10] 105-10-static.php

```
1:  <?php
2:    class hello{
3:
4:      public static function output($word){
5:        echo $word;
6:      }
7:    }
8:
9:    hello::output("hello world");
10: ?>
```

static을 사용하여 output( ) 메소드를 생성합니다.　　　　　　　　　　　　◆ 4

인스턴스 생성 없이 output( ) 메소드를 호출하고 아규먼트로 문자열 hello world를 전달합니다.　　◆ 9

결과 ▶▶▶▶▶▶▶▶▶▶▶▶▶▶▶▶▶▶▶▶▶▶▶▶▶▶▶▶▶▶▶▶▶▶▶▶▶▶▶

hello world

namespace와 use 사용하기

- **학습 내용 :** 같은 함수명 또는 클래스명을 사용하면서도 에러가 발생하지 않게 하는 방법에 대해 학습합니다.
- **힌트 내용 :** namespace, use 키워드를 사용합니다.

한 페이지에서 함수명이 같으면 오류가 발생합니다. 이는 폴더에 같은 파일을 둘 수 없는 것과 마찬가지입니다. a라는 폴더에 b.php 파일을 2개 둘 순 없지만 a라는 폴더에 b.php 파일을 두고 b라는 폴더를 생성해 b.php 파일을 둘 수 있습니다. 폴더에 대해 언급한 이유는 namespace(이하 네임스페이스)를 폴더라고 생각하면 이해하기 쉽기 때문입니다.

다음과 같이 동일한 이름의 함수명을 사용하면 에러가 발생합니다.

```
function loadUser( ){ }
function loadUser( ){ }
```

네임스페이스를 사용하면 같은 이름을 사용하더라도 오류가 발생하지 않게 할 수 있습니다.

네임스페이스 사용 방법

```
namespace 네임스페이스명;
```

다음은 네임스페이스를 사용하여 같은 함수명을 사용한 코드입니다.

```
namespace agroup;
function loadUser( ){
    return '첫 번째 loadUser( ) 함수';
}

namespace bgroup;
function loadUser( ){
    return '첫 번째 loadUser( ) 함수';
}
```

앞의 코드에서 namespace 사용한 후 loadUser( ) 함수를 선언했습니다. 첫 번째 loadUser( ) 함수는 네임
스페이스 agroup에 소속되며, 두 번째 loadUser( ) 함수는 네임스페이스 bgroup에 소속됩니다.

네임스페이스를 사용한 후의 함수를 호출하는 방법은 다음과 같습니다.

네임스페이스 사용한 함수 호출 방법

\네임스페이스명\함수명( );

다음은 네임스페이스를 활용하여 같은 이름의 함수를 호출하는 예제입니다.

📂 **[코드 106-1] 106-1-namespace.php**

```php
 1: <?php
 2:     namespace agroup;
 3:
 4:     function loadUser( ){
 5:         return '첫 번째 함수';
 6:     }
 7:
 8:     namespace bgroup;
 9:
10:     function loadUser( ){
11:         return '두 번째 함수';
12:     }
13:
14:     echo \agroup\loadUser( );
15:     echo '<br>';
16:     echo \bgroup\loadUser( );
17: ?>
```

namespace 키워드를 사용하여 이름을 agroup으로 짓습니다.　　　　　　　　　　　　　◆ 2

loadUser( ) 함수를 생성합니다. 2라인에서 네임스페이스 agroup를 생성했으므로 네임스페이스　◆ 4
agroup에 속하게 됩니다.

네임스페이스 bgroup를 생성합니다.　　　　　　　　　　　　　　　　　　　　　　　◆ 8

10 ◆
loadUser( ) 함수를 생성합니다. 8라인에서 네임스페이스 bgroup을 생성했으므로 네임스페이스 agroup에 속하게 됩니다.

14 ◆
네임스페이스 agroup에 속한 loadUser( ) 함수를 호출합니다.

16 ◆
네임스페이스 bgroup에 속한 loadUser( ) 함수를 호출합니다.

결과

첫 번째 함수
두 번째 함수

네임스페이스를 사용하면 같은 이름의 클래스도 사용할 수 있습니다. 같은 이름을 사용하지 않으면 되는데 왜 네임스페이스라는게 있는가 생각하게 됩니다. 간단한 프로그램을 만든다면 관계없지만 대 규모 시스템을 개발하다보면 이러한 문제가 생길 확률은 더 커지게 됩니다. 또한 요즘 시대의 개발은 직접 작성하는 것보다는 이미 구현되어 있는 기능을 인터넷에서 다운로드 받아 사용하는 경우도 꽹 장히 많습니다. 이런 경우 기존의 시스템이 클래스명과 새로 다운로드한 기능의 클래스명이 같아서 문제를 일으키는 경우도 발생합니다. 이러한 문제들로 네임스페이스를 사용합니다.

다음은 네임스페이스를 사용하여 같은 클래스명과 메소드명을 사용한 코드입니다.

```
namespace agroup;

class user{
  function loadUser( ){
    return '첫 번째 클래스의 메소드';
  }
}

namespace bgroup;

class user{
  function loadUser( ){
    return '두 번째 클래스의 메소드';
  }
}
```

앞의 코드는 같은 이름의 함수를 선언할 때와 별반 다르지 않습니다. 클래스의 인스턴스를 생성하는 방법도 크게 다르지 않습니다.

네임스페이스를 사용한 클래스의 인스턴스 생성 방법

new \네임스페이스명\클래스명

다음은 네임스페이스를 활용하여 같은 이름의 클래스 인스턴스를 생성하고 메소드를 호출하는 예제입니다.

📁 **[코드 106-2] 106-2-namespace.php**

```php
1: <?php
2:     namespace agroup;
3:
4:     class user{
5:         function loadUser( ){
6:             return '첫 번째 클래스의 메소드';
7:         }
8:     }
9:
10:    namespace bgroup;
11:
12:    class user{
13:        function loadUser( ){
14:            return '두 번째 클래스의 메소드';
15:        }
16:    }
17:
18:    $aUser = new \agroup\user;
19:    echo $aUser->loadUser( );
20:    echo '<br>';
21:    $bUser = new \bgroup\user;
22:    echo $bUser->loadUser( );
23: ?>
```

18 ◆ 4라인의 클래스 user의 인스턴스를 생성하기 위해 클래스명 앞에 네임스페이스명을 사용합니다.

19 ◆ 4라인의 클래스 user의 loadUser( ) 메소드를 호출합니다.

첫 번째 클래스의 메소드
두 번째 클래스의 메소드

[코드 106-2]의 18라인을 보면 인스턴스를 생성하기 위해 \네임스페이스\클래스\를 사용했습니다.
use를 사용하면 축약한 명칭으로 변경할 수 있습니다.

use 키워드 사용 방법

use \네임스페이스\클래스 as 축약한 명칭

예를 들어 \agroup\user를 au로 축약하면 다음과 같습니다.

use \agroup\user as au;

다음은 use 키워드를 사용한 예제입니다.

📁 **[코드 106-3] 106-3-use.php**

```php
1: <?php
2:     namespace agroup;
3:
4:     class user{
5:         function loadUser( ){
6:             return '첫 번째 클래스의 메소드';
7:         }
8:     }
9:
10:    namespace bgroup;
11:
```

```
12:     class user{
13:         function loadUser( ){
14:             return '두 번째 클래스의 메소드';
15:         }
16:     }
17:
18:     use \agroup\user as au;
19:     use \bgroup\user as bu;
20:
21:     $au = new au;
22:     echo $au->loadUser( );
23:     echo '<br>';
24:     $bu = new bu;
25:     echo $bu->loadUser( );
26: ?>
```

use 키워드를 사용하여 agroup 네임스페이스의 use 클래스를 au로 축약했습니다.　　　　◆ 18

use 키워드를 사용하여 bgroup 네임스페이스의 use 클래스를 bu로 축약했습니다.　　　　◆ 19

use 키워드로 축약한 au를 사용하여 인스턴스를 생성합니다.　　　　◆ 21

use 키워드로 축약한 bu를 사용하여 인스턴스를 생성합니다.　　　　◆ 24

 결과 ▶▶▶

첫 번째 클래스의 메소드
두 번째 클래스의 메소드

4 PART

활용

개발의 폭이 넓어지는 PHP 사용법

초보자를 위한

PHP
200제

CHAPTER 1

PHP와 MySQL
연동

MySQL 접속 프로그램

- **학습 내용 :** 데이터베이스 중 하나인 MySQL에 접속하는 방법에 대해 학습합니다.
- **힌트 내용 :** 내장 클래스 중 하나인 mysqli를 사용합니다.

웹 서비스를 사용하면서 입력하는 블로그의 글, 그 블로그를 이용하기 위해 가입한 개인정보, '좋아요'를 누른 기록, 치른 시험의 성적 정보, 쇼핑몰에서 구입한 상품명 등이 모두 데이터베이스에 기록됩니다. 이러한 데이터들은 table(테이블)이라는 구조에 저장됩니다.

table의 구조는 다음과 같습니다.

번호	상품명	입고 물량	판매 수량	원산지
1	티셔츠	200	150	미국
2	연필	140	20	일본
3	노트	100	30	독일

table 구조에서 1번 상품의 상품명은 티셔츠, 입고 물량은 200개, 판매 수량은 150개, 원산지는 미국이라는 것을 알 수 있습니다. 어떠한 데이터들은 의도한 대로 개인만 볼 수 있도록 할 수 있으며, 또한 어떠한 데이터들은 의도한 대로 모두에게 공유되어 서로에게 도움이 되도록 만들 수 있습니다. 데이터베이스의 종류는 크게 MySQL, MSSQL, ORACLE이 있는데, 이 책에는 MySQL을 다룹니다. MySQL은 무료이므로 자신만의 서비스를 만들기 적합합니다. MySQL은 ORACLE이라는 회사가 소유하고 있습니다.

데이터베이스와 연동하려면 데이터베이스에 접속하는 프로그램을 만들어야 합니다. PHP에서는 이미 만들어져 있는 mysqli라는 클래스가 있습니다. 이 mysqli라는 클래스는 PHP가 MySQL에 접속할 수 있는 기능을 갖고 있습니다. mysqli 클래스의 인스턴스를 생성 시 생성자의 아규먼트로 MySQL의 호스트, 유저명, 비밀번호를 입력하여 MySQL에 연결합니다.

MySQL 접속 방법

```
$dbConnect = new mysqli(호스트, 유저명, 비밀번호);
```

다음은 MySQL 접속 예제입니다. macOS를 사용한다면 [코드 107]을 진행합니다. windows10 운영체제를 사용한다면 데이터베이스 접속 프로그램 예제를 만들기 전에 거쳐야 하는 과정이 있습니다. xampp를 설치하면 기본적으로 데이터베이스의 비밀번호가 설정되어 있지 않기 때문에 비밀번호를 설정하는 단계가 필요합니다.

xampp 패널에서 MySQL에 있는 [Admin] 버튼을 클릭합니다.

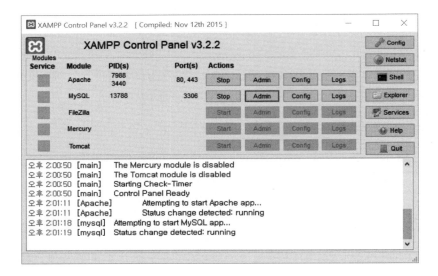

웹브라우저에 phpMyAdmin 프로그램은 MySQL에 접속하는 웹프로그램입니다. 왼쪽에 보이는 리스트는 데이터베이스의 목록이며 [mysql]을 클릭 후 오른쪽에 있는 [SQL] 탭을 클릭합니다.

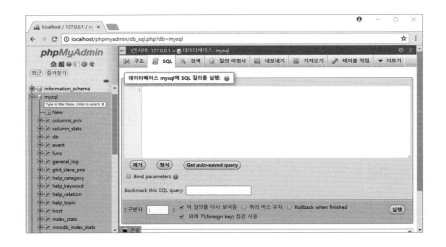

텍스트를 입력하는 공간이 보입니다. 다음은 MySQL 접속 비밀번호를 변경하는 명령문입니다. 변경할 비밀번호는 root입니다. 다음의 명령문을 입력하고 [실행] 버튼을 클릭합니다.

데이터베이스 비밀번호 변경 명령문

```
UPDATE mysql.user SET Password=PASSWORD('root') WHERE Host='localhost' AND
User='root';
UPDATE mysql.user SET Password=PASSWORD('root') WHERE Host='127.0.0.1' AND
User='root';
UPDATE mysql.user SET Password=PASSWORD('root') WHERE Host='::1' AND User='root';
UPDATE mysql.user SET Password=PASSWORD('root') WHERE Host='localhost' AND
User='';
UPDATE mysql.user SET Password=PASSWORD('root') WHERE Host='localhost' AND
User='pma';
FLUSH PRIVILEGES;
```

타이핑하기 어렵다면 본서의 예제 폴더에 있는 [changePwSQLWinOnly.txt] 파일을 복사하여 사용합니다. 명령문을 입력 후 하단에 위치한 [실행] 버튼을 클릭합니다.

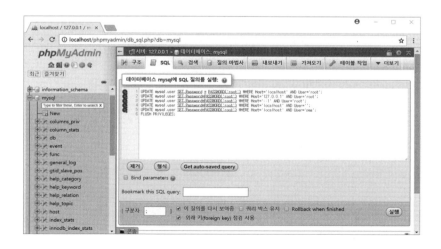

비밀번호가 변경되어 웹브라우저에서 phpMyAdmin 프로그램에 접속할 수 없는 상태입니다. phpMyAdmin 프로그램의 설정 파일로 이동하여 변경한 비밀번호를 적용하면 웹브라우저에서 phpMyAdmin 프로그램에 접속할 수 있습니다.

phpMyAdmin 프로그램의 설정 파일명은 config.inc.php이며 설정 파일의 위치는 다음과 같습니다.

```
C:\xampp\phpMyAdmin\config.inc.php
```

config.inc.php 파일을 열면 여러 코드가 보입니다.

21라인에 있는 $cfg['Servers'][$i]['password']를 보면 공백이 대입되어 있습니다.

```
$cfg['Servers'][$i]['password'] = '';
```

다음과 같이 $cfg['Servers'][$i]['password']의 값으로 값으로 'root'를 대입 후 저장합니다.

```
$cfg['Servers'][$i]['password'] = 'root';
```

xampp에서의 데이터베이스 비밀번호 설정이 끝났습니다.

📁 [코드 107] 107-connectDB.php

```php
1: <?php
2:     $host = "localhost";
3:     $user = "root";
4:     $pw = "root";
5:     $dbConnect = new mysqli($host, $user, $pw);
6:     $dbConnect->set_charset("utf8");
7:
8:     if(mysqli_connect_errno( )){
9:         echo '데이터베이스 접속 실패';
10:         echo mysqli_connect_error( );
11:     } else {
12:         echo "접속 성공";
13:     }
14: ?>
```

데이터베이스 접속에 필요한 정보들을 변수에 대입합니다.

◆ 2~4

mysqli라는 클래스의 생성자에 데이터베이스에 필요한 정보를 입력합니다.

◆ 5

6 ◆ 인코딩을 utf-8로 세팅합니다. 인코딩을 세팅하지 않을 경우 데이터베이스에서 출력된 데이터가 깨져서 표시되는 경우가 있습니다. mysqli 클래스의 생성자 순서는 host 정보, user 정보, 비밀번호, 사용할 데이터베이스 순이라는 것을 알 수 있습니다. 이 순서를 틀리게 입력하면 안 됩니다.

8 ◆ mysqli_connect_errno( ) 함수는 데이터베이스에 잘 접속되었는지, 접속이 안 되었는지의 여부를 알기 위해 사용합니다. 보통 데이터베이스의 접속에 실패했다면 접속 정보를 잘못 입력했을 가능성이 큽니다. 하지만 어떠한 원인인지 정확히 알려면 10라인과 같이 mysqli_connect_error( ) 함수를 사용하면 됩니다. 이 함수는 계정 정보가 잘못되었는지 데이터베이스의 선택이 잘못되었는지 등을 알려 줍니다.

결과

접속 성공

데이터베이스 생성하기

- **학습 내용 :** 데이터베이스를 생성하는 방법에 대해 학습합니다.
- **힌트 내용 :** 데이터베이스를 생성 명령문은 CREATE DATABASE입니다.

MySQL에서 사용할 데이터베이스를 생성하겠습니다. 보통 1개의 서비스에 1개의 데이터베이스를 사용합니다.

데이터베이스 생성 쿼리문

CREATE DATABASE 데이터베이스명

위와 같은 데이터베이스에서 사용하는 명령문을 쿼리문이라고 부릅니다. 생성할 데이터베이스의 이름은 [php200Example]로 하겠습니다. 쿼리문을 실행하려면 mysqli 클래스 내에 있는 query 메소드를 사용합니다. query 메소드의 아규먼트로 쿼리문을 입력합니다.

query 메소드 사용 방법

query("쿼리문");

다음은 php200Example 데이터베이스를 생성하는 예제입니다.

📁 **[코드 108-1] 108-1-createDB.php**

```php
1: <?php
2:     $host = "localhost";
3:     $user = "root";
4:     $pw = "root";
5:     $dbConnect = new mysqli($host, $user, $pw);
6:     $dbConnect->set_charset("utf8");
7:
```

```
 8:      if(mysqli_connect_errno( )){
 9:          echo '데이터베이스 접속 실패';
10:      }else {
11:          $sql = "CREATE DATABASE php200Example";
12:          $res = $dbConnect->query($sql);
13:
14:          if ( $res ) {
15:              echo "데이터베이스 생성 완료";
16:          } else {
17:              echo "데이터베이스 생성 실패";
18:          }
19:      }
20: ?>
```

2~6 ◆ [코드 107]에서 학습한 데이터베이스 접속 코드입니다.

11, 12 ◆ MySQL 접속 시의 명령문이 작동하므로 php200Example 데이터베이스를 생성합니다.

14~18 ◆ 데이터베이스 생성에 대한 결과를 출력합니다.

결과 ▶

데이터베이스 생성 완료

앞에서 생성한 php200Example 데이터베이스에 접속하는 방법에 대해 알아보겠습니다. mysqli 클래스 생성자의 네 번째 아규먼트로 데이터베이스명을 입력합니다.

MySQL의 데이터베이스 접속 방법

$dbConnect = new mysqli(호스트, 유저명, 비밀번호, 데이터베이스 이름);

다음은 php200Example 데이터베이스에 접속하는 예제입니다.

📁 [코드 108-2] 108-2-connectDB.php

```php
1: <?php
2:     $host = "localhost";
3:     $user = "root";
4:     $pw = "root";
5:     $dbName = "php200Example";
6:     $dbConnect = new mysqli($host, $user, $pw, $dbName);
7:     $dbConnect->set_charset("utf8");
8:
9:     if(mysqli_connect_errno( )){
10:         echo "데이터베이스 {$dbName}에 접속 실패";
11:     }
12: ?>
```

MySQL에 접속할 때와 달리 생성한 데이터베이스에 접속하기 위해 mysqli의 4번째 아규먼트로 데   ◆ 6
이터베이스의 이름을 입력합니다.

데이터베이스에 정상적으로 접속했을 때의 처리는 하지 않았으므로 결과에 아무것도 표시되지 않
는다면 정상입니다.

테이블 생성하기

- **학습 내용 :** 테이블을 생성하는 방법에 대해 학습합니다.
- **힌트 내용 :** 테이블 생성 명령문은 CREATE TABLE입니다.

테이블은 데이터베이스 내에서 정보를 담는 역할을 합니다. 우리가 여러 웹페이지들을 이용하면서 보는 정보들의 대부분은 이 테이블에 저장되어 있던 자료들이 웹페이지로 출력됩니다.

테이블은 크게 필드와 레코드로 구분됩니다. 테이블에서 번호, 이름, 직업, 성별을 '필드'라고 합니다. 그리고 [1, 김미우, 초등학생, 여]를 '레코드'라고 합니다.

번호	이름	직업	성별
1	김미우	초등학생	여
2	김유나	초등학생	여
3	김민후	유치원생	남
4	김해윤	어린이	여

데이터베이스에서는 최적화가 중요합니다. 테이블에 들어갈 값을 넣을 필드를 만들 때는 해당 필드에 어느 정도 용량의 값까지 입력할 수 있는지, 어떤값을 입력해야 하는지를 명시합니다.

그럼 데이터를 입력할 수 있는 크기는 어느 정도이고, 어떤 데이터형이 들어가는지 지정하는 방법에 대해 알아보겠습니다. 테이블을 만들 때는 필드를 명시하고 명시한 필드에 어떠한 데이터가 들어가는지와 해당 데이터의 크기가 어느 정도 될 것인지를 명시해야 합니다. 여기서 데이터라는 것은 짧은 텍스트인지, 긴 텍스트인지, 숫자인지 등을 의미합니다.

텍스트를 입력할 때는 입력할 텍스트의 길이를 지정합니다. 다섯 글자만 입력한다면 5를 지정하면 됩니다(MySQL 4.0 이전 버전은 byte를 단위로 사용했지만 5부터 글자수로 입력). 하지만 숫자는 간단하지 않습니다.

데이터의 길이를 지정할 때는 byte(바이트)라는 단위를 사용합니다. 일상생활에서 USB 메모리가 몇 기가인지, SSD 또는 하드디스크 용량, 아이폰의 용량이 얼마인지 물어볼 때 사용하는 단위가 byte입니다. 1byte는 8개의 bit(비트)로 이루어져 있습니다.

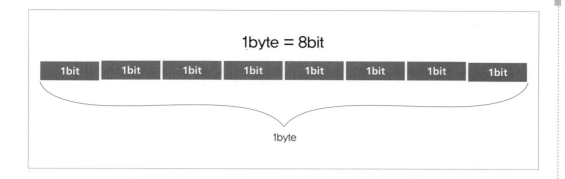

컴퓨터는 2진수를 사용합니다. bit 또한 컴퓨터에서 사용하는 단위이므로 2진수(0과 1)를 사용합니다. 즉, 하나의 bit에 들어가는 값은 0 아니면 1입니다. 1+1을 하면 우리들의 계산으로는 2이지만, 컴퓨터의 2진법 계산으로는 10이 됩니다.

1byte는 총 256가지의 수를 표현할 수 있습니다. 1byte(8bit)가 256가지나 수를 표현할 수 있는 것은 비트의 자릿수에 표현할 수 있는 수가 정해져 있기 때문입니다. 우리가 사용하는 10진수로 변환하려면 8개의 비트 중 어떤 위치의 값이 1이면 그 값은 64, 어떠한 비트 값이 1이면 그 값은 128과 같은 방식으로 표현됩니다. 예를 들어, 비트를 이용하여 십진수 15를 표현하는 방법은 다음과 같습니다. 2진수로 10진수 15를 표현하면 1111입니다.

297

10진수 236을 2진수로 표현하는 방법은 다음과 같습니다. 236을 2진수로 하면 11101100입니다.

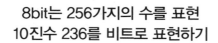

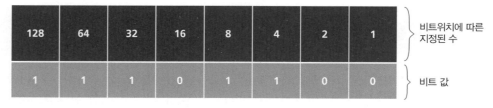

비트값이 1인것만 사용하여 2진수 11101100은 236과 같습니다.
128 + 64 + 32+ 8 + 4 = 236

숫자형 데이터형에는 어떠한 것이 있는지, 수를 집어넣을 때의 데이터형에 대해 알아보겠습니다. 다음 표에서 저장 가능한 수는 음의 정수를 포함한 범위입니다. 해당 필드에 무조건 양의 정수만 넣는다고 가정했을 때 양의 정수만 입력 가능하게 하는 방법이 있으며, 이 방법을 사용하면 음의 정수 저장 공간은 필요하지 않으므로 그 수만큼 양의 정수 저장 공간이 늘어납니다.

숫자형 데이터형

데이터형	byte	저장 가능 수	양의 정수 전환 시 저장 가능 수(unsigned)
tintyint	1byte	−128 ~ 127	0 ~ 255
smallint	2byte	−32768 ~ 32767	0 ~ 65535
mediumint	3byte	−8388608 ~ 8388607	0 ~ 16777215
int 또는 integer	4byte	−2147493648 ~ 2147483647	0 ~ 4294967295
bigint	8byte	−9223372036854775858 ~ 9223372036854775807	0 ~ 18446744073709551615

실수를 사용하려면 float 또는 double을 사용해야 합니다.

문자형 데이터형은 어떠한 것이 있는지 알아보겠습니다. 문자형 데이터는 테이블에 텍스트를 저장하기 위한 데이터형으로 주소, 이름, 이메일 등의 정보를 테이블에 저장합니다.

문자형 데이터형

데이터형	저장 가능 글자 수
char	255
varchar	255
tinytext	255
text	65535
mediumtext	16777215
longtext	4294967295
enum	지정된 값 중 한 가지만 사용 가능
set	지정된 값 중 여러 가지 값을 사용 가능

문자열의 데이터형을 사용하려면 데이터형을 적고 괄호를 연 후 사용할 글자 수를 지정해 주어야 합니다.

필드의 데이터형을 지정하는 방법

사용할 데이터형(사용할 글자 수)
예를 들어 char형으로 10글자까지 작성한다면
char(10)

char 데이터형을 이용하여 네 글자까지 저장 공간을 지정했을 때 세 글자를 입력하면 한 글자를 입력할 공간이 불필요하게 남게 됩니다. 하지만 varchar(4)를 적용한 후 세 글자를 입력하면 자동으로 남는 공간을 없애줍니다. 즉, 불필요한 공간이 없어지므로 효율적입니다. 그 대신 varchar은 char에 비해 속도 처리가 느리다는 단점이 있습니다.

varchar과 char의 차이

• char(4)를 지정한 경우

김	태	영	쓰지않는 불필요 공간 발생

• varchar(4)를 지정한 경우

김	태	영	쓰지 않는 공간 삭제하여 유용

tinytext, text, mediumtext, longtext는 지정된 크기에 한하여 사용할 수 있는 데이터형입니다. 데이터형 char이 너무 작아서 사용하지 못한다면 tinytext를 사용하고, tinytext가 너무 작아서 사용하지 못한다면 text를 사용하면 됩니다.

앞에서 enum은 지정된 값 중 하나만 사용할 수 있다고 했습니다. 예를 들어, 성별의 정보를 받는다고 가정하면 남성 또는 여성으로만 값이 정해져 있기 때문에 이러한 값을 받는 필드를 만들 때 유용합니다. char을 사용하여 남성이라는 정보를 받거나 여성이라는 정보를 받으면 된다고 생각할 수 있지만, enum은 받는 값이 정해져 있기 때문에 해당 값을 좀 더 간단하게 저장합니다. 그러므로 효율성 면에서 좋습니다. 또한 다른 값이 들어가는 사태를 원천적으로 막을 수 있다는 이점이 있습니다.

enum 사용 방법

남성을 m, 여성을 w라고 지정한다면
enum('m','w');

set은 지정된 값 중 여러 값을 저장할 수 있습니다. 예를 들어, 어떤 웹 서비스를 이용한 이후 이메일, 광고 문자, 푸시 알림 광고 등이 온다고 가정해봅시다. 이 중 광고 문자를 받고 싶지 않거나, 광고 문자나 푸시 알림이 받고 싶지 않거나 또는 3개 모두 받고 싶지 않다고 할 때 이 정보들을 저장할 필드의 데이터형으로 사용하기 적합합니다.

set 사용 방법

이메일을 e, 광고 문자를 s, 푸시 알림을 p라고 가정하면
set('e','s','p');
enum은 e 또는 s 또는 p 중 한 가지만 저장 가능
set는 e 또는 s 또는 p 다수 저장 가능

테이블을 만들 때 다시 설명합니다. 날짜형 데이터형에 대해 알아보겠습니다. 날짜형 데이터는 어떤 글이 언제 작성 완료되었는지, 어떤 회원이 언제 가입했는지, 누가 언제 나의 웹사이트에 로그인했는지 등과 같은 정보를 저장할 때 사용하는 데이터형입니다.

데이터형	저장 범위	표시 형식	크기
date	1000−01−01 ～ 9999−12−31	YYYY−MM−DD	3byte
datetime	1000−01−01 00:00:00 ～ 9999−12−31 23:59:59	YYYY−MM−DD HH:MM:SS	8byte
timestamp	1970−01−01 00:00:00 ～ 2038−01−19 03:14:07	YYYYMMDDHHMMSS	4byte
time	−838:59:59 ～ 838:59:59	HH:MM:SSS	3byte
year	1901 ～ 2155	YYYY	1byte

date는 년도, 월, 일만 저장하는 데이터형이며, datetime은 년도, 월, 일, 시, 분, 초까지 저장하는 데이터형입니다. timestamp는 리눅스에서 사용하는 시간이며, 1970년 1월 1일 0시 0분 0초부터 시간을 세기 시작했습니다. 그러므로 저장 범위가 1970년 1월 1일 0시 0분 0초부터 시작됩니다. time은 시, 분, 초만 저장하는 데이터형이며, year는 연도만 저장하는 데이터형입니다.

테이블 생성 시 필요한 여러 데이터형에 대해 학습했으니 테이블을 생성하겠습니다. 학습용으로 사용할 회원정보를 담고 있는 테이블을 만들겠습니다.

테이블 생성 명령문

```
CREATE TABLE 테이블명(
필드명 데이터형 옵션 필드 설명
)인코딩 설정 테이블 설명
```

어떠한 정보를 담을 것인지에 대한 정보는 다음과 같습니다.

```
회원의 일련번호,
회원의 아이디,
회원의 이름,
회원의 비밀번호,
회원의 휴대전화번호,
회원의 이메일 주소,
회원의 생일,
회원의 성별,
회원의 가입 시기
```

회원의 일련번호는 회원을 구분하는 기준이 됩니다. 이름에 기준을 두면 동명이인이 있어서 사용할 수 없으며, 휴대전화번호는 번호가 바뀔 수 있어서 사용할 수 없습니다. 따라서 모든 서비스에는 회원의 고유한 번호가 부여됩니다. 이 고유한 번호는 절대 다른 회원과 겹치지 않습니다.

이러한 고유번호를 저장하는 필드를 생성할 때는 auto_increment를 사용합니다. auto_increment는 레코드가 발생할 때마다 1씩 더한 값을 저장하여 고유번호가 겹치지 않도록 해줍니다.

테이블 생성 시 사용하는 필드를 지정하는 방법에 대해 알아보겠습니다.

필드 지정하기

> 필드명 데이터형 기본값 옵션 코멘트

예를 들어, 고객의 고유번호 필드를 만든다면 다음과 같습니다.

> 필드의 이름 myMemberID
> 데이터형은 숫자 양의 정수를 입력하므로 옵션으로 unsigned를 지정
> 이 필드는 고유한 값이므로 auto_increment를 지정
> 이 필드의 설명을 '고객번호'로 지정
> 고유한 데이터를 담는 필드의 이름은 보통 테이블명에 ID를 붙여서 사용
> 그러므로 고유한 값을 담는 필드의 이름은 myMemberID
>
> 필드의 생성문은
> memberID int unsigned auto_increment comment '고객번호'

이와 같은 방법으로 고객 정보 테이블을 생성하겠습니다. 테이블의 이름은 myMember입니다.

```
 1: CREATE TABLE myMember(
 2: myMemberID int unsigned auto_increment comment '고객의 고유번호',
 3: userId varchar(15) not null comment '고객의 아이디',
 4: name varchar(10) not null comment '고객명',
 5: password varchar(30) not null comment '고객의 비밀번호',
 6: phone varchar(13) not null comment '고객의 휴대전화번호',
 7: email varchar(30) not null comment '고객의 이메일 주소',
 8: birthDay char(10) not null comment '고객의 생일',
 9: gender enum('m','w','x') default 'x' comment '고객 성별 m은 남성 w는 여성 x는 선택하지 않음',
10: regTime datetime not null comment '회원가입 시간',
11: primary key(myMemberID))
12: charset=utf8 comment='고객 정보 테이블';
```

고객의 고유번호를 입력하는 필드이며 숫자를 사용하므로 데이터형에 int를 사용하고, 양의 정수를 ◆ 2
사용하므로 unsigned를 사용하여 사용할 수 있는 양의 정수 용량을 2배로 늘렸습니다.

고객의 이름을 받는 필드입니다. 한국인의 경우 이름이 세 글자인 경우가 많지만, 성을 포함하여 두 ◆ 4
글자인 사람도 있으며, 네 글자, 다섯 글자인 경우도 있기 때문에 열 글자까지 허용하고 varchar 데
이터형을 사용했습니다. 옵션으로 쓰인 not null은 이 필드에 빈 값이 들어오더라도 null이라는 값을
쓰지 않겠다는 뜻입니다. null은 없는 값을 뜻합니다. not null이 지정된 필드에 값을 넣지 않으면 아
무것도 입력되지 않지만 필수적으로 값이 들어가야 하는 필드에 적용합니다.

name, password, phone, email의 경우 길이가 모두 다르기 때문에 데이터형으로 varchar을 사용했지
만, birthDay의 경우 YYYY-mm-dd와 같이 10자로 정해져 있으므로 char을 사용했습니다.

성별을 받는 필드는 enum을 사용했습니다. 성별은 여성 아니면 남성이기 때문에 2개로만 받을 수 ◆ 9
있습니다. 무엇을 받을 것인지 정해져 있는 부분이라면 enum을 사용합니다. 컴퓨터의 입장에서는
남성, 여성이라는 값을 숫자로 인지해 지정하므로 속도가 빨라집니다.

m과 w 외에 x도 있는데, 이것은 성별을 선택하지 않았을 때 사용할 값입니다. Default는 기본값을
뜻합니다. 데이터 입력 시 아무 값도 없을 경우 default 값이 들어갑니다. 만약 default 'x'가 지정되어
아무 값도 받지 않은 경우 x가 값으로 입력됩니다.

학교에서는 학생들에게 번호를 부여합니다. 대학에 가면 자신만의 학번을 부여받게 되고, 군대에 ◆ 11
가면 자신만의 군번을 부여받게 됩니다. 같은 반에 김태영이라는 사람이 3명이 있다고 가정해 보
겠습니다. 선생님이 '김태영 일어나'라고 말할 경우 3명이 모두 일어나지만, 번호를 부를 경우 그
번호를 부여 받은 1명만 일어나게 됩니다. 이러한 번호가 데이터베이스에서는 primary key입니다.
primary key는 테이블의 레코드를 식별하는 대표 번호입니다.

따라서 memberID라는 필드를 primary key로 지정하면 memberID 필드는 고유한 값이 되어 겹치
는 값이 없게 됩니다. 이 primary key는 한 테이블에 하나만 지정해야 하며, 2개 이상 지정해서는 안
됩니다. primary key를 지정하면 고객 정보를 고객번호로 찾을 때 빠른 속도로 찾을 수 있습니다.
primary key를 지정하지 않으면 지정할 때보다 느린 속도로 찾게 되며, 서비스 속도도 느려집니다.

charset=utf8는 테이블의 문자셋을 유니코드로 지정한다는 것이며, 유니코드를 쓰지 않으면 한글을 ◆ 12
입력할 경우 깨져서 입력되는 현상이 초래되므로 반드시 지정해야 합니다. comment='고객 정보 테
이블'은 어떤 테이블인지에 대한 설명을 적습니다.

그럼 [php200Example] 데이터베이스에 [myMember] 테이블을 생성하겠습니다.

```php
1: <?php
2:     include $_SERVER['DOCUMENT_ROOT'].'/php/108-2-connectDB.php';
3:
4:     $sql = "CREATE TABLE myMember(";
5:     $sql .= "myMemberID int unsigned auto_increment comment '고객의 고유번호',";
6:     $sql .= "userId varchar(15) not null comment '고객의 아이디',";
7:     $sql .= "name varchar(10) not null comment '고객명',";
8:     $sql .= "password varchar(30) not null comment '고객의 비밀번호',";
9:     $sql .= "phone varchar(13) not null comment '고객의 휴대전화 번호',";
10:    $sql .= "email varchar(30) not null comment '고객의 이메일 주소',";
11:    $sql .= "birthDay char(10) not null comment '고객의 생일',";
12:    $sql .= "gender enum('m','w','x') default 'x' comment '고객 성별',";
13:    $sql .= "regTime datetime not null comment '회원가입 시간',";
14:    $sql .= "primary key(myMemberID))";
15:    $sql .= "charset=utf8 comment='고객 정보 테이블';";
16:
17:    $res = $dbConnect->query($sql);
18:
19:    if ( $res ) {
20:        echo "테이블 생성 완료";
21:    } else {
22:        echo "테이블 생성 실패";
23:    }
24: ?>
```

2 ◆ 데이터베이스 접속 프로그램인 [108-2-connectDB.php] 파일을 include합니다.

4~15 ◆ myMember 테이블을 생성하는 쿼리문입니다.

17 ◆ query( ) 메소드를 사용해 쿼리문을 실행합니다.

19~23 ◆ 테이블의 생성 결과를 확인합니다. 테이블이 이미 존재하는 경우에는 테이블이 재생성되지 않으므로 생성에 실패하게 됩니다.

결과

테이블 생성 완료

결과를 보면 테이블 생성 여부만 확인할 수 있고 실제 데이터베이스 안을 볼 수 없는 상태입니다.

다음은 macOS에서 MySQL에 접속하는 방법입니다. 실제 데이터베이스를 보기 위해서는 터미널에서 mysql에 접속할 수 있으며 더 편리하게 이용하는 방법으로 웹에서 사용하는 [phpMyAdmin] 프로그램을 이용할 수 있습니다.

터미널에서의 접속하기 위해 다음의 경로로 이동합니다.

```
/Applications/MAMP/Library/bin
```

경로를 이동하는 명령문인 cd를 사용하면 다음과 같습니다.

```
cd /Applications/MAMP/Library/bin
```

이동하면 다음의 화면이 보입니다.

```
● ● ●                    ▦ bin — -bash — 70×6
Last login: Mon May  7 18:03:11 on ttys000
You have mail.
[gimtaeyeong-ui-MacBook:~ everdevel$ cd /Applications/MAMP/Library/bin ]
gimtaeyeong-ui-MacBook:bin everdevel$ █
```

터미널에서의 MySQL 접속 명령문은 다음과 같습니다.

```
./mysql -uroot -proot
```

./는 현재 폴더를 의미합니다.
-u의 u는 user를 의미하며 -p의 p는 password를 의미합니다.

앞의 명령문을 입력하면 mysql에 접속하게 됩니다. 비밀번호를 한 번 더 요구할 경우에는 macOS의 비밀번호를 입력합니다.

```
● ● ●                    bin — mysql -uroot -px — 80×19
Last login: Mon May  7 18:26:01 on ttys000
You have mail.
gimtaeyeong-ui-MacBook:~ everdevel$ cd /Applications/MAMP/Library/bin
gimtaeyeong-ui-MacBook:bin everdevel$ ./mysql -uroot -proot
Warning: Using a password on the command line interface can be insecure.
Welcome to the MySQL monitor.  Commands end with ; or \g.
Your MySQL connection id is 5
Server version: 5.6.38 MySQL Community Server (GPL)

Copyright (c) 2000, 2017, Oracle and/or its affiliates. All rights reserved.

Oracle is a registered trademark of Oracle Corporation and/or its
affiliates. Other names may be trademarks of their respective
owners.

Type 'help;' or '\h' for help. Type '\c' to clear the current input statement.

mysql> █
```

다음은 windows10에서의 MySQL 접속 방법입니다. 앞에서 데이터베이스의 비밀번호를 변경할 때 사용한 phpMyAdmin 프로그램을 사용할 수 있으며 [명령 프롬프트]라는 프로그램에서 접속하는 방법도 있습니다.

작업표시줄에 있는 검색창에 [명령 프롬프트]를 입력한 후 [명령 프롬프트] 프로그램을 실행합니다. 명령 프롬프트 프로그램에 진입하면 다음과 같은 화면이 나타납니다. 이 프로그램에서 MySQL에 접속합니다.

MySQL 프로그램의 경로는 다음과 같습니다.

C:\xampp\mysql\bin

앞의 경로로 이동하는 명령문은 다음과 같습니다.

cd /xampp/mysql/bin

cd 명령문은 폴더로 이동하는 명령문이며 가장 처음에 사용된 [/]는 최상위 폴더를 의미합니다. 즉, 최상위 폴더에 있는 xampp 폴더에 있는 mysql 폴더에 있는 bin 폴더로 이동을 의미합니다.

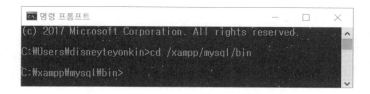

mysql 실행 명령문은 다음과 같습니다.

```
mysql -uroot -proot
```

-u는 user를 의미하며 -p는 password를 의미합니다.

```
Microsoft Windows [Version 10.0.16299.461]
(c) 2017 Microsoft Corporation. All rights reserved.

C:\Users\disneyteyonkin>cd /xampp/mysql/bin

C:\xampp\mysql\bin>mysql -uroot -proot
```

mysql 접속 명령문을 입력하면 다음과 같이 데이터베이스에 접속할 수 있습니다.

```
Copyright (c) 2000, 2018, Oracle, MariaDB Corporation Ab and others.

Type 'help;' or '\h' for help. Type '\c' to clear the current input statement.

MariaDB [(none)]>
```

windows10에서의 데이터베이스 접속 방법에 대한 설명이 끝났습니다.

데이터베이스의 작업을 하려면 사용하려는 데이터베이스를 선택해야 합니다.
데이터베이스의 목록을 보는 명령문 다음과 같습니다.

```
show databases;
```

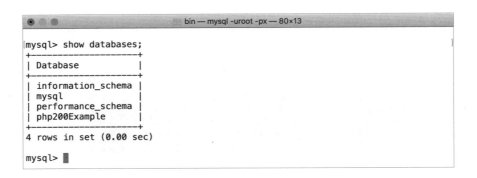

데이터베이스 목록을 보면 앞에서 생성한 [php200Example] 데이터베이스가 있음을 확인할 수 있습니다. [php200Example] 데이터베이스를 사용하려면 use 명령어를 사용합니다.

use 명령문 사용 방법

```
use 데이터베이스명
```

php200Example은 다음과 같이 사용합니다.

```
use php200Example;
```

terminal에서의 데이터베이스 명령문은 끝에 ;(세미콜론)를 사용합니다.

```
● ● ●                      bin — mysql -uroot -px — 80×6
[mysql> use php200Example;
Reading table information for completion of table and column names
You can turn off this feature to get a quicker startup with -A

Database changed
mysql>
```

데이터베이스를 종료하는 명령어는 터미널과 마찬가지로 exit;입니다.

terminal에서 MySQL에 접속하는 방법은 이것으로 끝나며, 웹브라우저에서 MySQL에 접속하는 방법에 대해 알아보겠습니다. 웹브라우저에서 다음의 주소를 입력하면 phpMyAdmin 프로그램에 접속하게 됩니다.

phpMyAdmin 프로그램 접속 URL

http://localhost/phpmyadmin/

주의할 점은 터미널에서 MySQL에 접속한 상태이면 접속이 되지 않는 경우가 있으므로 접속이 안 될 시 터미널에서의 MySQL 접속을 종료 후 사용합니다.

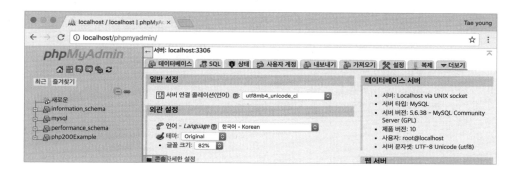

위 그림의 왼쪽에 있는 트리뷰에서 데이터베이스의 목록이 나타나며, 데이터베이스를 누르면 테이블 목록이 펼쳐집니다.

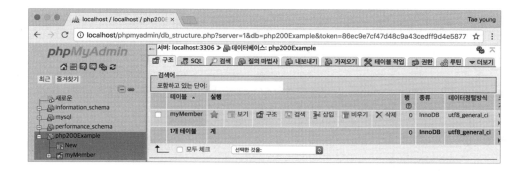

위 그림을 보면 [코드 109]에서 생성한 테이블인 myMember 테이블을 확인할 수 있습니다. 지금부터 사용하는 쿼리문은 오른쪽의 탭에 있는 [SQL]에서 실행할 수 있습니다.

본서에서는 PHP와 MySQL의 연동을 예제로 만들기 위해 php 파일로 저장하여 실행하지만 phpMyAdmin이나 터미널로 MySQL에 접속하여 쿼리문을 실행하여도 괜찮습니다.

PHP 예제를 사용하지 않고 myMember 테이블을 만든다면 다음과 같이 사용할 수 있습니다.

터미널에서의 사용

```
● ● ●                    bin — mysql -uroot -px — 81×20
mysql> use php200Example;
Reading table information for completion of table and column names
You can turn off this feature to get a quicker startup with -A

Database changed
mysql> CREATE TABLE myMember(
    -> myMemberID int unsigned auto_increment comment '고객의 고유 번호',
    -> userId varchar(15) not null comment '고객의 아이디',
    -> name varchar(10) not null comment '고객명',
    -> password varchar(30) not null comment '고객의 비밀번호',
    -> phone varchar(13) not null comment '고객의 휴대전화 번호',
    -> email varchar(30) not null comment '고객의 이메일 주소',
    -> birthDay char(10) not null comment '고객의 생일',
    -> gender enum('m','w','x') default 'x' comment '고객 성별 m은 남성 w는 여성
x는 선택하지 않음',
    -> regTime datetime not null comment '회원가입 시간',
    -> primary key(myMemberID))
    -> charset=utf8 comment='고객 정보 테이블';
ERROR 1050 (42S01): Table 'mymember' already exists
mysql>
```

위 그림을 보면 마지막 라인에 에러가 난 것을 볼 수 있습니다. 이미 생성된 테이블이므로 에러가 발생합니다.

터미널에서의 사용

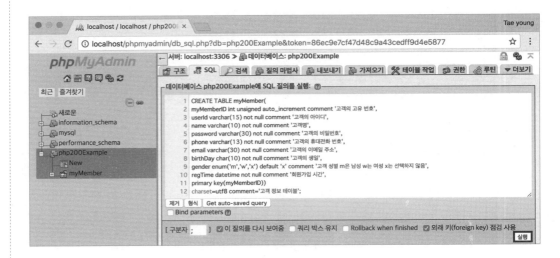

쿼리문을 작성하고 우측 하단에 보이는 [실행] 버튼을 누르면 쿼리문이 실행됩니다.

데이터베이스에 생성된 테이블 목록 보기

- **학습 내용 :** 데이터베이스에서 테이블의 목록을 보는 방법에 대해 학습합니다.
- **힌트 내용 :** 명령문은 show tables입니다.

데이터베이스에 있는 테이블의 목록을 보려면 다음의 명령문을 사용합니다.

테이블 목록을 보여주는 명령문

```
SHOW TABLES;
```

터미널의 MySQL이나 phpMyAdmin 프로그램에서도 SHOW TABLES 명령문만 입력하면 테이블의 목록이 출력되지만 PHP로 웹페이지에 띄우기 위해서는 관련 함수와 반복문을 사용합니다.

다음은 테이블의 목록을 보는 예제입니다.

📁 **[코드 110] 110-showTables.php**

```php
1:  <?php
2:      include $_SERVER['DOCUMENT_ROOT'].'/php/108-2-connectDB.php';
3:
4:      $sql = "SHOW TABLES";
5:      $res = $dbConnect->query($sql);
6:
7:      if ( $res ) {
8:          $list = $res->fetch_array(MYSQLI_BOTH);
9:
10:         echo "테이블 목록 <br>";
11:
12:         for($i = 0; $i < (count($list) - 1); $i++){
13:             echo $list[$i];
14:             echo '<br>';
15:         }
16:     } else {
```

```
17:         echo "테이블 존재 안함";
18:     }
19: ?>
```

4 ◆ 테이블의 목록을 보는 명령문인 SHOW TABLES를 변수 sql에 대입합니다.

5 ◆ query( ) 함수를 사용하여 명령문을 실행합니다.

7 ◆ 쿼리문이 정상 작동 시의 명령문을 실행하기 위해 if문으로 실행 여부를 확인합니다.

8 ◆ 쿼리문을 전송한 변수에서 fetch_array( ) 메소드를 호출하면 해당 데이터를 볼 수 있습니다. fetch_array( ) 함수가 반환한 데이터를 변수 list에 대입합니다.

12 ◆ fetch_array( ) 함수는 데이터를 배열로 반환하기 때문에 count( ) 함수를 사용하여 배열의 데이터 수만큼 반복문을 실행합니다. −1을 하는 이유는 배열의 인덱스가 0부터 시작하므로 개수에서 1을 뺍니다.

13 ◆ 테이블명을 출력합니다.

결과 ▶▶▶▶▶▶▶▶▶▶▶▶▶▶▶▶▶▶▶▶▶▶▶▶▶▶▶▶▶▶▶▶▶▶▶▶▶▶

테이블 목록
myMember

[코드 110]에서 사용한 fetch_array( ) 함수는 아규먼트의 값에 따라 배열의 데이터형을 다르게 출력합니다.

다음은 fetch_array( ) 메소드에 사용할 수 있는 아규먼트이며 상수입니다.

상수	기능
MYSQLI_NUM	인덱스를 숫자로 사용(기입순서)
MYSQLI_ASSOC	인덱스를 문자로 사용(필드명)
MYSQLI_BOTH	인덱스를 숫자와 문자로 사용

[코드 110]의 변수 lisT 데이터가 아규먼트값에 따라 어떻게 다른지는 다음과 같습니다.

MYSQLI_NUM 사용 시 데이터

```
array(1) {
  [0]=>
  string(8) "myMember"
}
```

인덱스가 숫자로 표시됩니다.

MYSQLI_ASSOC 사용 시 데이터

```
array(1) {
  ["Tables_in_php200example"]=>
  string(8) "myMember"
}
```

인덱스가 문자(필드명)로 표시됩니다.

MYSQLI_BOTH 사용 시 데이터

```
array(2) {
  [0]=>
  string(8) "myMember"
  ["Tables_in_php200example"]=>
  string(8) "myMember"
}
```

인덱스가 숫자와 문자(필드명)로 표시됩니다.

상황에 맞게 3개 중 선택하여 아규먼트를 사용합니다.

활용

111

- **학습 내용** : 이미 생성한 테이블에 필드를 추가하는 방법에 대해 학습합니다.
- **힌트 내용** : ALTER TABLE ADD 명령문을 사용합니다.

테이블 필드 추가하기

어떠한 테이블을 생성하고 추후에 같은 테이블에 필드를 더 추가해야 하는 경우가 간혹 발생합니다. 필드에 관련한 명령문은 ALTER문입니다.

테이블에 필드를 추가하는 방법

> ALTER TABLE 테이블명 ADD 추가할 필드명 옵션 코멘트 위치

테이블명에는 필드를 추가할 테이블명을 명시하며 필드를 추가하는 것이므로 ADD를 작성합니다. 그리고 테이블 생성 시와 같이 필드의 정보를 적습니다. 위치는 어떠한 필드 뒤에 위치할 것인지 의미하며 해당하는 필드명을 작성합니다. 작성하지 않으면 가장 마지막에 위치합니다.

myMember 테이블에 현재 나이 정보를 입력하는 필드를 추가하겠습니다. 추가할 필드의 정보는 다음과 같습니다.

필드명	currentAge
데이터형	int
옵션	unsigned
코멘트	'현재 나이'
위치	gender 필드 다음에 위치

앞의 정보로 currentAge 필드를 추가하는 쿼리문을 만들면 다음과 같습니다.

> ALTER TABLE myMember ADD currentAge int unsigned COMMENT '현재나이' AFTER gender

AFTER gender는 gender 필드의 이후에 위치시킨다는 의미입니다.

다음은 gender 필드를 myMember 테이블에 추가하는 예제입니다.

📁 **[코드 111] 111-alterAdd.php**

```php
1: <?php
2:     include $_SERVER['DOCUMENT_ROOT'].'/php/108-2-connectDB.php';
3:
4:     //마지막에 띄어쓰기가 있습니다.
5:     $sql = "ALTER TABLE myMember ADD currentAge ";
6:     $sql .= "int unsigned COMMENT '현재 나이' AFTER gender";
7:     $res = $dbConnect->query($sql);
8:
9:     if ( $res ) {
10:         echo "필드 추가 완료";
11:
12:     } else {
13:         echo "필드 추가 실패";
14:     }
15: ?>
```

쿼리문이 길어서 한 줄에 작성하면 줄바꿈 현상이 발생하므로 2개로 나눠 작성합니다. 5라인에는 마지막에 띄어쓰기가 들어가므로 띄어쓰기까지 작성합니다.   ◆ 5, 6

필드를 추가하는 쿼리문의 실행 여부를 확인합니다.   ◆ 9~13

📍 **결과** ▶▶▶

필드 추가 완료

[코드 111]에서 사용한 쿼리문을 터미널이나 phpMyAdmin 프로그램에서 사용할 수 있으며 필드가 추가되었는지 확인할 수 있습니다.

터미널에서 확인할 때는 DESC 명령문을 사용합니다.

DESC 명령문 사용 방법

DESC 테이블명;

```
● ● ●                    bin — mysql -uroot -px — 81×16
[mysql> DESC myMember;
+-------------+------------------+------+-----+---------+----------------+
| Field       | Type             | Null | Key | Default | Extra          |
+-------------+------------------+------+-----+---------+----------------+
| myMemberID  | int(10) unsigned | NO   | PRI | NULL    | auto_increment |
| userId      | varchar(15)      | NO   |     | NULL    |                |
| name        | varchar(10)      | NO   |     | NULL    |                |
| password    | varchar(30)      | NO   |     | NULL    |                |
| phone       | varchar(13)      | NO   |     | NULL    |                |
| email       | varchar(30)      | NO   |     | NULL    |                |
| birthDay    | char(10)         | NO   |     | NULL    |                |
| gender      | enum('m','w','x')| YES  |     | x       |                |
| currentAge  | int(10) unsigned | YES  |     | NULL    |                |
| regTime     | datetime         | NO   |     | NULL    |                |
+-------------+------------------+------+-----+---------+----------------+
10 rows in set (0.01 sec)
```

그림을 보면 currentAge 필드가 추가되었음을 알 수 있습니다.

테이블의 구조 보기

- **학습 내용 :** 테이블의 구조를 확인하는 방법에 대해 학습합니다.
- **힌트 내용 :** DESC 명령문을 사용합니다.

앞에서 언급한 DESC 명령어의 데이터를 웹페이지에 출력하는 방법에 대해 학습합니다.

myMember 테이블의 구조를 본다면 쿼리문은 다음과 같습니다.

```
DESC myMember;
```

DESC 명령문을 사용해 어떠한 데이터를 출력하는지 확인하겠습니다.

📂 **[코드 112-1] 112-1-desc.php**

```php
 1: <?php
 2:     include $_SERVER['DOCUMENT_ROOT'].'/php/108-2-connectDB.php';
 3:
 4:
 5:     $sql = "DESC myMember";
 6:     $res = $dbConnect->query($sql);
 7:
 8:     $list = $res->fetch_array(MYSQLI_ASSOC);
 9:
10:     echo '<pre>';
11:     var_dump($list);
12:     echo '</pre>';
13: ?>
```

myMember 테이블의 구조를 확인하는 예제입니다.   ◆ 5

쿼리문을 실행합니다.   ◆ 6

fetch_array( ) 메소드로 반환한 결과를 변수 list에 대입합니다.   ◆ 8

317

11 ◆ 반환된 결과는 배열이므로 var_dump( ) 함수를 사용해 확인합니다.

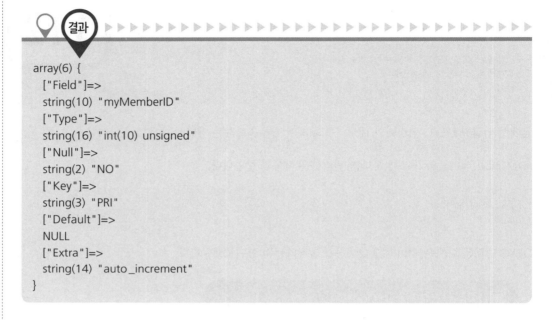

결과

```
array(6) {
  ["Field"]=>
  string(10) "myMemberID"
  ["Type"]=>
  string(16) "int(10) unsigned"
  ["Null"]=>
  string(2) "NO"
  ["Key"]=>
  string(3) "PRI"
  ["Default"]=>
  NULL
  ["Extra"]=>
  string(14) "auto_increment"
}
```

결과를 보면 필드 myMemberID에 대한 정보가 출력됨을 알 수 있습니다. 문자열로 된 인덱스 정보 또한 알 수 있습니다.

fetch_array( ) 메소드를 반복문을 활용해 출력하여 모든 필드의 정보를 출력하겠습니다.

📁 **[코드 112-2] 112-2-desc.php**

```
1:  <?php
2:      include $_SERVER['DOCUMENT_ROOT'].'/php/108-2-connectDB.php';
3:
4:      //마지막에 띄어쓰기가 있습니다.
5:      $sql = "DESC myMember";
6:      $res = $dbConnect->query($sql);
7:
8:      while($list = $res->fetch_array(MYSQLI_ASSOC)){
9:          echo 'Field : '.$list['Field'];
10:         echo '<br>';
11:         echo 'Type : '.$list['Type'];
12:         echo '<br>';
```

```
13:        echo 'Null : '.$list['Null'];
14:        echo '<br>';
15:        echo 'Key : '.$list['Key'];
16:        echo '<br>';
17:        echo 'Default : '.$list['Default'];
18:        echo '<br>';
19:        echo 'Extra : '.$list['Extra'];
20:
21:        echo '<br>';
22:        echo '<br>';
23:    }
24: ?>
```

쿼리문의 결과를 변수 list에 대입하여 반복문을 사용해 값을 출력합니다.   ◆ 8

배열의 인덱스 정보는 [코드 112-1]의 결과에서 확인한 인덱스를 사용하여 정보를 출력합니다.   ◆ 9~19

결과 ▶

Field : myMemberID
Type : int(10) unsigned
Null : NO
Key : PRI
Default :
Extra : auto_increment

Field : userId
Type : varchar(15)
Null : NO
Key :
Default :
Extra :

Field : name
Type : varchar(10)
Null : NO
Key :

```
Default :
Extra :

Field : password
Type : varchar(30)
Null : NO
Key :
Default :
Extra :

Field : phone
Type : varchar(13)
Null : NO
Key :
Default :
Extra :

Field : email
Type : varchar(30)
Null : NO
Key :
Default :
Extra :

Field : birthDay
Type : char(10)
Null : NO
Key :
Default :
Extra :

Field : gender
Type : enum('m','w','x')
Null : YES
Key :
Default : x
Extra :

Field : currentAge
Type : int(10) unsigned
```

```
Null : YES
Key :
Default :
Extra :

Field : regTime
Type : datetime
Null : NO
Key :
Default :
Extra :
```

테이블 필드명 변경하기

- **학습 내용 :** 테이블의 필드명을 변경하는 방법에 대해 학습합니다.
- **힌트 내용 :** ALTER TABLE CHANGE 명령문을 사용합니다.

테이블의 필드명을 변경하는 방법에 대해 알아보겠습니다.

필드명 수정 방법

ALTER TABLE 테이블명 CHANGE 기존 필드명 새 필드명 기존 데이터형

앞에서 생성한 currentAge 필드를 국적 정보를 담는 필드로 변경하겠습니다. currentAge 필드명은 국적 정보를 담는 필드로 사용하기 위해 국적과 관련한 필드명으로 변경할 필요가 있습니다.

currentAge 필드의 필드명을 nationality로 변경하겠습니다. 쿼리문을 만들면 다음과 같습니다.

ALTER TABLE myMember CHANGE currentAge nationality int

다음은 currentAge의 필드의 필드명을 변경하는 예제입니다.

📁 **[코드 113] 113-alterChange.php**

```php
1:  <?php
2:      include $_SERVER['DOCUMENT_ROOT'].'/php/108-2-connectDB.php';
3:
4:      $sql = "ALTER TABLE myMember CHANGE currentAge nationality int";
5:      $res = $dbConnect->query($sql);
6:
7:      if ( $res ) {
8:          echo "필드명 변경 완료";
9:
10:     } else {
```

```
11:        echo "필드명 변경 실패";
12:    }
13: ?>
```

필드 currentAge를 nationality로 변경하는 데이터형은 쿼리문입니다. 기존의 데이터형을 입력합니다. ◆ 4

쿼리문을 실행합니다. ◆ 5

결과 ▶▶

필드명 변경 완료

데이터베이스에 접속하여 DESC 명령문으로 필드명의 변경 여부를 확인할 수 있습니다.

```
● ● ●                   bin — mysql -uroot -px — 80×18
[mysql> DESC mymember;
+-------------+---------------------+------+-----+---------+----------------+
| Field       | Type                | Null | Key | Default | Extra          |
+-------------+---------------------+------+-----+---------+----------------+
| myMemberID  | int(10) unsigned    | NO   | PRI | NULL    | auto_increment |
| userId      | varchar(15)         | NO   |     | NULL    |                |
| name        | varchar(10)         | NO   |     | NULL    |                |
| password    | varchar(30)         | NO   |     | NULL    |                |
| phone       | varchar(13)         | NO   |     | NULL    |                |
| email       | varchar(30)         | NO   |     | NULL    |                |
| birthDay    | char(10)            | NO   |     | NULL    |                |
| gender      | enum('m','w','x')   | YES  |     | x       |                |
| natiolity   | int(11)             | YES  |     | NULL    |                |
| regTime     | datetime            | NO   |     | NULL    |                |
+-------------+---------------------+------+-----+---------+----------------+
10 rows in set (0.01 sec)

mysql>
```

currentAge 필드가 nationality로 변경됨을 알 수 있습니다.

테이블 필드 옵션 변경하기

- **학습 내용 :** 테이블의 필드 옵션을 변경하는 방법에 대해 학습합니다.
- **힌트 내용 :** ALTER TABLE MODIFY 명령문을 사용합니다.

앞에서 currentAge 필드의 이름을 nationality로 변경했습니다. 필드명만 변경되었을뿐 여전히 숫자 형 데이터가 입력되도록 되어 있습니다. 이 옵션을 변경하여 숫자가 아닌 문자열이 입력되도록 변경하겠습니다.

다음은 nationality 필드가 변경될 필드의 정보입니다.

필드명	nationality
데이터형	varchar(15)
옵션	없음
코멘트	'국적'
위치	gender 필드 다음에 위치

필드의 옵션을 변경하려면 ALTER문에 MODIFY를 사용합니다.

필드 옵션 변경 방법

ALTER TABLE 테이블명 MODIFY 필드명 변경할 필드 정보

nationality 필드의 정보대로 변경한다면 쿼리문은 다음과 같습니다.

ALTER TABLE myMember MODIFY nationality varchar(15) comment '국적' AFTER gender

다음은 nationality 필드의 옵션을 변경하는 예제입니다.

[코드 114] 114-alterModify.php

```php
1:  <?php
2:      include $_SERVER['DOCUMENT_ROOT'].'/php/108-2-connectDB.php';
3:
4:      //마지막에 스페이스 입력합니다.
5:      $sql = "ALTER TABLE myMember MODIFY nationality ";
6:      $sql .= "varchar(15) comment '국적' AFTER gender";
7:      $res = $dbConnect->query($sql);
8:
9:      if ( $res ) {
10:         echo "필드 정보 변경 완료";
11:
12:     } else {
13:         echo "필드 정보 변경 실패";
14:     }
15: ?>
```

필드 nationality의 옵션을 변경하는 쿼리문입니다.   ◆ 5, 6

쿼리문을 실행합니다.   ◆ 7

쿼리문의 실행 결과를 확인합니다.   ◆ 9~14

결과 ▶▶▶

필드 정보 변경 완료

데이터베이스에서 쿼리문을 사용하여 변경한다면 다음과 같습니다.

```
● ● ●                        bin — mysql -uroot -px — 86×22
[mysql> ALTER TABLE myMember MODIFY natiolity varchar(15) comment '국적' AFTER gender; ]
Query OK, 0 rows affected (0.02 sec)
Records: 0  Duplicates: 0  Warnings: 0

[mysql> DESC mymember;
+-------------+------------------+------+-----+---------+----------------+
| Field       | Type             | Null | Key | Default | Extra          |
+-------------+------------------+------+-----+---------+----------------+
| myMemberID  | int(10) unsigned  | NO   | PRI | NULL    | auto_increment |
| userId      | varchar(15)      | NO   |     | NULL    |                |
| name        | varchar(10)      | NO   |     | NULL    |                |
| password    | varchar(30)      | NO   |     | NULL    |                |
| phone       | varchar(13)      | NO   |     | NULL    |                |
| email       | varchar(30)      | NO   |     | NULL    |                |
| birthDay    | char(10)         | NO   |     | NULL    |                |
| gender      | enum('m','w','x')| YES  |     | x       |                |
| natiolity   | varchar(15)      | YES  |     | NULL    |                |
| regTime     | datetime         | NO   |     | NULL    |                |
+-------------+------------------+------+-----+---------+----------------+
10 rows in set (0.01 sec)

mysql> █
```

nationality 필드의 Type이 varchar(15)로 변경되었습니다.

테이블 필드 삭제하기

- **학습 내용** : 테이블의 필드를 삭제하는 방법에 대해 학습합니다.
- **힌트 내용** : ALTER TABLE DROP 명령문을 사용합니다.

어떠한 이유로 필드가 불필요해지는 상황도 발생합니다. 필드를 삭제하기 위해서는 ALTER문에 DROP을 사용합니다.

필드 삭제 방법

ALTER TABLE 테이블명 DROP 삭제할 필드명;

필드를 삭제하는 방법을 학습하기 위해 myMember 테이블에 있는 nationality 필드를 삭제하겠습니다.

nationality 필드를 삭제할 필드로 적용하면 쿼리문은 다음과 같습니다.

ALTER TABLE myMember DROP nationality;

다음은 nationality를 삭제하는 예제입니다.

📁 **[코드 115] 115-alterDrop.php**

```php
1:  <?php
2:      include $_SERVER['DOCUMENT_ROOT'].'/php/108-2-connectDB.php';
3:
4:      $sql = "ALTER TABLE myMember DROP nationality";
5:      $res = $dbConnect->query($sql);
6:
7:      if ( $res ) {
8:          echo "필드 삭제 완료";
9:
10:     } else {
```

```
11:        echo "필드 삭제 실패";
12:    }
13: ?>
```

4 ◆ 필드 nationality를 삭제하는 쿼리문입니다.

5 ◆ 쿼리문을 실행합니다.

7~12 ◆ 쿼리문의 실행 여부를 확인합니다.

결과 ▶▶▶

필드 삭제 완료

DESC 명령문으로 필드 nationality가 삭제되었는지 확인할 수 있습니다.

```
bin — mysql -uroot -px — 78×17
mysql> DESC mymember;
+-------------+-------------------+------+-----+---------+----------------+
| Field       | Type              | Null | Key | Default | Extra          |
+-------------+-------------------+------+-----+---------+----------------+
| myMemberID  | int(10) unsigned  | NO   | PRI | NULL    | auto_increment |
| userId      | varchar(15)       | NO   |     | NULL    |                |
| name        | varchar(10)       | NO   |     | NULL    |                |
| password    | varchar(30)       | NO   |     | NULL    |                |
| phone       | varchar(13)       | NO   |     | NULL    |                |
| email       | varchar(30)       | NO   |     | NULL    |                |
| birthDay    | char(10)          | NO   |     | NULL    |                |
| gender      | enum('m','w','x') | YES  |     | x       |                |
| regTime     | datetime          | NO   |     | NULL    |                |
+-------------+-------------------+------+-----+---------+----------------+
9 rows in set (0.01 sec)

mysql>
```

테이블 삭제하기

• **학습 내용 :** 테이블을 삭제하는 방법에 대해 학습합니다.
• **힌트 내용 :** DROP TABLE 명령문을 사용합니다.

데이터베이스 내에 있는 테이블을 삭제하는 방법에 대해 알아보겠습니다.

테이블 삭제 방법

DROP TABLE 테이블명

myMember 테이블은 학습용으로 사용하므로 삭제할 테이블을 생성한 후 새로 생성한 테이블을 삭제하겠습니다.

생성할 테이블의 쿼리문은 다음과 같습니다.

```
CREATE TABLE test (
myMemberID int(10) unsigned NOT NULL AUTO_INCREMENT,
PRIMARY KEY (myMemberID));
```

다음은 test 테이블을 생성하는 예제입니다. MySQL에 직접 접속하여 앞의 테이블 생성 쿼리문을 실행하여도 무관합니다.

📁 **[코드 116-1] 116-1-createTest.php**

```php
1: <?php
2:     include $_SERVER['DOCUMENT_ROOT'].'/php/108-2-connectDB.php';
3:
4:     $sql = "CREATE TABLE test (";
5:     $sql .= "myMemberID int(10) unsigned NOT NULL AUTO_INCREMENT,";
6:     $sql .= "PRIMARY KEY (myMemberID))";
7:
```

```
 8:      $res = $dbConnect->query($sql);
 9:
10:     if ( $res ) {
11:         echo "테이블 생성 완료";
12:
13:     } else {
14:         echo "테이블 생성 실패";
15:     }
16: ?>
```

결과 ▶

테이블 생성 완료

SHOW TABLES 명령문을 사용하여 테이블의 목록을 확인하면 생성된 것을 확인할 수 있습니다.

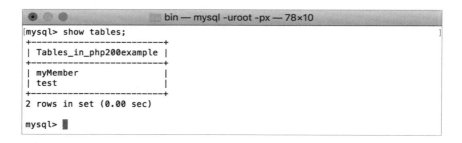

삭제할 테이블을 생성했으므로 테이블을 삭제하겠습니다. test 테이블을 삭제하는 쿼리문은 다음과 같습니다.

```
DROP TABLE test;
```

다음은 test 테이블을 삭제하는 예제입니다.

[코드 116-2] 116-2-dropTb.php

```php
1: <?php
2:     include $_SERVER['DOCUMENT_ROOT'].'/php/108-2-connectDB.php';
3:
4:     $sql = "DROP TABLE test";
5:
6:     $res = $dbConnect->query($sql);
7:
8:     if ( $res ) {
9:         echo "테이블 삭제 완료";
10:
11:     } else {
12:         echo "테이블 삭제 실패";
13:     }
14: ?>
```

test 테이블을 삭제하는 쿼리문입니다.   ◆ 4

쿼리문을 실행합니다.   ◆ 6

결과 ▶▶

테이블 삭제 완료

SHOW TABLES 명령문을 사용하여 테이블의 목록을 확인하면 삭제된 것을 확인할 수 있습니다.

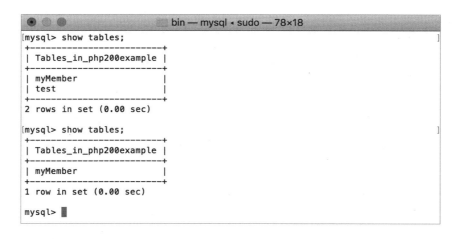

```
● ● ●                    bin — mysql ◂ sudo — 78×18
[mysql> show tables;
+------------------------+
| Tables_in_php200example |
+------------------------+
| myMember               |
| test                   |
+------------------------+
2 rows in set (0.00 sec)

[mysql> show tables;
+------------------------+
| Tables_in_php200example |
+------------------------+
| myMember               |
+------------------------+
1 row in set (0.00 sec)

mysql> █
```

테이블에 데이터 입력하기

- **학습 내용** : 테이블에 데이터를 입력하는 방법에 대해 학습합니다.
- **힌트 내용** : INSERT INTO 명령문을 사용합니다.

myMember 테이블에 직접 데이터를 입력하겠습니다. 데이터를 입력하는 명령문은 INSERT입니다.

테이블에 데이터를 입력하는 방법

```
INSERT INTO 테이블명(입력할 필드명) VALUES(입력할 데이터);
```

입력할 필드명은 데이터를 입력할 때 저장할 정보의 필드명입니다. 이름과 휴대전화번호만 입력한다고 가정하면 그 필드를 입력한 후 values( )에 해당 데이터를 입력해야 합니다.

테이블에 데이터를 입력하는 방법(값 적용)

```
INSERT INTO myMember (name, phone) VALUES('이름', '010-1234-5678');
```

입력할 필드와 VALUES 값의 순서는 일치해야 합니다. name 필드가 있고 그 다음에 phone 필드를 명시했다면, VALUES에서 순서에 맞춰 첫 번째에 이름을 입력하고 두 번째에 휴대전화번호를 입력해야 합니다.

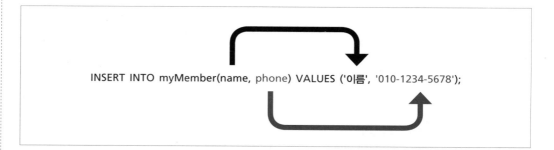

```
INSERT INTO myMember(name, phone) VALUES ('이름', '010-1234-5678');
```

다음은 입력할 데이터의 정보입니다.

입력할 데이터 정보

아이디: everdevel
이름: 김태영
패스워드: mm281118
휴대전화번호: 010-1234-5678
이메일: everdevel@everdevel.com
생일: 1986-04-04
성별: 남성

앞의 데이터를 myMember 테이블에 입력하려면 쿼리문은 다음과 같이 만들어집니다.

```
INSERT INTO myMember(userId, name, password, phone, email, birthDay, gender, regTime)
VALUES('everdevelHost', '김태영', 'mm281118', '010-1234-5678', 'everdevel@everdevel.
com', '1986-04-04', 'm', now( ));
```

앞의 쿼리문에서 명시한 필드 중에 myMemberID는 없습니다. 그 이유는 auto_ increment가 설정되어 스스로 값을 1씩 늘려서 입력하기 때문입니다. regTime은 마지막 필드에 명시되어 있으며 그 값으로 now( )가 사용되었습니다. now( )는 MySQL에서 현재 시간을 뜻합니다.

다음은 앞의 쿼리문을 활용하여 데이터를 입력하는 예제입니다.

📁 **[코드 117] 117-1-insert.php**

```php
1: <?php
2:     include $_SERVER['DOCUMENT_ROOT'].'/php/108-2-connectDB.php';
3:
4:     $sql = "INSERT INTO myMember(";
5:     $sql .= "userId, name, password,";
6:     $sql .= "phone, email, birthDay, gender, regTime)";
7:     $sql .= "VALUES('everdevelHost', '김태영', 'mm281118',";
8:     $sql .= "'010-1234-5678', 'everdevel@everdevel.com',";
9:     $sql .= "'1986-04-04', 'm', now( ));";
10:
11:     $res = $dbConnect->query($sql);
12:
13:     if ( $res ) {
```

```
14:        echo "데이터 입력 완료";
15:
16:    } else {
17:        echo "데이터 입력 실패";
18:    }
19: ?>
```

4~9 ◆ myMember 테이블에 데이터를 입력하는 쿼리문입니다. 본서의 공간에 의해 줄바꿈 현상이 일어나므로 변수 sql에 연결 연산자를 사용하여 여러 라인을 사용하여 대입했습니다. 이 쿼리문을 한 줄로 입력해도 작동에 이상이 없습니다.

11 ◆ 쿼리문을 실행합니다.

데이터 입력 완료

데이터가 입력됨을 알 수 있습니다. 더 많은 데이터를 입력하겠습니다.
다음은 다수의 데이터를 입력하는 예제입니다.

📁 **[코드 117-2] 117-2-insertMoreMember.php**

```
1: <?php
2:    include $_SERVER['DOCUMENT_ROOT'].'/php/108-2-connectDB.php';
3:
4:    $sql = "INSERT INTO myMember(userId, name, password, ";
5:    $sql .= "phone, email, birthDay, gender, regTime) VALUES ";
6:
7:    $member = array( );
8:
9:    $member[0] = "('miu', '김미우', 'miupw', '010-1234-5678',";
10:    $member[0] .= "'miu@everdevel.com','2007-09-02','w', NOW( ))";
11:
12:    $member[1] = "('yuna', '김유나', 'yunapw', '010-1234-5678',";
13:    $member[1] .= "'yuna@everdevel.com','2011-12-05', 'w', NOW( ))";
14:
15:    $member[2] = "('minhoo','김민후','minhoopw','010-1234-5678',";
```

```
16:        $member[2] .= "'minhoo@everdevel.com','2012-12-05', 'm', NOW( ))";
17:
18:        $member[3] = "('haeyun','김해윤','haeyunpw','010-1234-5678',";
19:        $member[3] .= "'haeyun@everdevel.com','2013-12-05', 'w', NOW( ))";
20:
21:        foreach($member as $m){
22:
23:            $query = $sql.$m;
24:
25:            $res = $dbConnect->query($query);
26:
27:            if($res) {
28:                echo "데이터 입력 성공<br>";
29:            } else{
30:                echo "데이터 입력 실패<br>";
31:            }
32:
33:        }
34:  ?>
```

데이터를 입력하는 쿼리문 중 INSERT INTO myMember(userId, name, password, phone, email, birthDay, gender, regTime) VALUES를 변수에 대입합니다. 이 값은 여러명의 데이터를 입력할 때 공통적으로 사용합니다. ◆ 4, 5

각자 다른 사람의 정보를 쿼리문으로 만들어 배열에 대입합니다. ◆ 7~19

foreach 반복문을 사용해 앞에서 생성한 배열의 쿼리문들을 순차적으로 실행합니다. ◆ 21

변수 query를 선언하고 값으로 변수 sql의 값과 member 배열의 값을 연결 연산자를 사용해 합쳐서 하나의 완성형 쿼리문으로 만듭니다. ◆ 23

쿼리문을 실행합니다. ◆ 25

 결과 ▶▶▶▶▶▶▶▶▶▶▶▶▶▶▶▶▶▶▶▶▶▶▶▶▶▶▶▶▶▶▶▶▶▶▶▶▶▶▶

데이터 입력 성공
데이터 입력 성공
데이터 입력 성공
데이터 입력 성공

테이블의 데이터 불러오기

- **학습 내용 :** 테이블의 데이터를 불러오는 방법에 대해 학습합니다.
- **힌트 내용 :** SELECT 명령문을 사용합니다.

앞에서 테이블에 데이터를 입력했습니다. 이번에는 테이블에 있는 레코드를 불러오는 방법에 대해 알아보겠습니다. 데이터를 불러오는 MySQL 명령문은 SELECT입니다.

SELECT문 사용 방법

```
SELECT 필드명 FROM 테이블명;
```

SELECT를 입력한 후 불러올 필드명을 입력합니다. 그런 다음 FROM을 입력하고 테이블명을 입력합니다. select는 '선택한다'는 뜻이고, from은 '~으로부터'라는 뜻이므로 '무엇으로부터 어떤 필드를 선택 한다'라고 이해하면 쉬울 것 같습니다.

myMember 테이블의 이름과 아이디 정보를 불러온다고 가정하면 다음과 같은 쿼리문을 만들어야 합니다.

```
SELECT name, userId FROM myMember;
```

모든 필드를 선택한다면 필드명 입력 부분에 [*]을 입력합니다.

```
SELECT * FROM myMember
```

앞의 쿼리문만으로 phpMyAdmin 또는 터미널에서 MySQL에 접속하여 이용하면 데이터를 불러올 수 있지만 PHP와 연동하여 테이블의 데이터를 웹페이지에 출력하기 위해서는 fetch_array( ) 메소드를 사용합니다.

다음은 myMember 테이블의 데이터를 가져오는 예제입니다.

📁 **[코드 118-1] 118-1-selectNum.php**

```php
1: <?php
2:     include $_SERVER['DOCUMENT_ROOT'].'/php/108-2-connectDB.php';
3:
4:     $sql = "SELECT name, userId FROM myMember";
5:     $result = $dbConnect->query($sql);
6:
7:     $dataCount = $result->num_rows;
8:
9:     for($i = 0; $i < $dataCount; $i++){
10:         $memberInfo = $result->fetch_array(MYSQLI_NUM);
11:         echo "이름 : ".$memberInfo[0];
12:         echo "<br>";
13:         echo "아이디 : ".$memberInfo[1];
14:         echo "<hr>";
15:     }
16: ?>
```

mymember 테이블의 레코드를 불러오는 쿼리문입니다. ◆ 4

num_rows를 사용하면 불러온 레코드의 수를 반환합니다. 그 수를 변수 dataCount에 대입합니다. ◆ 5

데이터가 여러 개이므로 반복문을 사용하여 데이터를 출력합니다. ◆ 9

📍 **결과** ▶▶▶▶▶▶▶▶▶▶▶▶▶▶▶▶▶▶▶▶▶▶▶▶▶▶▶▶▶▶▶▶▶▶▶▶▶▶▶

이름 : 김태영
아이디 : everdevelHost
───────────────────────────────
이름 : 김미우
아이디 : miu
───────────────────────────────
이름 : 김유나
아이디 : yuna
───────────────────────────────
이름 : 김민후
아이디 : minhoo

이름 : 김해윤
아이디 : haeyun

[코드 118-1]은 인덱스를 숫자로 지정하여 데이터를 출력했습니다. 이번에는 필드명으로 하여 가져오겠습니다.

📁 **[코드 118-2] 118-2-selectAssoc.php**

```php
1: <?php
2:     include $_SERVER['DOCUMENT_ROOT'].'/php/108-2-connectDB.php';
3:
4:     $sql = "SELECT name, userId FROM myMember";
5:     $result = $dbConnect->query($sql); //쿼리 송신
6:
7:     $dataCount = $result->num_rows;
8:
9:     for($i = 0; $i < $dataCount; $i++){
10:         $memberInfo = $result->fetch_array(MYSQLI_ASSOC);
11:         echo "이름 : ".$memberInfo['name'];
12:         echo "<br>";
13:         echo "아이디 : ".$memberInfo['userId'];
14:         echo "<hr>";
15:     }
16: ?>
```

10 ◆ fetch_array( ) 메소드의 아규먼트로 MYSQLI_ASSOC를 사용했습니다. MYSQLI_ASSOC를 사용하면 인덱스는 테이블의 필드명이 사용됩니다.

11, 13 ◆ 인덱스를 테이블의 필드명으로 사용하여 데이터를 선택합니다.

 결과 ▶▶

이름 : 김태영
아이디 : everdevelHost

이름 : 김미우
아이디 : miu

이름 : 김유나
아이디 : yuna

이름 : 김민후
아이디 : minhoo

이름 : 김해윤
아이디 : haeyun

다음은 인덱스를 숫자도, 문자도 사용할 수 있는 MYSQLI_BOTH를 사용한 예제입니다.

📁 **[코드 118-3] 118-3-selectBoth.php**

```php
 1: <?php
 2:     include $_SERVER['DOCUMENT_ROOT'].'/php/108-2-connectDB.php';
 3:
 4:     $sql = "SELECT name, userId FROM myMember";
 5:     $result = $dbConnect->query($sql);
 6:
 7:     $dataCount = $result->num_rows;
 8:
 9:     for($i = 0; $i < $dataCount; $i++){
10:         $memberInfo = $result->fetch_array(MYSQLI_BOTH);
11:         echo "이름 : ".$memberInfo[0];
12:         echo "<br>";
13:         echo "아이디 : ".$memberInfo['userId'];
14:         echo "<hr>";
15:     }
16: ?>
```

fetch_array( ) 메소드의 아규먼트로 MYSQLI_BOTH를 사용했습니다. MYSQLI_BOTH를 사용하   ◆ 10
면 인덱스로 테이블의 필드명을 제공하고 숫자로도 제공합니다.

인덱스를 숫자로 사용하여 데이터를 선택합니다.   ◆ 11

13 ◆ 인덱스를 테이블의 필드명으로 사용하여 데이터를 선택합니다.

결과 ▶▶▶

이름 : 김태영
아이디 : everdevelHost

이름 : 김미우
아이디 : miu

이름 : 김유나
아이디 : yuna

이름 : 김민후
아이디 : minhoo

이름 : 김해윤
아이디 : haeyun

특정 조건의 데이터 불러오기

- **학습 내용 :** 특정 데이터를 불러오는 방법에 대해 학습합니다.
- **힌트 내용 :** WHERE 명령문을 사용합니다.

데이터를 불러올 때 특정한 조건을 적용하여 적합한 데이터만 불러올 수 있습니다. 쿼리문에 WHERE 문을 사용하여 조건을 적용합니다.

MySQL 조건식

기호	뜻
=	같다
!=	같지 않다
〈〉	
〉=	크거나 같다
〈=	작거나 같다
〉	크다
〈	작다

WHERE 사용 방법

SELECT 필드 FROM 테이블명 WHERE 필드명 조건기호 값;

myMember 테이블에서 고객번호가 1번인 데이터를 가져온다면 쿼리문은 다음과 같습니다.

SELECT * FROM myMember WHERE myMemberID = 1

고객번호가 1번이 아닌 고객의 정보를 불러온다면 다음과 같습니다.

```
SELECT * FROM myMember WHERE myMemberID != 1
```

또는

```
SELECT * FROM myMember WHERE myMemberID < > 1
```

다음은 고객번호가 2번인 회원의 데이터를 출력하는 예제입니다.

📁 **[코드 119-1] 119-1-selectWhereEqual.php**

```php
1: <?php
2:     include $_SERVER['DOCUMENT_ROOT'].'/php/108-2-connectDB.php';
3:
4:     $sql = "SELECT name, userId FROM myMember WHERE myMemberID = 2";
5:     $result = $dbConnect->query($sql); //쿼리 송신
6:
7:     $memberInfo = $result->fetch_array(MYSQLI_ASSOC);
8:     echo "이름 : ".$memberInfo['name'];
9:     echo "<br>";
10:    echo "아이디 : ".$memberInfo['userId'];
11: ?>
```

4 ◆ 필드 myMemberID의 값이 2인 데이터의 name 필드와, userId 필드를 불러오는 쿼리문입니다.

7 ◆ fetch_array( ) 메소드를 사용해 데이터를 불러옵니다.

8, 10 ◆ 데이터를 출력합니다.

여러 개의 데이터를 불러온다면 반복문을 사용하지만 myMemberID는 고유의 값을 갖는 필드로 값이 1개임을 알 수 있으므로 반복문을 사용하지 않고 데이터를 출력합니다.

결과 ▶▶▶▶▶▶▶▶▶▶▶▶▶▶▶▶▶▶▶▶▶▶▶▶▶▶▶▶▶▶▶▶▶▶▶▶▶▶

이름 : 김미우
아이디 : miu

이러한 방법으로 자신이 원하는 정보에 맞는 데이터를 가져올 수 있습니다. WHERE문을 사용할 때 일부 텍스트가 일치하는 조건을 찾을 수도 있습니다. 이러한 조건에서는 LIKE문을 이용합니다. 이메일에 everdevel이라는 텍스트가 있고, 앞뒤에 어떠한 텍스트가 있는 경우 텍스트의 앞뒤로 %를 붙여줍니다.

```
SELECT * FROM myMember WHERE email LIKE '%everdevel%';
```

이메일에 everdevel이라는 텍스트가 있고 그 텍스트 앞에 아무것도 없는 데이터를 찾는다면 앞에는 %를 붙이지 않고 뒤에만 붙여줍니다.

```
SELECT * FROM myMember WHERE email LIKE 'everdevel%';
```

이메일에 everdevel이라는 텍스트가 있고 그 텍스트 앞에 어떠한 텍스트가 있고, 뒤에는 아무것도 없는 데이터를 찾는다면 앞에만 %를 붙여줍니다.

```
SELECT * FROM myMember WHERE email LIKE '%everdevel;
```

다음은 LIKE문을 사용하여 userId 필드의 값이 m으로 시작하는 데이터를 출력하는 예제입니다.

📁 **[코드 119-2] 119-2-selectWhereLike.php**

```
1:  <?php
2:      include $_SERVER['DOCUMENT_ROOT'].'/php/108-2-connectDB.php';
3:
4:      $sql = "SELECT name, userId FROM myMember WHERE userId LIKE 'm%'";
5:      $result = $dbConnect->query($sql); //쿼리 송신
6:
7:      $dataCount = $result->num_rows;
8:
9:      for($i = 0; $i < $dataCount; $i++){
10:         $memberInfo = $result->fetch_array(MYSQLI_ASSOC);
11:         echo "이름 : ".$memberInfo['name'];
12:         echo "<br>";
13:         echo "아이디 : ".$memberInfo['userId'];
14:         echo "<hr>";
```

```
15:    }
16: ?>
```

4 ◆ userId 필드의 값이 m으로 시작하는 레코드를 찾는 쿼리문입니다.

5 ◆ 쿼리문을 실행합니다.

7 ◆ num_rows를 사용하여 데이터의 수를 파악합니다.

9 ◆ for 반복문을 사용하여 데이터의 수만큼 명령문을 실행합니다.

10 ◆ fetch_array( ) 메소드에서 데이터를 반환합니다.

결과

이름 : 김미우
아이디 : miu

이름 : 김민후
아이디 : minhoo

데이터 정렬하기

- **학습 내용** : 데이터를 정렬하는 방법에 대해 학습합니다.
- **힌트 내용** : ORDER BY 명령문을 사용합니다.

결과물의 값이 큰 값에서 작은 값으로 정렬되어 표시되거나, 작은 값에서 큰 값으로 정렬되어 표시된다면, 더욱 편하게 결과물을 볼 수 있습니다.

값을 크기에 맞게 정렬하려면 ORDER BY를 사용해야 합니다. 옵션에는 DESC와 ASC가 있으며, DESC는 큰 값에서 작은 값 순(내림차순)으로 표시하며, ASC는 작은 값에서 큰 값 순(오름차순)으로 표시합니다.

ORDER BY문 사용 방법

```
SELECT 필드명 FROM 테이블명 ORDER BY 정렬 기준이 될 필드명 DESC 또는 ASC
```

myMember 테이블의 데이터 이름을 기준으로 ㄱㄴㄷ순으로 불러온다면 쿼리문은 다음과 같습니다.

```
SELECT * FROM myMember ORDER BY name ASC;
```

역순으로 불러온다면 ASC 대신 DESC를 사용합니다.

```
SELECT * FROM myMember ORDER BY name DESC;
```

다음은 ORDER BY문을 활용한 예제입니다.

📁 [코드 120] 120-order.php

```php
1:  <?php
2:      include $_SERVER['DOCUMENT_ROOT'].'/php/108-2-connectDB.php';
3:
```

```
 4:     $sql = "SELECT name FROM myMember ORDER BY name DESC";
 5:     $result = $dbConnect->query($sql);
 6:
 7:     $dataCount = $result->num_rows;
 8:
 9:     for($i = 0; $i < $dataCount; $i++){
10:         $memberInfo = $result->fetch_array(MYSQLI_ASSOC);
11:         echo "이름 : ".$memberInfo['name'];
12:         echo "<br>";
13:     }
14: ?>
```

4 ◆ ORDER BY를 사용해 데이터를 정렬(내림차순)하는 쿼리문입니다.

5 ◆ 쿼리문을 실행합니다.

7 ◆ 데이터의 수를 변수 dataCount에 대입합니다.

9 ◆ 데이터의 수만큼 for문을 사용하여 데이터를 출력합니다.

결과

```
이름 : 김해윤
이름 : 김태영
이름 : 김유나
이름 : 김민후
이름 : 김미우
```

불러올 레코드 수 지정하기

활용

121

• **학습 내용** : 데이터베이스에서 데이터를 불러오는 수를 지정하는 방법에 대해 학습합니다.
• **힌트 내용** : LIMIT 명령문을 사용합니다.

인스타그램이나 페이스북 등의 서비스를 이용하면 모든 데이터를 한꺼번에 보여주지 않습니다. 이 많은 게시물을 동시 접속자에게 모두 보여주게 되면 서비스에 엄청난 부하가 발생합니다. 그래서 첫 페이지에 몇 개의 게시물을 보여주고 [다음] 버튼을 클릭하거나 스크롤을 내리면 그 다음의 게시물을 출력하는 방식으로 시스템을 설계합니다.

이는 사용자에게 한꺼번에 많은 자료를 보여주어 혼란을 겪지 않게 하는 효과도 있으며, 한꺼번에 많은 데이터를 불러오지 않음으로써 서비스를 원활하게 운영하기 위한 효과도 있습니다. 이러한 서비스를 만들기 위해 테이블에서 레코드를 불러올 때 불러오는 수를 조절하는 방법은 LIMIT를 사용하는 것입니다.

LIMIT 사용 방법

```
SELECT 필드명 FROM 테이블명 LIMIT 불러올 수
```

쿼리문의 마지막에 LIMIT를 적은 후 불러올 수를 적습니다. myMember 테이블에서 3개의 레코드를 불러온다면 다음과 같은 쿼리문을 실행해야 합니다.

```
SELECT * FROM myMember LIMIT 3;
```

다음은 LIMIT 문을 사용한 예제입니다.

```php
1: <?php
2:     include $_SERVER['DOCUMENT_ROOT'].'/php/108-2-connectDB.php';
3:
4:     $sql = "SELECT name FROM myMember LIMIT 3;";
5:     $result = $dbConnect->query($sql); //쿼리 송신
6:
7:     $dataCount = $result->num_rows;
8:     echo "데이터 수 : {$dataCount} <br>";
9:
10:    for($i = 0; $i < $dataCount; $i++){
11:        $memberInfo = $result->fetch_array(MYSQLI_ASSOC);
12:        echo "이름 : ".$memberInfo['name'];
13:        echo "<br>";
14:    }
15: ?>
```

4 ◆ LIMIT을 사용하여 데이터를 3개만 불러오는 쿼리문입니다.

8 ◆ 데이터수가 3개인지 확인하기 위해 데이터수를 출력합니다.

10 ◆ 불러온 데이터를 출력합니다.

결과

```
데이터 수 : 3
이름 : 김태영
이름 : 김미우
이름 : 김유나
```

여러 커뮤니티 사이트의 게시판 페이지를 살펴보면 처음에 20개의 게시물을 출력하고 [다음] 버튼을 누르면 그 다음 순번 20개의 게시물을 보여준다는 것을 알 수 있습니다.

이를 구현하려면 LIMIT에 2개의 값을 적용해야 합니다. LIMIT에 값을 하나만 사용하면 그 값은 개수로 사용되지만, 값을 2개 사용하면 첫 번째 값은 그 다음 불러올 레코드의 순번이며, 이 순번은 1부터 수를 세지 않고 0부터 셉니다. 두 번째 값은 불러올 수를 의미합니다.

LIMIT에 값 2개를 적용하는 방법

SELECT 필드명 FROM 테이블명 LIMIT 불러올 레코드 순번, 불러올 개수

한 페이지당 2명의 학생을 보여주고, 그 다음 페이지에서 다음 순번의 2명의 학생을 출력하는 웹페이지를 만들 때의 쿼리문은 다음과 같이 작동합니다.

페이지	쿼리문
1	SELECT * FROM myMember LIMIT 2;
2	SELECT * FROM myMember LIMIT 2, 2;
3	SELECT * FROM myMember LIMIT 4, 2;

LIMIT의 첫 번째 값에 불러올 순번을 적고, 두 번째 값에 불러올 개수를 적습니다.

다음은 LIMIT문에 값을 2개 사용한 예제입니다.

📁 **[코드 121-2] 121-2-limitTwo.php**

```php
1:  <?php
2:      include $_SERVER['DOCUMENT_ROOT'].'/php/108-2-connectDB.php';
3:
4:      $sql = "SELECT * FROM myMember LIMIT 2, 3";
5:      $result = $dbConnect->query($sql); //쿼리 송신
6:
7:      $dataCount = $result->num_rows;
8:
9:      for($i = 0; $i < $dataCount; $i++){
10:         $memberInfo = $result->fetch_array(MYSQLI_ASSOC);
11:         echo "이름 : ".$memberInfo['name'];
12:         echo "<br>";
13:     }
14:  ?>
```

LIMIT문을 사용한 두 번째 데이터에서 3개의 데이터를 불러오는 쿼리문입니다.

◆ 4

데이터를 출력합니다.

◆ 9

이름 : 김유나
이름 : 김민후
이름 : 김해윤

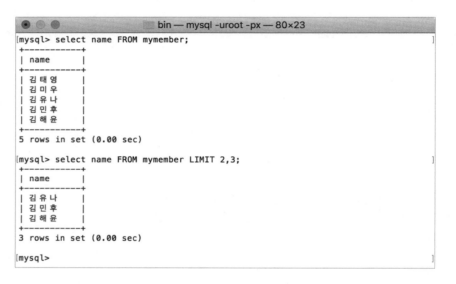

위 그림에서 첫 번째 결과물은 데이터를 모두 표시한 데이터이며 두 번째 결과물은 [코드 121-2]에서 사용한 쿼리문을 사용한 결과물입니다. 순번은 0부터 시작하므로 2부터 시작하여 3개의 데이터를 출력합니다.

데이터의 값 변경하기

활용
122

• **학습 내용 :** 레코드의 값을 변경하는 방법에 대해 학습합니다.
• **힌트 내용 :** UPDATE 명령문을 사용합니다.

데이터베이스에 입력한 데이터를 수정하는 일은 매우 자주 발생합니다. 게임을 예로 들면 경험치를 충족하여 다음 레벨로 데이터를 변경하거나 회원이 개명하여 회원명을 변경하길 원할 때가 그렇습니다.

UPDATE문 사용 방법

UPDATE 테이블명 SET 필드명 값 조건

UPDATE문을 사용할 때는 조심해야 합니다. 조건문을 사용하지 않으면 테이블의 모든 레코드가 동일하게 변경되기 때문입니다.

다음은 myMemberID가 4번인 고객의 휴대전화번호를 0으로 변경하는 예제입니다.

📁 **[코드 122-1] 122-1-update.php**

```php
1: <?php
2:    include $_SERVER['DOCUMENT_ROOT'].'/php/108-2-connectDB.php';
3:
4:    $sql = "UPDATE myMember SET phone = 0 WHERE myMemberID = 4";
5:    $result = $dbConnect->query($sql);
6:
7:    if ( $result ) {
8:        echo "변경 성공";
9:        echo "<br>";
10:       $sql = "SELECT phone FROM myMember WHERE myMemberID = 4";
11:       $result = $dbConnect->query($sql); //쿼리 송신
12:
13:       $memberInfo = $result->fetch_array(MYSQLI_ASSOC);
```

```
14:        echo "회원번호 4의 휴대폰번호는 ".$memberInfo['phone'];
15:    } else {
16:        echo "변경 실패";
17:    }
18: ?>
```

4 ◆ 레코드 myMemberID의 값이 4인 회원의 phone 필드의 값을 0으로 변경하는 쿼리문입니다.

7 ◆ 쿼리문 실행에 성공한 경우 8라인부터 14라인을 실행합니다.

10 ◆ 변경된 데이터를 확인하기 위해 myMemberID의 값이 4인 회원의 phone 필드의 데이터를 불러오는 쿼리문입니다.

14 ◆ 데이터를 출력합니다.

변경 성공
회원번호 4의 휴대폰번호는 0

UPDATE문을 사용하여 한 번에 여러 필드의 값을 변경할 수 있습니다. 4번 회원의 휴대전화번호를 원래의 값으로 변경하고, 아이디를 minhoo에서 minhu로 변경하겠습니다.

쿼리문은 다음과 같습니다.

```
UPDATE myMember SET phone = '010-1234-5678', userId = 'minhu' WHERE myMemberID = 4;
```

필드에 값을 대입한 후 ',' 로 구분하여 변경할 필드를 적고 값을 대입합니다.

다음은 앞의 쿼리문을 활용한 예제입니다.

[코드 122-2] 122-2-updateSetTwo.php

```php
1:  <?php
2:      include $_SERVER['DOCUMENT_ROOT'].'/php/108-2-connectDB.php';
3:
4:      $sql = "UPDATE myMember SET phone = '010-1234-5678',";
5:      $sql .= " userId = 'minhu' WHERE myMemberID = 4;";
6:
7:      $result = $dbConnect->query($sql);
8:
9:      if ( $result ) {
10:         echo "변경 성공";
11:         echo "<br>";
12:         $sql = "SELECT userId,phone FROM myMember WHERE myMemberID = 4";
13:         $result = $dbConnect->query($sql); //쿼리 송신
14:
15:         $memberInfo = $result->fetch_array(MYSQLI_ASSOC);
16:         echo "회원번호 4의 휴대폰번호는 ".$memberInfo['phone'];
17:         echo "<br>";
18:         echo "회원번호 4의 변경된 ID는 ".$memberInfo['userId'];
19:     } else {
20:         echo "변경 실패";
21:     }
22: ?>
```

필드 myMemberID의 값이 4인 레코드의 phone 필드와 userId 필드의 레코드를 변경하는 쿼리문입니다. ◆ 4, 5

쿼리문 실행에 성공한 경우 10라인부터 18라인을 실행합니다. ◆ 9

변경된 데이터를 확인하기 위해 SELECT문을 사용하여 데이터를 불러옵니다. ◆ 12

◉ 결과 ▶▶

변경 성공
회원번호 4의 휴대폰번호는 010-1234-5678
회원번호 4의 변경된 ID는 minhu

기존 입력된 값을 기준으로 값을 더하는 방법도 있습니다. 이것을 테스트하기 위해 모든 회원의 휴대전화번호를 0으로 변경합니다. 모든 회원의 값을 변경하므로 조건문인 WHERE문을 사용하지 않습니다.

📁 **[코드 122-3] 122-3-updateAllZero.php**

```php
1: <?php
2:     include $_SERVER['DOCUMENT_ROOT'].'/php/108-2-connectDB.php';
3:
4:     $sql = "UPDATE myMember SET phone = 0;";
5:     $result = $dbConnect->query($sql);
6:
7:     if ( $result ) {
8:         echo "변경 성공";
9:         echo "<br>";
10:        $sql = "SELECT myMemberID,phone FROM myMember";
11:        $result = $dbConnect->query($sql); //쿼리 송신
12:
13:        $dataCount = $result->num_rows;
14:
15:        for($i = 0; $i < $dataCount; $i++){
16:            $memberInfo = $result->fetch_array(MYSQLI_ASSOC);
17:            echo "회원번호 {$memberInfo['myMemberID']}의 ";
18:            echo "휴대폰번호는 ".$memberInfo['phone'];
19:            echo "<br>";
20:        }
21:
22:    } else {
23:        echo "변경 실패";
24:    }
25: ?>
```

4 ◆ myMember 테이블의 phone 필드의 값을 모두 0으로 변경하는 쿼리문입니다.

5 ◆ 쿼리문을 실행합니다.

10 ◆ 변경 후 확인하기 위해 데이터를 불러오는 쿼리문입니다.

변경 성공
회원번호 1의 휴대폰번호는 0
회원번호 2의 휴대폰번호는 0
회원번호 3의 휴대폰번호는 0
회원번호 4의 휴대폰번호는 0
회원번호 5의 휴대폰번호는 0

모든 회원의 휴대전화번호를 0으로 만들었습니다. 다음은 휴대전화번호의 값에 3을 더하는 쿼리문입니다.

```
UPDATE myMember SET phone = phone+3;
```

필드를 지정한 후 대입하는 곳에 필드명을 입력하면 기존의 필드에 있는 값을 출력합니다.

다음은 휴대전화번호의 값에 3을 더하는 예제입니다.

[코드 122-4] 122-4-updateAllPlus.php

```
1: <?php
2:     include $_SERVER['DOCUMENT_ROOT'].'/php/108-2-connectDB.php';
3:
4:     $sql = "UPDATE myMember SET phone = phone+3;";
5:     $result = $dbConnect->query($sql);
6:
7:     if ( $result ) {
8:         echo "변경 성공";
9:         echo "<br>";
10:        $sql = "SELECT myMemberID,phone FROM myMember";
11:        $result = $dbConnect->query($sql); //쿼리 송신
12:
13:        $dataCount = $result->num_rows;
14:
15:        for($i = 0; $i < $dataCount; $i++){
16:            $memberInfo = $result->fetch_array(MYSQLI_ASSOC);
17:            echo "회원번호 {$memberInfo['myMemberID']}의 <br>";
```

```
18:          echo "휴대폰번호는 ".$memberInfo['phone'];
19:          echo "<br>";
20:          echo "<br>";
21:      }
22:
23:    } else {
24:        echo "변경 실패";
25:    }
26: ?>
```

4 ◆ phone 필드의 기존값에 3을 더하는 쿼리문입니다. 기존값은 0이므로 3을 더해 3이 입력됩니다.

10 ◆ 변경된 데이터를 확인하기 위해 데이터를 불러오는 쿼리문입니다.

17, 18 ◆ 불러온 데이터를 출력합니다.

결과

```
변경 성공
회원번호 1의
휴대폰번호는 3

회원번호 2의
휴대폰번호는 3

회원번호 3의
휴대폰번호는 3

회원번호 4의
휴대폰번호는 3

회원번호 5의
휴대폰번호는 3
```

필드를 지정한 후 대입하는 곳에 필드명을 입력하면 기존의 필드에 있는 값을 출력합니다. 그 값에 3을 더한 값이 대입됩니다.

실제로 휴대전화번호가 0이 되거나 3이 되는 일은 없지만, 기존의 필드값을 필드에 대입할 수 있다는 것을 알아보았습니다. 다시 모든 회원의 휴대전화번호를 '010-1234-5678'로 변경하겠습니다. 사용하는 쿼리문은 다음과 같습니다.

```
UPDATE myMember SET phone = '010-1234-5678';
```

📁 **[코드 122-5] 122-5-updateAll.php**

```php
 1: <?php
 2:     include $_SERVER['DOCUMENT_ROOT'].'/php/108-2-connectDB.php';
 3:
 4:     $sql = "UPDATE myMember SET phone = '010-1234-5678';";
 5:     $result = $dbConnect->query($sql);
 6:
 7:     if ( $result ) {
 8:         echo "변경 성공";
 9:         echo "<br>";
10:         $sql = "SELECT myMemberID,phone FROM myMember";
11:         $result = $dbConnect->query($sql); //쿼리 송신
12:
13:         $dataCount = $result->num_rows;
14:
15:         for($i = 0; $i < $dataCount; $i++){
16:             $memberInfo = $result->fetch_array(MYSQLI_ASSOC);
17:             echo "회원번호 {$memberInfo['myMemberID']}의 휴대폰번호는 "
18:                 .$memberInfo['phone'];
19:             echo "<br>";
20:         }
21:     } else {
22:         echo "변경 실패";
23:     }
24: ?>
```

변경 성공
회원번호 1의 휴대폰번호는 010-1234-5678
회원번호 2의 휴대폰번호는 010-1234-5678
회원번호 3의 휴대폰번호는 010-1234-5678
회원번호 4의 휴대폰번호는 010-1234-5678
회원번호 5의 휴대폰번호는 010-1234-5678

데이터 삭제하기

- **학습 내용** : 레코드를 삭제하는 방법에 대해 학습합니다.
- **힌트 내용** : DELETE 명령문을 사용합니다.

레코드 삭제에 대해 알아보겠습니다. 레코드를 삭제하려면 DELETE문을 사용해야 합니다. 운영 중인 서비스의 회원이 탈퇴한 경우 해당하는 고객의 정보는 지워져야 합니다. 이러한 경우 DELETE문을 사용하여 레코드를 삭제할 수 있습니다.

레코드 삭제 방법

DELETE FROM 테이블명 조건

다음은 4번 회원의 레코드를 삭제하는 예제입니다.

DELETE FROM myMember WHERE myMemberId = 4;

다음은 앞의 쿼리문을 활용하여 회원번호 4번의 레코드를 삭제하는 예제입니다.

📁 **[코드 123] 123-delete.php**

```
1:  <?php
2:      include $_SERVER['DOCUMENT_ROOT'].'/php/108-2-connectDB.php';
3:
4:      $sql = "DELETE FROM myMember WHERE myMemberId = 4";
5:      $result = $dbConnect->query($sql);
6:
7:      if ( $result ) {
8:          echo "삭제 성공";
9:          echo "<br>";
10:         $sql = "SELECT myMemberID,phone FROM myMember";
11:         $result = $dbConnect->query($sql); //쿼리 송신
```

```
12:
13:        $dataCount = $result->num_rows;
14:
15:        echo "현재의 회원 <br>";
16:        for($i = 0; $i < $dataCount; $i++){
17:            $memberInfo = $result->fetch_array(MYSQLI_ASSOC);
18:            echo "회원번호 {$memberInfo['myMemberID']}";
19:            echo "<br>";
20:        }
21:
22:    } else {
23:        echo "변경 실패";
24:    }
25: ?>
```

4 ◆ DELETE문을 사용하여 4번 회원의 레코드를 삭제합니다.

7~22 ◆ 현재 mymember 테이블의 레코드를 불러옵니다.

결과

삭제 성공
현재의 회원
회원번호 1
회원번호 2
회원번호 3
회원번호 5

결과를 보면 4번 회원만 없는 것을 알 수 있습니다. DELETE문도 WHERE문 없이 사용하면 테이블의 모든 레코드가 삭제되므로 주의하여 사용해야 합니다.

테이블 초기화하기

- **학습 내용 :** 테이블을 초기화하는 방법에 대해 학습합니다.
- **힌트 내용 :** TRUNCATE 명령문을 사용합니다.

테이블을 초기화하려면 TRUNCATE문을 사용합니다. 테이블의 모든 데이터가 삭제되므로 주의하여 사용해야 합니다. DELETE문을 사용하여 레코드를 삭제하는 것과 다른 점은, DELETE문은 레코드를 지우는 기능만 하므로 사용한 primary key를 다시 배정받을 수 없지만, TRUNCATE문은 테이블을 처음 만든 상태로 만듭니다. 좀 더 쉽게 말하면 현재 mymember 테이블을 DELETE문으로 레코드를 삭제하여 데이터를 새로 입력할 경우 myMemberID가 6부터 시작하지만, TRUNCATE문을 사용하여 레코드를 삭제하면 myMemberID를 1부터 사용 가능합니다.

테이블을 초기화 하는 방법

```
TRUNCATE 테이블명;
```

myMember 테이블을 초기화하는 쿼리문

```
TRUNCATE myMember;
```

다음은 myMember를 초기화하는 예제입니다.

📁 **[코드 124] 124-truncate.php**

```php
1:  <?php
2:      include $_SERVER['DOCUMENT_ROOT'].'/php/108-2-connectDB.php';
3:
4:      $sql = "TRUNCATE mymember";
5:      $res = $dbConnect->query($sql);
6:
7:      if($res){
```

```
 8:        echo "초기화 성공";
 9:     }else{
10:        echo "초기화 실패";
11:     }
12: ?>
```

4 ◆ 테이블을 초기화하는 명령문인 TRUNCATE를 사용하는 명령문입니다.

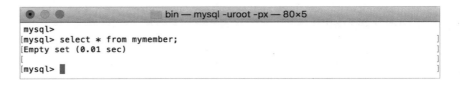

결과 ▶▶▶

초기화 성공

phpMyAdmin이나 터미널에서 mysql에 접속하여 초기화되었는지 확인할 수 있습니다.

```
●  ●  ●                 bin — mysql -uroot -px — 80×5
mysql>
[mysql> select * from mymember;                                          ]
[Empty set (0.01 sec)                                                    ]
[                                                                        ]
[mysql>                                                                  ]
```

mymember 테이블에 데이터가 없으니 앞으로의 학습을 위해 새로 데이터를 입력하겠습니다.
회원 레코드를 입력하는 [예제 117-2]를 재실행하기 위해 웹브라우저에 다음의 주소를 입력합니다.

http://localhost/php/117-2-insertMoreMember.php

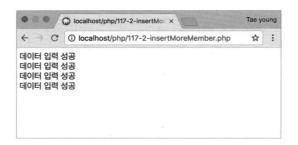

다음의 그림을 보면 데이터가 입력됨을 알 수 있습니다.

```
● ○ ○                          bin — mysql -uroot -px — 130×12
mysql> select * from mymember;
+------------+--------+--------+----------+----------------+---------------------+------------+--------+---------------------+
| myMemberID | userId | name   | password | phone          | email               | birthDay   | gender | regTime             |
+------------+--------+--------+----------+----------------+---------------------+------------+--------+---------------------+
|          1 | miu    | 김 미 우 | miupw    | 010-1234-5678  | miu@everdevel.com   | 2007-09-02 | w      | 2018-05-12 17:06:28 |
|          2 | yuna   | 김 유 나 | yunapw   | 010-1234-5678  | yuna@everdevel.com  | 2011-12-05 | w      | 2018-05-12 17:06:28 |
|          3 | minhoo | 김 민 후 | minhoopw | 010-1234-5678  | minhoo@everdevel.com| 2012-12-05 | m      | 2018-05-12 17:06:28 |
|          4 | haeyun | 김 해 윤 | haeyunpw | 010-1234-5678  | haeyun@everdevel.com| 2013-12-05 | w      | 2018-05-12 17:06:28 |
+------------+--------+--------+----------+----------------+---------------------+------------+--------+---------------------+
4 rows in set (0.00 sec)

mysql> 
```

다수의 조건 사용하기

- **학습 내용 :** WHERE문에서 여러 레코드에 대한 조건을 지정하는 방법에 대해 학습합니다.
- **힌트 내용 :** AND, OR, IN 명령문을 사용합니다.

WHERE문을 사용하여 회원번호가 1번, 2번, 3번인 회원 데이터를 불러온다면 다음과 같은 쿼리문을 사용합니다.

```
WHERE myMemberID = 1 OR myMemberID = 2 OR myMemberID = 3;
```

또는 >=, <= 기호를 사용하여 다음과 같이 사용할 수 있습니다.

```
WHERE myMemberID >= 1 AND myMemberID <= 3;
```

WHERE문을 사용한다면 앞과 같이 작성해야 합니다. 하지만 IN을 사용하면 다음과 같이 매우 간단하게 처리할 수 있습니다.

```
WHERE myMemberID IN (1,2,3)
```

다음은 IN ()을 활용한 예제입니다.

📁 **[코드 125] 125-in.php**

```php
1: <?php
2:     include $_SERVER['DOCUMENT_ROOT'].'/php/108-2-connectDB.php';
3:
4:     $sql = "SELECT myMemberID, name FROM myMember ";
5:     $sql .= " WHERE myMemberID IN (1,2,3)";
6:
7:     $result = $dbConnect->query($sql);
8:
9:     if ( $result ) {
```

```
10:        $dataCount = $result->num_rows;
11:
12:        for($i = 0; $i < $dataCount; $i++){
13:            $memberInfo = $result->fetch_array(MYSQLI_ASSOC);
14:            echo "회원번호 {$memberInfo['myMemberID']}의 이름은 ".$memberInfo['name'];
15:            echo "<br>";
16:        }
17:    } else {
18:        echo "실패";
19:    }
20: ?>
```

WHERE 조건문에서 IN문을 사용하여 myMember의 값이 1,2,3인 값을 불러옵니다.   ◆ 4, 5

쿼리문을 실행합니다.   ◆ 7

for 반복문을 사용해 불러온 데이터를 출력합니다.   ◆ 12

결과 ▶

회원번호 1의 이름은 김미우
회원번호 2의 이름은 김유나
회원번호 3의 이름은 김민후

2개 이상의 테이블 사용하기

• **학습 내용** : 연관있는 2개 이상의 테이블 레코드 정보를 불러오는 방법에 대해 학습합니다.
• **힌트 내용** : JOIN 명령문을 사용합니다.

하나의 웹 서비스를 운영하려면 여러 테이블을 사용합니다. 포털사이트를 이용하기 위해 가입하는 회원 정보를 담는 테이블, 가입한 카페에 대한 테이블, 게시물을 담는 테이블, 게시물의 댓글을 담는 테이블, 구매한 상품 정보를 담는 테이블, 로그인 기록을 담는 테이블, 공지사항을 담는 테이블, 검색어를 담는 테이블 등 수많은 테이블이 존재합니다. 따라서 2개 이상의 테이블을 다루는 방법에 대해 알아야 합니다. 현재는 데이터베이스에 myMember 테이블만 있으므로 어떠한 상품의 리뷰 정보를 담는 테이블을 생성해 보겠습니다.

테이블 정보

테이블 이름 : prodReview

필드 :
리뷰의 고유번호,
리뷰를 작성한 회원번호
리뷰 내용
리뷰 작성 날짜

리뷰 정보를 담는 테이블 정보는 앞의 테이블 정보와 같이 구성합니다. 그럼 이 구성으로 테이블을 생성합니다. 다음은 생성할 prodReview 테이블의 생성 쿼리문입니다.

```
CREATE TABLE prodReview (
prodReviewID int unsigned auto_increment COMMENT '리뷰의 고유번호',
myMemberID int unsigned COMMENT '리뷰를 작성한 회원번호',
content tinytext COMMENT '리뷰 내용',
regTime datetime not null COMMENT '리뷰 작성 날짜',
primary key(prodReviewID))
CHARTSET=utf8 COMMENT='상품 리뷰';
```

prodReviewID 테이블은 리뷰 정보를 담는 테이블입니다. prodReviewID 필드는 리뷰의 고유번호이며, myMemberID 필드는 리뷰를 작성한 회원번호입니다. content 필드에는 리뷰의 내용이 저장되며, regTime 필드에 리뷰 작성 시간을 받습니다.

다음은 prodReview 테이블을 생성하는 예제입니다.

📁 **[코드 126-1] 126-1-join-createTb.php**

```
 1: <?php
 2:     include $_SERVER['DOCUMENT_ROOT'].'/php/108-2-connectDB.php';
 3:
 4:     $sql = "CREATE TABLE prodReview (";
 5:     $sql .= "prodReviewID int unsigned auto_increment COMMENT '리뷰의 고유번호',";
 6:     $sql .= "myMemberID int unsigned COMMENT '리뷰를 작성한 회원번호',";
 7:     $sql .= "content tinytext COMMENT '리뷰 내용',";
 8:     $sql .= "regTime datetime not null COMMENT '리뷰 작성 날짜',";
 9:     $sql .= "PRIMARY KEY(prodReviewID))";
10:     $sql .= "CHARSET=utf8 COMMENT='상품 리뷰';";
11:
12:     $result = $dbConnect->query($sql);
13:
14:     if ( $result ) {
15:         echo "테이블 생성 완료";
16:
17:     } else {
18:         echo "테이블 생성 실패";
19:     }
20: ?>
```

prodReview 테이블을 생성하는 쿼리문입니다.

◆ 4~10

쿼리문을 실행합니다.

◆ 12

 결과 ▶▶

테이블 생성 완료

SHOW TABLES 명령문으로 터미널이나 phpMyAdmin에서 생성한 테이블을 볼 수 있습니다.

```
● ● ●                 📁 bin — mysql -uroot -px — 80×10
[mysql> show tables;
+----------------------+
| Tables_in_php200example |
+----------------------+
| myMember             |
| prodReview           |
+----------------------+
2 rows in set (0.00 sec)

mysql> ▊
```

생성한 prodReview에 데이터를 입력하겠습니다.

📁 [코드 126-2] 126-2-join-insert.php

```php
1: <?php
2:     include $_SERVER['DOCUMENT_ROOT'].'/php/108-2-connectDB.php';
3:
4:     $reviewList = array( );
5:     $reviewList[0] = [1, '초보자에게 좋아요.'];
6:     $reviewList[1] = [2, '정말 초보자에게는 좋은 책이지만 깊이감은 조금 아쉽습니다.'];
7:     $reviewList[2] = [3, '좋습니다.'];
8:     $reviewList[3] = [4, '웹 개발을 처음하는 사람에게 있어 참 친절한 입문서입니다.'];
9:
10:    $cnt = 0;
11:
12:    foreach($reviewList as $rl){
13:        $sql = "INSERT INTO prodReview(myMemberID, content, regTime)";
14:        $sql .= "VALUES({$rl[0]},'{$rl[1]}',NOW( ))";
15:
16:        $result = $dbConnect->query($sql);
17:        $cnt++;
18:
19:        if( $result ) {
20:            echo $cnt.' 데이터 입력 성공'.'<br>';
21:        } else {
22:            echo $cnt.' 데이터 입력 실패'.'<br>';
23:        }
24:    }
25: ?>
```

prodReview 테이블에 입력할 데이터입니다. 배열의 첫 번째 값은 회원번호이며 두 번째 값은 리뷰
내용입니다. ◆ 5~8

반복문이 실행하는 동안 몇 번째 데이터의 입력 성공 여부를 확인하기 위한 카운트입니다. ◆ 10

입력할 데이터가 배열로 존재하므로 foreach( ) 반복문을 사용해 쿼리문을 생성하여 데이터를 입력
합니다. ◆ 12

쿼리문을 생성합니다. ◆ 13

결과 ▶

1 데이터 입력 성공
2 데이터 입력 성공
3 데이터 입력 성공
4 데이터 입력 성공

MySQL에 접속하여 SELECT 문을 활용하여 데이터를 확인할 수 있습니다.

```
                                    bin — mysql -uroot -px — 136×12
mysql> select * from prodReview;
+-------------+------------+------------------------------------------------------------------+---------------------+
| prodReviewID | myMemberID | content                                                          | regTime             |
+-------------+------------+------------------------------------------------------------------+---------------------+
|           1 |          1 | 초보자에게 좋아요                                                  | 2018-05-12 19:17:23 |
|           2 |          2 | 정말 초보자에게는 좋은 책이지만 깊이감은 조금 아쉽습니다.          | 2018-05-12 19:17:23 |
|           3 |          3 | 좋습니다.                                                         | 2018-05-12 19:17:23 |
|           4 |          4 | 웹 개발을 처음하는 사람에게 있어 참 친절한 입문서입니다.           | 2018-05-12 19:17:23 |
+-------------+------------+------------------------------------------------------------------+---------------------+
[4 rows in set (0.00 sec)
mysql>
```

임의로 총 4개의 레코드를 입력했습니다. prodReview 테이블에는 리뷰 작성자의 이름 정보가 없습
니다. 리뷰 내용과 함께 리뷰 작성자를 페이지에 표시하려면 JOIN문을 사용하여 prodReview 테이
블의 리뷰 내용과 myMember 테이블 회원명을 함께 불러옵니다.
JOIN 명령문은 2개 이상의 테이블을 연결해주는 기능을 합니다.

JOIN문 사용하기

> SELECT 필드명 FROM 테이블명 앨리어스 JOIN 연결할 테이블명 앨리어스 ON(두 테이블의 연결고리
> 역할을 할 필드 조건문)

앨리어스라는 것은 테이블명의 별명을 짓는 것을 의미합니다. myMember 테이블을 짧게 m이라고 이름지어도 되고 member라고 이름지어도 됩니다. prodReview를 r이라고 이름지어도 되고 review라고 이름지어도 됩니다. 원하는 이름을 붙일 수 있습니다.

이렇게 앨리어스를 붙여야 하는 이유는 JOIN문을 써야 하는 경우 필드명을 기입할 때 이 필드명이 어디에 있는 필드명인지 명시해야 하기 때문입니다. 즉, myMemberID를 출력할 경우 myMemberID 는 myMember 테이블에도 있고 prodReview 테이블에도 있기 때문에 이를 구분할 수 있어야 합니다.

myMember에 있는 regTime의 경우 고객의 회원가입 시간 정보가 있지만, prodReview에 있는 regTime의 경우 고객이 리뷰를 입력한 시간 정보가 있기 때문에 고객이 리뷰를 입력한 시간을 출력 하려면 prodReview 테이블에 있는 regTime을 불러야 하므로 앨리어스가 필요합니다.

고객명, 리뷰 내용, 리뷰 등록 시간을 불러오는 쿼리문을 그림으로 표현하면 다음과 같습니다.

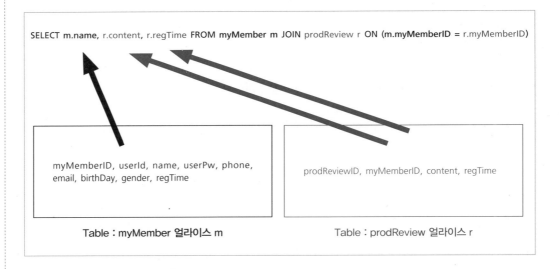

ON은 2개 테이블의 공통값을 갖는 필드를 기입합니다. myMember 테이블의 myMemberID와 proeReview 테이블의 myMemberID는 같은 회원번호를 의미하므로 myMemberID를 기입해야 합니다. 그럼 2개의 테이블을 이용하여 회원의 이름, 회원이 남긴 리뷰, 리뷰를 남긴 시간을 출력하겠습니다.

다음은 JOIN을 사용한 쿼리문입니다. 이 쿼리문으로 예제를 만듭니다.

```
SELECT m.name, r.content, r.regTime FROM myMember m JOIN prodReview r ON
(m.myMemberID = r.myMemberID);
```

다음은 앞의 쿼리문을 활용한 두 테이블의 데이터를 가져오는 예제입니다.

📁 **[코드 126-3] 126-3-join.php**

```php
1:  <?php
2:      include $_SERVER['DOCUMENT_ROOT'].'/php/108-2-connectDB.php';
3:
4:      $sql = "SELECT m.name, r.content, r.regTime FROM myMember m JOIN prodReview r ";
5:      $sql .= "ON (m.myMemberID = r.myMemberID);";
6:
7:      $res = $dbConnect->query($sql);
8:
9:      if($res){
10:         $dataCount = $res->num_rows;
11:
12:         for($i = 0; $i < $dataCount; $i++){
13:             $reviewInfo = $res->fetch_array(MYSQLI_ASSOC);
14:             echo "{$reviewInfo['regTime']} - {$reviewInfo['name']}님, {$reviewInfo['content']}";
15:             echo "<br>";
16:         }
17:     }
18: ?>
```

JOIN문을 사용하여 mymember 테이블의 이름 정보와 prodReivew 테이블의 리뷰 내용과 리뷰 등록 시간을 불러옵니다. 이 두 테이블은 myMemberID 필드의 값으로 연결됩니다. ◆ **4, 5**

쿼리문을 실행합니다. ◆ **7**

데이터의 수를 dataCount에 대입합니다. ◆ **10**

불러온 데이터를 출력합니다. ◆ **12**

 결과 ▶▶▶

2018-05-12 19:17:23 - 김미우님, 초보자에게 좋아요.
2018-05-12 19:17:23 - 김유나님, 정말 초보자에게는 좋은 책이지만 깊이감은 조금 아쉽습니다.
2018-05-12 19:17:23 - 김민후님, 좋습니다.
2018-05-12 19:17:23 - 김해윤님, 웹 개발을 처음하는 사람에게 있어 참 친절한 입문서입니다.

371

활용

127

집계함수

• **학습 내용 :** 최대값, 최소값 등을 확인하는 집계함수에 대해 학습합니다.
• **힌트 내용 :** max, min 명령문 등을 사용합니다.

집계함수는 레코드의 수, 값들의 합계, 평균, 최대값, 최소값을 구하는 함수입니다. 집계함수를 학습하기 위해 학생들의 과목별 성적의 합계, 평균값 등을 구해 보겠습니다.

성적 데이터가 없기 때문에 만들어야 합니다. 학생들의 명단은 myMember 테이블을 사용하며, 성적 데이터를 저장할 테이블을 새로 생성합니다.

테이블 정보

테이블 이름 : schoolRecord

필드 :
학생번호 myMemberID와 값이 일치하게 만듦
클래스(소속 반)
영어 점수
수학 점수
과학 점수
일본어 점수
코딩 점수

schoolRecord 테이블 생성 쿼리문은 다음과 같습니다.

```
CREATE TABLE schoolRecord (
schoolRecordID int(10) unsigned AUTO_INCREMENT COMMENT '학생 번호',
myMemberID int unsigned NOT NULL COMMENT '회원번호',
class tinyint unsigned comment '소속 클래스(반)',
english tinyint unsigned NOT NULL comment '영어 점수',
math tinyint unsigned NOT NULL comment '수학 점수',
science tinyint unsigned NOT NULL comment '과학 점수',
japanese tinyint unsigned NOT NULL comment '일본어 점수',
```

```
coding tinyint unsigned NOT NULL comment '코딩 점수',
PRIMARY KEY (schoolRecordID)
) CHARSET=utf8 comment='성적 정보';
```

다음은 schoolRecord 테이블을 생성하는 예제입니다.

📁 [코드 127-1] 127-1-createTb.php

```php
 1:  <?php
 2:      include $_SERVER['DOCUMENT_ROOT'].'/php/108-2-connectDB.php';
 3:
 4:      $sql = "CREATE TABLE schoolRecord (";
 5:      $sql .= "schoolRecordID int(10) unsigned AUTO_INCREMENT ";
 6:      $sql .= "COMMENT '학생 번호',";
 7:      $sql .= "myMemberID int unsigned NOT NULL COMMENT '회원번호',";
 8:      $sql .= "class tinyint unsigned comment '소속 클래스(반)',";
 9:      $sql .= "english tinyint unsigned NOT NULL COMMENT '영어 점수',";
10:      $sql .= "math tinyint unsigned NOT NULL COMMENT '수학 점수',";
11:      $sql .= "science tinyint unsigned NOT NULL COMMENT '과학 점수',";
12:      $sql .= "japanese tinyint unsigned NOT NULL COMMENT '일본어 점수',";
13:      $sql .= "coding tinyint unsigned NOT NULL COMMENT '코딩 점수',";
14:      $sql .= "PRIMARY KEY (schoolRecordID)";
15:      $sql .= ") CHARSET=utf8 COMMENT='성적 정보';";
16:
17:      $result = $dbConnect->query($sql);
18:
19:      if ( $result ) {
20:          echo "테이블 생성 완료";
21:      } else {
22:          echo "테이블 생성 실패";
23:      }
24: ?>
```

테이블 schoolRecord를 생성하는 쿼리문입니다.

쿼리문을 실행합니다.

◆ 4~15

◆ 17

터미널이나 phpMyAdmin에서 SHOW TABLES 명령문으로 테이블을 확인할 수 있습니다.

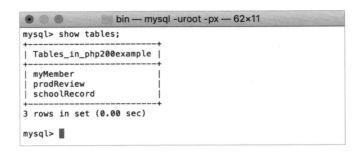

schoolRecord 테이블을 생성했으므로, 학생들의 성적 정보를 입력해야 합니다. 다음은 점수 정보를 schoolRecord 테이블에 입력하는 예제입니다.

📁 [코드 127-2] 127-2-insert.php

```
1:  <?php
2:      include $_SERVER['DOCUMENT_ROOT'].'/php/108-2-connectDB.php';
3:
4:      $score = array( );
5:      $score[0] = [1, 1, 90, 80, 90, 90, 100];
6:      $score[1] = [2, 1, 85, 90, 80, 80, 100];
7:      $score[2] = [3, 2, 100, 90, 70, 70, 100];
8:      $score[3] = [4, 2, 90, 86, 90, 70, 100];
9:
10:     $cnt = 0;
11:
12:     foreach($score as $s){
13:         $sql = "INSERT INTO schoolRecord";
14:         $sql .= "(myMemberID, class, english, math, science, japanese, coding)";
15:         $sql .= "VALUES({$s[0]},{$s[1]},{$s[2]},{$s[3]},{$s[4]},{$s[5]},{$s[6]})";
16:
17:         $result = $dbConnect->query($sql);
18:         $cnt++;
19:
```

```
20:        if( $result ) {
21:            echo $cnt.' 데이터 입력 성공'.'<br>';
22:        } else {
23:            echo $cnt.' 데이터 입력 실패'.'<br>';
24:        }
25:    }
26: ?>
```

schoolRecord에 입력할 데이터입니다. 배열의 첫 번째 값은 myMemberID(회원번호)의 값이며, 다음부터 순차적으로 클래스, 영어, 수학, 과학, 일본어, 코딩의 값입니다.　　　　　　　　　　　　◆ 4~8

입력한 데이터의 실행 결과를 보기 위한 카운터입니다.　　　　　　　　　　　　　　　　　◆ 10

배열로 데이터를 만들어서 foreach( ) 반복문을 사용하여 처리합니다.　　　　　　　　　　　◆ 12

INSERT 쿼리문을 생성합니다. 한 줄로 처리하면 쿼리문이 길어지므로 연결 연산자를 사용하여　◆ 13~15
3개의 라인으로 구성했습니다. 실제로는 한 줄로 처리하여도 무방합니다.

생성한 쿼리문을 실행합니다.　　　　　　　　　　　　　　　　　　　　　　　　　　　　　◆ 17

 결과 ▶▶▶▶▶▶▶▶▶▶▶▶▶▶▶▶▶▶▶▶▶▶▶▶▶▶▶▶▶▶▶▶▶▶▶▶

```
1 데이터 입력 성공
2 데이터 입력 성공
3 데이터 입력 성공
4 데이터 입력 성공
```

```
● ● ●              bin — mysql -uroot -px — 82×12
mysql> select * from schoolRecord;
+-----------+------------+-------+---------+------+---------+----------+--------+
| studentID | myMemberID | class | english | math | science | japanese | coding |
+-----------+------------+-------+---------+------+---------+----------+--------+
|         1 |          1 |     1 |      90 |   80 |      90 |       90 |    100 |
|         2 |          2 |     1 |      85 |   90 |      80 |       80 |    100 |
|         3 |          3 |     2 |     100 |   90 |      70 |       70 |    100 |
|         4 |          4 |     2 |      90 |   86 |      90 |       70 |    100 |
+-----------+------------+-------+---------+------+---------+----------+--------+
4 rows in set (0.00 sec)

[mysql>
```

집계함수를 사용할 데이터를 만들었습니다.

집계함수의 종류

종류	의미
count(필드명)	레코드의 개수를 표시(값이 null인 경우 포함되지 않음)
count(*)	레코드의 개수를 표시(null을 포함)
sum(필드명)	필드의 값의 합계를 표시
avg(필드명)	필드의 값의 평균을 표시
max(필드명)	필드의 값의 최대값을 표시
min(필드명)	필드의 값의 최소값을 표시

다음은 count(필드명)를 활용한 쿼리문입니다.

```
SELECT count(class) FROM schoolRecord;
```

다음은 class 필드를 기준으로하여 count( )를 사용한 후 class 필드의 한 값을 null로 변경하고 다시 count( )를 사용하여 이전과 이후의 차이를 확인하는 예제입니다.

📁 **[코드 127-3] 127-3-count.php**

```
1:  <?php
2:      include $_SERVER['DOCUMENT_ROOT'].'/php/108-2-connectDB.php';
3:
4:      function schoolRecord( ){
5:          global $dbConnect;
6:          $sql = "SELECT count(class) FROM schoolRecord";
7:          $result = $dbConnect->query($sql); //쿼리 송신
8:          $reviewInfo = $result->fetch_array(MYSQLI_ASSOC);
9:          echo 'class 필드를 기준으로 한 레코드 수 : ';
10:         echo $reviewInfo['count(class)'];
11:         echo "<br>";
12:     }
13:
14:     schoolRecord( );
15:
16:     //schoolRecordID가 1인 레코드의 class 필드 값을 NULL로 변경
17:     $sql = "UPDATE schoolRecord SET class = NULL WHERE schoolRecordID = 1";
```

```
18:      $dbConnect->query($sql);
19:
20:      schoolRecord( );
21: ?>
```

count( )를 사용한 쿼리문의 결과를 확인하는 기능을 2회 사용하므로 함수로 생성합니다. ◆ **4**

함수 밖에 있는 변수를 함수 내에서 사용하기 위해 global 키워드를 사용합니다. 이것을 사용하면 ◆ **5**
$dbConnect 변수는 글로벌 변수가 함수 내에서도 함수 밖에서 선언된 변수를 사용할 수 있게 됩니다.

schoolRecord( ) 함수를 호출해 필드 class를 기준으로한 레코드의 수를 불러옵니다. 현재는 null값이 ◆ **14**
없기 때문에 4가 출력됩니다.

schoolRecorID의 값이 1인 레코드의 class 필드의 값을 NULL로 변경하는 쿼리문입니다. ◆ **17**

17라인의 쿼리문을 실행합니다. ◆ **18**

choolRecord( ) 함수를 호출해 필드 class를 기준으로한 레코드의 수를 불러옵니다. 현재는 null값이 ◆ **20**
1개 있기 때문에 3이 출력됩니다.

 결과 ▶▶▶▶▶▶▶▶▶▶▶▶▶▶▶▶▶▶▶▶▶▶▶▶▶▶▶▶▶▶▶▶▶▶▶▶▶▶▶

```
class 필드를 기준으로 한 레코드 수 : 4
class 필드를 기준으로 한 레코드 수 : 3
```

다음은 count(*)를 사용해서 NULL인 데이터의 수도 포함한 결과를 보이는지 확인하는 예제입니다.

📁 **[코드 127-4] 127-4-countAll.php**

```
1: <?php
2:      include $_SERVER['DOCUMENT_ROOT'].'/php/108-2-connectDB.php';
3:
4:      $sql = "SELECT count(*) FROM schoolRecord";
5:      $result = $dbConnect->query($sql); //쿼리 송신
6:      $reviewInfo = $result->fetch_array(MYSQLI_ASSOC);
7:      echo '레코드 수 : '.$reviewInfo['count(*)'];
8: ?>
```

4 count(*)를 사용한 모든 레코드의 수를 가져오는 쿼리문입니다.

레코드 수 : 4

어떤 필드의 값을 모두 합한 값을 보려면 sum 함수( )를 사용합니다. 다음은 sum( ) 함수를 사용하여 영어 점수를 합한 값을 구하는 쿼리문입니다.

```
SELECT sum(english) FROM schoolRecord;
```

다음은 앞의 쿼리문을 사용하여 영어 점수의 합계를 구하는 예제입니다.

[코드 127-5] 127-5-sum.php

```php
1:  <?php
2:      include $_SERVER['DOCUMENT_ROOT'].'/php/108-2-connectDB.php';
3:
4:      $sql = "SELECT sum(english) FROM schoolRecord";
5:      $result = $dbConnect->query($sql); //쿼리 송신
6:      $score = $result->fetch_array(MYSQLI_ASSOC);
7:      echo ' 영어 점수 합계 : '.$score['sum(english)'];
8:  ?>
```

5 english 필드의 값을 모두 합한 결과를 보여주는 쿼리문입니다.

영어 점수 합계 : 365

avg( ) 함수를 사용하면 특정 필드의 평균값을 구할 수 있습니다. 다음은 avg( ) 함수를 사용한 쿼리문입니다.

```
SELECT avg(math) FROM schoolRecord;
```

다음은 앞의 쿼리문을 사용하여 영어 점수의 합계를 구하는 예제입니다.

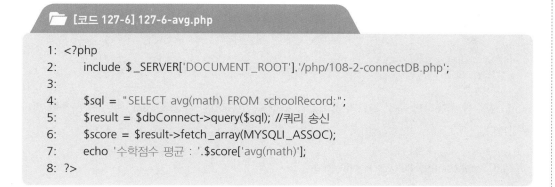

📁 [코드 127-6] 127-6-avg.php

```php
1: <?php
2:     include $_SERVER['DOCUMENT_ROOT'].'/php/108-2-connectDB.php';
3:
4:     $sql = "SELECT avg(math) FROM schoolRecord;";
5:     $result = $dbConnect->query($sql); //쿼리 송신
6:     $score = $result->fetch_array(MYSQLI_ASSOC);
7:     echo '수학점수 평균 : '.$score['avg(math)'];
8: ?>
```

math 필드 값의 평균을 구한 결과를 보여주는 쿼리문입니다.

◆ 4

📍 **결과** ▶▶

수학점수 평균 : 86.5000

max( ) 함수를 사용하면 특정 필드의 최대값을 구할 수 있습니다.

다음은 max( ) 함수를 사용한 쿼리문입니다.

```
SELECT max(japanese) FROM schoolRecord;
```

다음은 앞의 쿼리문을 사용하여 일본어 점수의 최대값을 구하는 예제입니다.

📁 [코드 127-7] 127-7-max.php

```php
1: <?php
2:     include $_SERVER['DOCUMENT_ROOT'].'/php/108-2-connectDB.php';
3:
4:     $sql = "SELECT max(japanese) FROM schoolRecord;";
5:     $result = $dbConnect->query($sql); //쿼리 송신
6:     $score = $result->fetch_array(MYSQLI_ASSOC);
7:     echo '가장 높은 일본어 점수 : '.$score['max(japanese)'];
8: ?>
```

4◆ japanese 필드의 최대값을 구한 결과를 보여주는 쿼리문입니다.

가장 높은 일본어 점수 : 90

min() 함수를 사용하면 특정 필드의 최소값을 구할 수 있습니다. 다음은 min() 함수를 사용한 쿼리문입니다.

```
SELECT min(math) FROM schoolRecord;
```

다음은 앞의 쿼리문을 사용하여 수학점수의 최소값을 구하는 예제입니다.

📁 **[코드 127-8] 127-8-min.php**

```php
1: <?php
2:     include $_SERVER['DOCUMENT_ROOT'].'/php/108-2-connectDB.php';
3:
4:     $sql = "SELECT min(math) FROM schoolRecord;";
5:     $result = $dbConnect->query($sql); //쿼리 송신
6:     $score = $result->fetch_array(MYSQLI_ASSOC);
7:     echo '가장 낮은 수학 점수 : '.$score['min(math)'];
8: ?>
```

4◆ math 필드의 최소값을 구한 결과를 보여주는 쿼리문입니다.

가장 낮은 수학 점수 : 80

그룹별 집계

• **학습 내용** : 그룹별로 집계함수를 사용하는 방법에 대해 학습합니다.
• **힌트 내용** : GROUP BY 명령문 등을 사용합니다.

그룹별 집계는 특정 집단의 수치를 집계함수를 이용하여 값을 표시하는 것입니다. 예를 들어, schoolRecord 테이블에서 반별로 학생들의 영어 평균값을 구할 때에는 GROUP BY를 사용합니다.

GROUP BY 사용 방법

```
SELECT 필드명 FROM 테이블명 GROUP BY 필드명
```

다음은 반별로 학생들의 영어 점수 평균값을 구하는 쿼리문입니다.

```
SELECT class, avg(english) FROM schoolRecord GROUP BY class;
```

다음은 앞의 쿼리문을 사용한 예제입니다. 현재 class 필드의 값에 NULL인 레코드도 있으므로 이를 원래의 값으로 변경 후 그룹집계 쿼리문을 실행합니다.

📁 **[코드 128-1] 128-1-groupBy.php**

```php
1: <?php
2:     include $_SERVER['DOCUMENT_ROOT'].'/php/108-2-connectDB.php';
3:
4:     $sql = "UPDATE schoolRecord SET class = 1 WHERE schoolRecordID = 1";
5:     $dbConnect->query($sql);
6:
7:     $sql = "SELECT class, avg(english) AS avgEng FROM schoolRecord GROUP BY class";
8:     $result = $dbConnect->query($sql); //쿼리 송신
9:
10:     $dataCount = $result->num_rows;
11:
```

```
12:     for($i = 0; $i < $dataCount; $i++){
13:         $memberInfo = $result->fetch_array(MYSQLI_ASSOC);
14:         echo "반 : ".$memberInfo['class'];
15:         echo "<br>";
16:         echo "평균 영어 점수 : ".$memberInfo['avgEng'];
17:         echo "<hr>";
18:     }
19: ?>
```

4 ◆ class 필드의 값이 NULL인 레코드의 값을 1로 변경하는 쿼리문입니다.

7 ◆ GROUP BY 명령어를 사용하여 class 필드를 기준으로 영어 점수의 평균을 반별로 구하는 쿼리문입니다.

반 : 1
평균 영어 점수 : 87.5000

반 : 2
평균 영어 점수 : 95.0000

class를 group by했기 때문에 class의 값별로 영어 점수의 평균을 표시하면, 2반이 가장 영어를 잘한다는 것을 알 수 있습니다. 그럼 각 반별로 일본어 점수의 합계를 구하고 그 값 중에 170 이상인 값을 표시하겠습니다.

다음은 각 반의 일본어점수의 합계를 구하는 쿼리문입니다.

SELECT class, sum(japanese) FROM schoolRecord GROUP BY class;

지금까지 조건을 제시할 때는 WHERE를 사용했는데, GROUP BY를 사용할 때 조건을 제시하려면 WHERE 대신 HAVING을 사용합니다.

다음은 각 반의 일본어 점수의 합계에서 170점 이상인 값을 표시하는 쿼리문입니다.

```
SELECT class, sum(japanese) FROM schoolRecord GROUP BY class HAVING sum(japanese)
>= 170;
```

다음은 앞의 쿼리문을 활용한 예제입니다.

📁 **[코드 128-2] 128-2-having.php**

```php
 1: <?php
 2:     include $_SERVER['DOCUMENT_ROOT'].'/php/108-2-connectDB.php';
 3:
 4:     $sql = "SELECT class, sum(japanese) FROM schoolRecord GROUP BY class ";
 5:     $sql .= "HAVING sum(japanese) >= 170";
 6:     $result = $dbConnect->query($sql); //쿼리 송신
 7:
 8:     $dataCount = $result->num_rows;
 9:
10:     for($i = 0; $i < $dataCount; $i++){
11:         $memberInfo = $result->fetch_array(MYSQLI_ASSOC);
12:         echo "반 : ".$memberInfo['class'];
13:         echo "<br>";
14:         echo "합산 점수 : ".$memberInfo['sum(japanese)'];
15:         echo "<hr>";
16:     }
17: ?>
```

그룹별로 일본어 필드 값의 합계가 170을 넘는 레코드를 출력하는 쿼리문입니다.

◆ 4, 5

📍 **결과** ▶▶

반 : 1
합산 점수 : 170

2개 이상의 테이블 묶어 사용하기

- **학습 내용 :** 2개의 테이블을 하나의 테이블인 것처럼 사용하는 방법에 대해 학습합니다.
- **힌트 내용 :** UNION 명령문 등을 사용합니다.

2개 이상의 테이블을 사용할 때 JOIN을 사용했습니다. JOIN은 일치하는 특정 필드를 기준으로 테이블과 테이블을 연결했습니다.

UNION은 사용하려는 테이블들을 하나의 테이블인 것처럼 사용하게 해주는 기능을 제공합니다. 이해하기 쉽게 테이블을 2개 생성합니다. 하나의 테이블은 2017년에 탈퇴한 회원의 이름과 이메일 정보를 담고 있으며, 또 하나의 테이블은 2018년에 탈퇴한 회원의 이름과 이메일 정보를 담고 있습니다. 어떤 회원은 2017년도에 탈퇴했고, 2018년에 가입한 후 또 탈퇴를 해서 2017년도 테이블과 2018년도 테이블에도 존재합니다. 그리고 2017년도와 2018년도에 탈퇴한 회원에게 다시 이용해달라고 요청하는 이메일을 보내기 위해 데이터를 출력하는 작업을 해야 합니다. 2017년도 탈퇴 회원의 테이블의 이름은 dropOutOld이며, 2018년도 탈퇴 회원의 테이블 이름은 dropOutNew로 하겠습니다.

다음은 dropOutNew 테이블과 dropOutOld 테이블의 생성 쿼리문입니다.

dropOutNew 테이블 생성 쿼리문

```
CREATE TABLE dropOutOld(
dropOutOldID INT UNSIGNED NOT NULL AUTO_INCREMENT,
name VARCHAR(10) NOT NULL,
email VARCHAR(30) NOT NULL,
PRIMARY KEY(dropOutOldID))
CHARSET=utf8 COMMENT '2017년 탈퇴 회원';
```

dropOutOld 테이블 생성 쿼리문

```
CREATE TABLE dropOutNew(
dropOutNewID INT UNSIGNED NOT NULL AUTO_INCREMENT,
```

```
name VARCHAR(10) NOT NULL,
email VARCHAR(30) NOT NULL,
PRIMARY KEY(dropOutNewID))
CHARSET=utf8 COMMENT '2018년 탈퇴 회원';
```

테이블을 생성했으므로 생성한 2개의 테이블에 임의의 데이터를 입력합니다.

다음은 2개의 테이블에 데이터를 입력하는 예제입니다.

📁 **[코드 129-1] 129-1-createTb.php**

```php
 1: <?php
 2:    include $_SERVER['DOCUMENT_ROOT'].'/php/108-2-connectDB.php';
 3:
 4:    $dropOutOld = "CREATE TABLE dropOutOld(";
 5:    $dropOutOld .= "dropOutOldID INT UNSIGNED NOT NULL AUTO_INCREMENT,";
 6:    $dropOutOld .= "name VARCHAR(10) NOT NULL,";
 7:    $dropOutOld .= "email VARCHAR(30) NOT NULL,";
 8:    $dropOutOld .= "PRIMARY KEY(dropOutOldID))";
 9:    $dropOutOld .= "CHARSET=utf8";
10:
11:    $dropOutNew = "CREATE TABLE dropOutNew(";
12:    $dropOutNew .= "dropOutNewID INT UNSIGNED NOT NULL AUTO_INCREMENT,";
13:    $dropOutNew .= "name VARCHAR(10) NOT NULL,";
14:    $dropOutNew .= "email VARCHAR(30) NOT NULL,";
15:    $dropOutNew .= "PRIMARY KEY(dropOutNewID))";
16:    $dropOutNew .= "CHARSET=utf8";
17:
18:    $sqlList = array();
19:
20:    $sqlList['dropOutOld'] = $dropOutOld;
21:    $sqlList['dropOutNew'] = $dropOutNew;
22:
23:    foreach($sqlList as $key => $sl){
24:        $result = $dbConnect->query($sl);
25:
26:        if( $result ) {
27:            echo "{$key} 테이블 생성 완료";
28:        } else {
```

```
29:        echo "{$key} 테이블 생성 실패";
30:      }
31:      echo '<br>';
32:   }
33: ?>
```

4~9 ◆ dropOutOld 테이블을 생성하는 쿼리문을 변수 dropOutOld에 대입합니다.

11~16 ◆ dropOutNew 테이블을 생성하는 쿼리문을 변수 dropOutNew에 대입합니다.

18 ◆ 2개의 테이블 생성문을 대입할 배열 sqlList를 대입합니다.

20 ◆ dropOutOld 테이블 생성 쿼리문은 dropOutOld 인덱스를 사용하여 대입합니다.

21 ◆ dropOutNew 테이블 생성 쿼리문은 dropOutNew 인덱스를 사용하여 대입합니다.

23 ◆ 쿼리 생성문을 배열에 담았으므로 foreach문을 사용해 2개의 테이블을 생성합니다. foreach문의 $key에는 인덱스명이 대입되며, $sl에는 값이 대입됩니다.

결과 ▶▶▶▶▶▶▶▶▶▶▶▶▶▶▶▶▶▶▶▶▶▶▶▶▶▶▶▶▶▶▶▶▶▶▶▶▶▶

dropOutOld 테이블 생성 완료
dropOutNew 테이블 생성 완료

2개의 테이블을 생성했습니다.

dropOutOld 테이블에 레코드 6개, dropOutNew 테이블에 레코드 4개를 넣겠습니다.

📁 **[코드 129-2] 129-2-insert.php**

```php
1: <?php
2:     include $_SERVER['DOCUMENT_ROOT'].'/php/108-2-connectDB.php';
3:
4:     $oldList = array( );
5:     $oldList[0] = ['김태영', 'ever@everdevel.com'];
6:     $oldList[1] = ['김미우', 'miu@everdevel.com'];
7:     $oldList[2] = ['김유나', 'yuna@everdevel.com'];
8:     $oldList[3] = ['김민후', 'minhoo@everdevel.com'];
9:     $oldList[4] = ['김해윤', 'haeyun@everdevel.com'];
10:    $oldList[5] = ['조주흥', 'pika@everdevel.com'];
11:
12:    $newList = array( );
13:    $newList[0] = ['조주흥', 'pika@everdevel.com'];
14:    $newList[1] = ['유우코', 'kobayashiyuko@everdevel.com'];
15:    $newList[3] = ['유리', 'hoshinayuri@everdevel.com'];
16:
17:    $inputList = array( );
18:    $inputList['dropOutOld'] = $oldList;
19:    $inputList['dropOutNew'] = $newList;
20:
21:    $cnt = 0;
22:
23:    foreach($inputList as $key => $il){
24:        foreach($il as $i){
25:            $sql = "INSERT INTO {$key}(name,email) VALUES('{$i[0]}', '{$i[1]}')";
26:            $result = $dbConnect->query($sql);
27:            $cnt++;
28:
29:            if( $result ){
30:                echo $cnt." 데이터 입력 성공";
31:            } else {
32:                echo $cnt." 데이터 입력 실패";
33:            }
34:            echo '<br>';
35:
36:        }
37:    }
38: ?>
```

4~10 ◆ dropOutOld 테이블에 넣을 데이터를 배열로 생성합니다. 배열의 첫 번째 값은 이름이며, 두 번째 값은 이메일입니다.

12~15 ◆ dropOutNew 테이블에 넣을 데이터를 배열로 생성합니다.

17~19 ◆ dropOutOld 테이블에 입력할 데이터와 dropOldNew 테이블에 입력할 데이터를 배열 inputList에 대입합니다.

23 ◆ foreach문을 사용하여 배열 inputList의 수만큼 반복문을 실행합니다.

24 ◆ 배열 inputList의 값을 사용하기 위해 foreach문을 사용합니다. inputList['dropOutOld']와 inputList['dropOutNew']가 가진 데이터 수만큼 작동합니다.

25 ◆ 입력할 데이터를 쿼리문으로 생성합니다.

결과 ▶▶▶

```
1 데이터 입력 성공
2 데이터 입력 성공
3 데이터 입력 성공
4 데이터 입력 성공
5 데이터 입력 성공
6 데이터 입력 성공
7 데이터 입력 성공
8 데이터 입력 성공
9 데이터 입력 성공
```

```
● ● ●                bin — mysql -uroot -px — 64×24
mysql> SELECT * FROM dropOutOld;
+------------+--------+-----------------------+
| dropOutOldID | name   | email                 |
+------------+--------+-----------------------+
|          1 | 김 태 영 | ever@everdevel.com    |
|          2 | 김 미 우 | miu@everdevel.com     |
|          3 | 김 유 나 | yuna@everdevel.com    |
|          4 | 김 민 후 | minhoo@everdevel.com  |
|          5 | 김 해 윤 | haeyun@everdevel.com  |
|          6 | 조 주 흥 | pika@everdevel.com    |
+------------+--------+-----------------------+
6 rows in set (0.00 sec)

mysql> SELECT * FROM dropOutNew;
+------------+--------+----------------------------+
| dropOutNewID | name   | email                      |
+------------+--------+----------------------------+
|          1 | 조 주 흥 | pika@everdevel.com         |
|          2 | 유 우 코 | kobayashiyuko@everdevel.com |
|          3 | 유 리  | hoshinayuri@everdevel.com  |
+------------+--------+----------------------------+
3 rows in set (0.00 sec)

mysql> █
```

두 테이블에 데이터를 입력했습니다. 이제 UNION 명령문에 대해 알아보겠습니다.

UNION 사용 방법

(첫 번째 테이블의 SELECT문) UNION (두 번째 테이블의 SELECT문)

SELECT문을 사용하면 다음과 같습니다.

(SELECT 필드명 FROM dropOutOld) UNION (SELECT 필드명 FROM dropOutNew);

서로 다른 테이블의 SELECT 문을 작성하고 그 사이에 UNION이 위치하도록 합니다. 단, SELECT문에서 불러올 필드명을 기입할 때에는 필드의 수가 같아야 한다는 점에 주의해야 합니다. 첫 번째 테이블에서 필드 3개를 선택하고, 두 번째 테이블에서 필드 3개를 선택하지 않으면 문법 에러가 발생합니다.

다음은 UNION을 사용하여 두 테이블에 있는 데이터를 출력하는 쿼리문입니다.

(SELECT name, email FROM dropOutOld) UNION (SELECT name, email FROM dropOutNew);

다음은 앞의 쿼리문을 활용한 예제입니다.

📁 [코드 129-3] 129-3-union.php

```php
1: <?php
2:     include $_SERVER['DOCUMENT_ROOT'].'/php/108-2-connectDB.php';
3:
4:     $sql = "(SELECT name, email FROM dropOutOld)";
5:     $sql .= " UNION "; //UNION의 앞뒤에 공백이 있습니다.
6:     $sql .= "(SELECT name, email FROM dropOutNew)";
7:
8:     $result = $dbConnect->query($sql); //쿼리 송신
9:
10:    $dataCount = $result->num_rows;
11:
12:    for($i = 0; $i < $dataCount; $i++){
13:        $memberInfo = $result->fetch_array(MYSQLI_ASSOC);
14:        echo "이름 : ".$memberInfo['name'];
15:        echo "<br>";
16:        echo "이메일 : ".$memberInfo['email'];
17:        echo "<hr>";
18:    }
19: ?>
```

4◆ UNION을 사용한 쿼리문입니다. UNION 앞뒤로 공백이 있으므로 공백을 넣어줍니다. 이 쿼리문은 dropOutOld 테이블의 레코드와 dropOutNew 테이블의 레코드를 출력합니다.

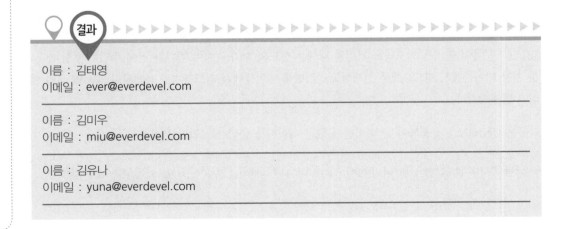

📍결과 ▶▶▶▶▶▶▶▶▶▶▶▶▶▶▶▶▶▶▶▶▶▶▶▶▶▶▶▶▶▶▶▶

이름 : 김태영
이메일 : ever@everdevel.com

이름 : 김미우
이메일 : miu@everdevel.com

이름 : 김유나
이메일 : yuna@everdevel.com

이름 : 김민후
이메일 : minhoo@everdevel.com

이름 : 김해윤
이메일 : haeyun@everdevel.com

이름 : 조주흥
이메일 : pika@everdevel.com

이름 : 유우코
이메일 : kobayashiyuko@everdevel.com

이름 : 유리
이메일 : hoshinayuri@everdevel.com

결과를 보면 oldOutOld 테이블과 oldOutNew 테이블에 있는 이름이 조주흥인 레코드는 1회만 출력되었습니다. 동일한 데이터이면 각 테이블에 있는 데이터라도 1회만 출력합니다.

중복된 정보도 함께 보려면 UNION 대신 UNION ALL을 사용해야 합니다. 다음은 UNION ALL을 사용한 쿼리문입니다.

```
(SELECT name, email FROM dropOutOld) UNION ALL (SELECT name, email FROM dropOutNew);
```

다음은 UNION ALL을 사용한 예제입니다. [코드 129-3]에서 UNION을 UNION ALL로 변경한 것 외에는 차이가 없습니다.

📁 **[코드 129-4] 129-4-unionAll.php**

```php
1:  <?php
2:      include $_SERVER['DOCUMENT_ROOT'].'/php/108-2-connectDB.php';
3:
4:      $sql = "(SELECT name, email FROM dropOutOld)";
5:      $sql .= " UNION ALL "; //UNION 앞뒤에 공백이 있습니다.
6:      $sql .= "(SELECT name, email FROM dropOutNew)";
7:
8:      $result = $dbConnect->query($sql); //쿼리 송신
9:
10:     $dataCount = $result->num_rows;
```

```
11:
12:     for($i = 0; $i < $dataCount; $i++){
13:         $memberInfo = $result->fetch_array(MYSQLI_ASSOC);
14:         echo "이름 : ".$memberInfo['name'];
15:         echo "<br>";
16:         echo "이메일 : ".$memberInfo['email'];
17:         echo "<hr>";
18:     }
19: ?>
```

결과 ▶▶▶▶▶▶▶▶▶▶▶▶▶▶▶▶▶▶▶▶▶▶▶▶▶▶▶▶▶▶▶▶▶▶▶▶▶▶▶

이름 : 김태영
이메일 : ever@everdevel.com
─────────────────────────────────────
이름 : 김미우
이메일 : miu@everdevel.com
─────────────────────────────────────
이름 : 김유나
이메일 : yuna@everdevel.com
─────────────────────────────────────
이름 : 김민후
이메일 : minhoo@everdevel.com
─────────────────────────────────────
이름 : 김해윤
이메일 : haeyun@everdevel.com
─────────────────────────────────────
이름 : 조주흥
이메일 : pika@everdevel.com
─────────────────────────────────────
이름 : 조주흥
이메일 : pika@everdevel.com
─────────────────────────────────────
이름 : 유우코
이메일 : kobayashiyuko@everdevel.com
─────────────────────────────────────
이름 : 유리
이메일 : hoshinayuri@everdevel.com

UNION ALL을 사용하여 중복된 데이터도 모두 표시합니다.

```
```

서브쿼리 사용하기

- **학습 내용 :** 쿼리문 안의 쿼리문인 서브쿼리에 대해 학습합니다.
- **힌트 내용 :** 쿼리문 안에서 쿼리문을 작성합니다.

schoolRecord 테이블에서 영어 점수가 가장 높은 사람의 레코드를 출력하려면 어떻게 해야 할까요? 아마도 조건문에 english = max(english)를 입력할 수 있을 것입니다. 하지만 이러한 쿼리문은 에러가 발생합니다. max(english)의 값을 알기 위해서는 전체의 영어 점수를 파악해야 하고, 그 중 가장 높은 값을 구해야 하기 때문입니다. 그리고 집계함수는 필드를 입력하는 부분에서 사용할 수 있습니다.

```
SELECT * FROM schoolRecord WHERE english = max(english);
```

앞과 같은 쿼리문은 에러가 발생합니다. 이런 경우 서브쿼리를 사용해야 합니다. 서브쿼리는 쿼리문 안에서 또 다른 쿼리문을 사용하는 것을 의미합니다. 서브쿼리를 사용하여 가장 높은 영어 점수를 구한 후 그 점수를 조건문에 대입합니다.

❶ 가장 높은 영어 점수를 가진 레코드를 구하기 위해 우선 가장 높은 영어 점수를 구한다.

```
SELECT max(english) FROM schoolRecord;
(가장 높은 점수인 100을 표시)
```

❷ 영어점수를 조건으로 하는 레코드를 구하는 쿼리문을 작성한다.

```
SELECT * FROM schoolRecord WHERE english = 영어점수;
```

❸ 2번의 쿼리문의 조건에 대입할 값으로 1번 쿼리문을 대입한다.

```
SELECT * FROM schoolRecord WHERE english = (SELECT max(english) FROM schoolRecord);
```

다음은 서브쿼리를 이용하여 영어 점수가 가장 높은 레코드를 출력하는 쿼리문입니다.

```
SELECT * FROM schoolRecord WHERE english = (SELECT max(english) FROM schoolRecord);
```

다음은 앞의 서브쿼리를 활용하여 영어 점수가 가장 높은 학생의 학생번호와, 클래스(반), 영어 점수를 출력하는 예제입니다.

📁 **[코드 130-1] 130-1-subQuery.php**

```php
1: <?php
2:     include $_SERVER['DOCUMENT_ROOT'].'/php/108-2-connectDB.php';
3:
4:     $sql = "SELECT * FROM schoolRecord WHERE english = ";
5:     $sql .= "(SELECT max(english) FROM schoolRecord)";
6:
7:     $result = $dbConnect->query($sql);
8:
9:     $dataCount = $result->num_rows;
10:
11:    for($i = 0; $i < $dataCount; $i++){
12:        $memberInfo = $result->fetch_array(MYSQLI_ASSOC);
13:        echo "학생번호 : ".$memberInfo['myMemberID'];
14:        echo "<br>";
15:        echo "클래스 : ".$memberInfo['class'];
16:        echo "<br>";
17:        echo "영어 : ".$memberInfo['english'];
18:        echo "<hr>";
19:    }
20: ?>
```

4 ◆ 서브쿼리를 사용하여 가장 영어 점수가 높은 레코드를 출력하는 쿼리문입니다.

결과 ▶▶▶▶▶▶▶▶▶▶▶▶▶▶▶▶▶▶▶▶▶▶▶▶▶▶▶▶▶▶▶▶▶▶▶▶▶▶

학생번호 : 3
클래스 : 2
영어 : 100

조건문에 사용하는 서브쿼리에 대해 알아보았습니다.

이번에는 SELECT문에 사용하는 쿼리문에 대해 알아보겠습니다. 학생들의 모든 점수를 출력하고 옆에 필드를 더 만들어 모든 학생들의 영어 점수 평균을 출력하는 것을 쿼리문으로 만들어 보겠습니다.

우선 영어 점수 평균을 구하는 서브쿼리문을 만듭니다. 필드명은 englishAVG로 하겠습니다.

```
(SELECT avg(English) FROM schoolRecord) as englishAVG
```

앞의 쿼리문은 레코드와 함께 출력하므로 필드명을 적는 곳에 기입합니다.

```
SELECT *, (SELECT avg(English) FROM schoolRecord) as englishAVG FROM schoolRecord;
```

(SELECT avg(English) FROM schoolRecord)는 모든 학생의 영어 점수 평균값을 구하며, 이 값을 표시할 임시 필드명을 앨리어스(as)를 사용하여 englishAVG로 지정했습니다.

다음은 앞의 쿼리문을 활용한 예제입니다.

📁 **[코드 130-2] 130-2-subQuery.php**

```php
1: <?php
2:     include $_SERVER['DOCUMENT_ROOT'].'/php/108-2-connectDB.php';
3:
4:     $sql = "SELECT *, (SELECT avg(English) FROM schoolRecord) as englishAVG ";
5:     $sql .= "FROM schoolRecord;";
6:
7:     $result = $dbConnect->query($sql); //쿼리 송신
8:
9:     $dataCount = $result->num_rows;
10:
11:     for($i = 0; $i < $dataCount; $i++){
12:         $memberInfo = $result->fetch_array(MYSQLI_ASSOC);
13:         echo "학생번호 : ".$memberInfo['myMemberID'];
14:         echo "<br>";
15:         echo "클래스 : ".$memberInfo['class'];
16:         echo "<br>";
```

```
17:          echo "영어 : ".$memberInfo['english'];
18:          echo "<br>";
19:          echo "영어 평균 점수 : ".$memberInfo['englishAVG'];
20:          echo "<hr>";
21:     }
22: ?>
```

4,5 ◆ 서브쿼리를 필드에 입력한 쿼리문이므로 결과에 평균값도 함께 출력됩니다.

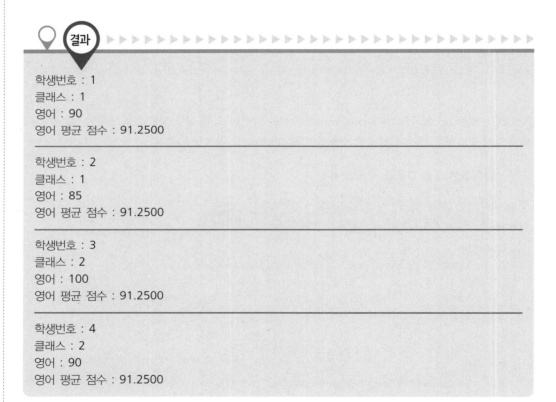

결과 ▶▶

학생번호 : 1
클래스 : 1
영어 : 90
영어 평균 점수 : 91.2500

학생번호 : 2
클래스 : 1
영어 : 85
영어 평균 점수 : 91.2500

학생번호 : 3
클래스 : 2
영어 : 100
영어 평균 점수 : 91.2500

학생번호 : 4
클래스 : 2
영어 : 90
영어 평균 점수 : 91.2500

특정 필드에 중복값 넣지 않기

- **학습 내용** : 테이블의 필드에 같은 값이 입력되지 않게 하는 방법에 대해 학습합니다.
- **힌트 내용** : UNIQUE 옵션을 사용합니다.

테이블의 대표 필드에 primary key를 적용하면 해당 필드에는 같은 값이 들어가지 않습니다. primary key처럼 필드에 같은 값이 들어가지 않게 하는 기능에는 UNIQUE가 있습니다. primary key는 단 한 번만 사용할 수 있고, 사용할 경우 필드는 해당 테이블의 기준이 되는 필드가 되지만, UNIQUE는 같은 값이 들어가지 않게만 하는 기능을 갖고 있습니다. 예를 들어, 이메일 주소는 한 사람이 하나씩 갖고 있는 고유한 값입니다. 따라서 같은 이메일 주소가 들어가지 않도록 테이블을 설계할 필요가 있습니다.

다음은 myMember 테이블에 UNIQUE를 추가하여 같은 값이 들어가지 않도록 필드 옵션을 수정하는 쿼리문입니다.

```
ALTER TABLE myMember modify email varchar(30) NOT NULL UNIQUE COMMENT '고객의
이메일 주소';
```

옵션을 입력할 때 UNIQUE를 추가합니다.

다음은 앞의 쿼리문을 실행하는 예제입니다.

📁 **[코드 131-1] 131-1-alterUnique.php**

```php
 1: <?php
 2:     include $_SERVER['DOCUMENT_ROOT'].'/php/108-2-connectDB.php';
 3:
 4:     $sql = "ALTER TABLE myMember modify email varchar(30) ";
 5:     $sql .= "NOT NULL UNIQUE COMMENT '고객의 이메일 주소'";
 6:     $result = $dbConnect->query($sql); //쿼리 송신
 7:
 8:     if( $result ) {
 9:         echo "변경 완료";
10:     } else {
```

```
11:        echo "변경 실패";
12:    }
13: ?>
```

4◆ myMember 테이블의 email 필드 옵션에 UNIQUE를 추가했습니다.

6◆ 쿼리문을 실행합니다.

변경 완료

기존 옵션에 UNIQUE를 추가했습니다. 이 쿼리문을 실행하면 이제 email 필드에는 같은 값을 추가할 수 없게 되었습니다. 이를 확인하기 위해 이미 존재하는 이메일 주소를 임의로 넣겠습니다.

실행하는 쿼리문은 다음과 같습니다.

INSERT INTO myMember(userId, name, password, phone, email, birthDay, gender, regTime) VALUES('pepper', '페퍼', 'vpvjeptm', '010-1234-5678', 'everdevel@everdevel.com', '2015-11-18', 'm', now( ));

다음은 앞의 쿼리문을 사용한 예제입니다.

📁 [코드 131-2] 131-2-insert.php

```
1: <?php
2:     include $_SERVER['DOCUMENT_ROOT'].'/php/108-2-connectDB.php';
3:
4:     $sql = "INSERT INTO myMember(userId, name, password, ";
5:     $sql .= "phone, email, birthDay, gender, regTime) ";
6:     $sql .= "VALUES('pepper', '페퍼', 'vpvjeptm', '010-1234-5678',";
7:     $sql .= "'miu@everdevel.com', '2015-11-18', 'm', now( ));";
8:
9:     $result = $dbConnect->query($sql); //쿼리 송신
10:
11:     if( $result ) {
```

```
12:          echo "입력 완료";
13:     } else {
14:          echo "입력 실패";
15:     }
16: ?>
```

이미 존재하는 이메일 주소인 everdevel@icloud.com을 입력하는 쿼리문입니다. 현재 email 필드에는 ◆ 4~7
옵션으로 UNIQUE가 설정되어 있으므로 같은 값이 들어갈 수 없는 상태입니다.

입력 실패

결과를 보면 이미 존재하는 이메일 주소를 UNIQUE가 설정된 email 필드에 입력하려 했으므로 입
력에 실패하게 됩니다.

서로 다른 필드의 값을 합쳐서 출력하기

- **학습 내용 :** 테이블에서 출력한 결과물을 문자열과 합쳐서 출력하는 방법에 대해 학습합니다.
- **힌트 내용 :** CONCAT 옵션을 사용합니다.

테이블의 서로 다른 필드에 있는 값을 합쳐서 출력할 수도 있습니다. 이 기능을 구현하려면 concat 이라는 기능을 사용합니다. 필드값뿐만 아니라 일반 문자열을 합쳐서 출력할 수 있습니다.

CONCAT 사용 방법

SELECT CONCAT(합칠 문자열 또는 필드, 합칠 문자열 또는 필드) FROM 테이블명

다음은 CONCAT를 이용하여 '[누구]의 이메일 주소는 [무엇]입니다.'라는 문구를 출력하는 쿼리문 입니다.

SELECT concat(name,'의 이메일 주소는 ', email, '입니다.') FROM myMember;

다음은 앞의 쿼리문을 활용한 예제입니다.

📁 **[코드 132] 132-concat.php**

```
1:  <?php
2:      include $_SERVER['DOCUMENT_ROOT'].'/php/108-2-connectDB.php';
3:
4:      $sql = "SELECT CONCAT(name,'의 이메일 주소는 ', email, '입니다.') ";
5:      $sql .= "AS word FROM myMember;";
6:
7:      $result = $dbConnect->query($sql);
8:
9:      $dataCount = $result->num_rows;
10:
11:     for($i = 0; $i < $dataCount; $i++){
```

```
12:        $concat = $result->fetch_array(MYSQLI_ASSOC);
13:        echo $concat['word'];
14:        echo '<br>';
15:    }
16: ?>
```

CONCAT 명령문을 사용해서 출력할 문자열을 조정했습니다. 이 필드의 이름은 AS를 사용하여 ◆ 4
word로 설정한 쿼리문입니다.

fetch_array() 메소드의 아규먼트로 상수 MYSQLI_ASSOC를 사용합니다. 데이터를 출력할 때 숫자 ◆ 12
가 아닌 쿼리문에서 설정한 word를 인덱스로 사용해야 결과를 출력할 수 있습니다.

쿼리문에서 AS를 사용하여 word로 설정했으므로 배열의 인덱스로 word를 사용하여 출력합니다. ◆ 13

결과 ▶

김미우의 이메일 주소는 miu@everdevel.com입니다.
김유나의 이메일 주소는 yuna@everdevel.com입니다.
김민후의 이메일 주소는 minhoo@everdevel.com입니다.
김해윤의 이메일 주소는 haeyun@everdevel.com입니다.

인덱스 사용하기

- **학습 내용 :** 레코드를 검색할 때 더 빠르게 검색하는 방법에 대해 학습합니다.
- **힌트 내용 :** INDEX 옵션을 사용합니다.

데이터베이스의 레코드를 더욱 빠른 속도로 불러오게 하려면 인덱스를 사용해야 합니다.

인덱스 적용 방법

```
INDEX(필드명)
```

이미 존재하는 테이블에서 인덱스를 새로 추가하려면 ALTER 명령문을 사용합니다.
다음은 이미 존재하는 myMember 테이블의 name 필드에 인덱스를 추가하는 쿼리문입니다.

```
ALTER TABLE myMember ADD INDEX(name);
```

다음은 앞의 쿼리문을 실행하는 예제입니다.

📁 [코드 133] 133-index.php

```php
1: <?php
2:     include $_SERVER['DOCUMENT_ROOT'].'/php/108-2-connectDB.php';
3:
4:     $sql = "ALTER TABLE myMember ADD INDEX(name);";
5:
6:     $result = $dbConnect->query($sql);
7:
8:     if($result){
9:         echo "적용 완료";
10:     } else {
11:         echo "적용 실패";
12:     }
13: ?>
```

테이블의 INDEX를 추가하는 쿼리문입니다.   ◆ 4

쿼리문을 실행합니다.   ◆ 6

적용 여부를 확인합니다.   ◆ 8~12

결과 ▶▶

적용 완료

다음은 [코드 133]을 실행하기 전과 후의 차이를 확인하는 그림입니다.

```
                                bin — mysql -uroot -px — 82×33
mysql> DESC myMember;
+-------------+------------------+------+-----+---------+----------------+
| Field       | Type             | Null | Key | Default | Extra          |
+-------------+------------------+------+-----+---------+----------------+
| myMemberID  | int(10) unsigned | NO   | PRI | NULL    | auto_increment |
| userId      | varchar(15)      | NO   |     | NULL    |                |
| name        | varchar(10)      | NO   |     | NULL    |                |
| password    | varchar(30)      | NO   |     | NULL    |                |
| phone       | varchar(13)      | NO   |     | NULL    |                |
| email       | varchar(30)      | NO   | UNI | NULL    |                |
| birthDay    | char(10)         | NO   |     | NULL    |                |
| gender      | enum('m','w','x')| YES  |     | x       |                |
| regTime     | datetime         | NO   |     | NULL    |                |
+-------------+------------------+------+-----+---------+----------------+
9 rows in set (0.00 sec)

mysql> DESC myMember;
+-------------+------------------+------+-----+---------+----------------+
| Field       | Type             | Null | Key | Default | Extra          |
+-------------+------------------+------+-----+---------+----------------+
| myMemberID  | int(10) unsigned | NO   | PRI | NULL    | auto_increment |
| userId      | varchar(15)      | NO   |     | NULL    |                |
| name        | varchar(10)      | NO   | MUL | NULL    |                |
| password    | varchar(30)      | NO   |     | NULL    |                |
| phone       | varchar(13)      | NO   |     | NULL    |                |
| email       | varchar(30)      | NO   | UNI | NULL    |                |
| birthDay    | char(10)         | NO   |     | NULL    |                |
| gender      | enum('m','w','x')| YES  |     | x       |                |
| regTime     | datetime         | NO   |     | NULL    |                |
+-------------+------------------+------+-----+---------+----------------+
9 rows in set (0.01 sec)

mysql> 
```

필드 Key를 보면 'MUL'이 표시된 것을 알 수 있습니다 PRI는 primary key를 의미하며 MUL은 해당
필드에 여러 가지 값이 들어갈 수 있음을 의미합니다. 지금은 레코드의 수가 매우 적어서 데이터를
출력하는데 속도의 차이가 없지만 대규모 서비스에서는 데이터를 불러올 때 차이가 많이 발생합니
다. 자주 쓰이는 필드라면 인덱스를 적용하면 속도면에서 좋습니다.

CHAPTER 2

HTML FORM
태그 연동

HTML과 FORM 태그

- **학습 내용 :** HTML이 무엇인지 학습하고, FORM 태그와 PHP 연동에 대해 학습합니다.
- **힌트 내용 :** HTML은 웹페이지를 구성하는 가장 기본적인 언어입니다.

HTML은 웹페이지에서 가장 기본으로 사용되는 언어입니다. 이 챕터에서는 HTML의 FORM 태그와 PHP의 연동을 위한 최소한의 내용만을 다룹니다.

HTML은 태그로 이루어진 웹의 가장 기본이 되는 언어로 'HyperText Markup Language'의 줄임말입니다. HTML은 여러 버전을 거쳐 현재는 HTML5가 사용되고 있습니다. HTML은 태그로 이루어진 언어이며, 태그는 〈(Less Than Sign)로 시작하여 〉(Greater Than Sign)로 끝나는 구조를 갖고 있습니다.

HTML 기본 구조

```
<!DOCTYPE html>
<html>
<head>
<title>웹페이지 제목</title>
</head>
<body>
</body>
</html>
```

우리가 사용하는 웹 서비스는 모두 HTML 코드로 구성되어 사용자에게 텍스트, 이미지, 비디오 등의 정보를 제공합니다. 앞에 〈〉로 둘러싸인 부분을 태그라고 부릅니다. html 태그, head 태그, title 태그, body 태그로 구성된 것을 알 수 있습니다.

사용자에게 정보를 제공하기 위해 사용하는 태그는 body 태그입니다. 사용자에게 hello world라는 텍스트를 보여주고자 할 때 body 태그에 해당 내용을 입력합니다.

HTML에서 웹페이지에 hello world 문구를 출력하는 방법

```
<body>
hello world
</body>
```

위 같이 body 태그 안에 출력할 문구를 입력합니다.

다음은 HTML 태그를 이용하여 화면에 hello world를 출력하는 예제입니다.

📁 **[코드 134-1] 134-1-HTML.php**

```
1: <!DOCTYPE html>
2: <html>
3: <head>
4: <title>PHP 200제</title>
5: </head>
6: <body>
7: hello world
8: </body>
9: </html>
```

1◆ 문서타입을 의미합니다. 〈!DOCTYPE html〉은 HTML5 문서임을 의미합니다.

2◆ html의 시작을 알립니다.

3◆ head 태그의 시작을 알립니다. head 태그 내에는 웹페이지의 각종 정보 등을 기입합니다.

4◆ title 태그를 사용하여 이 문서의 제목을 지정합니다. title 태그에 입력한 내용은 웹브라우저의 탭에 표시됩니다.

5◆ head 태그를 닫습니다.

6◆ body 태그를 엽니다. body 태그에는 웹브라우저에 표시할 내용을 기입합니다.

7◆ 화면에 표시할 문구입니다.

8◆ body 태그를 닫습니다.

9◆ html 태그를 닫습니다. 이 문서가 끝났음을 의미합니다.

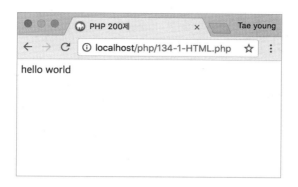

위 그림에서 탭을 보면 title 태그에 작성한 내용이 표시되었으며 웹브라우저에서는 body 태그에 입력한 문구가 출력됨을 알 수 있습니다.

웹 서비스를 이용하려면 회원가입을 한 후 로그인을 해야 합니다. 회원가입을 하려면 이메일 주소, 아이디, 비밀번호가 필요합니다. 이러한 정보를 적을 때 사용하는 태그가 form 태그입니다. form 태그 안에 아이디, 비밀번호, 고객 문의 글 등의 정보는 서버 사이드 프로그램(본서에서는 PHP)을 통해 데이터베이스에 저장됩니다. 이러한 기능을 구현해주는 form 태그를 알아보겠습니다. 이 책을 공부하고 나면 회원가입 기능을 만들고, 입력한 정보를 데이터베이스에 저장하며, 그 정보를 바탕으로 로그인 기능을 만들고, 로그인을 한 후에 게시글을 입력하여 확인해볼 수 있는 기능까지 구현할 수 있는 능력을 갖추게 됩니다.

FORM 태그 사용 방법

```
<form name="폼 태그 이름" method="데이터 전송 방식" action="정보를 보낼 주소"></form>
```

form 태그를 열 때 여러 가지 속성을 사용할 수 있습니다. 앞에서 보이는 name, method, action은 속성이라고 읽습니다. name 속성에는 해당 form 태그의 이름을 작성합니다. 예를 들어, 회원가입 폼이라면 name="signUp" 또는 name="join", 설문조사 폼이라면 name="poll"을 사용할 수 있습니다. method는 작성한 정보들을 어떠한 방식으로 서버에 보낼 것인지 정합니다.
전송 방식에는 GET 방식과 POST 방식이 있으며 이 부분은 form 태그에서 데이터를 전송할 때 학습합니다. action 속성은 작성한 정보들을 어느 파일로 보낼 것인지를 정합니다. 해당 PHP 파일에 작성한 프로그래밍 소스가 이 정보들을 처리합니다. 이 부분도 form 태그에서 데이터를 전송할 때 학습합니다.

다음은 FORM 태그를 사용한 예제입니다.

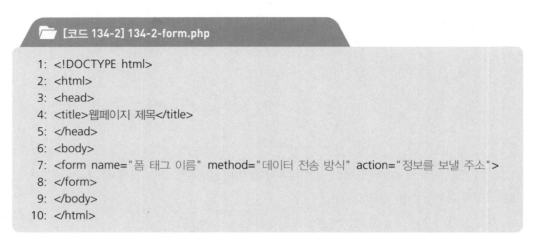

```
 1: <!DOCTYPE html>
 2: <html>
 3: <head>
 4: <title>웹페이지 제목</title>
 5: </head>
 6: <body>
 7: <form name="폼 태그 이름" method="데이터 전송 방식" action="정보를 보낼 주소">
 8: </form>
 9: </body>
10: </html>
```

7 ◆ FORM 태그의 기본 형태만 입력했습니다.

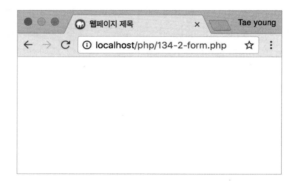

위 그림을 보면 화면에 아무 것도 없는 것을 알 수 있습니다. FORM 태그 안에서 여러 가지 태그들을 입력해야만 무언가를 선택하거나, 문구를 입력하거나 할 수 있습니다. FORM 태그 안에서 사용할 수 있는 태그에 대해 알아보겠습니다.

FORM 태그에서 사용하는 input 태그 – text

• **학습 내용** : 짧은 문구를 입력하는 텍스트 박스를 생성하는 방법에 대해 학습합니다.
• **힌트 내용** : input 태그를 사용하며 type 속성의 값으로 text를 사용합니다.

input 태그는 type의 값에 따라 다른 기능을 제공합니다.

input 태그 사용 방법

```
<input type="타입" name="입력 폼의 이름" maxlength="입력 가능 글자 수" />
```

type 속성은 값에 따라 ID를 입력하는 입력 폼이 될 수 있고, 비밀번호 입력 폼이 될 수도 있습니다. name 속성은 이 입력 폼의 이름을 뜻하며, 서버사이드 언어(PHP)에서 이 값으로 입력된 데이터를 전달받을 수 있습니다.

maxlength 속성은 이 입력 폼이 몇 글자까지 입력 가능하도록 설정할 것인지를 표시합니다. 여러 종류의 type 속성값을 하나씩 적용하며 알아보겠습니다. type 속성값이 text이면 짧은 텍스트를 입력하는 폼이됩니다.

type 속성값에 text를 적용하는 방법

```
<input type="text" name="userID" maxlength="12" />
```

name 속성의 값은 입력폼의 목적에 맞는 이름을 작성합니다. 아이디를 입력하는 폼이면 id, 취미를 입력하는 폼이면 hobby 이런식의 값을 입력합니다. maxlegnth 속성의 값으로는 최대 입력 글자수를 입력합니다.

다음은 input 태그(type 속성의 값이 text)를 적용한 예제입니다.

```
 1: <!DOCTYPE html>
 2: <html>
 3: <head>
 4: <title>INPUT 태그 type='text'</title>
 5: </head>
 6: <body>
 7: <form name="폼 태그 이름" method="데이터 전송 방식" action="정보를 보낼 주소">
 8:    <input type="text" name="userID" maxlength="12" placeholder="아이디 입력"/>
 9: </form>
10: </body>
11: </html>
```

7 ◆ form 태그를 생성합니다. 각 속성의 값은 학습 시에 작성하므로 정확한 값을 입력하지 않았습니다.

8 ◆ input 태그를 생성했으며 type 속성의 값으로 text를 입력했습니다.

placeholder 속성은 이 입력란이 어떠한 값을 입력해야 하는지 사용자에게 알려주는 문구를 입력하는 기능을 갖습니다.

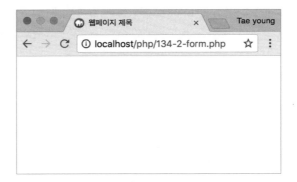

입력폼에 원하는 값을 입력하면 '아이디 입력' 문구는 사라지며 입력한 문구를 삭제하면 '아이디 입력'은 다시 생성됩니다.

FORM 태그에서 사용하는 input 태그 – password

- **학습 내용** : 비밀번호를 입력하는 텍스트 박스를 생성하는 방법에 대해 학습합니다.
- **힌트 내용** : input 태그를 사용하며 type 속성의 값으로 password를 사용합니다.

type 속성의 값이 password이면 비밀번호를 입력하는 입력 폼이 됩니다. 어떠한 문구를 입력하더라도 우리가 볼 수 없도록 특수 문자로 가려져 표시됩니다.

type 속성의 값으로 password를 적용하는 방법

```
<input type="password" name="userPw" maxlength="12" />
```

다음은 input 태그(type 속성의 값이 password)를 적용한 예제입니다.

📁 **[코드 136] 136-input-pw.php**

```
 1: <!DOCTYPE html>
 2: <html>
 3: <head>
 4: <title>INPUT 태그 type='password'</title>
 5: </head>
 6: <body>
 7: <form name="폼 태그 이름" method="데이터 전송 방식" action="정보를 보낼 주소">
 8:     <input type="password" name="userPw" placeholder="비밀번호 입력" />
 9: </form>
10: </body>
11: </html>
```

input 태그를 생성했으며 type 속성의 값으로 password를 입력했습니다. 이 입력란에는 어떠한 문구를 입력하더라도 특수문자로 가려져서 표시됩니다. ◆ 8

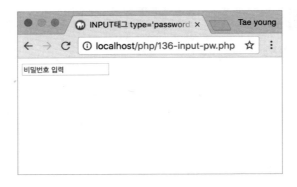

입력폼에 원하는 값을 입력하면 특수문자로 대신 표시됨을 알 수 있습니다.

FORM 태그에서 사용하는 input 태그 – checkbox

- **학습 내용** : 여러 가지 보기 중에 다수의 값을 선택하는 폼을 만드는 방법에 대해 학습합니다.
- **힌트 내용** : input 태그를 사용하며, type 속성의 값으로 checkbox를 사용합니다.

type 속성의 값이 checkbox이면 여러 보기를 만들고 선택할 수 있습니다. 체크박스는 나열되어 있는 몇 개의 단어 중에서 여러 값을 선택할 때 사용하는데, value라는 속성을 사용합니다. value 속성에는 실제 서버에 전송할 값을 입력합니다.

type 속성값이 text 또는 password이면 입력한 것 자체가 값이기 때문에 value 속성이 필요없었습니다. checkbox는 여러 값을 받기 위해 사용되므로 어떠한 체크박스를 선택했을 때 그것이 체크되면 어떠한 값을 선택했는지 표시해야 합니다. value 속성을 명시하지 않으면 빈 값이 전송됩니다.

type 속성값에 checkbox를 적용하는 방법

```
<input type="checkbox" name="myHobby" value="music" />
```

type 속성값이 checkbox이면 checked라는 옵션을 사용할 수 있습니다. 기본적으로는 체크박스에 체크가 되지 않은 상태로 표시되지만, checked 옵션을 사용하면 기본적으로 체크된 상태로 표시됩니다.

type 속성값이 checkbox일 때 checked를 적용하는 방법

```
<input type="checkbox" name="myHobby" value="music" checked/>
```

또한 한 항목에 대한 여러 보기를 만들 때 name같은 한 항목이 모두 동일해야 합니다. 예를 들어 취미가 무엇인지에 대한 보기를 만든다면 해당 보기는 모두 같은 name 속성의 값을 사용해야 합니다.

다음은 취미생활을 묻고 여러 보기를 보여주는 예제입니다.

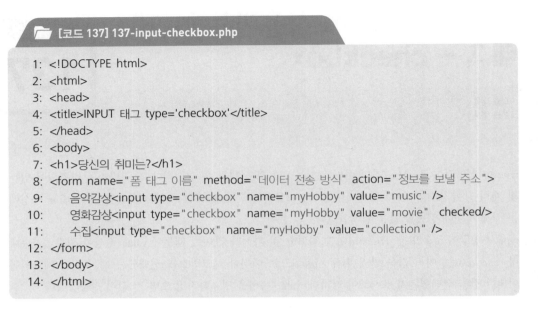

[코드 137] 137-input-checkbox.php

```
1: <!DOCTYPE html>
2: <html>
3: <head>
4: <title>INPUT 태그 type='checkbox'</title>
5: </head>
6: <body>
7: <h1>당신의 취미는?</h1>
8: <form name="폼 태그 이름" method="데이터 전송 방식" action="정보를 보낼 주소">
9:     음악감상<input type="checkbox" name="myHobby" value="music" />
10:     영화감상<input type="checkbox" name="myHobby" value="movie"   checked/>
11:     수집<input type="checkbox" name="myHobby" value="collection" />
12: </form>
13: </body>
14: </html>
```

7 ◆ 보기에 대한 질문입니다. h1 태그는 제목을 작성할 때 사용하는 태그입니다.

9~11 ◆ input 태그의 type 속성의 값으로 checkbox를 사용한 보기입니다. 9라인은 음악감상을 의미하며 value 속성의 값으로 music을 입력했습니다. 3개의 보기 모두 취미에 대한 답이므로 같은 name 속성의 값을 사용합니다.

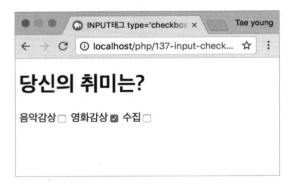

위 그림을 보면 영화감상 체크박스만 선택되어 있는 상태임을 알 수 있습니다. [코드 137]의 10라인에서 checked 속성을 사용했기 때문에 디폴트로 선택되어 표시됩니다.

FORM 태그에서 사용하는 input 태그 − radio

• **학습 내용** : 여러 가지 보기 중 하나의 값을 선택하는 폼을 만드는 방법에 대해 학습합니다.
• **힌트 내용** : input 태그를 사용하며, type 속성의 값으로 radio를 사용합니다.

라디오 버튼은 체크박스와 마찬가지로 나열된 보기를 선택하는 기능을 갖고 있습니다. 단, 체크박스는 복수 선택이 가능하지만, 라디오 버튼은 하나의 보기만 선택할 수 있습니다.

type 속성값에 radio를 적용하는 방법

```
<input type="radio" name="myHobby" value="music" />
```

같은 항목에서 사용한다면 name값이 일치해야만 1개의 라디오 버튼을 선택할 수 있습니다. 다수의 선택지에서 1개만 선택하려면 다음과 같이 name을 일치시켜 주어야만 합니다. 이부분은 checkbox를 학습할 때와 동일합니다.

type 속성값이 checkbox일 때 checked를 적용하는 방법

```
<input type="radio" name="myHobby" value="music" />
<input type="radio" name="myHobby" value="movie" />
<input type="radio" name="myHobby" value="collection" />
```

다음은 radio 버튼을 활용한 예제입니다.

📁 **[코드 138] 138-input-radio.php**

```
1:  <!DOCTYPE html>
2:  <html>
3:  <head>
4:  <title>INPUT 태그 type='radio'</title>
5:  </head>
```

415

```
 6: <body>
 7: <h1>당신의 취미는?</h1>
 8: <form name="폼 태그 이름" method="데이터 전송 방식" action="정보를 보낼 주소">
 9:    음악감상<input type="radio" name="myHobby" value="music" />
10:    영화감상<input type="radio" name="myHobby" value="movie" />
11:    수집<input type="radio" name="myHobby" value="collection" checked/>
12: </form>
13: </body>
14: </html>
```

7 ◆ 보기에 대한 질문입니다. h1 태그는 제목을 작성할 때 사용하는 태그입니다.

9~11 ◆ input 태그의 type 속성의 값으로 radio를 사용한 보기입니다. checked 속성을 사용해 디폴트값을 설정할 수 있습니다.

checkbox를 사용하던 때와 달리 다른 보기를 선택하면 기존에 선택된 보기가 선택 해제됨을 알 수 있습니다. 이는 같은 그룹(동일한 name 속성의 값)에 적용됩니다.

FORM 태그에서 사용하는 input 태그 – submit

- **학습 내용** : form 태그에서 입력한 정보를 서버로 전송하는 버튼을 생성하는 방법에 대해 학습합니다.
- **힌트 내용** : input 태그를 사용하며 type 속성의 값으로 submit을 사용합니다.

type 속성값이 submit이면 FORM 태그의 action 속성에 명시된 파일로 입력한 데이터를 전송하는 버튼이 생성됩니다.

type 속성값에 submit을 적용하는 방법

```
<input type="submit" value="전송" />
```

value 속성에 입력한 값은 submit 버튼 안에 표시되는 문구입니다.

다음은 form 태그에 입력한 내용을 전송하는 버튼을 생성하는 예제입니다.

📂 **[코드 139] 139-input-submit.php**

```
 1: <!DOCTYPE html>
 2: <html>
 3: <head>
 4: <title>INPUT 태그 type='submit'</title>
 5: </head>
 6: <body>
 7: <form name="폼 태그 이름" method="데이터 전송 방식" action="정보를 보낼 주소">
 8:     <input type="text" name="userID" placeholder="아이디 입력"/>
 9:     <input type="submit" value="전송" />
10: </form>
11: </body>
12: </html>
```

실제 데이터 전송 시에는 name, method, action 속성에 적합한 값을 입력합니다. 현재는 그렇지 않으므로 전송 버튼을 입력해도 존재하지 않는 파일로 이동하게 되므로 오류가 발생하게 됩니다.

◆ 7

9 ♦ form 태그에 입력된 값을 서버에 전송하는 submit 버튼을 생성했으며 버튼 안에 문구로 '전송'을 표시합니다.

[전송] 버튼을 눌러 없는 파일로 표시되는 것은 현재 정상적인 결과입니다.

FORM 태그에서 사용하는 input 태그 - email

- **학습 내용 :** 이메일을 입력하는 폼을 생성하는 방법에 대해 학습합니다.
- **힌트 내용 :** input 태그를 사용하며 type 속성의 값으로 email을 사용합니다.

type 속성값이 email이면 email 입력 폼이 됩니다. HTML5에서 새로 생긴 기능이며, 해당 폼에는 이메일 주소의 규칙인 @(at)과 도메인이 있어야 합니다.

입력한 값이 이메일 주소 유효성에 어긋나면 submit 버튼을 눌러도 값이 전송되지 않습니다. 입력을 하지 않으면 전송 버튼을 눌러도 값을 검사하지 않습니다.

type 속성값에 email을 적용하는 방법

```
<input type="email" name="email" />
```

다음은 email 입력폼을 생성한 예제입니다.

📁 [코드 140] 140-input-email.php

```
 1: <!DOCTYPE html>
 2: <html>
 3: <head>
 4: <title>INPUT 태그 type='email'</title>
 5: </head>
 6: <body>
 7: <form name="폼 태그 이름" method="데이터 전송 방식" action="정보를 보낼 주소">
 8:     <input type="email" name="userEmail" placeholder="이메일 입력" />
 9:     <input type="submit" value="전송" />
10: </form>
11: </body>
12: </html>
```

8 ◆ 이메일을 입력하는 입력폼을 생성합니다. 이메일 주소 유효성에 맞지 않는 값을 입력하면 9라인에서 생성한 전송 버튼을 눌러도 전송되지 않고 알림말이 표시됩니다.

FORM 태그에서 사용하는 input 태그 – url

• **학습 내용** : 사이트의 주소를 입력하는 폼을 생성하는 방법에 대해 학습합니다.
• **힌트 내용** : input 태그를 사용하며 type 속성의 값으로 url을 사용합니다.

type 속성값이 url이면 url 입력폼이 됩니다. email과 마찬가지로 HTML5에서 새로 생긴 기능이며, 해당 폼에는 url 주소의 규칙을 지킨 값만이 전송될 수 있습니다. 입력한 값이 url 주소 유효성에 어긋나면 submit 버튼을 눌러도 값이 전송되지 않습니다. 입력을 하지 않으면 전송 버튼을 눌러도 값을 검사하지 않습니다.

type 속성값에 url을 적용하는 방법

```
<input type="url" name="url" />
```

다음은 url 입력폼을 생성한 예제입니다.

📁 [코드 141] 141-input-url.php

```
 1: <!DOCTYPE html>
 2: <html>
 3: <head>
 4: <title>INPUT 태그 type='url'</title>
 5: </head>
 6: <body>
 7: <form name="폼 태그 이름" method="데이터 전송 방식" action="정보를 보낼 주소">
 8:     <input type="url" name="userWebSite" placeholder="운영중인 사이트 입력" />
 9:     <input type="submit" value="전송" />
10: </form>
11: </body>
12: </html>
```

8 ◆ url을 입력하는 입력폼을 생성합니다. url 주소 유효성에 맞지 않는 값을 입력하면 9라인에서 생성한 전송 버튼을 눌러도 전송되지 않고 알림말이 표시됩니다.

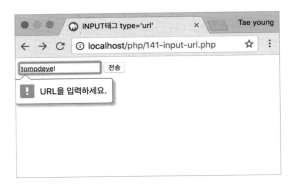

FORM 태그에서 사용하는 textarea 태그

- **학습 내용**: 장문의 글을 입력하는 입력폼을 생성하는 방법에 대해 학습합니다.
- **힌트 내용**: textarea 태그를 사용합니다.

웹사이트에서 장문의 글을 입력하려면 textarea 태그를 사용합니다. 자기소개서 입력폼 등을 만들 때 사용되는 태그입니다.

textarea 태그 사용 방법

```
<textarea name=" "></textarea>
```

웹페이지에서 기본적으로 어떠한 문구를 입력폼 안에 표시한다면 textarea 태그 안에 입력합니다.

```
<textarea name=" ">Hello World</textarea>
```

다음은 textarea 태그를 사용한 예제입니다.

📁 [코드 142] 142-textarea.php

```
 1: <!DOCTYPE html>
 2: <html>
 3: <head>
 4: <title>textarea 태그</title>
 5: </head>
 6: <body>
 7: <form name="폼 태그 이름" method="데이터 전송 방식" action="정보를 보낼 주소">
 8:     <textarea name="longtext"></textarea>
 9: </form>
10: </body>
11: </html>
```

textarea 태그를 사용해 입력폼을 생성합니다.

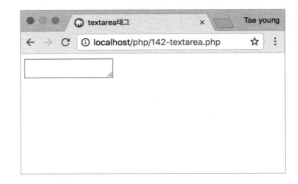

위 그림을 보면 textarea 영역이 굉장히 적습니다. textarea의 사이즈를 조정할 수도 있습니다.

세로 길이를 늘리려면 rows 속성을 사용하여 값으로 라인수를 지정합니다.
가로 길이를 늘리려면 cols 속성을 사용하여 값으로 텍스트수를 지정합니다.

textarea 사이즈 조정 방법

```
<textarea name="" cols="100" rows="50">Hello World</textarea>
```

[코드 142]에서 cols 속성과 rows 속성을 사용하면 다른 사이즈의 textarea 태그를 볼 수 있습니다.

FORM 태그에서 사용하는 select 태그

- **학습 내용 :** 클릭하면 아래로 쭉 펼쳐지는 셀렉트박스를 생성하는 방법에 대해 학습합니다.
- **힌트 내용 :** select 태그를 사용합니다.

웹사이트에서 회원가입을 할 때 생년월일을 선택하면 아래로 쭉 목록이 펼쳐지는 박스를 본 적이 있을겁니다. 이 기능은 select 태그를 사용하여 만듭니다. select 태그 안에서 여러 개의 값을 표시하려면 option 태그를 사용합니다.

select 태그 사용 방법

```
<select name="birthMonth">
   <option value="1">1</option>
   <option value="2">2</option>
   <option value="3">3</option>
</select>
```

select 태그를 생성하고 보여질 목록은 select 태그 내에 option 태그를 만들어 표시합니다. option 태그 안에는 웹페이지에 표시될 값을 작성하고 value 속성에는 서버에 보낼 값을 작성합니다.

다음은 select 태그를 사용하여 1월부터 12까지 표시하는 예제입니다.

📁 **[코드 143] 143-select.php**

```
1: <!DOCTYPE html>
2: <html>
3: <head>
4: <title>select 태그</title>
5: </head>
6: <body>
7: <form name="폼 태그 이름" method="데이터 전송 방식" action="정보를 보낼 주소">
8:     <select name="birthMonth">
9:         <option value="1">1월</option>
```

```
10:          <option value="2">2월</option>
11:          <option value="3">3월</option>
12:          <option value="4">4월</option>
13:          <option value="5">5월</option>
14:          <option value="6">6월</option>
15:          <option value="7">7월</option>
16:          <option value="8">8월</option>
17:          <option value="9">9월</option>
18:          <option value="10">10월</option>
19:          <option value="11">11월</option>
20:          <option value="12">12월</option>
21:      </select>
22: </form>
23: </body>
24: </html>
```

8 ◆ select 태그를 생성합니다.

9~20 ◆ select 태그를 클릭하면 펼쳐질 목록을 생성합니다. option 태그 안에 있는 값은 웹사이트에 보여지는 값이며, value 속성의 값은 서버로 전송되는 값입니다.

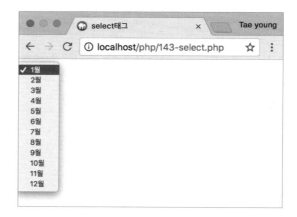

위 그림에서 4월을 선택하면 실제 서버에 전송되는 값은 [4월]이 아닌 vlaue 속성의 값인 [4]가 전송됩니다.

426

FORM 태그에서 사용하는 input 태그 – file

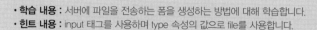

활용

144

- **학습 내용** : 서버에 파일을 전송하는 폼을 생성하는 방법에 대해 학습합니다.
- **힌트 내용** : input 태그를 사용하며 type 속성의 값으로 file를 사용합니다.

웹 서비스를 이용하다보면 자신이 찍은 사진이나, 문서 파일을 업로드한 경험이 있을 것입니다. 파일을 업로드하는 폼을 만들려면 input 태그의 type 속성의 값으로 file을 사용합니다.

type 속성값에 file을 적용하는 방법

```
<input type="file" name="attachedFile" />
```

파일 업로드 폼을 만들 때는 form 태그에 enctype 속성을 적용하고 값으로 multipart/form-data을 사용합니다. 작성하지 않으면 업로드한 파일의 이름(경로 포함)만 업로드되고 실제 파일은 업로드가 되지 않습니다.

form 태그 enctype 속성에 multipart/form-data값 사용

```
<form enctype='multipart/form-data'>
  <input type="file" name="attachedFile" />
</form>
```

다음은 파일업로드 폼 예제입니다.

📁 **[코드 144] 144-input-file.php**

```
1: <!DOCTYPE html>
2: <html>
3: <head>
4: <title>INPUT 태그 type='url'</title>
5: </head>
```

```
 6: <body>
 7: <form name=" " method=" " action=" " enctype="multipart/form-data">
 8:     파일 : <input type="file" name="attachedFile" />
 9: </form>
10: </body>
11: </html>
```

7 ◆ 파일 업로드를 하는 폼이므로 enctype 속성을 사용하고 값으로 multipart/form-data를 사용합니다.

8 ◆ input 태그의 type 속성의 값으로 file을 사용합니다.

위 그림에서 파일 선택을 눌러 업로드할 파일을 선택할 수 있습니다.

GET 방식으로 데이터 받기

- **학습 내용 :** GET 방식으로 온 데이터를 받는 방법에 대해 학습합니다.
- **힌트 내용 :** PHP에서 배열 $_GET을 사용합니다.

form 태그를 사용해 데이터를 입력하고 공간을 만드는 방법에 대해 알아보았습니다. 이제 입력한 데이터 또는 선택한 데이터를 서버에 전송하고 서버에서 해당 데이터를 다루는 방법에 대해 학습합니다.

form 태그의 method 속성에 데이터 전송 방식을 대입합니다. 이 방식에는 GET과 POST가 있습니다. GET은 데이터를 URL에 붙여 데이터를 전송하는 방식입니다.

나이와 취미를 입력하는 form이 있고 값을 전달하면 URL은 다음과 같이 값이 붙어서 전송됩니다.

GET의 데이터 전달 방식

```
http://주소?age=20&hobby=collection
```

앞의 주소에서 age는 나이를 작성하는 입력폼 name 속성의 값이 표시되며, hobby는 취미를 선택하는 입력폼 name 속성의 값이 표시됩니다. 이 값은 파라미터라고 읽습니다. age 파라미터의 값에는 20이 있으며 파라미터와 값은 =로 구분함을 알 수 있습니다. GET 방식으로 전송되는 값이 URL에 붙여 전송될 때 첫 번째 파라미터는 앞에 ?가 사용되며 이후의 파라미터는 앞에 &가 사용됩니다.

앞과 같은 주소를 요청받은 PHP 파일에서 데이터를 사용하려면 $_GET을 사용합니다. $_GET의 데이터형은 배열이며, GET 방식으로 전달된 데이터가 배열 $_GET에 전송되며 인덱스는 파라미터가 사용됩니다. 그러므로 URL의 파라미터 age와 hobby의 값을 다음과 같이 전달받아 사용할 수 있습니다.

다음은 ?age=20&hobby=collection의 데이터를 받는 코드입니다.

```
age 변수의 값 받기 : $_GET['age']
hobby 변수의 값 받기 : $_GET['hobby']
```

다음은 파라미터 age와 hobby의 값을 받는 예제입니다.

```php
1:  <?php
2:      echo "age의 값 : ".$_GET['age'];
3:      echo '<br>';
4:      echo "hobby의 값 : ".$_GET['hobby'];
5:  ?>
```

2 ◆ 배열 $_GET에 있는 인덱스 age의 값을 출력합니다.

4 ◆ 배열 $_GET에 있는 인덱스 hobby의 값을 출력합니다.

[코드 145]를 실행할 때 기존과 같이 http://localhost/php/145-get.php를 입력하면 URL에 데이터가 없으므로 다음과 같이 아무값도 표시되지 않습니다. windows에서는 없는 GET 데이터를 사용한다는 알림 문구가 표시됩니다.

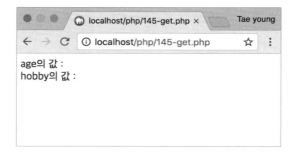

다음의 주소를 사용하여 [코드 145]의 결과를 확인합니다.

http://localhost/php/145-get.php?age=20&hobby=collection

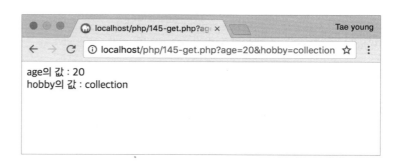

GET 방식으로 FORM 태그의 데이터 전송

- **학습 내용** : form 태그에서 입력한 내용 중 GET 방식으로 서버에 보내는 방법에 대해 학습합니다.
- **힌트 내용** : form 태그의 method 속성의 값으로 GET을 사용하며, PHP에서 배열 $_GET을 사용합니다.

URL에 직접 값을 입력하여 데이터를 받는 파일을 생성했습니다. 이번에는 form 태그를 생성하고 생성한 데이터를 파일로 전송하는 방법에 대해 학습합니다.

form 태그의 method 속성에는 get을 입력하고, action 속성에는 [코드 145]의 파일명인 145-get.php 를 입력합니다.

```
<form method='get action='./145-get.php '>
</form>
```

./는 현재 위치를 의미하며 실행하는 파일과 같은 위치에 있는 145-get.php 파일을 의미합니다. 데 이터를 전송하므로 input 태그의 type 속성의 값을 submit로 한 버튼도 필요합니다.

📁 **[코드 146] 146-form-get.php**

```
 1: <!DOCTYPE html>
 2: <html>
 3: <head>
 4: <title>GET 방식 데이터 입력폼</title>
 5: </head>
 6: <body>
 7: <form name="test" method="get" action="./145-get.php">
 8:     나이 : <input type="text" name="age" />
 9:     취미 : <input type="text" name="hobby" />
10:     <input type="submit" value="전송" />
11: </form>
12: </body>
13: </html>
```

7 ◆ method 속성의 값으로 get을 사용하여 GET 방식으로 데이터를 전달하며 action 속성의 값으로 ./145-get.php를 사용하여 같은 위치의 142-get.php 파일에 데이터를 전달합니다.

8 ◆ name 속성의 값을 age로 하여 입력폼을 생성합니다.

9 ◆ name 속성의 값을 hobby로 하여 입력폼을 생성합니다.

10 ◆ 데이터를 전송하는 버튼을 생성합니다. type 속성의 값으로 submit를 입력하면 데이터를 전송하는 버튼이 됩니다.

데이터를 입력합니다.

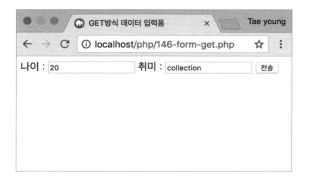

[전송] 버튼을 눌러 145-get.php로 이동합니다.

위 그림을 보면 URL에 입력한 값이 전달되었고 결과 화면에는 입력한 값이 출력되었습니다.

POST 방식 데이터 받기

• **학습 내용 :** POST 방식으로 전달된 데이터를 사용하는 방법에 대해 학습합니다.
• **힌트 내용 :** PHP에서 배열 $_GET을 사용합니다.

POST 방식으로 데이터를 받는 것은 GET 방식으로 데이터를 받는 것과 크게 다르지 않습니다. $_GET 배열 대신 $_POST 배열을 사용합니다. POST 방식은 HTTP의 리퀘스트 내의 head와 body로 구분이 되는 곳의 body 영역에 데이터를 실어서 보내는 방식이며 GET과 달리 값이 보이지 않으므로 GET 방식보다 보안 측면에서 더 좋습니다.

POST 방식의 데이터를 받으려면 다음과 같이 사용합니다.

$_POST[name 속성값];

다음은 POST 방식으로 값을 받는 예제입니다. 이 예제도 POST 방식으로 전송하는 form 태그의 action 속성에 사용됩니다.

📁 **[코드 147] 147-post.php**

```php
1: <?php
2:     echo "age의 값 : ".$_POST['age'];
3:     echo '<br>';
4:     echo "hobby의 값 : ".$_POST['hobby'];
5: ?>
```

배열 $_POST에 있는 인덱스 age의 값을 출력합니다.

◆ 2

배열 $_POST에 있는 인덱스 hobby의 값을 출력합니다.

◆ 4

데이터가 존재하지 않으므로 표시하는 값이 없습니다. windows에서는 없는 POST 데이터를 사용한다는 알림 문구가 표시됩니다.

POST 방식으로 FORM 태그의 데이터 전송

- **학습 내용 :** form 태그에서 입력한 내용을 POST 방식으로 서버에 보내는 방법에 대해 학습합니다.
- **힌트 내용 :** form 태그의 method 속성의 값으로 POST를 사용하며, PHP에서 배열 $_POST를 사용합니다.

form 태그의 method 속성의 값을 post로 변경하면 POST 방식으로 데이터를 전송합니다.

다음은 action 속성의 값을 [./147-post.php]로 설정하여 POST 방식으로 데이터를 전송하는 입력 폼을 만든 예제입니다.

📁 **[코드 148] 148-form-post.php**

```
 1: <!DOCTYPE html>
 2: <html>
 3: <head>
 4: <title>POST 방식 데이터 입력폼</title>
 5: </head>
 6: <body>
 7: <form name="test" method="post" action="./147-post.php">
 8:     나이 : <input type="text" name="age" />
 9:     취미 : <input type="text" name="hobby" />
10:     <input type="submit" value="전송" />
11: </form>
12: </body>
13: </html>
```

POST 방식으로 전송하기 위해 method 속성의 값으로 post을 적용합니다.

◆ 7

435

다음은 데이터를 입력한 그림입니다.

다음은 [전송] 버튼을 눌러 147-post.php로 이동한 그림입니다.

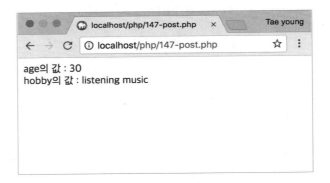

위 그림을 보면 GET 방식과 달리 URL에 입력한 값이 노출되지 않음을 알 수 있습니다.

입력한 데이터를 데이터베이스에 저장하기

- **학습 내용 :** form 태그에서 입력한 내용을 데이베이스에 저장합니다.
- **힌트 내용 :** 이미 학습한 form 태그와 데이터베이스에 레코드 입력하는 내용을 응용합니다.

웹 서비스를 이용하면서 입력하는 개인정보, 게시글 등은 대부분 데이터베이스에 저장됩니다. 앞에서 이미 form 태그에서 입력한 데이터를 서버로 전송하는 방법을 학습했고, 또한 테이블에 데이터를 입력하는 방법도 학습했으므로 이 두가지를 응용하면 구현할 수 있습니다.

데이터베이스의 INSERT문을 학습할 때 SQL문에 입력할 데이터를 POST 또는 GET으로 받은 데이터를 입력합니다.

예를 들면 다음과 같습니다.

```
INSERT INTO 테이블명 (field1, field2) VALUES ($_POST['v'], $_POST['v2']);
```

다음은 myMember 테이블에 데이터를 입력하기 위한 폼입니다.

📁 **[코드 149-1] 149-1-form-post.php**

```
 1: <!DOCTYPE html>
 2: <html>
 3: <head>
 4: <title>myMember 테이블의 데이터 입력 폼</title>
 5: </head>
 6: <body>
 7: <form name="test" method="post" action="./149-2-insert.php">
 8:     <input type="text" name="userId" placeholder="아이디 입력" required />
 9:     <br>
10:     <input type="text" name="userName" placeholder="이름 입력" required />
11:     <br>
12:     <input type="password" name="userPw" placeholder="비밀번호 입력" required />
13:     <br>
14:     <input type="text" name="userPhone" placeholder="휴대폰번호 입력" required />
15:     <br>
```

```
16:        <input type="email" name="userEmail" placeholder="이메일 입력" required />
17:        <br>
18:        생일 : <br>
19:        <select name="birthYear" required>
20: <?php
21:        $thisYear = date('Y', time( ));
22:        for($i = 1960; $i <= $thisYear; $i++){
23:            echo "<option value='{$i}'>{$i}</option>";
24:        }
25: ?>
26:        </select>년
27:        <select name="birthMonth" required>
28: <?php
29:        for($i = 1; $i <= 12; $i++){
30:            echo "<option value='{$i}'>{$i}</option>";
31:        }
32: ?>
33:        </select>월
34:        <select name="birthDay" required>
35: <?php
36:        for($i = 1; $i <= 31; $i++){
37:            echo "<option value='{$i}'>{$i}</option>";
38:        }
39: ?>
40:        </select>일
41:        <br>
42:        성별 : <br>
43:        남<input type="radio" name="userGender" value="m" required />
44:        여<input type="radio" name="userGender" value="w" required />
45:        <br>
46:        <input type="submit" value="입력" />
47: </form>
48: </body>
49: </html>
```

7 ◆ form 태그를 생성하고 method 속성의 값으로 post, action 속성의 값으로 앞으로 구현할 149-2-insert.php 파일명을 값으로 사용합니다.

지금까지 본적없는 속성으로 required가 있습니다. required 속성을 사용하면 해당 입력폼을 필수 입력폼으로 지정합니다. 입력하지 않은 채 [입력] 버튼을 누르면 입력을 알리는 문구를 사용자에게 표시합니다.

아이디, 이름, 비밀번호, 휴대폰번호, 이메일을 입력하는 폼을 생성합니다. ◆ 8~16

생년월일의 생년을 선택하는 폼입니다. select 태그로 생성하여 자신이 태어난 년도를 선택합니다. ◆ 19~26
선택할 수 있는 범위는 1960년도부터 현재 년도까지이며 현재 년도를 구하여 변수 thisYear에 대입
합니다. 1960년도부터 현재 년도까지 표시하기 위해 많은 option 태그가 필요하므로 반복문을 이용
하여 표시합니다.

생년월일의 생월을 선택하는 폼입니다. select 태그로 생성하여 자신이 태어난 월을 선택합니다. 월 ◆ 27~33
은 1월부터 12월까지이므로 반복문에 변수 i의 값에 1을 대입하고 12가 될 때까지 반복합니다.

생년월일의 생일을 선택하는 폼입니다. select 태그로 생성하여 자신이 태어난 일을 선택합니다. 일 ◆ 34~40
은 1일부터 31일까지이므로 반복문에 변수 i의 값에 1을 대입하고 31이 될 때까지 반복합니다.

성별을 선택하는 입력폼입니다. 남, 여 둘 중에 하나를 선택할 수 있도록 type 속성에 radio를 입력 ◆ 43~44
합니다.

form 태그에 있는 데이터를 전송하는 버튼입니다. 버튼을 누르면 앞으로 구현할 파일은 149-2- ◆ 46
insert.php 파일로 입력한 데이터가 전송됩니다.

[코드 149-1]의 form 태그의 action 속성에 명시된 [149-2-insert.php] 파일을 생성하겠습니다.
[149-2-insert.php]는 [149-1-form-post.php]에서 보낸 데이터를 myMember 테이블에 저장하는
기능을 합니다.

```php
1: <?php
2:     include $_SERVER['DOCUMENT_ROOT'].'/php/108-2-connectDB.php';
3:
4:     $uId = $_POST['userId'];
5:     $uName = $_POST['userName'];
6:     $uPw = $_POST['userPw'];
7:     $uPhone = $_POST['userPhone'];
8:     $uEmail = $_POST['userEmail'];
9:     $uBirthDay = $_POST['birthYear'].'-'.$_POST['birthMonth'].'-'.$_POST['birthDay'];
10:    $uGender = $_POST['userGender'];
11:
12:    $sql = "INSERT INTO myMember (userId, name, password,";
13:    $sql .= " phone, email, birthDay, gender, regTime)";
14:    $sql .= "VALUES ('{$uId}','{$uName}','{$uPw}','{$uPhone}',";
15:    $sql .= "'{$uEmail}','{$uBirthDay}','{$uGender}',NOW( ))";
16:
17:    $result = $dbConnect->query($sql);
18:
19:    if($result) {
20:        $sql = "SELECT userId, name FROM myMember";
21:        $result = $dbConnect->query($sql);
22:
23:        $dataCount = $result->num_rows;
24:
25:        for($i = 0; $i < $dataCount; $i++){
26:            $memberInfo = $result->fetch_array(MYSQLI_ASSOC);
27:            echo "아이디 : ".$memberInfo['userId'];
28:            echo "<br>";
29:            echo "이름 : ".$memberInfo['name'];
30:            echo "<hr>";
31:        }
32:    } else {
33:        echo "입력 실패";
34:    }
35: ?>
```

4~10 ◆ 배열 $_POST에 있는 데이터를 변수를 선언하여 대입합니다. 이 부분은 변수를 선언하지 않고 $_POST의 데이터를 바로 쿼리문에 입력해도 무방합니다.

생년월일은 데이터를 yyyy-m-d와 같은 형태로 만들어서 입력하기 위해 연결 연산자를 사용하여 ◆ 9
각 구분마다 '-'를 사용합니다.

INSERT문을 생성합니다. 한 줄로 작성하면 길이가 길어 라인이 변경되는 문제가 발생하여 여러 개 ◆ 12~15
로 나눠서 변수 sql에 대입합니다.

쿼리문을 실행합니다. ◆ 17

쿼리문 실행에 성공 시 입력되었는지 확인하기 위해 myMember 테이블의 레코드를 목록을 출력합 ◆ 19~31
니다.

myMember 테이블에 데이터를 입력하는 파일을 생성했습니다. 입력폼인 [149-1-form-post.php]
를 웹브라우저에서 실행하여 데이터를 입력하여 테이블에 데이터가 입력되는지 확인하겠습니다.

웹브라우저에서 [149-1-form-post.php]를 실행하여 데이터를 입력합니다.

> http://localhost/php/149-1-form-post.php

[입력] 버튼을 누르면 데이터가 [149-2-insert.php]로 전송되어 myMember 테이블에 입력됩니다.

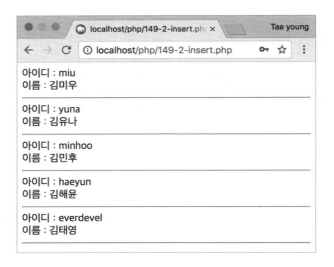

위 그림을 보면 form 태그에 입력한 데이터를 확인할 수 있습니다.

textarea 태그의 내용을 데이터 베이스에 저장하기 – 따옴표 대응

활용

150

- **학습 내용 :** textarea 태그에 입력한 따옴표에 대해 대응하는 방법에 대해 학습합니다.
- **힌트 내용 :** addslashes( ) 함수를 사용합니다.

textarea 태그를 사용하면 장문의 내용을 입력할 수 있습니다. 이중 따옴표를 입력하여 데이터베이스에 저장할 때 쿼리문에서 오류가 발생하게 됩니다. 그럼 어떻게 오류가 발생할 수 있는지에 대해 알아보겠습니다. 우선 textarea 태그를 생성하여 입력폼을 생성합니다.

📂 **[코드 150-1] 150-1-textarea.php**

```
 1: <!DOCTYPE html>
 2: <html>
 3: <head>
 4: <title>TEXTAREA 태그 입력폼</title>
 5: </head>
 6: <body>
 7: <form name="textsave" method="post" action="./150-2-textSave.php">
 8:     <textarea name="text"></textarea>
 9:     <input type="submit" value="저장" />
10: </form>
11: </body>
12: </html>
```

[코드 150-1]의 7라인에 명시된 [150-2-textSave.php] 파일을 생성하겠습니다. textarea 태그에서 입력된 내용은 테이블 prodReview에 저장합니다.

```php
1: <?php
2:     include $_SERVER['DOCUMENT_ROOT'].'/php/108-2-connectDB.php';
3:
4:     $text = $_POST['text'];
5:
6:     $sql = "INSERT INTO prodReview(myMemberID, content, regTime) ";
7:     $sql .= "VALUES(1,'{$text}',NOW( ))";
8:     echo $sql;
9:     echo '<br>';
10:
11:    $res = $dbConnect->query($sql);
12:
13:    if($res){
14:        echo "입력 성공";
15:    }else{
16:        echo '입력 실패';
17:    }
18: ?>
```

8 ◆ 쿼리문을 확인하기 위해 출력합니다.

웹브라우저에서 [150-1-textarea.php] 파일을 열고 다음의 내용을 입력합니다.

내용을 입력한 후 저장 버튼을 누르면 다음과 같이 [입력 실패] 문구와 함께 입력에 실패한 쿼리문을 확인할 수 있습니다.

입력에 실패한 이유는 입력한 문구 [I'm a boy. you're a girl.]에 사용된 따옴표 때문입니다. 문자열은 큰따옴표 또는 작은따옴표에 쌍을 이루어 묶여야 하지만 쿼리문의 문자열을 보면 그렇지 않습니다.

> 'I'm a boy. You're a girl.'

I의 앞 뒤에 작은따옴표가 위치하여 문자열이 시작후 I(영문 아이) 이후 다시 작은따옴표가 위치하여 문자열이 끝났지만 입력한 문자열이 계속 위치하여 입력할 수 없는 쿼리문이 되어 쿼리문 실행 시 오류를 발생시킵니다. 이에 대응하기 위해 addslashes( ) 함수를 사용합니다.

addslashes( ) 함수 사용 방법

> addslashes(문자열);

addslashes( )를 사용하면 따옴표 앞에 역슬래시가 붙어 따옴표를 문자열의 따옴표 표시용으로 인식하게 됩니다. [코드 150-2]의 4라인을 다음과 같이 addslashes 함수를 사용하여 문자열을 대입하면 오류가 발생하지 않습니다.

> 4: $text = addslashes($_POST['text']);

앞과 같이 코드를 수정 후 웹브라우저에서 [150-2-textSave.php]가 실행된 페이지를 새로고침하면 다음과 같이 정상적으로 데이터가 들어감을 알 수 있습니다.

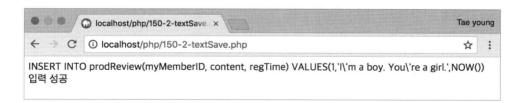

위 그림을 보면 addslashes( ) 함수를 사용함으로써 입력한 내용에 사용된 따옴표앞에 역슬래시가 들어감을 확인할 수 있습니다.

textarea 태그의 내용을 데이터 베이스에 불러오기 – 줄바꿈 대응

• **학습 내용 :** 여러 라인으로 작성된 텍스트를 한 개의 줄에 표시하지 않는 방법에 대해 학습합니다.
• **힌트 내용 :** nl2br( ) 함수를 사용합니다.

앞에서 데이터베이스에 다음과 같이 2개의 라인의 내용을 입력했습니다.

I'm a boy.
You're a girl.

앞의 내용을 웹페이지에 출력하면 입력했을 때와 같이 2개의 라인으로 표시가 되어야 합니다. 하지만 별다른 조치 없이 내용을 불러오면 1개의 라인에 앞의 내용이 표시됩니다.

다음은 앞에서 입력한 내용을 출력하는 예제입니다.

📁 **[코드 151] 151-nl2br.php**

```php
1: <?php
2:     include $_SERVER['DOCUMENT_ROOT'].'/php/108-2-connectDB.php';
3:
4:     $sql = "SELECT * FROM prodReview ORDER BY prodReviewID DESC LIMIT 1";
5:     $res = $dbConnect->query($sql);
6:
7:     $prodReview = $res->fetch_array(MYSQLI_ASSOC);
8:     echo $prodReview['content'];
9: ?>
```

4 ◆ prodReview 테이블에 마지막으로 입력된 내용을 불러오는 쿼리문입니다.

위 그림을 보면 입력한 내용과 달리 줄바꿈 없이 한 줄에 내용이 표시됩니다. 하지만 실제로는 엔터를 입력했던 곳에 [\n]이라는 기호가 입력되어 있습니다. [\n]의 의미는 줄바꿈을 의미합니다. [\n]를 〈br〉 태그로 변경하는 nl2br( ) 함수를 사용하여 줄바꿈 기능을 구현할 수 있습니다.

nl2br( )

```
nl2br(문자열);
```

[코드 151]의 8라인 코드를 다음과 같이 수정하면 줄바꿈 기능이 추가된 문자열을 확인할 수 있습니다.

```
echo nl2br($prodReview['content']);
```

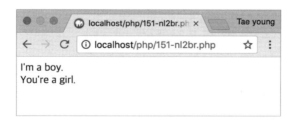

textarea 태그의 내용을 파일에 저장하기

- **학습 내용 :** textarea 태그에 내용을 입력하고 파일에 저장하는 방법에 대해 학습합니다.
- **힌트 내용 :** fwrite( ) 함수를 사용합니다.

textarea 태그에서 입력한 텍스트를 파일에 저장하는 방법에 대해 알아보겠습니다. 우선 텍스트를 입력하는 페이지를 생성합니다.

📁 [코드 152-1] 152-1-textarea.php

```
 1: <!DOCTYPE html>
 2: <html>
 3: <head>
 4: <title>TEXTAREA 태그 입력폼</title>
 5: </head>
 6: <body>
 7: <form name="textsave" method="post" action="./152-2-textSave.php">
 8:     <textarea name="text"></textarea>
 9:     <input type="submit" value="저장" />
10: </form>
11: </body>
12: </html>
```

다음은 [코드 152-1]의 7라인에 명시된 [152-2-textSave.php]입니다. 입력한 내용을 파일에 저장하는 기능을 합니다.

📁 **[코드 152-2] 152-2-textSave.php**

```php
1:  <?php
2:      $content = $_POST['text'];
3:      $fileName = 'text.txt';
4:
5:      $fp = fopen($fileName,'w');
6:
7:      if( $fp ) {
8:          $fw = fwrite($fp, $content);
9:
10:         if( $fw ) {
11:             echo "파일 쓰기 완료";
12:         }else{
13:             echo "파일 쓰기 실패";
14:         }
15:     } else {
16:         echo "파일 열기 실패";
17:     }
18: ?>
```

전달받은 텍스트를 변수 content에 대입합니다. ◆ 2

생성할 파일명을 변수 fileName에 대입합니다. ◆ 3

text.txt 파일을 쓰기 모드로 오픈합니다. ◆ 5

fwrite( ) 함수를 사용하여 내용을 파일에 입력합니다. ◆ 8

입력한 내용을 파일에 쓰기 위해 웹브라우저에서 [152-1-textarea.php]로 이동하여 다음의 텍스트를 입력합니다.

```
hello world
hello world
hello world
hello world
hello world
```

449

저장 버튼을 눌러 입력한 텍스트를 파일에 저장합니다.

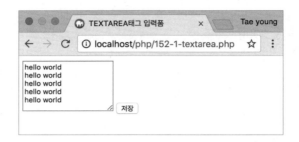

[text.txt] 파일을 열어 내용을 확인하면 입력한 텍스트가 저장되어 있음을 알 수 있습니다.

파일 내용 불러오기

활용
153

- **학습 내용 :** 앞에서 저장한 텍스트를 불러오는 방법에 대해 학습합니다.
- **힌트 내용 :** fread( ) 함수를 사용합니다.

앞에서 텍스트를 여러 라인에 작성하여 파일에 저장했습니다. 해당 파일의 내용을 불러오면 내용이 모두 한 라인에 표시됩니다. 데이터베이스에서 여러 라인의 내용을 불러올 때와 동일한 현상이며, 이 또한 마찬가지로 nl2br( ) 함수를 사용하여 줄바꿈을 포함하여 표시할 수 있습니다.

📁 **[코드 153] 153-textRead.php**

```php
1: <?php
2:     $filePathName = "./text.txt";
3:     //파일 존재 여부 확인
4:     if(file_exists($filePathName)){
5:         //파일 열기
6:         $fp = fopen($filePathName, 'r');
7:         if($fp){
8:             //파일 읽기
9:             $fr = fread($fp, filesize($filePathName));
10:            if($fr){
11:                echo nl2br($fr); //내용 출력
12:                fclose($fp); //파일 닫기
13:            }else{
14:                echo "파일 읽기에 실패했습니다.";
15:            }
16:        }else{
17:            echo "파일 열기에 실패했습니다.";
18:        }
19:    }else{
20:        echo "파일이 존재하지 않습니다.";
21:    }
22: ?>
```

내용을 읽을 파일명을 변수 filePathName에 대입합니다.

◆2

4 ◆ file_exists( ) 함수를 사용해 파일의 존재 유무를 확인합니다.

6 ◆ fopen( ) 함수를 사용해 읽기 모드로 파일을 오픈합니다.

9 ◆ fread( ) 함수를 사용해 파일의 내용을 읽습니다.

11 ◆ 파일의 내용을 nl2br( ) 함수가 반환한 값을 출력합니다. nl2br은 \n을 br 태그로 변경하는 기능을 합니다.

nl2br을 사용하지 않은 경우 다음과 같이 출력됩니다.

이미지 파일을 서버에 업로드하기

- **학습 내용 :** 이미지 파일을 서버에 업로드하는 방법에 대해 학습합니다.
- **힌트 내용 :** move_uploaded_file( ) 함수를 사용합니다

앞에서 학습한 FORM 태그의 input 태그에서 type 속성의 값이 file일 때 파일을 업로드할 수 있는 폼을 만드는 방법에 대해 알아보았습니다. 서버에 파일을 전송하여 파일을 업로드하는 방법에 대해 알아보겠습니다. 우선 파일을 업로드 할 폼이 있는 페이지를 생성하겠습니다.

📁 **[코드 154-1] 154-1-fileUploadForm.php**

```
 1: <!DOCTYPE html>
 2: <html>
 3: <head>
 4: <title>파일 업로드 폼</title>
 5: </head>
 6: <body>
 7: <form name="fileUpload" method="post" action="./154-2-imgUpload.php"
 8:     enctype="multipart/form-data">
 9:    <input type="file" name="imgFile" />
10:    <input type="submit" value="업로드"/>
11: </form>
12: </body>
13: </html>
```

파일을 업로드하는 기능을 가진 폼이므로 form 태그에 enctype 속성을 사용하고 값으로 multipart/form-data를 사용합니다. ◆ 8

파일을 업로드할 수 있도록 type 속성에 file을 작성합니다. name 속성에는 imgFile을 사용했으므로 PHP에서 인덱스로 사용됩니다. ◆ 9

전송 버튼입니다. ◆ 10

이미지 파일을 서버에 저장하는 방법에 대해 알아보겠습니다. [코드 154-1]에서 form 태그에 method 속성의 값으로 post를 사용했습니다. 보통의 값은 PHP의 배열 $_POST에 값이 대입되었습니다. 파일 전송 시에는 배열 $_FILES에 값이 대입됩니다.

파일을 업로드하면 배열 $_FILES이 어떠한 값을 갖는지 확인하겠습니다. 다음은 var_dump()를 사용하여 배열 $_FILES의 값을 확인하는 예제입니다.

[코드 154-2] 154-2-imgUpload.php

```php
1: <?php
2: echo '<pre>';
3: var_dump($_FILES);
4: echo '</pre>';
5: ?>
```

웹브라우저에 [154-1-fileUploadForm.php]을 실행하여 보유하고 있는 이미지 파일을 업로드합니다.

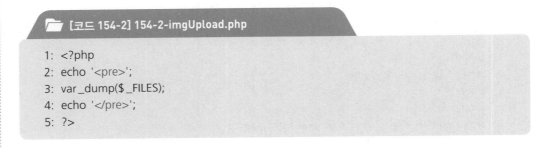

업로드하면 위 그림과 같이 파일에 대한 정보를 확인할 수 있습니다.

배열 $_FILES['imgFile']가 갖고 있는 정보를 보면 name 인덱스에 everdevel.png라는 업로드한 파일명이 존재하며, type 인덱스에는 image/png가 존재합니다. 이는 이미지 파일이고 확장자는 png임을 의미합니다. 그리고 tmp_name 인덱스에는 우리가 업로드한 파일이 임시로 저장된 폴더와 파일명을 보여줍니다. 아직 서버에 업로드하는 프로그래밍은 하지 않았으나 이미 이 작업만으로 서버의 임시 파일을 저장하는 공간에는 파일이 업로드된 상태입니다.

임시로 업로드된 파일을 원하는 장소에 옮기는 작업이 필요합니다. 이를 가능하게 해주는 함수는 move_uploaded_file()입니다.

move_uploaded_file()에 두 개의 아규먼트가 들어갑니다. 첫 번째 아규먼트로 업로드한 파일의 임시 위치, 두 번째 아규먼트에는 옮길 위치 및 파일명입니다.

```
move_uploaded_file($_FILES['imgFile']['tmp_name'],'./happyCat.png');
```

다음은 업로드한 파일을 현재 작업중인 [php] 폴더로 저장하는 예제입니다. 앞에서 생성한 [154-2-imgUpload.php] 파일을 다음과 같이 수정합니다.

📁 **[코드 154-2] 154-2-imgUpload.php**

```
1:  <?php
2:      // 임시 저장된 정보
3:      $myTempFile = $_FILES['imgFile']['tmp_name'];
4:
5:      // 파일 타입 및 확장자 구하기
6:      $fileTypeExtension = explode("/", $_FILES['imgFile']['type']);
7:
8:      // 파일 타입
9:      $fileType = $fileTypeExtension[0];
10:     // 파일 확장자
11:     $extension = $fileTypeExtension[1];
12:
13:     //확장자 검사
14:     $isExtGood = false;
15:
16:     switch($extension){
17:         case 'jpeg':
18:         case 'bmp':
19:         case 'gif':
```

```php
20:          case 'png':
21:          $isExtGood = true;
22:          break;
23:          default :
24:              echo "허용하는 확장자는 jpg, bmp, gif, png 입니다. - switch";
25:              exit;
26:              break;
27:      }
28:
29:      //이미지 파일이 맞는지 확인
30:      if($fileType == 'image'){
31:          // 허용할 확장자를 jpg, bmp, gif, png로 정함, 그 외는 업로드 불가
32:          if($isExtGood){
33:              // 임시 파일 옮길 저장 및 파일명
34:              $myFile = "./happyCat.{$extension}";
35:              // 임시 저장된 파일을 우리가 저장할 장소 및 파일명으로 옮김
36:              $imageUpload = move_uploaded_file($myTempFile,$myFile);
37:
38:              //업로드 성공 여부 확인
39:              if($imageUpload == true){
40:                  echo '파일이 정상적으로 업로드 되었습니다. <br>';
41:                  echo "<img src='{$myFile}' width='100'/>";
42:              }else{
43:                  echo '파일 업로드에 실패했습니다. ';
44:              }
45:          }
46:          //확장자가 jpg, bmp, gif, png가 아닐때
47:          else{
48:              echo "허용하는 확장자는 jpg, bmp, gif, png 입니다. - else";
49:              exit;
50:          }
51:      }
52:      // type이 image가 아닐때
53:      else{
54:          echo "이미지 파일이 아닙니다. ";
55:          exit;
56:      }
57: ?>
```

변수 $_FILES의 정보로 넘어온 파일의 임시 위치값을 대입합니다. ◆ 3

업로드한 파일의 타입과 확장자를 구합니다. explode( ) 함수는 특정한 문자열을 기준으로 배열을 나 ◆ 6
눕니다. $_FILES['myImage']['type']는 '/'를 기준으로 앞에는 파일 타입, 뒤에는 확장자를 갖습니다.

파일 타입을 변수 fileType에 대입합니다. ◆ 9

파일 확장자를 변수 extension에 대입합니다. ◆ 11

사용할 수 있는 확장자인지에 대한 유무를 대입합니다. 사용할 수 있는 확장자이면 true를 대입하고 ◆ 14
그렇지 않으면 false를 대입합니다.

확장자가 jpeg, bmp, gif, png이면 사용할 수 있으므로 변수 isExtGood에 true를 대입합니다. 사용할 ◆ 16~27
수 없다면 25라인에 의해 페이지의 작동이 중지됩니다.

원하는 파일의 위치와 파일명을 지정합니다. ◆ 34

move_uploaded_file( ) 함수를 실행한 후 return값을 변수 imageUpload에 대입합니다. ◆ 36

파일 업로드 성공 여부를 확인하기 위한 코드입니다. ◆ 39~44

성공 시 해당 파일을 보여주도록 이미지 태그를 사용했습니다. 이미지 태그는 웹페이지에 이미지를 ◆ 41
표시할 때 사용하며, src 속성에 파일의 경로와 파일명을 입력합니다. width는 크기를 지정하는 속
성입니다.

CHAPTER 3

JSON 언어 다루기

JSON이란

- **학습 내용 :** JSON언어에 대해 학습합니다.
- **힌트 내용 :** JSON은 서로 다른 언어 간에 데이터를 전달하는 역할을 합니다.

JSON은 서로 다른 프로그래밍 언어 간에 데이터를 전달하기 위해 사용하는 언어입니다. FORM 태그에 대해 학습할 때 데이터를 입력하고 전송하면 페이지가 변환된 후 데이터를 처리했습니다. 요즘은 페이지 변환 없이 페이지에서 데이터를 전송하고 처리한 결과를 받아서 어떠한 행동을 하게 하는 방식을 더 많이 사용합니다. 자주 경험하는 예로, 회원가입 시에 아이디가 이미 존재하는지 확인하는 기능입니다. 아이디 중복 버튼을 누르면 페이지가 전환되지 않고 같은 페이지에서 해당 아이디가 있는지 없는지를 알려주는데, 이때 전달되는 데이터가 JSON으로 구성됩니다. 이러한 JSON을 다루는 방법에 대해 알아보겠습니다. 본서에서 JSON을 다루는 이유는 PHP를 사용하여 JSON 데이터로 반환하여 사용하는 경우가 많기 때문입니다.

JSON 데이터로 변경을 하기 전에 우선 JSON에 대해 알아보겠습니다. JSON은 기본적으로 다음과 같은 구조를 갖습니다. PHP로 생각하면 $변수명 = 값과 같습니다.

```
{변수명:값}
```

변수가 userID이고 userID 변수의 값이 mickey이면 다음과 같이 표현합니다.

 [코드 155-1] 155-1-json.php

```
1: {userID:'mickey'}
```

PHP로 생각하면 $userID = 'mickey'와 같습니다.
하나의 변수에 여러 데이터를 담으려면 값을 배열로 사용합니다. 배열을 사용하려면 [ ]를 사용합니다. userID 변수에 여러 값을 대입하면 다음과 같이 입력합니다.

 [코드 155-2] 155-2-jsonArray.php

```
1: {userID:['first','second','third']}
```

자바스크립트로 JSON 데이터 다루기

- **학습 내용 :** 자바스크립트에서 JSON 언어를 다루는 방법에 대해 학습합니다.
- **힌트 내용 :** 자바스크립트는 서버 환경을 구축하지 않고도 사용할 수 있는 웹브라우저에서 작동하는 프로그래밍 언어입니다.

JSON은 서로 다른 프로그래밍 언어 간에 데이터를 전달하기 위한 언어입니다. 본서에서 JSON을 다루는 이유는 PHP 언어와 JavaScript라는 언어 간에 데이터를 전달하기 위함입니다. 결론적으로 어떠한 버튼을 눌렀을 때 페이지의 변환 없이 서버단(PHP)에서 처리한 결과를 받아서 어떠한 행동을 하는 것을 구현하기 위함입니다. 클라이언트 사이드에서 JSON 데이터를 학습 후 서버사이드에서 JSON 데이터를 다루는 방법을 알아보겠습니다.

클라이언트 사이드에서는 자바스크립트라는 언어를 사용합니다. 자바스크립트는 html 태그의 head 태그 내에 script 태그를 생성하여 script 태그 내에서 사용합니다. 자바스크립트에 대해서는 PHP와 데이터 교환을 위한 최소한의 내용만 다룹니다.

자바스크립트 사용 방법

```
<head>
<script>
//이곳에서 자바스크립트 언어 사용
</script>
</head>
```

자바스크립트 언어는 head 태그 내에 script 태그를 생성하여 작성합니다. 자바스크립트에서 데이터의 결과를 보기 위해 사용하는 함수는 console.log( )입니다.

console.log( ) 사용 방법

```
console.log(표시할 데이터)
```

console.log( ) 함수가 출력하는 데이터는 크롬 인스펙터의 콘솔 탭에서 확인할 수 있습니다. 크롬 인스펙터를 열고 닫는 단축키는 Command + Alt + I (window F12)입니다.

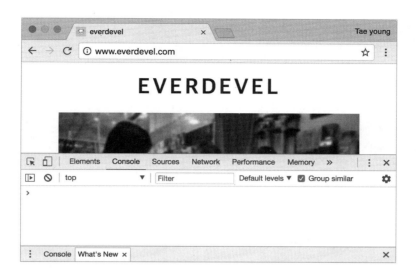

JSON 데이터를 사용하려면 자바스크립트의 변수에 해당 JSON 데이터를 대입합니다.
다음과 같은 JSON 데이터가 있습니다.

```
{userID:'mickey'}
```

앞의 JSON 데이터에 접근하려면 변수에 대입합니다. 다음은 변수에 앞의 JSON 데이터를 대입한
코드입니다.

```
data = {userID:'mickey'};
```

data 변수에 있는 JSON 데이터의 변수 userID의 값을 얻으려면 JSON 데이터를 대입한 변수명에
점(.)을 붙여 JSON 데이터의 변수명을 입력합니다.
다음과 같이 접근할 수 있습니다.

```
data.userID
```

console.log( ) 함수를 사용하여 data.userID의 값을 확인하는 방법은 다음과 같습니다.

```
console.log(data.userID);
```

다음은 JSON 데이터를 변수에 대입하고 값을 확인하는 예제입니다.

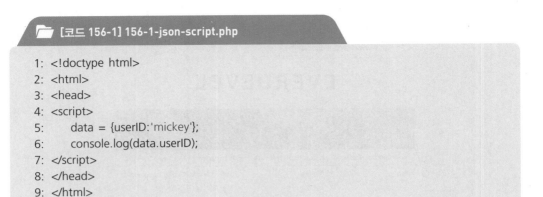

[코드 156-1] 156-1-json-script.php

```
1: <!doctype html>
2: <html>
3: <head>
4: <script>
5:     data = {userID:'mickey'};
6:     console.log(data.userID);
7: </script>
8: </head>
9: </html>
```

4 ◆ 자바스크립트를 사용하기 위해 script 태그를 엽니다.

5 ◆ data 변수를 생성하고 값으로 json 데이터를 대입합니다.

6 ◆ console.log()를 사용해 JSON 데이터의 userID 값을 출력합니다.

console.log()를 사용하여 값을 확인할 때는 반드시 콘솔창을 열어야 확인이 가능합니다. 그러므로 크롬 익스텐션을 켜서 콘솔창을 선택 후 값을 확인할 수 있습니다.

위 그림을 보면 data.userID의 값이 출력됨을 확인할 수 있습니다.

JSON의 userID값이 배열일 때 데이터를 가져오는 방법에 대해 알아보겠습니다.

JSON 데이터가 다음과 같다면 userID의 데이터는 배열로 되어 있으므로 first값은 0인덱스, second 값은 1인덱스, third값은 2인덱스로 가져올 수 있습니다.

```
data = {userID:['first','second','third']}
```

first값을 가져온다면 코드는 다음과 같습니다.

```
data.userID[0];
```

다음은 JSON 데이터가 배열일 때 값을 가져오는 예제입니다.

📁 **[코드 156-2] 156-2-json-script.php**

```
 1: <!doctype html>
 2: <html>
 3: <head>
 4: <script>
 5:     data = {userID:['first','second','third']};
 6:     console.log(data.userID[0]);
 7:     console.log(data.userID[1]);
 8:     console.log(data.userID[2]);
 9: </script>
10: </head>
11: </html>
```

userID를 배열로 하여 first, second, third를 순차적으로 대입합니다. ◆ 5

userID의 첫 번째 값을 출력합니다. ◆ 6

userID의 두 번째 값을 출력합니다. ◆ 7

userID의 세 번째 값을 출력합니다. ◆ 8

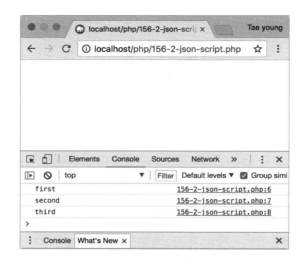

좀더 복잡한 구조의 JSON 데이터를 다루겠습니다. 다음과 같은 JSON 데이터가 있습니다.

```
{student:[{name:'mima',score:{math:4,english:5,science:6}},{name:'haro',score:{math:7,english:8,science:9}}]}
```

한 눈에 보기에 어려울 수 있으므로 보기 쉽게 표현하면 다음과 같습니다.

```
{student:
  [
    {name:'mima',
    score:{
      math:4,
      english:5,
      science:6
      }
    },
    {name:'haro',
    score:{
      math:7,
      english:8,
      science:9
      }
    }
  ]
}
```

앞의 JSON 데이터에서 name 변수의 첫 번째 데이터의 score 변수의 math 변수의 값을 가져온다면 코드는 다음과 같습니다.

```
data.student[0].score.math;
```

다음은 앞의 코드의 예제입니다.

📁 **[코드 156-3] 156-3-json-script.php**

```
 1: <!doctype html>
 2: <html>
 3: <head>
 4: <script>
 5:     data =
 6: {student:[{name:'mima',score:{math:4,english:5,science:6}},{name:'haro',score:{math:7,
 7:         english:8,science:9}}]};
 8:     console.log(data.student[0].score.math);
 9: </script>
10:</head>
11: </html>
```

변수 data를 선언합니다.   ◆ 5

JSON 데이터를 입력합니다. 데이터의 길이가 길어 줄바꿈을 한 후 대입합니다.   ◆ 6

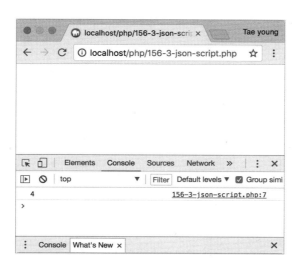

PHP에서 JSON 데이터 다루기

- **학습 내용 :** PHP에서 JSON 데이터를 다루는 방법에 대해 학습합니다.
- **힌트 내용 :** JSON 파일을 만들어 file_get_contents( ) 함수를 사용해 불러옵니다.

자바스크립트의 변수에 JSON 데이터를 대입하여 학습을 진행했습니다. 이번에는 JSON 데이터를 파일로 만들어서 PHP의 file_get_contents( ) 함수를 활용하여 학습을 진행하겠습니다. file_get_contents( )는 파일의 내용을 불러오는 함수입니다.

우선 JSON 데이터를 파일로 저장하겠습니다. 다음의 코드를 [157-1.json] 파일로 저장합니다.

📁 **[코드 157-1] 157-1.json**

```
{"student":[{"name":"mima","score":{"math":4,"english":5,"science":6}},{"name":"haro",
"score":{"math":7,"english":8,"science":9}}]}
```

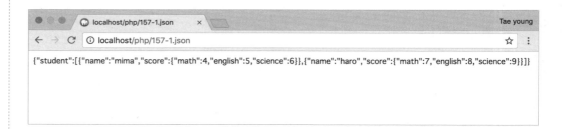

file_get_contents( ) 함수를 사용하여 앞에서 저장한 [157-1.json] 파일의 데이터를 불러오겠습니다.

file_get_contents( ) 함수 사용 방법

```
file_get_contents(파일 경로와 파일명);
```

앞에서 생성한 [157-1.json] 파일을 예로 든다면 다음과 같습니다.

```
file_get_contents('./157-1.json');
```

file_get_contents( ) 함수는 파일의 내용을 반환합니다.

다음은 file_get_contens( ) 함수를 사용하여 [157-1.json] 파일의 내용을 불러오는 예제입니다.

📁 **[코드 157-2] 157-2-fileGetContents.php**

```php
1: <?php
2:     $data = file_get_contents('./157-1.json');
3:     if( $data !== false ) {
4:         echo "데이터형 : ".gettype($data)."<br>";
5:         echo $data;
6:     } else {
7:         echo "실패";
8:     }
9: ?>
```

file_get_contents( ) 함수를 사용해 [157-1.json] 파일에 있는 내용을 변수 data에 대입합니다. ◆ 2

변수 data의 데이터형을 확인합니다. ◆ 4

변수 data의 내용을 출력합니다. ◆ 5

JSON 데이터는 현재 PHP측에서 텍스트(스트링형)일 뿐입니다. 즉 JSON 데이터의 name 변수, score 변수를 찾아서 활용할 수 없는 단계입니다. 그래서 스트링형으로 인식되는 JSON 데이터를 배열 데이터로 인식할 수 있게 변경해야 합니다.

배열로 변경하기 위해서는 json_decode( ) 함수를 사용합니다.

json_decode( ) 함수 사용 방법

json_decode(변수, true);

다음은 json_decode( ) 함수를 활용하여 var_dump( )로 데이터를 확인하는 예제입니다.

```php
1: <?php
2:     $data = file_get_contents('./157-1.json');
3:
4:     if( $data !== false ) {
5:         $data = json_decode($data,true);
6:         echo "데이터형 : ".gettype($data)."<br>";
7:         echo $data['student'][0]['score']['math'];
8:         echo "<br><pre>";
9:         var_dump($data);
10:    } else {
11:        echo "실패";
12:    }
13: ?>
```

2◆ file_get_contents( ) 함수를 사용해 [157-1.json] 파일의 내용을 불러옵니다.

5◆ 데이터형이 string인 JSON 데이터를 배열 데이터로 변환하기 위해 json_decode( ) 함수를 사용하고 두 번째 아규먼트로 true를 사용합니다.

6◆ 데이터형이 배열 데이터로 변경되었는지 확인합니다.

7◆ 일부 데이터를 출력합니다.

9◆ var_dump( )를 사용해 전체 데이터를 확인합니다.

```
데이터형 : array
4

array(1) {
 ["student"]=>
 array(2) {
  [0]=>
  array(2) {
   ["name"]=>
   string(4) "mima"
   ["score"]=>
   array(3) {
    ["math"]=>
    int(4)
    ["english"]=>
    int(5)
    ["science"]=>
    int(6)
   }
  }
  [1]=>
  array(2) {
   ["name"]=>
   string(4) "haro"
   ["score"]=>
   array(3) {
    ["math"]=>
    int(7)
    ["english"]=>
    int(8)
    ["science"]=>
    int(9)
   }
  }
 }
}
```

PHP에서 데이터를 JSON으로 만들기

- **학습 내용 :** PHP에서 JSON 데이터를 다루는 방법에 대해 학습합니다.
- **힌트 내용 :** JSON 파일을 만들어 file_get_contents( ) 함수를 사용해 불러옵니다.

서버사이드에서 클라이언트 사이드로 데이터를 전송하려면 서버에서 데이터를 json으로 변경해야 합니다. PHP의 데이터를 json으로 변경하려면 json_encode( ) 함수를 사용합니다.

json_encode( ) 사용 방법

```
json_encode(변수);
```

json_encode( ) 함수에 배열을 선언하여 키와 값을 표시합니다. 예제를 통해 확인하겠습니다.

📁 [코드 158] 158-jsonEncode.php

```php
1: <?php
2:    echo json_encode(
3:        array(
4:            'result' => 'success',
5:            'data' => array(
6:                'english' => 100,
7:                'math' => 95,
8:            )
9:        )
10:    );
11: ?>
```

2 ◆ json_encode( ) 함수가 반환하는 값을 출력하기 위해 echo 출력문을 사용합니다.

3 ◆ array( ) 함수를 사용하여 배열로 데이터를 입력합니다.

4 ◆ 인덱스를 'result'로 지정하고 값으로 'success'를 대입합니다.

배열 data를 생성합니다.   ◆ 5

data 배열에 english 인덱스를 생성하고 100을 대입합니다.   ◆ 6

data 배열에 math 인덱스를 생성하고 95를 대입합니다.   ◆ 7

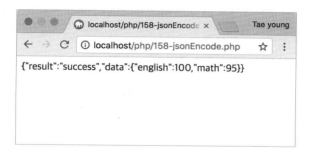

위 그림을 보면 [코드 158]에서 json_encode( )의 아규먼트로 사용한 배열이 JSON 형태로 변경됨을
알 수 있습니다.

데이터베이스 자료를 JSON으로 만들기

- **학습 내용 :** PHP로 데이터베이스 자료를 JSON 데이터로 변경하는 방법에 대해 학습합니다.
- **힌트 내용 :** 테이블에서 데이터를 불러오는 방법과 PHP에서 JSON 데이터를 만드는 방법을 응용합니다..

PHP에서 JSON 데이터 생성하는 방법을 이용하여 데이터베이스의 데이터를 JSON 데이터로 출력하는 방법에 대해 알아보겠습니다. 이 방법은 앞에서 학습한 json_encode( ) 함수를 사용하므로 앞에서 학습한 내용과 많이 다르지 않습니다. 테이블의 데이터를 배열로 만들어 json_encode( ) 함수에 적용합니다. 다음은 myMember 테이블의 데이터를 JSON 데이터로 생성하는 예제입니다.

📁 **[코드 159] 159-db-Json.php**

```php
1: <?php
2:    include $_SERVER['DOCUMENT_ROOT'].'/php/108-2-connectDB.php';
3:
4:    $sql = "SELECT * FROM myMember";
5:    $result = $dbConnect->query($sql);
6:
7:    $dataCount = $result->num_rows;
8:
9:    $memberList = array( );
10:
11:    for($i = 0; $i < $dataCount; $i++){
12:        $memberInfo = $result->fetch_array(MYSQLI_ASSOC);
13:        array_push($memberList, $memberInfo);
14:    }
15:
16:    echo json_encode(
17:        array(
18:            'data' => $memberList,
19:        )
20:    )
21: ?>
```

4 ◆ myMember 테이블의 데이터를 모두 불러오는 쿼리문입니다.

9 ◆ 회원 데이터를 대입하기 위해 배열 memberList를 생성합니다.

데이터의 수가 다수이므로 반복문을 사용합니다.

fetch_array( ) 메소드가 반환한 값을 변수 memberInfo에 대입합니다.

array_push( ) 함수를 사용해 회원 데이터를 배열 memberList에 추가합니다.

json_encode( ) 함수를 사용해 배열 데이터를 JSON 데이터로 생성합니다.

◆ 11

◆ 12

◆ 13

◆ 16~20

데이터의 수가 늘어나니 육안으로 식별하기 어렵습니다. 이런 경우 코드를 보기 쉽게 만들어주는 beautify 기능을 사용하면 식별하기 쉽게 표현합니다.

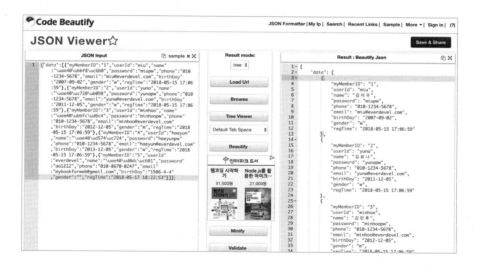

위 그림에 사용된 사이트 주소는 https://codebeautify.org/jsonviewer입니다.

왼쪽 입력란에 [코드 159]의 결과를 붙여넣기한 후 [Beautify] 버튼을 누르면 오른쪽과 같이 값을 구별하기 쉽게 표현합니다.

CHAPTER 4

MySQL – PHP – AJAX 연동

클라이언트에서 JSON 데이터 호출하기

- **학습 내용**: 자바스크립트 언어로 JSON 데이터를 출력하는 PHP 파일을 호출하는 방법에 대해 학습합니다.
- **힌트 내용**: AJAX를 사용합니다.

JSON 데이터를 출력하는 페이지를 만들었습니다. 이 데이터를 클라이언트 사이드에서 페이지 변환 없이 호출하고 반환된 데이터를 사용하는 방법에 대해 알아보겠습니다. 페이지 변환 없이 데이터를 주고 받으려면 AJAX(Asynchronous JavaScript And XML)를 사용합니다.

AJAX에 대해 간단히 확인하겠습니다. AJAX는 웹 서비스에서 많이 사용되고 있는 기능입니다. [좋아요], [공감], [비공감], [중복 아이디 확인] 등이 이에 해당합니다. 클릭하여도 페이지의 변환 없이 해당 데이터를 요청하고 반환된 값에 따라 페이지에 액션을 취합니다.

이 기능은 클라이언트에서 구현하므로 script 태그 내에서 코드를 작성합니다. AJAX 기능을 구현하기 위해 이미 구현되어 있는 XMLHttpRequest 클래스를 사용합니다.

다음은 AJAX 기능을 구현하는 기본 코드입니다.

```
var xhttp = new XMLHttpRequest( );
xhttp.onreadystatechange = function( ) {
//기능 구현
}; xhttp.open(전송 방식, 요청할 파일, true);
xhttp.send(전송값);
```

전송 방식에는 GET 또는 POST를 입력합니다. 요청할 파일에는 JSON 데이터를 반환하는 파일을 적습니다. 전송값에 전송할 값이 있다면 값을 적고, 없다면 공백으로 둡니다.

기능 구현에는 요청한 데이터를 받은 후 웹페이지에 구현할 기능을 적습니다. 요청받은 데이터는 this.responseText에 대입됩니다.

다음은 [157-1.json] 파일에 있는 데이터를 요청하고 값을 확인하는 예제입니다.

```
 1: <!doctype html>
 2: <html>
 3: <head>
 4: <script>
 5:     var xhttp = new XMLHttpRequest( );
 6:     xhttp.onreadystatechange = function( ) {
 7:         if (this.readyState == 4 && this.status == 200) {
 8:             console.log(this.responseText);
 9:             data = JSON.parse(this.responseText);
10:             console.log(data.student);
11:         }
12:     };
13:     xhttp.open("POST", "http://localhost/php/157-1.json", true);
14:     xhttp.send( );
15: </script>
16: </head>
17: <body>
18: </body>
19: </html>
```

7 ◆ ajax 통신 시 통신의 연결에 대한 결과를 반환합니다. this.readyState의 값이 4이면 연결 상태 이상이 없음을 의미합니다. this.status는 서버의 처리 결과에 대한 값을 반환하며 값이 200이면 처리 결과가 성공임을 의미합니다.

8 ◆ 서버가 반환한 값을 표시합니다.

9 ◆ 반환한 값은 현재 단순한 문자열에 불가하므로 이를 JSON 데이터로 만들기 위해 JSON.parse( ) 함수를 사용하여 JSON 데이터를 생성합니다.

10 ◆ 반환 데이터의 student 변수에 있는 값을 출력합니다.

13 ◆ xhttp.open( )의 첫 번째 아규먼트로 전송 방식을 적습니다. 두 번째 아규먼트로 데이터를 반환하는 파일을 적습니다.

console.log( ) 함수를 사용하므로 결과는 인스펙터의 콘솔창을 통해 확인할 수 있습니다.

위 그림의 첫 번째 라인에 출력된 값은 [157-1.json] 파일에 있는 JSON 데이터입니다. 두 번째 라인에 표시된 값은 [코드 160]의 10라인 명령문에 대한 값이 student에 담긴 값입니다.

웹브라우저에서 작동하는 언어인 자바스크립트의 AJAX 기능을 통해 외부 파일의 데이터를 가져오는 방법에 대해 알아보았습니다.

활용

161

AJAX와 PHP 연동

• **학습 내용 :** AJAX와 PHP 그리고 데이터베이스를 연동하는 기능에 대해 학습합니다.
• **힌트 내용 :** 메일주소 중복 기능을 구현하며 이해합니다.

AJAX를 활용하여 서버에 데이터를 전달하고 서버에서는 전달받은 값을 활용하여 각각 다른 데이터를 반환하여 사용자에게 알리는 기능을 구현하겠습니다. 만들 프로그램은 이메일 주소가 이미 데이터베이스 내에 존재하는지 알려주는 프로그램입니다.

다음은 이메일 주소를 입력하는 폼과 중복 확인 버튼이 있는 페이지입니다. 페이지를 변환하지 않고 이메일 주소의 중복 유무를 확인하므로 form 태그를 사용하지 않습니다.

📁 **[코드 161-1] 161-1-client.php**

```php
1:  <!doctype html>
2:  <html>
3:  <head>
4:  <title>이메일 중복 체크 프로그램</title>
5:  <script>
6:  function emailCheck( ) {
7:      var xhttp = new XMLHttpRequest( );
8:      xhttp.onreadystatechange = function( ) {
9:          if (this.readyState == 4 && this.status == 200) {
10:             result = JSON.parse(this.responseText).result;
11:             if(result == 'none'){
12:                 document.getElementById('status').innerText = '사용 가능';
13:             }else {
14:                 document.getElementById('status').innerText = '사용 불가';
15:             }
16:         }
17:     };
18:
19:     emailAddress = document.getElementById('emailAddress').value;
20:
21:     xhttp.open("POST", "161-2-server.php", true);
```

```
22:     xhttp.setRequestHeader("Content-type", "application/x-www-form-urlencoded");
23:     xhttp.send("email="+emailAddress);
24: }
25: </script>
26: </head>
27: <body>
28:     <input type="email" id="emailAddress" />
29:     <input type="button" value="중복 확인" onclick="emailCheck( )"/>
30:     <p id="status"></p>
31: </body>
32: </html>
```

자바스크립 언어를 사용하기 위해 script 태그를 엽니다.　　　　　　　　　　　　　　◆ 5

emailCheck( ) 함수를 생성합니다. 자바스크립트에서도 php와 같이 함수 생성 방법은 동일합니다.　◆ 6

반환받은 데이터를 변수 result에 대입합니다. 자바스크립트에서는 변수 앞에 $를 사용하지 않습니다.　◆ 10

반환된 값에 따라 사용자에게 사용 가능한 이메일인지 아닌지를 알립니다.　　　　　　　◆ 11~15

이메일 입력폼에 입력한 이메일 주소를 변수 emailAddress에 대입합니다.　　　　　　　　◆ 19

xhttp.open( ) 함수의 두 번째 아규먼트로 앞으로 생성할 파일인 [161-2-server.php] 파일을 적습니　◆ 21
다. 이 파일은 이메일 주소를 받아서 데이터베이스에 중복된 이메일 주소가 있는지 없는지를 확인
하여 결과를 반환합니다.

23라인과 같이 전송할 데이터를 '변수=값'과 같이 전송할 때 사용하는 인코딩 방식입니다.　　◆ 22

email 변수로 이메일 값을 담아 전송합니다.　　　　　　　　　　　　　　　　　　◆ 23

이메일 입력폼입니다.　　　　　　　　　　　　　　　　　　　　　　　　　　◆ 28

input 태그의 type 속성의 값으로 button을 사용면 버튼이 표시됩니다.　　　　　　　　◆ 29

이메일의 사용 여부를 알려주는 공간을 생성합니다.　　　　　　　　　　　　　　　◆ 30

[코드 161-1]를 보면 생소한 부분이 있습니다.

12라인과 14라인에 사용된 코드인 document.getElementById('status')는 id 속성의 값이 status인 태그를 선택하는 것을 의미합니다. id 속성은 태그에 사용하는 속성이며 같은 값을 사용할 수 없는 특징을 갖고 있습니다. .innerText는 태그 안에 표시할 내용을 입력할 때 사용합니다.

30라인에서 사용한 p 태그는 문장을 입력할 때 사용하는 태그입니다. 이 태그에 id 속성을 사용하여 status값을 입력했습니다. 그러므로 이 태그에 이메일 주소의 사용 유무를 12라인 또는 14라인에 의해서 표시합니다. 현재는 태그에 어떠한 텍스트도 없지만 12라인이 작동하면 30라인은 다음과 같은 기능을합니다.

```
30: <p id="status">사용 가능</p>
```

form 태그를 사용하여 값을 전송할 때는 input 태그에 name 속성을 사용하여 이름을 부여했습니다. [코드 161-1]는 하나의 페이지에서 데이터를 요청하는 기능을 하므로 form 태그를 사용하지 않습니다. 이메일 입력폼에 id 속성을 사용하여 emailAddress라는 값을 적용했고 이 id값을 사용하여 이메일 입력폼에 입력된 값을 가져올 수 있습니다.

19라인의 document.getElementById('emailAddress')는 id의 값이 emailAddress인 태그를 의미하며 value는 해당 태그에 입력된 값을 가져오는 기능을 갖습니다. 이메일 입력폼에 입력된 값은 변수 emailAddress에 대입됩니다.

23라인에서 값을 "email="+emailAddress로 작성하여 전송했습니다. 여기에서 사용된 + 는 PHP의 연결 연산자인 .(점)과 같은 역할을 합니다. 그러므로 email=mybookforweb@gmail.com과 같은 값이 전송됩니다. GET 방식의 데이터를 전송할 때와 마찬가지로 2개 이상의 값을 보내려면 &를 사용하여 더 값을 붙일 수 있습니다.

29라인에서 처음보는 onclick라는 속성이 있습니다. onclick 속성은 클릭했을 때 작동해야 할 함수를 값으로 사용합니다. [중복 확인] 버튼을 누르면 6라인에서 생성한 emailCheck() 함수가 실행되어 이메일 값을 서버에 보내게 됩니다.

이제 이메일 주소를 전달받아 데이터베이스에 존재하는 이메일인지 아닌지를 알려주는 예제를 만들겠습니다.

[코드 161-2] 161-2-server.php

```php
1:  <?php
2:      include $_SERVER['DOCUMENT_ROOT'].'/php/108-2-connectDB.php';
3:
4:      $email = $_POST['email'];
5:
6:      $emailValidateCheck = filter_Var($email, FILTER_VALIDATE_EMAIL);
7:
8:      if($emailValidateCheck){
9:          $sql = "SELECT email FROM myMember WHERE email = '{$email}'";
10:         $result = $dbConnect->query($sql);
11:
12:         $dataCount = $result->num_rows;
13:
14:         $emailCheck = 'none';
15:         if( $dataCount > 0) {
16:             $emailCheck = 'exists';
17:         }
18:
19:         echo json_encode(
20:             array(
21:                 'result' => $emailCheck,
22:             )
23:         );
24:     }else{
25:         echo json_encode(
26:             array(
27:                 'result' => 'notEmail',
28:             )
29:         );
30:     }
31: ?>
```

이메일 주소를 변수 email에 대입합니다. ◆ 4

filter_Var( ) 함수를 사용하여 이메일 유효성 검사를 합니다. ◆ 6

myMember 테이블에 동일한 이메일 주소가 레코드를 찾는 쿼리문입니다. ◆ 9

12 ◆ 쿼리문의 조건에 맞는 데이터수를 변수 dataCount에 대입합니다. 이 값이 0이면 사용할수 있는 이메일 주소를 의미합니다.

14 ◆ 이메일 사용 가능에 대한 결과를 담는 변수 emailCheck입니다. 존재하지 않는다는 의미로 초기값을 'none'을 대입합니다.

15 ◆ 변수 dataCount의 값이 0 이상이면 이미 존재하는 이메일 주소임을 의미하므로 16라인에서 존재하는 의미로 'exists'를 변수 emailCheck를 대입합니다.

19~23 ◆ 이메일 주소의 사용 여부를 JSON 데이터로 반환합니다.

25~29 ◆ 입력한 이메일 주소는 이메일 유효성에 적합하지 않음을 반환합니다. [코드 161-1]에서는 result의 값이 'notEmail'인 경우 대응하지 않습니다.

myMember 테이블에 이미 존재하는 이메일인 mybookforweb@gmail.com을 입력했을 때의 결과입니다.

다음은 테이블에 존재하지 않는 이메일 주소를 입력한 결과입니다.

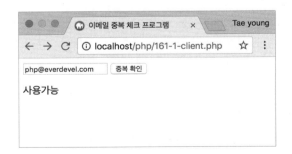

5

PHP와 함께 HTML,
AJAX, Database, Google
Chart를 활용하여
프로그램 제작하기

초보자를 위한

PHP

200제

CHAPTER 1

CSS 제어
프로그램 만들기

데이터베이스 생성 프로그램 만들기

실무

162

재미 요소를 느낄 수 있는 프로그램을 만들겠습니다. PHP와 데이터베이스 그리고 HTML의 FORM 태그를 활용하여 웹페이지의 디자인을 변경(CSS 변경)하는 프로그램입니다. CSS는 웹페이지의 디자인을 적용하는 스타일시트입니다.

실무 파트에서 만드는 프로그램은 [htdocs] 폴더에서 [php200project] 폴더를 생성하여 진행합니다. 데이터베이스는 php200project라는 데이터베이스를 이용합니다.

php200project 데이터베이스를 생성하겠습니다. 코드를 작성하기 위해 [htdocs] 폴더에 [php200project] 폴더를 생성합니다. 생성한 [php200project] 폴더에 [connection] 폴더를 생성 후 [connection] 폴더에 다음의 php200project 예제 파일을 생성합니다.

📁 [코드 162] 162-createDB.php

```php
1:  <?php
2:      $host = "localhost";
3:      $user = "root";
4:      $pw = "root";
5:
6:      $dbConnect = new mysqli($host, $user, $pw);
7:
8:      $dbConnect->set_charset("utf8");
9:
10:     if(mysqli_connect_errno( )){
11:         echo '데이터베이스 접속 실패';
12:     }else {
13:         $sql = "CREATE DATABASE php200project";
14:         $res = $dbConnect->query($sql);
15:
16:         if ( $res ) {
17:             echo "데이터베이스 생성 완료";
18:         } else {
```

```
19:            echo "데이터베이스 생성 실패";
20:        }
21:    }
22: ?>
```

2~4 ◆ MySQL 접속 정보를 각각의 변수에 대입합니다.

6 ◆ mysqli 클래스의 인스턴스를 생성하며, 생성자에 데이터베이스 접속 정보를 전달합니다.

8 ◆ 한글이 깨질 수 있으므로 인코딩 정보를 설정합니다.

13 ◆ MySQL 접속에 성공하면 [php200project]를 생성하기 위한 쿼리문입니다.

14 ◆ [php200project] 데이터베이스를 생성합니다.

[php200project] 폴더를 사용하므로 URL도 변경됩니다.
실행 URL은 http://localhost/php200project/connection/162-createDB.php입니다.

실무에서 사용하는 모든 코드는 폴더 [php200project]에 작성합니다.

데이터베이스 접속 프로그램 만들기

실무
163

[php200project] 데이터베이스를 생성했습니다. 생성한 데이터베이스에 접속하는 프로그램을 만들 겠습니다. 이 파일은 [CSS 제어 프로그램 만들기] 프로젝트 외에도 다른 프로젝트에서 공통적으로 사용합니다.

다음은 [php200project] 데이터베이스 접속 프로그램입니다. [connection] 폴더에 생성합니다.

📁 **[코드 163] 163-connection.php**

```php
1: <?php
2:     $host = "localhost";
3:     $user = "root";
4:     $pw = "root";
5:     $dbName = "php200project";
6:     $dbConnect = new mysqli($host, $user, $pw, $dbName);
7:     $dbConnect->set_charset("utf8");
8:
9:     if(mysqli_connect_errno( )){
10:        echo "데이터베이스 접속 실패";
11:    }
12: ?>
```

php200project 데이터베이스에 접속하기 위한 접속 정보를 각각의 변수에 대입합니다. ◆ 2~5

mysqli 클래스의 인스턴스를 생성하고 생성자에 접속 정보를 전달합니다. ◆ 6

데이터베이스 접속 실패 시 확인하기 위한 문구입니다. ◆ 9~11

실행 URL은 http://localhost/php200project/connection/163-connection.php입니다.

데이터베이스에 정상적으로 접속 시에는 문구를 출력하지 않습니다.

CSS 테이블 만들기

본격적으로 CSS를 제어하는 프로그램을 만들겠습니다. CSS를 제어하는 프로그램은 [php200project] 폴더에 [controlCSS] 폴더를 생성하여 진행합니다. 입력한 CSS의 정보를 담을 테이블을 생성하겠습니다.

테이블의 이름은 controlCSS이며 사용할 쿼리문은 다음과 같습니다.

```
CREATE TABLE controlCSS (
controlCSSID int(10) unsigned NOT NULL AUTO_INCREMENT,
selectorName enum('wrap','header','leftArea','rightArea','footer') NOT NULL,
floata enum('left','right','none','unset') DEFAULT NULL,
width int(11) DEFAULT NULL,
height int(11) DEFAULT NULL,
background varchar(10) DEFAULT NULL,
marginTop int(11) DEFAULT NULL,
marginRight int(11) DEFAULT NULL,
marginBottom int(11) DEFAULT NULL,
marginLeft int(11) DEFAULT NULL,
PRIMARY KEY (controlCSSID)
)CHARSET=utf8;
```

selectorName 필드는 태그에 사용된 id 속성의 값을 입력합니다.
floata 필드는 태그의 위치를 입력합니다.
width 필드는 태그의 가로 길이를 입력합니다.
height 필드는 태그의 세로 길이를 입력합니다.
background 필드는 태그의 배경색을 입력합니다.
marginTop 필드는 태그의 위 방향의 여백을 입력합니다.
marginRight 필드는 태그의 오른쪽 방향의 여백을 입력합니다.
marginBottom 필드는 태그의 아래 방향의 여백을 입력합니다.
marginLeft 필드는 태그의 왼쪽 방향의 여백을 입력합니다.

다음은 controlCSS 테이블을 생성하는 예제입니다.

📁 **[코드 164] 164-createControlCSS.php**

```php
1: <?php
2:    include $_SERVER['DOCUMENT_ROOT'].'/php200project/connection/163-connection.php';
3:
4:    $sql = "CREATE TABLE controlCSS (";
5:    $sql .= "controlCSSID int(10) unsigned NOT NULL AUTO_INCREMENT,";
6:    $sql .= "selectorName enum";
7:    $sql .= "('wrap','header','leftArea','rightArea','footer')";
8:    $sql .= "NOT NULL,";
9:    $sql .= "floata enum('left','right','none','unset') DEFAULT NULL,";
10:   $sql .= "width int(11) DEFAULT NULL,";
11:   $sql .= "height int(11) DEFAULT NULL,";
12:   $sql .= "background varchar(10) DEFAULT NULL,";
13:   $sql .= "marginTop int(11) DEFAULT NULL,";
14:   $sql .= "marginRight int(11) DEFAULT NULL,";
15:   $sql .= "marginBottom int(11) DEFAULT NULL,";
16:   $sql .= "marginLeft int(11) DEFAULT NULL,";
17:   $sql .= "PRIMARY KEY (controlCSSID)";
18:   $sql .= ")CHARSET=utf8";
19:
20:   $res = $dbConnect->query($sql);
21:
22:   if ( $res ) {
23:       echo "테이블 생성 완료";
24:   } else {
25:       echo "테이블 생성 실패";
26:   }
27: ?>
```

4~18 ◆ controlCSS 테이블의 생성 쿼리문입니다.

20 ◆ 테이블 생성 쿼리문을 실행합니다.

22~26 ◆ 결과를 확인합니다.

실행 URL은 http://localhost/php200project/controlCSS/164-createControlCSS.php입니다.

터미널 또는 phpMyAdmin에서 테이블의 생성 여부를 확인할 수 있습니다.

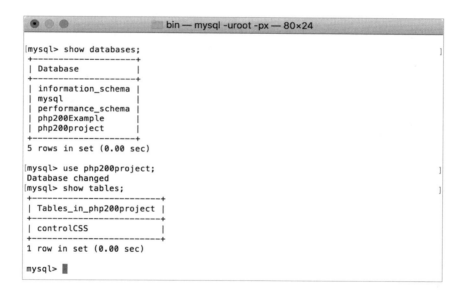

CSS 적용할 페이지 만들기

입력한 CSS 데이터를 적용할 페이지를 생성하겠습니다. html 태그의 head 태그에서 외부 파일을 불러올 수 있습니다. CSS 코드가 적힌 파일을 불러오려면 link 태그를 사용합니다.

link 태그 사용 방법

```
<link rel="stylesheet" href="CSS 파일" />
```

href 속성에는 css 파일의 경로와 파일명을 적습니다.

다음은 CSS를 적용하여 레이아웃의 결과를 확인하는 페이지의 예제입니다. 파일명은 예제 번호를 붙이지 않고 [index.php]로 합니다.

📁 [코드 165] index.php

```
 1: <!doctype html>
 2: <html>
 3: <head>
 4: <link rel="stylesheet" href="167-layoutCSS.php" />
 5: </head>
 6: <body>
 7:    <div id="wrap">
 8:        <div id="header"></div>
 9:        <section id="leftArea"></section>
10:        <aside id="rightArea"></aside>
11:        <div id="footer"></div>
12:    </div>
13: </body>
14: </html>
```

CSS 코드가 있는 [167−layourCSS.php] 파일을 불러옵니다.　　　　　　　　　　◆ 4

id 속성의 값이 wrap인 div 태그를 생성합니다.　　　　　　　　　　　　　　　◆ 7

id 속성의 값이 header인 div 태그를 생성합니다.　　　　　　　　　　　　　　◆ 8

id 속성의 값이 leftArea인 section 태그를 생성합니다.　　　　　　　　　　　◆ 9

id 속성의 값이 rightArea인 section 태그를 생성합니다.　　　　　　　　　　◆ 10

id 속성의 값이 footer인 div 태그를 생성합니다.　　　　　　　　　　　　　　◆ 11

실행 URL은 http://localhost/php200project/controlCSS/index.php입니다.

아직은 입력된 CSS 데이터가 없기 때문에 태그에 대한 스타일이 없습니다. 이제 조금 더 하면 이 페이지를 꾸밀 수 있습니다.

CSS 레코드 입력하기

[코드 165]에 있는 태그의 id 속성인 wrap, header, leftArea, rightArea, footer의 스타일 정보를 저장할 레코드를 입력하겠습니다. 레코드를 한 번 입력 후 이후 업데이트되는 정보는 UPDATE문을 사용하여 기존 내용을 수정하는 방식으로 제작합니다.

다음은 각 셀렉터의 레코드를 입력하는 예제입니다.

📁 [코드 166] 166-inputSelector.php

```php
1:  <?php
2:  include_once $_SERVER['DOCUMENT_ROOT'].'/php200project/connection/163-connection.php';
3:
4:  $selectorList = array( );
5:  $selectorList = ['wrap', 'header','leftArea','rightArea','footer'];
6:
7:  foreach($selectorList as $sl){
8:      $sql = "INSERT INTO controlCSS (selectorName, floata,";
9:      $sql .= " width, height, background, marginTop, marginRight,";
10:     $sql .= "marginBottom, marginLeft) VALUES ";
11:     $sql .= "('{$sl}','unset',0,0,'',0,0,0,0)";
12:     $result = $dbConnect->query($sql);
13:
14:     if( $result ) {
15:         echo "셀렉터 {$sl} 입력 성공";
16:     } else {
17:         echo "셀렉터 {$sl} 입력 실패";
18:     }
19:     echo "<br>";
20:  }
21: ?>
```

반복문을 사용하여 쿼리를 각 태그의 수만큼 실행하기 위해 id 속성의 값을 배열로 생성합니다. ◆ 5

배열 selectorList를 사용하는 반복문입니다. ◆ 7

필드 selectorName의 값만 배열 selectorList를 입력하며 다른 필드의 값을 동일하게 입력하는 쿼리문 ◆ 8~11
입니다.

쿼리문을 실행합니다. ◆ 12

각 레코드의 입력 여부를 확인합니다. ◆ 14~18

실행 URL은 http://localhost/php200project/controlCSS/166-inputSelector.php입니다.

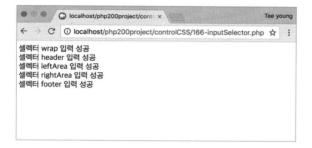

터미널이나 phpMyAdmin에서 입력된 레코드를 확인할 수 있습니다.

```
● ● ●                      bin — mysql -uroot -px — 126×13
mysql> SELECT * FROM controlCSS;
+------------+--------------+--------+-------+--------+------------+-----------+-------------+--------------+------------+
| controlCSSID | selectorName | floata | width | height | background | marginTop | marginRight | marginBottom | marginLeft |
+------------+--------------+--------+-------+--------+------------+-----------+-------------+--------------+------------+
|          1 | wrap         | unset  |     0 |      0 |            |         0 |           0 |            0 |          0 |
|          2 | header       | unset  |     0 |      0 |            |         0 |           0 |            0 |          0 |
|          3 | leftArea     | unset  |     0 |      0 |            |         0 |           0 |            0 |          0 |
|          4 | rightArea    | unset  |     0 |      0 |            |         0 |           0 |            0 |          0 |
|          5 | footer       | unset  |     0 |      0 |            |         0 |           0 |            0 |          0 |
+------------+--------------+--------+-------+--------+------------+-----------+-------------+--------------+------------+
5 rows in set (0.00 sec)

mysql>
```

CSS 파일 만들기

[코드 165]의 파일인 [index.php]의 4라인에 명시된 [167-layoutCSS.php] 파일을 생성합니다. 이 파일은 controlCSS 테이블의 데이터를 불러와 CSS 코드를 생성하는 기능을 합니다.

📁 **[코드 167] 167-layoutCSS.php**

```php
1: <?php
2:   header("Content-type: text/css");
3:
4:   include_once $_SERVER['DOCUMENT_ROOT'].'/php200project/connection/163-connection.php';
5:
6:   $sql = "SELECT * FROM controlCSS";
7:   $result = $dbConnect->query($sql);
8:
9:   $dataCount = $result->num_rows;
10:
11:   $cssSource = '';
12:
13:   for($i = 0; $i < $dataCount; $i++){
14:       $cssInfo = $result->fetch_array(MYSQLI_ASSOC);
15:       $cssSource .= "#".$cssInfo['selectorName']."{";
16:       $cssSource .= "float:".$cssInfo['floata'].";";
17:       $cssSource .= "width:".$cssInfo['width']."px;";
18:       $cssSource .= "height:".$cssInfo['height']."px;";
19:       $cssSource .= "background:".$cssInfo['background'].";";
20:       $cssSource .= "margin-top:".$cssInfo['marginTop']."px;";
21:       $cssSource .= "margin-right:".$cssInfo['marginRight']."px;";
22:       $cssSource .= "margin-bottom:".$cssInfo['marginBottom']."px;";
23:       $cssSource .= "margin-left:".$cssInfo['marginLeft']."px;";
24:       $cssSource .= "}";
25:   }
26:
27:   echo $cssSource;
28: ?>
```

css 파일은 확장자가 원래 css입니다. 이 프로젝트에서는 특수하게 css를 데이터베이스에서 값을 가져오는 방식으로 사용하므로 php 프로그래밍이 가능하도록 link 태그에서 불러오는 파일의 확장자를 php로 만들었습니다. 대신 이 파일이 css용 파일이라는 의미로 php의 header 태그를 사용하여 content-type을 css로 인식하도록 합니다. `2`

controlCSS 테이블에 있는 레코드를 불러오는 쿼리문입니다. `6`

쿼리문을 실행합니다. `7`

테이블에서 불러온 데이터의 수를 변수 dataCount에 대입합니다. `9`

생성할 CSS 코드를 담는 변수 cssSource를 선언합니다. `11`

테이블에서 불러온 정보를 토대로 CSS 코드를 만들어 변수 cssSource에 대입합니다. `13~25`

생성한 CSS 코드를 출력합니다. `27`

실행 URL은 http://localhost/php200project/controlCSS/167-layoutCSS.php입니다.

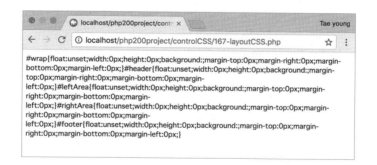

CSS 입력 페이지 만들기

앞에서 생성한 controlCSS 테이블에 값을 입력하는 페이지를 생성합니다. 이 페이지는 총 5개의 form 태그를 사용합니다. 각각 wrap, header, leftAra, rightArea, footerArea가 selectorName 필드의 레코드에 값을 입력하는 용도의 form 태그입니다.

다음은 CSS 데이터의 입력폼을 생성하는 예제입니다.

📁 [코드 168] 168-controlPanel.php

```php
1: <?php
2:     include $_SERVER['DOCUMENT_ROOT'].'/php200project/connection/163-connection.php';
3:
4:     $sql = "SELECT * FROM controlCSS";
5:     $result = $dbConnect->query($sql);
6:     $dataCount = $result->num_rows;
7:
8:     $cssSelectorList = array( );
9:
10:    for($i = 0; $i < $dataCount; $i++){
11:        $cssData = $result->fetch_array(MYSQLI_ASSOC);
12:        array_push($cssSelectorList, $cssData);
13:    }
14:
15:    $floatList = array( );
16:    $floatList = ['left','right','none','unset'];
17:
18:    $borderWidthList = array( );
19:    $borderWidthList = range(1,10);
20: ?>
21: <!doctype html>
22: <html>
23: <head>
24: <style>
```

```
25:        span{float:left;margin-left:10px;padding:10px;border:1px solid black}
26:   </style>
27:   </head>
28:   <body>
29:   <h1>CSS CONTROL PANEL</h1>
30:   <br>
31:   <?php
32:        foreach($cssSelectorList as $csl){
33:   ?>
34:   <span>
35:        <h2><?=$csl['selectorName']?></h2>
36:        <form name="wrap" method="post" action="./169-controlPanelSave.php">
37:            <h3>흐름</h3>
38:            <select name="float">
39:   <?php
40:        foreach ($floatList as $fl) {
41:
42:            $isChecked = '';
43:            if( $fl == $csl['floata'] ) {
44:                $isChecked = 'selected';
45:            }
46:            echo "<option value='{$fl}' $isChecked>{$fl}</option>";
47:        }
48:   ?>
49:            </select>
50:            <h3>가로길이</h3>
51:            <input type="number" name="width" value="<?=$csl['width']?>" />px
52:            <br>
53:            <h3>세로길이</h3>
54:            <input type="number" name="height" value="<?=$csl['height']?>" />px
55:            <br>
56:            <h3>배경색</h3>
57:            <input type="color" name="background" value="<?=$csl['background']?>" />
58:            <br>
59:            <h3>바깥여백</h3>
60:            위
61:            <br>
62:            <input type="number" name="marginTop" value="<?=$csl['marginTop']?>" />px
63:            <br><br>
64:            오른쪽
```

```
65:        <br>
66:        <input type="number" name="marginRight" value="<?=$csl['marginRight']?>" />px
67:        <br><br>
68:        아래
69:        <br>
70:        <input type="number" name="marginBottom" value="<?=$csl['marginBottom']?>" />px
71:        <br><br>
72:        왼쪽
73:        <br>
74:        <input type="number" name="marginLeft" value="<?=$csl['marginLeft']?>" />px
75:        <br><br>
76:        <input type="hidden" name="selectorName" value="<?=$csl['selectorName']?>"/>
77:        <input type="submit" value="<?=$csl['selectorName']?> 적용"/>
78:    </form>
79: </span>
80: <?php
81:    }
82: ?>
83: </body>
84: </html>
```

4 ◆ controlCSS 테이블의 데이터를 모두 불러오는 쿼리문입니다.

5 ◆ 4라인의 쿼리문을 실행합니다.

6~13 ◆ controlCSS 테이블의 데이터를 배열 cssSelectorList에 대입합니다.

15, 16 ◆ CSS에서 사용하는 float 속성에 사용되는 값을 배열 floatList에 대입합니다.

18, 19 ◆ CSS에서 사용하는 border 속성에 사용되는 선의 두께값을 배열 borderWidthList에 대입합니다.

24~26 ◆ CSS를 별도의 파일이 아닌 html 문서 안에서 사용하려면 head 태그 내에 style 태그를 생성하여 CSS 코드를 작성합니다. 25라인에 작성된 코드는 각 form 태그를 둘러싼 태그이며 form 간의 간격을 생성하기 위함입니다.

float 속성은 흐름을 의미하며, margin-left 속성은 왼쪽 여백을, padding 속성은 태그의 안쪽 여백을, border 속성은 외곽선을 의미합니다. 1px의 두께로 직선을 사용하며 선의 색은 black으로 지정합니다.

h1 태그는 제목을 지정하는 태그입니다. ◆ 29

배열 cssSelectorList에 있는 배열의 수만큼 반복문을 사용합니다. ◆ 32

배열 cssSelectorList에 있는 인덱스 selectorName를 출력합니다. ◆ 35

form 태그를 생성합니다. action 속성의 값인 [169-controlPanelSave.php] 파일은 아직 구현하지 않 ◆ 36
은 파일이며 입력한 CSS 속성의 값을 controlCSS 테이블에 저장하는 기능을 합니다.

float 속성에 대한 값을 입력하는 폼입니다. select 태그를 사용하여 폼을 생성하며 option 태그의 값 ◆ 37~49
으로 배열 floatList를 사용하므로 foreach문을 사용해 option 태그를 생성합니다. 42라인의 변수
isChecked는 controlCSS에 있는 값과 일치하면 checked를 option 태그의 속성으로 사용합니다.

width 속성의 값을 입력하는 폼입니다. value 속성에서 입력하는 값은 controlCSS 테이블에서 불러 ◆ 50, 51
온 값입니다.

height 속성의 값을 입력하는 폼입니다. value 속성에서 입력하는 값은 controlCSS 테이블에서 불러 ◆ 53, 54
온 값입니다.

태그의 배경색을 입력하는 폼입니다. type 속성의 값으로 color가 사용되었습니다. color를 사용하면 ◆ 56, 57
색을 선택할 수 있는 폼이됩니다.

태그의 바깥 여백을 입력하는 폼입니다. ◆ 59~74

input 태그의 type 속성의 값으로 hidden을 사용하면 웹브라우저의 화면에는 해당 태그가 표시되지 ◆ 76
않습니다. 하지만 form 태그 입력된 내용이므로 전송 버튼을 함께 전송됩니다.

form 태그에 입력된 내용을 전송하는 버튼입니다. ◆ 77

실행 URL은 http://localhost/php200project/controlCSS/168-controlPanel.php입니다.

CSS 정보 저장하기

앞에서 생성한 [코드 168]의 36라인에 있는 action 속성의 값인 [169-controlPanelSave.php] 파일을 생성하겠습니다. 이 파일은 각각의 form 태그가 전송한 값을 전달받아 해당하는 selectorName 필드의 값이 있는 레코드에 입력받은 값을 업데이트합니다.

다음은 form 태그의 값을 controlCSS 테이블에 저장하는 예제입니다.

📁 **[코드 169] 169-controlPanelSave.php**

```php
1: <?php
2:     include $_SERVER['DOCUMENT_ROOT'].'/php200project/connection/163-connection.php';
3:
4:     $selectorName = $_POST['selectorName'];
5:
6:     if($selectorName == ''){
7:         echo '값을 입력하세요.';
8:     }else {
9:         $float = $_POST['float'];
10:        $width = (int) $_POST['width'];
11:        $height = (int) $_POST['height'];
12:        $background = $_POST['background'];
13:
14:        $marginTop = (int) $_POST['marginTop'];
15:        $marginRight = (int) $_POST['marginRight'];
16:        $marginBottom = (int) $_POST['marginBottom'];
17:        $marginLeft = (int) $_POST['marginLeft'];
18:
19:        //update 할 것
20:        $sql = "UPDATE controlCSS SET floata = '{$float}',";
21:        $sql .= " width = '{$width}', height = '{$height}',";
22:        $sql .= "background = '{$background}', marginTop = '{$marginTop}',";
23:        $sql .= "marginRight = '{$marginRight}', marginBottom = '{$marginBottom}',";
24:        $sql .= "marginLeft = '{$marginLeft}' WHERE selectorName = '{$selectorName}'";
```

505

```
25:         $result = $dbConnect->query($sql);
26:
27:         if( $result ){
28:             echo '변경 완료';
29:         }else{
30:             echo '실패';
31:         }
32:     }
33:
34:     echo '<br>';
35:     echo "<a href='./index.php'>CSS 디자인 페이지로 이동</a>";
36:     echo '<br>';
37:     echo "<a href='./168-controlPanel.php'>CSS 컨트롤 페이지로 이동</a>";
38: ?>
```

4 ◆ input 태그의 type 속성의 값이 hidden인 태그의 값을 받아 변수 selectorName에 대입합니다. 이 값으로 어떤 레코드의 값을 업데이트해야 하는지에 대해 확인합니다.

6 ◆ 변수 selectorName의 값이 공백이면 값을 입력하라는 안내 문구를 출력합니다.

9~17 ◆ 전달받은 값을 변수에 대입합니다.

20~24 ◆ selectorName 필드와 일치하는 레코드를 조건으로 각 필드의 값을 업데이트하는 쿼리문입니다.

25 ◆ 쿼리문을 실행합니다.

27~31 ◆ 쿼리문의 결과를 확인합니다.

controlCSS에 데이터를 업데이트하는 코드까지 작성하면서 프로젝트가 완료되었습니다.

이제 실제 CSS의 값을 입력하여 [index.php] 파일에 있는 태그의 스타일을 적용하겠습니다. 데이터를 입력하는 페이지로 이동합니다.

실행 URL은 http://localhost/php200project/controlCSS/168-controlPanel.php입니다.

다음은 CSS 데이터 입력의 예시입니다. 이 프로젝트에서 사용하는 CSS 속성에 대한 학습은 에버디벨(http://www.everdevel.com) 사이트에서 할 수 있습니다.

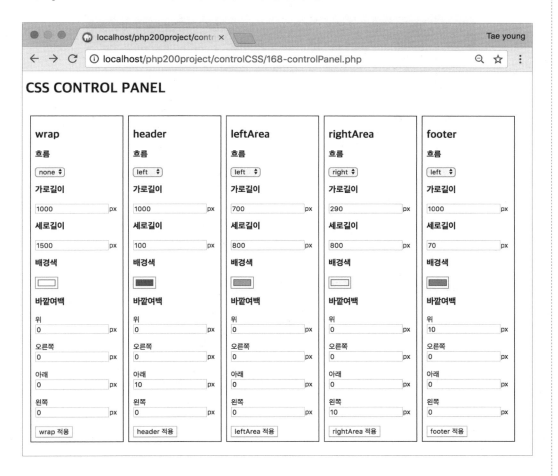

실행 URL은 http://localhost/php200project/controlCSS/index.php입니다.

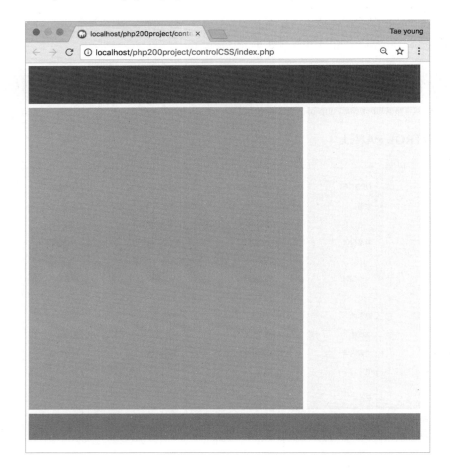

[168-controlPanel.php]에서 각각의 CSS 속성의 값을 변경하여 레이아웃을 변경할 수 있습니다.

CHAPTER **2**

회원가입,
로그인 기능
만들기

메인페이지 만들기

웹프로그래밍에서 기본적으로 진행하는 프로젝트인 회원가입 기능과 로그인 기능을 만들겠습니다. 회원가입 기능과 회원가입 데이터를 기반으로 하는 로그인 기능을 구현하겠습니다.

프로젝트의 메인페이지부터 생성하겠습니다. 메인페이지는 로그인을 하지 않은 경우 회원가입과 로그인 링크가 표시되며, 로그인을 한 경우 여러 프로젝트로 이동하는 링크를 표시합니다. 여러 프로젝트는 본서에서 제작할 프로젝트로 이동하는 링크입니다.

다음 예제의 파일명은 [index.php]이며 [php200project] 폴더에 생성합니다.

📁 **[코드 170] index.php**

```php
1: <?php
2:     include $_SERVER['DOCUMENT_ROOT'].'/php200project/common/171-session.php';
3: ?>
4: <!doctype html>
5: <html>
6: <head>
7: </head>
8: <body>
9: <?php
10:    if(!isset($_SESSION['memberID'])){
11: ?>
12:    <a href="signUp/173-signUpForm.php">회원가입</a>
13:    <br>
14:    <a href="signIn/175-signInForm.php">로그인</a>
15: <?php
16:    } else {
17: ?>
18:    <a href="board/183-list.php">게시판</a>
19:    <br>
20:    <a href="survey/189-surveyForm.php">설문조사 프로그램</a>
```

```
21:        <br>
22:        <a href="gChart/195-1-surveyResultBarChart.php">투표결과 바차트로 보기</a>
23:        <br>
24:        <a href="gChart/195-2-surveyResultPieChart.php">투표결과 파이차트로 보기</a>
25:        <br>
26:        <a href="webEditor/196-editorForm.php">간단한 코딩 에디터</a>
27:        <br>
28:        <a href="parsing/200-1-selectForm.php">실시간 검색어 1위 키워드 보기</a>
29:        <br>
30:        <a href="signIn/177-signOut.php">로그아웃</a>
31: <?php
32:        }
33: ?>
34: </body>
35: </html>
```

로그인 성공 시에는 세션을 생성하여 로그인 유무를 판단합니다. 그러므로 앞으로 생성할 파일인 ◆ 2
sessionStart( ) 코드가 있는 파일을 include합니다. [171-session.php] 파일은 세션을 사용하는 프로젝트에 공통적으로 사용합니다.

세션 $_SESSION['memberID']는 로그인이 성공 시 생성하는 세션이며 이 세션이 존재 하지 않을시 ◆ 10
에는 12라인과 14라인의 회원가입 링크와 로그인 링크를 표시합니다.

세션 $_SESSION['memberID']가 존재하는 경우 18라인부터 30라인에 있는 여러 프로젝트로 이동하 ◆ 16
는 링크를 표시합니다.

실행 URL은 http://localhost/php200project/index.php입니다.

현재는 세션이 존재하지 않으므로 회원가입과 로그인 링크가 표시됩니다.

session_start( ) 파일 만들기

앞에서 [session.php] 파일을 include했습니다. session_start( ) 함수는 세션을 사용하는 파일에 모두 필요하며 사용하는 페이지마다 session_start( ) 함수를 직접 사용하는 것보다 하나의 파일로 생성하여 사용하는 페이지마다 include하면 좋습니다. 이렇게 하면 어떠한 이유로 변경사항이 필요할 때 한 개의 파일만 수정하면 모두 적용되므로 편리합니다. 이 파일은 다른 여러 프로젝트에도 공통적으로 사용하기 때문에 [common] 폴더를 생성하여 [common] 폴더에 파일을 생성합니다. 파일명은 [171-session.php]입니다.

📁 **[코드 171] 171-session.php**

```
1:  <?php
2:      session_start( );
3:  ?>
```

2 ◆ session_start( ) 함수를 호출합니다.

실행 URL은 http://localhost/php200project/common/171-session.php입니다.

member 테이블 생성하기

회원가입 정보를 담을 테이블을 생성합니다. 테이블의 이름은 [member]입니다.
다음은 member의 생성 쿼리문입니다.

```
CREATE TABLE member (
memberID int(10) unsigned NOT NULL AUTO_INCREMENT,
email varchar(40) UNIQUE NOT NULL,
nickname varchar(10) NOT NULL,
pw varchar(40) DEFAULT NULL,
birthday varchar(10) NOT NULL,
regTime int(11) NOT NULL,
PRIMARY KEY (memberID)
) CHARSET=utf8
```

회원가입에 관한 기능은 [signUp] 폴더에 파일을 저장하므로 [signUp] 폴더를 생성 후 다음의
member 테이블을 생성하는 예제를 생성합니다.

📁 [코드 172] 172-createMember.php

```php
1:  <?php
2:      include $_SERVER['DOCUMENT_ROOT'].'/php200project/connection/163-connection.php';
3:
4:      $sql = "CREATE TABLE member (";
5:      $sql .= "memberID int(10) unsigned NOT NULL AUTO_INCREMENT,";
6:      $sql .= "email varchar(40) UNIQUE NOT NULL,";
7:      $sql .= "nickname varchar(10) NOT NULL,";
8:      $sql .= "pw varchar(40) DEFAULT NULL,";
9:      $sql .= "birthday varchar(10) NOT NULL,";
10:     $sql .= "regTime int(11) NOT NULL,";
11:     $sql .= "PRIMARY KEY (memberID)";
12:     $sql .= ") CHARSET=utf8";
```

```
13:
14:     $res = $dbConnect->query($sql);
15:
16:     if ( $res ) {
17:         echo "테이블 생성 완료";
18:     } else {
19:         echo "테이블 생성 실패";
20:     }
21: ?>
```

2 ◆ 데이터베이스에 접속하므로 [163-connection.php] 파일을 include합니다.

4~12 ◆ member 테이블을 생성하는 쿼리문입니다.

14 ◆ 쿼리문을 실행합니다.

16~20 ◆ 테이블의 생성 여부를 확인합니다.

실행 URL은 http://localhost/php200project/signUp/172-createMember.php입니다.

터미널이나 phpMyAdmin에서 테이블의 존재 유무를 확인할 수 있습니다.

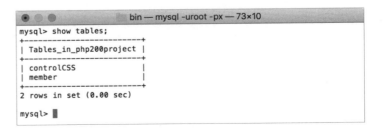

회원가입 폼 만들기

실무
173

회원정보를 입력할 테이블을 생성했습니다. 이 테이블에 데이터를 입력하기 위한 회원정보 입력폼을 생성합니다. 이 파일도 마찬가지로 [signUp] 폴더에 작성합니다.

다음은 회원가입 폼의 예제입니다.

📁 **[코드 173] 173-signUpForm.php**

```php
 1: <!doctype html>
 2: <html>
 3: <head>
 4: <title>회원가입 폼 만들기</title>
 5: </head>
 6: <body>
 7: <h1>회원가입</h1>
 8: <form name="signUp" method="post" action="./174-signUpSave.php">
 9:     이메일<br>
10:     <input type="email" name="userEmail" required/>
11:     <br>
12:     <br>
13:     닉네임<br>
14:     <input type="text" name="userNickName" required/>
15:     <br>
16:     <br>
17:     비밀번호<br>
18:     <input type="password" name="userPw" required/>
19:     <br>
20:     <br>
21:     생일<br>
22:     <select name="birthYear" required>
23: <?php
24:     $thisYear = date('Y', time( ));
25:
```

```
26:     for($i = $thisYear; $i >= 1930; $i--){
27:         echo "<option value='{$i}'>{$i}</option>";
28:     }
29: ?>
30:     </select>년
31:     <select name="birthMonth" required>
32: <?php
33:     for($i = 1; $i <= 12; $i++){
34:         echo "<option value='{$i}'>{$i}</option>";
35:     }
36: ?>
37:     </select>월
38:     <select name="birthDay" required>
39: <?php
40:     for($i = 1; $i <= 31; $i++){
41:         echo "<option value='{$i}'>{$i}</option>";
42:     }
43: ?>
44:     </select>일
45:     <br>
46:     <br>
47:     <input type="submit" value="가입하기"/>
48: </form>
49: </body>
50: </html>
```

8 ◆ 회원가입 폼을 생성하기 위한 form 태그를 생성합니다. action 속성의 값은 회원가입 정보를 member 테이블에 저장할 파일입니다.

10 ◆ 이메일 주소를 입력하는 폼입니다.

14 ◆ 닉네임을 입력하는 폼입니다.

18 ◆ 비밀번호를 입력하는 폼입니다.

22 ◆ 생년월일의 생년을 선택하는 폼입니다.

24 ◆ 현재의 년도를 구해 변수 thisYear에 대입합니다.

for문을 사용하여 1930부터 현재의 년도까지 option 태그를 생성합니다. ◆ 26

생년월일의 생월을 선택하는 폼입니다. ◆ 31

생년월일의 생일을 선택하는 폼입니다. ◆ 38

form 태그에 입력된 정보를 action 속성에 입력된 값으로 전송하는 버튼입니다. ◆ 47

실행 URL은 http://localhost/php200project/signUp/173−signUpForm.php입니다.

앞에서 생성한 회원가입 폼에 입력된 데이터를 member 테이블에 저장하는 기능을 구현하겠습니다.

📁 [코드 174] 174-signUpSave.php

```php
1: <?php
2:     include $_SERVER['DOCUMENT_ROOT'].'/php200project/common/171-session.php';
3:     include $_SERVER['DOCUMENT_ROOT'].'/php200project/connection/163-connection.php';
4:
5:     $email = $_POST['userEmail'];
6:     $nickName = $_POST['userNickName'];
7:     $pw = $_POST['userPw'];
8:     $birthYear = (int) $_POST['birthYear'];
9:     $birthMonth = (int) $_POST['birthMonth'];
10:    $birthDay = (int) $_POST['birthDay'];
11:
12:    function goSignUpPage($alert){
13:        echo $alert.'<br>';
14:        echo "<a href='./173-signUpForm.php'>회원가입 폼으로 이동</a>";
15:        return;
16:    }
17:
18:    //유효성 검사
19:    //이메일 검사
20:    if(!filter_Var($email, FILTER_VALIDATE_EMAIL)){
21:        goSignUpPage('올바른 이메일이 아닙니다.');
22:        exit;
23:    }
24:
25:    //한글로 구성되어 있는지 정규식 검사
26:    $nickNameRegPattern = '/^[가-힣]{1,}$/';
27:    if (!preg_match($nickNameRegPattern, $nickName, $matches)) {
28:        goSignUpPage('닉네임은 한글로만 입력해 주세요.');
```

```
29:          exit;
30:      }
31:
32:      //비밀번호 검사
33:      if($pw == null || $pw == ''){
34:          goSignUpPage('비밀번호를 입력해 주세요.');
35:          exit;
36:      }
37:
38:      $pw = sha1('php200'.$pw);
39:
40:      //생년 검사
41:      if($birthYear == 0) {
42:          goSignUpPage('생년을 정확히 입력해 주세요.');
43:          exit;
44:      }
45:
46:      //생월 검사
47:      if($birthMonth == 0) {
48:          goSignUpPage('생월을 정확히 입력해 주세요.');
49:          exit;
50:      }
51:
52:      //생일 검사
53:      if($birthDay == 0) {
54:          goSignUpPage('생일을 정확히 입력해 주세요.');
55:          exit;
56:      }
57:
58:      $birth = $birthYear.'-'.$birthMonth.'-'.$birthDay;
59:
60:      //이메일 중복 검사
61:      $isEmailCheck = false;
62:
63:      $sql = "SELECT email FROM member WHERE email = '{$email}'";
64:      $result = $dbConnect->query($sql);
65:
66:      if( $result ) {
67:          $count = $result->num_rows;
68:          if($count == 0){
```

```php
69:            $isEmailCheck = true;
70:        } else {
71:            echo "이미 존재하는 이메일 입니다. ";
72:            goSignUpPage( );
73:            exit;
74:        }
75:    } else {
76:        echo "에러발생 : 관리자 문의 요망";
77:        exit;
78:    }
79:
80:    //닉네임 중복 검사
81:    $isNickNameCheck = false;
82:
83:    $sql = "SELECT nickName FROM member WHERE nickname = '{$nickName}'";
84:    $result = $dbConnect->query($sql);
85:
86:    if( $result ) {
87:        $count = $result->num_rows;
88:        if($count == 0){
89:            $isNickNameCheck = true;
90:        } else {
91:            goSignUpPage('이미 존재하는 닉네임 입니다.');
92:            exit;
93:        }
94:    } else {
95:        echo "에러발생 : 관리자 문의 요망";
96:        exit;
97:    }
98:
99:    if ($isEmailCheck == true && $isNickNameCheck == true) {
100:        $regTime = time( );
101:        $sql = "INSERT INTO member(email, nickname, pw, birthday, regTime)";
102:        $sql .= "VALUES('{$email}', '{$nickName}', '{$pw}',";
103:        $sql .= "'{$birth}', {$regTime})";
104:        $result = $dbConnect->query($sql);
105:
106:        if ($result) {
107:            $_SESSION['memberID'] = $dbConnect->insert_id;
108:            $_SESSION['nickName'] = $nickName;
```

```
109:              Header("Location:../index.php");
110:          } else {
111:              echo '회원가입 실패 - 관리자에게 문의';
112:              exit;
113:          }
114:      } else {
115:          goSignUpPage('이메일 또는 닉네임이 중복값입니다.');
116:          exit;
117:      }
118: ?>
```

회원가입에 성공하면 바로 세션을 생성하기 위해 [171-session.php] 파일을 incldue합니다.　　◆ 2

데이터베이스에 접속하므로 [163-connection.php] 파일을 include합니다.　　◆ 3

form 태그로 받은 데이터를 변수에 대입합니다. 생년월일은 정수형으로 형변환하여 숫자외에 다른　　◆ 5~10
값이 들어오면 값을 0으로 변경됩니다.

전달받은 값이 적합하지 않은 값일 때 사용할 함수입니다. 파라미터로 알림 문구를 받아 출력하는　　◆ 12~16
기능과 회원가입 페이지로 이동하는 링크 태그를 출력합니다. a 태그는 링크 태그이며 href 속성에
이동할 주소를 입력합니다.

이메일 주소가 유효성에 적합한지 검사하며 적합하지 않으면 goSignUpPage( ) 함수를 호출하고 페　　◆ 20~23
이지의 작동을 중지합니다.

닉네임의 값을 정규식으로 확인하기 위한 패턴식입니다. 한글로 구성되어 있는지 확인하는 패턴식　　◆ 26
입니다.

닉네임의 값이 패턴식의 규칙에 맞지 않으면 goSignUpPage( ) 함수를 호출하고 페이지의 작동이 정　　◆ 27~30
지됩니다.

비밀번호가 공백인지 확인 후 이상이 없다면 sha1( ) 함수를 사용해 입력한 비밀번호를 암호화 처리　　◆ 33~38
합니다. sha1( ) 함수는 문자열을 암호화하는 함수이며 입력한 비밀번호의 앞에 사용한 'php200'은
임의적으로 비밀번호에 값을 더하여 실제 입력한 값과 다르게 변경하여 sha1( ) 함수가 암호화 처리
하게 합니다.

41~56 ◆ 생년월일의 값이 이상이 없는지 확인하며 이상이 있을 시 goSignUpPage( ) 함수를 실행합니다.

58 ◆ 생년월일 값이 이상이 없다면 yyyy-mm-dd 형태로 값을 생성 후 변수 birth에 대입합니다.

61~78 ◆ 입력한 이메일이 member 테이블에 존재하는지 검사하며 결과를 변수 isEmailCheck에 대입합니다. 사용할 수 없는 이메일이면 변수 isEmailCheck의 값은 false이며, 사용 가능한 값이면 70라인에 의해 true가 대입됩니다.

81~97 ◆ 입력한 닉네임이 member 테이블에 존재하는지 검사하며 결과를 변수 isNickNameCheck에 대입합니다. 사용할 수 없는 닉네임이면 변수 isNickNameCheck의 값은 false이며, 사용 가능한 값이면 91라인에 의해 true가 대입됩니다.

99~103 ◆ 이메일 중복 체크 정보를 담는 변수인 isEmailCheck과 닉네임 중복 체크 정보를 담는 변수 isNickNameCheck의 값이 모두 true이면 member 테이블에 데이터를 입력합니다.

107~109 ◆ member 테이블에서 데이터 입력에 성공하면 $_SESSION['memberID']와 $_SESSION['nickName'] 을 생성한 후 메인페이지로 이동합니다. 109라인에 사용된 insert_id는 입력된 쿼리가 갖게된 primary key의 값을 의미합니다. 즉 memberID의 값이 $_SESSION['memberID']에 적용됩니다.

로그인 폼 만들기

로그인 폼이 있는 페이지를 생성하겠습니다. 로그인 폼에는 이메일을 입력하는 폼과 비밀번호를 입력하는폼을 생성합니다. 로그인에 관련한 파일은 [signIn] 폴더를 생성하여 [signIn] 폴더에 파일을 저장합니다.

다음은 로그인 폼 페이지의 예제입니다.

📁 **[코드 175] 175-signInForm.php**

```
 1: <!doctype html>
 2: <html>
 3: <head>
 4: </head>
 5: <body>
 6: <h1>로그인</h1>
 7: <form name="signIn" method="post" action="./176-signInProcessing.php">
 8:     이메일<br>
 9:     <input type="email" name="userEmail" required/>
10:     <br>
11:     <br>
12:     비밀번호<br>
13:     <input type="password" name="userPw" required/>
14:     <br>
15:     <br>
16:     <input type="submit" value="로그인"/>
17: </form>
18: </body>
19: </html>
```

form 태그의 action 속성의 값으로 이메일을 처리하는 [176-signInProcessing.php] 파일을 값으로 사용합니다.

◆ 7

523

9 ◆ 이메일 주소 입력폼입니다.

13 ◆ 비밀번호 입력폼입니다.

16 ◆ [176-signInProcessing.php]로 데이터를 전송하는 버튼입니다.

실행 URL은 http://localhost/php200project/signIn/175-signInForm.php입니다.

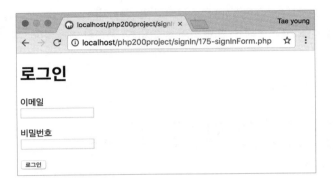

로그인 기능 만들기

로그인 정보를 받아서 로그인 기능을 생성하겠습니다. 로그인 정보(이메일 주소, 비밀번호)를 받으면 member 테이블에서 이메일 주소와 비밀번호가 모두 일치하는 레코드가 있는지 확인합니다. 일치하는 레코드가 있다면 세션을 생성하며 일치하는 정보가 없다면 [아이디 혹은 비밀번호가 일치하지 않습니다.]라는 문구를 출력합니다.

회원가입 기능을 생성할 때 비밀번호를 sha1( ) 함수를 사용하여 암호화하였고, 비밀번호 앞에 [php200] 문구를 사용하였습니다. 로그인 기능도 마찬가지로 비밀번호 앞에 [php200] 문구를 붙여서 sha1( ) 함수를 사용해 암호화된 값으로 변경하여 쿼리문에 사용합니다.

다음은 로그인을 처리하는 예제입니다.

📁 **[코드 176] 176-signInProcessing.php**

```php
1: <?php
2:     include $_SERVER['DOCUMENT_ROOT'].'/php200project/common/171-session.php';
3:     include $_SERVER['DOCUMENT_ROOT'].'/php200project/connection/163-connection.php';
4:
5:     $email = $_POST['userEmail'];
6:     $pw = $_POST['userPw'];
7:
8:     function goSignInPage($alert){
9:         echo $alert.'<br>';
10:        echo "<a href='./175-signInForm.php'>로그인 폼으로 이동</a>";
11:        return;
12:    }
13:
14:    //유효성 검사
15:    //이메일 검사
16:    if(!filter_Var($email, FILTER_VALIDATE_EMAIL)){
17:        goSignInPage('올바른 이메일이 아닙니다.');
18:        exit;
```

```
19:     }
20:
21:     //비밀번호 검사
22:     if($pw == null || $pw == '') {
23:         goSignInPage('비밀번호를 입력해 주세요.');
24:         exit;
25:     }
26:
27:     $pw = sha1('php200'.$pw);
28:
29:     $sql = "SELECT email, nickName, memberID FROM member ";
30:     $sql .= "WHERE email = '{$email}' AND pw = '{$pw}'";
31:     $result = $dbConnect->query($sql);
32:
33:     if($result){
34:         if($result->num_rows == 0){
35:             goSignInPage('로그인 정보가 일치하지 않습니다.');
36:             exit;
37:         } else {
38:             $memberInfo = $result->fetch_array(MYSQLI_ASSOC);
39:             $_SESSION['memberID'] = $memberInfo['memberID'];
40:             $_SESSION['nickName'] = $memberInfo['nickname'];
41:             Header("Location:../index.php");
42:         }
43:     }
44: ?>
```

2 ◆ 로그인에 성공하면 세션을 생성하므로 [171−session.php] 파일을 include합니다.

5, 6 ◆ 이메일 주소와 비밀번호를 변수에 대입합니다.

8~12 ◆ goSignUpPage( ) 함수는 이메일 주소가 유효성에 적합하지 않거나 로그인 정보가 다른 경우 알림 문구를 출력하고 로그인 폼으로 이동하는 링크를 출력하는 기능을 합니다.

16~19 ◆ 이메일 주소의 유효성을 검사합니다.

22~25 ◆ 비밀번호가 공백인지 검사합니다.

회원가입할 때 암호화한 비밀번호와 같은 값이 되도록 같은 방법으로 입력받은 비밀번호를 암호화 ◆ 27
합니다.

이메일과 비밀번호가 모두 일치하는 레코드를 불러오는 쿼리문입니다. 29라인의 끝에 띄어쓰기가 ◆ 29, 30
있으니 주의하여 코딩합니다.

쿼리문을 실행합니다. ◆ 31

불러온 데이터의 수가 0이면 일치하는 레코드가 없다는 의미이므로 로그인에 실패하게 됩니다 ◆ 34

불러온 데이터의 수가 0이 아니면 일치하는 레코드가 있음을 의미하므로 세션을 생성한 후 메인페 ◆ 39~41
이지로 이동합니다.

로그아웃 기능 만들기

[회원가입, 로그인] 챕터의 마지막 구현 기능인 로그아웃 기능을 구현하겠습니다. 로그아웃은 앞에서 생성한 세션 $_SESSION['memberID']와 $_SESSION['nickName']을 unset() 함수를 사용하여 삭제합니다.

📁 **[코드 177] 177-signOut.php**

```php
1: <?php
2:     include $_SERVER['DOCUMENT_ROOT'].'/php200project/common/171-session.php';
3:     unset($_SESSION['memberID']);
4:     unset($_SESSION['nickName']);
5:     echo "로그아웃 되었습니다.";
6:     echo "<a href='/php200project/index.php'>메인으로 이동</a>";
7: ?>
```

2 ◆ 세션을 사용하므로 [171-session.php] 파일을 include합니다.

3 ◆ unset() 함수를 사용해 세션 $_SESSON['memberID']를 삭제합니다.

4 ◆ unset() 함수를 사용해 세션 $_SESSION['nickName']를 삭제합니다.

5 ◆ 로그아웃됨을 알립니다.

6 ◆ 메인페이지로 이동하는 링크를 출력합니다.

회원가입 기능과 로그인 기능을 구현했으므로 회원가입을 진행합니다.

실행 URL은 http://localhost/php200project/signUp/173-signUpForm.php입니다.

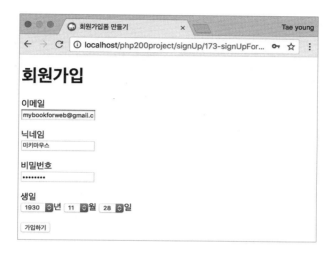

회원가입 정보를 입력 후 [가입하기] 버튼을 누릅니다. 회원가입을 완료하면 메인페이지로 이동되며 프로젝트의 링크가 출력됩니다.

터미널이나 phpMyAdmin에 접속하여 member 테이블의 레코드를 확인하면 가입한 정보를 확인할 수 있습니다.

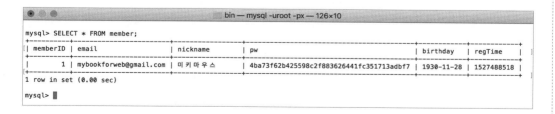

[로그아웃] 링크를 누르면 로그아웃 페이지로 이동됩니다. [메인으로 이동] 링크를 누른 후 [로그인]
링크를 클릭합니다.

[로그인] 버튼을 클릭하여 메인페이지에 이동되면 작동에 이상이 없습니다.

CHAPTER 3

게시판 만들기

board 테이블 생성하기

게시판을 만들겠습니다. 게시판은 글을 작성하는 페이지, 작성한 글을 저장하는 페이지, 글 목록을 표시하는 페이지, 내용을 보는 페이지, 다음 링크를 표시하는 페이지로 구성됩니다. 게시판 만들기 프로젝트의 파일은 [board] 폴더를 생성 후 [board] 폴더에서 진행합니다. [board] 폴더를 생성합니다.

게시글을 저장하는 테이블을 생성하겠습니다. 생성할 테이블의 이름은 [board]이며 다음은 [board] 테이블 생성 쿼리문입니다.

```
CREATE TABLE board (
boardID int(10) unsigned NOT NULL AUTO_INCREMENT,
memberID int(10) unsigned NOT NULL,
title varchar(50) NOT NULL,
content longtext NOT NULL,
regTime int(10) unsigned NOT NULL,
PRIMARY KEY (boardID)
) CHARSET=utf8;
```

다음은 [board] 테이블을 생성하는 예제입니다.

📁 [코드 178] 178-createBoard.php

```php
 1: <?php
 2:     include $_SERVER['DOCUMENT_ROOT'].'/php200project/connection/163-connection.php';
 3:
 4:     $sql = "CREATE TABLE board (";
 5:     $sql .= "boardID int(10) unsigned NOT NULL AUTO_INCREMENT,";
 6:     $sql .= "memberID int(10) unsigned NOT NULL,";
 7:     $sql .= "title varchar(50) NOT NULL,";
 8:     $sql .= "content longtext NOT NULL,";
 9:     $sql .= "regTime int(10) unsigned NOT NULL,";
10:     $sql .= "PRIMARY KEY (boardID)";
11:     $sql .= ") CHARSET=utf8";
```

```
12:
13:    $res = $dbConnect->query($sql);
14:
15:    if ( $res ) {
16:        echo "테이블 생성 완료";
17:    } else {
18:        echo "테이블 생성 실패";
19:    }
20: ?>
```

board 테이블 생성쿼리문입니다.

◆ 4~11

쿼리문을 실행합니다.

◆ 13

board 테이블의 생성 여부를 확인합니다.

◆ 15~19

실행 URL은 http://localhost/php200project/board/178-createBoard.php입니다.

터미널이나 phpMyAdmin에 접속하여 생성된 테이블의 목록을 확인할 수 있습니다.

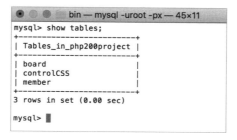

로그인 세션 체크 프로그램

게시판 기능은 로그인을 해야 이용할 수 있는 프로그램으로 비로그인 상태에서 게시판 페이지로 진입 시 메인으로 이동하게 하는 기능이 필요합니다. 이 기능은 다른 프로젝트에서도 똑같이 사용되므로 [common] 폴더에 생성합니다.

다음은 비로그인 시 메인페이지로 이동하는 예제입니다.

📁 [코드 179] 179-checkSignSession.php

```php
1: <?php
2:     //로그인하지 않은 경우
3:     if(!isset($_SESSION['memberID'])){
4:         //회원가입 또는 로그인 필요.
5:         Header("Location:../index.php");
6:         exit;
7:     }
8: ?>
```

3 ◆ isset() 함수를 사용해 세션 $_SESSION['memberID']가 없으면 메인페이지로 이동시킵니다.

게시글 작성폼 만들기

실무
180

게시글의 내용을 입력하는 폼을 생성하겠습니다. 게시글의 입력폼은 게시글의 제목과 내용을 입력하는 폼으로 구성됩니다.

다음은 게시글 입력폼의 예제입니다.

📁 [코드 180] 180-writeForm.php

```php
1: <?php
2:     include $_SERVER['DOCUMENT_ROOT'].'/php200project/common/171-session.php';
3:     include $_SERVER['DOCUMENT_ROOT'].'/php200project/common/179-checkSignSession.php';
4: ?>
5: <!doctype html>
6: <html>
7: <head>
8: </head>
9: <body>
10: <form name="boardWrite" method="post" action="181-saveBoard.php">
11:     제목
12:     <br>
13:     <br>
14:     <input type="text" name="title" required/>
15:     <br>
16:     <br>
17:     내용
18:     <br>
19:     <br>
20:     <textarea name="content" cols="80" rows="10" required></textarea>
21:     <br>
22:     <br>
23:     <input type="submit" value="저장" />
24: </form>
25: </body>
26: </html>
```

2 ◆ 로그인하지 않은 상태에서 [180-writeForm.php] 페이지에 진입 시 메인페이지로 이동하는 기능이
작동하게하기 위해 session_start( ) 함수가 있는 파일인 [171-session.php]를 include합니다.

3 ◆ 로그인하지 않은 상태에서 메인페이지로 이동하는 기능을 하는 파일인 [179-checkSignSession.php]
파일을 include합니다.

10~24 ◆ 게시글을 작성하는 폼입니다. 15라인에서 게시글의 제목을 입력하며, 21라인의 textarea 태그에 게
시글의 내용을 입력합니다. 제목은 게시물의 리스트를 보는 페이지를 생성할 때 제목으로 리스트를
구성하기 위해 사용됩니다.

실행 URL은 http://localhost/php200project/board/180-writeForm.php입니다.

게시글 저장하기

앞에서 생성한 게시글 입력폼 페이지에서 입력한 정보를 board 테이블에 저장하는 기능을 생성하겠습니다. 제목을 입력하는 태그와 내용을 입력하는 태그에 required 속성을 사용했습니다. 서버에서도 이 값이 제대로 입력되었는지 확인 후 제대로 입력되었다면 테이블에 입력하며 그렇지 않은 경우 게시글 입력폼이 있는 페이지로 이동하는 링크를 출력합니다.

다음은 게시글을 board 테이블에 저장하는 예제입니다.

📁 **[코드 181] 181-saveBoard.php**

```php
1:  <?php
2:      include $_SERVER['DOCUMENT_ROOT'].'/php200project/common/171-session.php';
3:      include $_SERVER['DOCUMENT_ROOT'].'/php200project/common/179-checkSignSession.php';
4:      include $_SERVER['DOCUMENT_ROOT'].'/php200project/connection/163-connection.php';
5:
6:      $title = $_POST['title'];
7:      $content = $_POST['content'];
8:
9:      if($title != null && $title != ''){
10:         $title = $dbConnect->real_escape_string($title);
11:     } else {
12:         echo "제목을 입력하세요.";
13:         echo "<a href='./180-writeForm.php'>작성 페이지로 이동</a>";
14:         exit;
15:     }
16:
17:     if($content != null && $content != ''){
18:         $content = $dbConnect->real_escape_string($content);
19:     } else {
20:         echo "내용을 입력하세요.";
21:         echo "<a href='./180-writeForm.php'>작성 페이지로 이동</a>";
22:         exit;
23:     }
```

```
24:
25:     $memberID = $_SESSION['memberID'];
26:
27:     $regTime = time( );
28:
29:     $sql = "INSERT INTO board (memberID, title, content, regTime) ";
30:     $sql .= "VALUES ({$memberID},'{$title}','{$content}',{$regTime})";
31:     $result = $dbConnect->query($sql);
32:
33:     if($result){
34:         echo "저장 완료";
35:         echo "<a href='./183-list.php'>게시글 목록으로 이동</a>";
36:         exit;
37:     } else {
38:         echo "저장 실패 - 관리자에게 문의";
39:         echo "<a href='./183-list.php'>게시글 목록으로 이동</a>";
40:         exit;
41:     }
42: ?>
```

2 ◆ board 테이블의 memberID 필드에는 세션 $_SESSION['memberID']의 값을 입력하므로 session_start( ) 함수가 있는 파일을 include합니다.

3 ◆ 로그인을 하지 않고 [181−saveBoard.php]에 접근하는 것을 방지하도록 [179−checkSignSession.php] 파일을 include합니다.

4 ◆ board 테이블에 데이터를 입력하므로 데이터베이스 접속 프로그램인 [163−connection.php] 파일을 include합니다.

6,7 ◆ 전달받은 제목과 내용을 변수에 대입합니다.

9~15 ◆ 제목 데이터인 변수 title의 값이 공백인지 확인하며 공백이 아니면 real_escape_string( ) 메소드를 사용합니다. real_escape_string( ) 함수는 문자열 속 특수문자가 쿼리문에서 오류를 일으키지 않도록 하는 기능을 갖습니다.

17~23 ◆ 내용 데이터인 변수 content의 값이 공백인지 확인하며 공백이 아니면 real_escape_string( ) 메소드를 사용합니다.

board 테이블의 memberID 필드에 입력할 값인 세션 $_SESSION['memberID']를 변수 memberID에 대입합니다. ◆ 25

해당 게시물의 입력 시간을 변수 regTime에 대입합니다. ◆ 27

게시물을 board 테이블에 입력하는 쿼리문입니다. ◆ 29, 30

쿼리문을 실행합니다. ◆ 31

쿼리문의 실행 결과를 알립니다. ◆ 33~41

게시물 저장 기능을 생성했으므로 게시물을 입력하여 board 테이블에 저장되는지 확인하겠습니다. 게시물 입력폼 페이지로 이동합니다.

실행 URL은 http://localhost/php200project/board/180−writeForm.php입니다. 게시물을 입력 후 저장 버튼을 누릅니다.

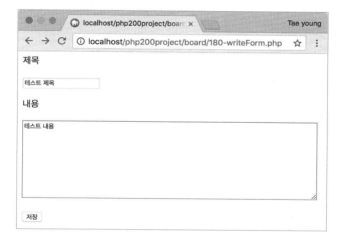

터미널 또는 phpMyAdmin을 통해 board 테이블의 내용을 확인합니다.

```
 ●  ●  ●                  bin — mysql -uroot -px — 75×10

mysql> SELECT * FROM board;
+---------+----------+---------------+--------------+------------+
| boardID | memberID | title         | content      | regTime    |
+---------+----------+---------------+--------------+------------+
|       1 |        1 | 테 스 트  제 목  | 테 스 트  내 용  | 1527496501 |
+---------+----------+---------------+--------------+------------+
1 row in set (0.00 sec)

mysql> ▌
```

539

임의로 게시물 입력하기

게시물의 목록 페이지를 만들겠습니다. 그 전에 게시물을 리스트로 생성하려면 많은 게시물 데이터가 필요합니다. 게시물 입력폼이 있는 페이지로 여러 개의 게시물을 직접 입력하려면 불편하므로 프로그래밍을 통해 임의로 board 테이블에 데이터를 입력하겠습니다.

다음은 board 테이블에 임의로 데이터를 입력하는 예제입니다.

📁 **[코드 182] 182-inputRandData.php**

```php
1: <?php
2:    include $_SERVER['DOCUMENT_ROOT'].'/php200project/common/171-session.php';
3:    include $_SERVER['DOCUMENT_ROOT'].'/php200project/common/179-checkSignSession.php';
4:    include $_SERVER['DOCUMENT_ROOT'].'/php200project/connection/163-connection.php';
5:
6:    for($i = 1; $i <= 165; $i++){
7:        $time = time();
8:        $sql = "INSERT INTO board (memberID, title, content, regTime) ";
9:        $sql .= "VALUES (1, '{$i}번째 제목', '{$i}번째 내용', {$time})";
10:       $result = $dbConnect->query($sql);
11:       if($result){
12:           echo "{$i}번째 데이터 입력완료";
13:       }else{
14:           echo "{$i}번째 데이터 입력실패";
15:       }
16:   }
17: ?>
```

6 ◆ for문에 쓰인 변수 i의 값은 memberID 필드의 값으로 사용되며 변수 i의 값이 1부터 165가 될 때까지 반복합니다.

7 ◆ 레코드를 입력하는 시간을 변수 time에 대입합니다.

board 테이블에 입력할 쿼리문입니다. 제목에는 변수 i의 값을 사용하여 몇 번째 제목이라는 문구가 입력되며 내용에는 변수 i의 값을 사용하여 몇 번째 내용이라는 문구가 입력됩니다.

◆ 8, 9

쿼리문을 실행합니다.

◆ 10

쿼리문의 실행 여부를 확인합니다.

◆ 11~15

실행 URL은 http://localhost/php200project/board/182−inputRandData.php입니다.

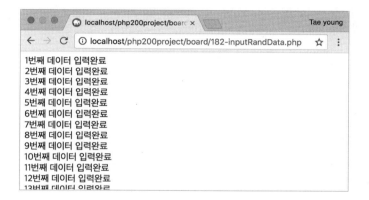

게시물 목록 페이지 생성하기

임의로 게시물을 생성했습니다. 이 게시물의 목록을 보는 페이지를 생성하겠습니다. 게시물 목록 페이지는 모든 게시물을 불러오지 않고 등록된 시간을 기준으로 최신순으로 20개만 표시하게 생성합니다. 또한 게시물은 table 태그를 사용하여 목록을 출력합니다.

다음은 table 태그를 사용하여 만들 게시물 출력 폼입니다.

번호	제목	작성자	게시일
166	165번째 제목	미키마우스	2018-05-28 18:03
165	164번째 제목	미키마우스	2018-05-28 18:03
164	163번째 제목	미키마우스	2018-05-28 18:03

위와 같은 테이블을 만들려면 table 태그를 사용하며, 제목에 해당하는 부분을 구성하려면 table 태그 내에서 thead 태그를 사용하며, thead 태그 내에서 칸을 생성할 때는 th 태그를 사용합니다. 내용을 표시하는 부분은 tbody 태그를 사용합니다. 라인을 생성할 때는 tr 태그를 사용하며 칸을 생성할 때는 td 태그를 사용합니다.

앞의 테이블을 table 태그를 사용하여 표시하면 다음과 같은 코드를 사용합니다.

```
 1: <table>
 2:   <thead>
 3:     <th>번호</th>
 4:     <th>제목</th>
 5:     <th>작성자</th>
 6:     <th>게시일</th>
 7:   </thead>
 8:   <tbody>
 9:     <tr>
10:       <td>166</td>
11:       <td>165번째 제목</td>
12:       <td> 미키마우스 </td>
```

```
13:        <td>2018-05-28 18:03</td>
14:      </tr>
15:      <tr>
16:        <td>165</td>
17:        <td>164번째 제목</td>
18:        <td> 미키마우스 </td>
19:        <td>2018-05-28 18:03</td>
20:      </tr>
21:      <tr>
22:        <td>164</td>
23:        <td>163번째 제목</td>
24:        <td> 미키마우스 </td>
25:        <td>2018-05-28 18:03</td>
26:      </tr>
27:      <tr>
28:        <td>163</td>
29:        <td>162번째 제목</td>
30:        <td> 미키마우스 </td>
31:        <td>2018-05-28 18:03</td>
32:      </tr>
33:    </tbody>
34:  </table>
```

table 태그를 엽니다.   ◆ 1

제목을 표시하는 태그인 thead 태그를 엽니다.   ◆ 2

제목을 표시하는 태그에서 칸을 생성하려면 th 태그를 사용하여 표시할 필드의 문구를 입력하고 th   ◆ 3
태그를 닫습니다.

제목은 3개가 더 있으므로 th 태그를 사용하여 표시할 제목을 th 태그로 생성합니다.   ◆ 4, 5, 6

table 태그의 제목 부분이 끝나므로 thead 태그를 닫습니다.   ◆ 7

내용을 표시하는 태그인 tbody 태그를 엽니다.   ◆ 8

라인을 생성하는 tr 태그를 엽니다.   ◆ 9

10~13 ◆ 9라인에서 생성한 라인 안에 들어갈 내용을 입력하기 위해 td 태그를 열어 표시할 문구를 입력합니다.

14 ◆ 9라인에서 표시할 문구를 모두 작성했으므로 tr 태그를 닫아 라인을 닫습니다.

다음은 게시물의 목록을 생성하는 예제입니다.

📁 [코드 183] 183-list.php

```php
1: <?php
2:     include $_SERVER['DOCUMENT_ROOT'].'/php200project/common/171-session.php';
3:     include $_SERVER['DOCUMENT_ROOT'].'/php200project/common/179-checkSignSession.php';
4:     include $_SERVER['DOCUMENT_ROOT'].'/php200project/connection/163-connection.php';
5: ?>
6: <!doctype html>
7: <html>
8: <head>
9: <title>게시물 목록</title>
10: </head>
11: <body>
12: <a href="./180-writeForm.php">글작성하기</a>
13: <a href="../signIn/177-signOut.php">로그아웃</a>
14: <table>
15:     <thead>
16:         <th>번호</th>
17:         <th>제목</th>
18:         <th>작성자</th>
19:         <th>게시일</th>
20:     </thead>
21:     <tbody>
22:
23: <?php
24:     if(isset($_GET['page'])){
25:         $page = (int) $_GET['page'];
26:     }else{
27:         $page = 1;
28:     }
29:
30:     $numView = 20;
31:
```

```php
32:     $firstLimitValue = ($numView * $page) - $numView;
33:
34:     $sql = "SELECT b.boardID, b.title, m.nickname, b.regTime FROM board b ";
35:     $sql .= "JOIN member m ON (b.memberID = m.memberID) ORDER BY boardID ";
36:     $sql .= "DESC LIMIT {$firstLimitValue}, {$numView}";
37:     $result = $dbConnect->query($sql);
38:
39:     if( $result ) {
40:         $dataCount = $result->num_rows;
41:
42:         if($dataCount > 0){
43:             for($i = 0; $i < $dataCount; $i++){
44:                 $memberInfo = $result->fetch_array(MYSQLI_ASSOC);
45:                 echo "<tr>";
46:                 echo "<td>".$memberInfo['boardID']."</td>";
47:                 echo "<td><a href='/php200project/board/185-view.php?boardID=";
48:                 echo "{$memberInfo['boardID']}'>";
49:                 echo $memberInfo['title'];
50:                 echo "</a></td>";
51:                 echo "<td>{$memberInfo['nickname']}</td>";
52:                 echo "<td>".date('Y-m-d H:i', $memberInfo['regTime'])."</td>";
53:                 echo "</tr>";
54:             }
55:         } else {
56:             echo "<tr><td colspan='4'>게시글이 없습니다.</td></tr>";
57:         }
58:
59:     }
60: ?>
61:     </tbody>
62: </table>
63:
64: <?php
65:     include $_SERVER['DOCUMENT_ROOT'].'/php200project/board/184-nextPageLink.php';
66:     include $_SERVER['DOCUMENT_ROOT'].'/php200project/board/186-searchForm.php';
67: ?>
68: </body>
69: </html>
```

2 ◆ [171-session.php] 파일을 include합니다.

3 ◆ 비로그인 시에 접근할 수 없도록 [179-checkSignSession.php] 파일을 inlcude합니다.

4 ◆ member 테이블과 board 테이블의 데이터를 가져오므로 [163-connection.php] 파일을 include합니다.

12 ◆ 게시물 목록 페이지에서 글 작성하기 페이지로 바로 이동할 수 있는 링크입니다.

13 ◆ 게시물 목록 페이지에서 바로 로그인할 수 있는 링크입니다.

15~20 ◆ table 태그의 제목에 해당하는 부분입니다. 게시물 목록에서 출력할 정보는 게시물의 번호, 제목, 작성자, 게시일임을 알 수 있습니다.

24~28 ◆ 게시물 목록 페이지에는 한 페이지에 20개의 게시물 데이터를 출력합니다. 그러므로 책의 쪽수 정보를 $_GET 방식으로 데이터를 전달합니다. $_GET['page']가 없다면 쪽수가 1임을 의미합니다.

30 ◆ 한 번에 출력할 게시물의 수는 20이며 이 값을 변수 numView에 대입합니다.

32 ◆ 변수 firstLimitValue는 쿼리문 LIMIT문의 첫 번째 값으로 사용됩니다. 쪽수의 값에 따라 불러오는 데이터를 정하는 공식입니다.
쪽수에 따른 LIMIT문의 첫 번째 값의 변화는 다음과 같습니다.

쪽수	계산식	LIMIT문
1	(20 * 1) − 20	LIMIT 0, 20
2	(20 * 2) − 20	LIMIT 20, 20
3	(20 * 3) − 20	LIMIT 40, 20

34~36 ◆ 게시글의 데이터를 불러오는 쿼리문입니다. 작성자 정보를 함께 표시하지만 board 테이블에는 작성자 정보가 없기 때문에 member 테이블과 함께 memberID 정보를 매칭하여 작성자 정보를 함께 불러옵니다.

43~54 ◆ 불러온 데이터의 수만큼 table 태그의 tr 태그와 td 태그를 출력합니다.

47 ◆ 제목을 누르면 해당 게시물의 내용을 볼 수 있는 페이지로 이동해야 하므로 a 링크를 사용하여 주소를 지정합니다. boardID의 값을 GET 방식으로 전송함을 알 수 있습니다.

board 테이블에는 게시글을 작성한 시간이 타임스탬프로 되어 있으므로 이 값을 보기 쉽게 yyyy– mm–dd hh:mm:ss 형태로 변환합니다. ◆ 52

다음 페이지로 이동하는 링크가 있는 파일을 include합니다. ◆ 65

검색 기능이 있는 파일을 include합니다. ◆ 66

실행 URL은 http://localhost/php200project/board/183–list.php입니다.

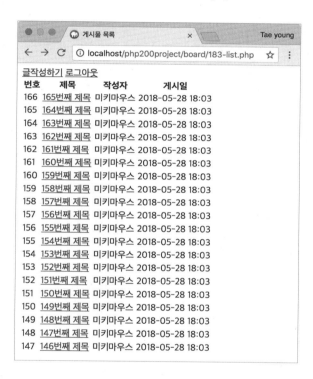

다음 페이지로 이동 링크 생성하기

앞에서 생성한 게시물 목록의 쪽수를 출력하는 [코드 183]의 65라인에 작성된 [184-nextPageLink. php] 파일을 구현하겠습니다.

| 처음 | 이전 | **1 2 3 4 5 6 7 8 9** | 다음 | 끝 |

게시물의 페이지 기능은 위와 같이 구성됩니다.

[처음] 링크는 첫페이지로 이동하는링크입니다.

[이전] 링크는 현재 페이지의 이전 페이지로 이동하는 링크입니다.

[페이지 수] 링크는 현재 페이지를 기준으로 앞페이지 5개를 표시하고 뒷페이지 5개를 표시합니다.

[다음] 링크는 현재 페이지의 다음 페이지로 이동하는 링크입니다.

[끝] 링크는 가장 마지막 페이지로 이동하는 링크입니다.

이전 페이지가 없는 경우에는 [이전] 링크를 표시하지 않으며 다음 페이지가 없는 경우 [다음] 링크를 표시하지 않습니다. [처음] 링크와 [끝] 링크는 항상 표시합니다.

다음은 페이징 기능의 예제입니다.

📁 **[코드 184] 184-nextPageLink.php**

```php
1: <?php
2:     //전체 레코드 수 구하기
3:     $sql = "SELECT count(boardID) FROM board";
4:     $result = $dbConnect->query($sql);
5:
6:     $boardTotalCount = $result->fetch_array(MYSQLI_ASSOC);
7:     $boardTotalCount = $boardTotalCount['count(boardID)'];
8:
```

```php
 9:     //총 페이지 수
10:     $totalPage = ceil($boardTotalCount / $numView);
11:
12:     //처음 페이지 이동 링크
13:     echo "<a href='./183-list.php?page=1'>처음</a> ";
14:
15:     //이전 페이지 이동 링크
16:     if($page != 1){
17:         $previousPage = $page - 1;
18:         echo "<a href='./183-list.php?page={$previousPage}'>이전</a>";
19:     }
20:
21:     //현재 페이지의 앞 뒤 페이지 수 표시
22:     $pageTerm = 5;
23:
24:     //처음 표시할 페이지를 현재 페이지를 기준으로 5개 이전까지만 표시
25:     $startPage = $page - $pageTerm;
26:     //음수일 경우 처리
27:     if($startPage < 1){
28:         $startPage = 1;
29:     }
30:
31:     //처음 표시할 페이지를 현재 페이지를 기준으로 5개 이전까지만 표시
32:     $lastPage = $page + $pageTerm;
33:
34:     //마지막 페이지의 수보다 클 경우 처리
35:     if($lastPage >= $totalPage){
36:         $lastPage = $totalPage;
37:     }
38:
39:     for($i = $startPage; $i <= $lastPage; $i++){
40:         $nowPageColor = 'unset';
41:         if($i == $page){
42:             $nowPageColor = 'hotpink';
43:         }
44:         echo " <a href='./183-list.php?page={$i}'";
45:         echo "style='color:{$nowPageColor}'>{$i}</a> ";
46:     }
47:
48:     //다음 페이지 이동 링크
```

```
49:     if($page != $totalPage){
50:         $nextPage = $page + 1;
51:         echo "<a href='./183-list.php?page={$nextPage}'>다음</a>";
52:     }
53:
54:     //마지막 페이지 이동 링크
55:     echo " <a href='./183-list.php?page={$totalPage}'>끝</a>";
56: ?>
```

3 ◆ board 테이블의 레코드 수를 불러오는 쿼리문입니다.

4 ◆ 쿼리문을 실행합니다.

6 ◆ 쿼리문의 데이터를 변수 boardTotalCount에 대입합니다.

7 ◆ 변수 boardTotalCount의 레코드 수 정보를 변수 boardTotalCount에 다시 대입합니다.

10 ◆ 총 페이지의 수를 구합니다. 변수 numView는 [183-list.php]의 30라인에 선언되어 있습니다. ceil( ) 함수는 올림을 하는 함수이며, 변수 newView의 값인 20으로 페이지를 구성할 때 남는 게시물을 표시하기 위해 반올림이나, 버림 처리를 하지 않고 올림 처리를 합니다.

13 ◆ 처음 페이지로 이동하는 링크입니다. $_GET 방식을 사용하며 page의 값을 1로 적용합니다.

16 ◆ 처음 페이지인 1페이지에서는 이전 페이지로 이동할 수 없으므로 1페이지인 경우 이전 링크를 표시하지 않습니다.

17 ◆ [이전] 링크에서 이동할 값을 구하므로 현재 페이지의 값에서 1을 뺀 페이지를 링크에 사용하기 위해 변수 previousPage를 생성합니다.

18 ◆ [이전] 링크를 출력합니다.

22 ◆ 현재 페이지를 기준으로 앞 뒤로 5개의 페이지까지 표시합니다. 모든 페이지를 표시하면 가로로 많은 양의 페이지가 표시되는 현상을 방지하기 위함입니다. 예를 들어, 현재 페이지가 8페이지이면 페이지를 처음 시작하는 수는 3이됩니다.

현재 페이지를 기준으로 처음 출력할 페이지의 수를 구합니다. 현재 페이지에서 변수 pageTerm의 값을 뺀 값을 처음 페이지로 지정합니다. ◆ **25**

변수 startPage의 값이 음수일 경우에는 변수 startPage에 1을 대입하여 1페이지부터 표시합니다. ◆ **27~29**

현재 페이지를 기준으로 이후 표시할 페이지를 구합니다. 현재 페이지에서 변수 pageTerm의 값을 더하여 표시할 페이지를 구합니다. ◆ **32**

이후 표시할 페이지가 총 페이지의 수를 넘을 경우 마지막으로 표시할 페이지의 수를 총 페이지의 수로 변경합니다. ◆ **35~37**

표시할 페이지 링크에서 처음 시작할 페이지와 마지막 페이지를 구했으므로 이 값으로 for 반복문을 이용하여 페이지 이동 링크를 생성합니다. ◆ **39~46**

페이지 링크 중에서 현재 페이지는 다른 색을 표시하기 위해 변수 nowPageColor를 생성하고 기본 값으로 unset을 대입합니다. unset는 CSS의 color 속성의 값으로 사용되며 값을 정의하지 않음을 의미합니다. ◆ **40**

같은 페이지일 경우 변수 nowPageColor에 값 hotpink를 대입합니다. ◆ **41~43**

표시할 페이지 이동 링크입니다. a 링크의 href 속성의 값으로 [183-list.php]에 $_GET 방식으로 page의 값을 입력합니다. a 링크에서 사용한 style 속성은 CSS 속성을 사용할 수 있는 속성이며, color 속성은 태그의 색을 지정하는 CSS의 속성입니다. 는 공백을 표시하는 기능을 갖습니다. ◆ **44, 45**

현재 페이지가 마지막 페이지와 같다면 다음 링크를 표시하지 않습니다. ◆ **49**

[다음] 링크에서 이동할 값을 구합니다. 현재 페이지의 값에서 1을 더한 값을 변수 nextPage에 대입합니다. ◆ **50**

마지막 페이지로 이동하는 링크입니다. ◆ **55**

[코드 184]는 [코드 183]에서 include하는 파일이므로 [코드 183]을 웹브라우저에서 호출하여 테스트합니다.

실행 URL은 http://localhost/php200project/board/183-list.php입니다.

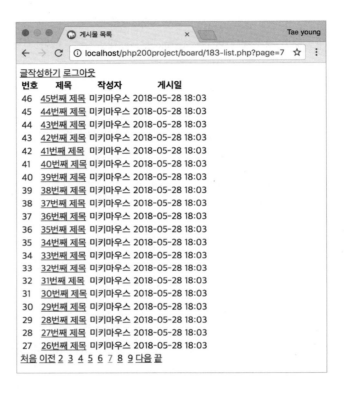

위 그림은 7페이지로 이동한 화면입니다. 7페이지를 기준으로 하므로 2페이지부터 시작합니다.

게시물 내용 보기

앞에서 생성한 [183-list.php]에서 게시물의 제목을 클릭하면 내용을 볼 수 있는 페이지를 생성하겠습니다. URL에 GET 방식으로 함께 전달된 boardID의 값을 이용하여 해당 게시물의 내용을 불러오는 방식으로 구현합니다.

다음은 게시물의 내용을 표시하는 예제입니다.

📁 [코드 185] 185-view.php

```php
 1: <?php
 2:     include $_SERVER['DOCUMENT_ROOT'].'/php200project/common/171-session.php';
 3:     include $_SERVER['DOCUMENT_ROOT'].'/php200project/common/179-checkSignSession.php';
 4:     include $_SERVER['DOCUMENT_ROOT'].'/php200project/connection/163-connection.php';
 5:
 6:     if(isset($_GET['boardID']) && (int) $_GET['boardID'] > 0){
 7:         $boardID = $_GET['boardID'];
 8:         $sql = "SELECT b.title, b.content, m.nickname, b.regTime FROM board b ";
 9:         $sql .= "JOIN member m ON (b.memberID = m.memberID) ";
10:         $sql .= "WHERE b.boardID = {$boardID}";
11:         $result = $dbConnect->query($sql);
12:
13:         if( $result ) {
14:             $contentInfo = $result->fetch_array(MYSQLI_ASSOC);
15:             echo "제목 : " . $contentInfo['title'] . "<br>";
16:             echo "작성자 : " . $contentInfo['nickname'] . "<br>";
17:             $regDate = date("Y-m-d h:i");
18:             echo "게시일 : {$regDate}<br><br>";
19:             echo "내용 <br>";
20:             echo $contentInfo['content'].'<br>';
21:             echo "<a href='/php200project/board/183-list.php'>목록으로 이동</a>";
22:
23:         } else {
```

```
24:            echo "잘못된 접근입니다.";
25:            exit;
26:        }
27:    } else {
28:        echo "잘못된 접근입니다.";
29:        exit;
30:    }
31: ?>
```

6 ◆ $_GET['board']가 존재하고 값이 0을 초과하는지 확인합니다.

7 ◆ $_GET['board']의 값을 변수 boardID에 대입합니다.

8~10 ◆ 게시물의 제목과 내용 게시일 그리고 작성자 정보를 가져오는 쿼리문입니다.

15~21 ◆ 테이블에서 불러온 데이터를 출력합니다.

실행 URL은 http://localhost/php200project/board/183-list.php입니다.
게시물 목록 페이지에서 제목을 클릭하여 [코드 185]의 결과를 확인할 수 있습니다.

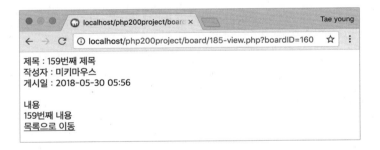

검색폼 생성하기

특정 단어가 포함된 게시물을 검색하는 기능을 구현합니다. 생성할 검색폼은 검색어 입력폼과 옵션을 선택하는 폼으로 구성됩니다. 옵션에는 제목, 내용, 제목과 내용, 제목 또는 내용으로 구성되며 [제목]을 선택하는 경우 제목에서만 특정 단어가 포함되어 있는지 확인하며, [내용]도 동일합니다 [제목과 내용] 옵션은 제목에도 특정 단어가 포함되고 내용에도 특정 단어가 포함되는 게시물을 불러옵니다. [제목 또는 내용] 옵션은 제목과 내용 한 부분이라도 특정 단어가 포함되어 있으면 해당 게시물을 불러옵니다.

다음은 검색폼을 생성하는 예제입니다. 이 예제는 [코드 183]의 66라인에서 include하는 파일입니다.

📁 **[코드 186] 186-searchForm.php**

```
 1: <form name="search" method="post" action="./187-searchResult.php">
 2:    <input type="text" name="searchKeyword" placeholder="검색어 입력" required />
 3:    <select name="option" required>
 4:       <option value="title">제목</option>
 5:       <option value="content">내용</option>
 6:       <option value="tandc">제목과 내용</option>
 7:       <option value="torc">제목 또는 내용</option>
 8:    </select>
 9:    <input type="submit" value="검색" />
10: </form>
```

action 속성의 페이지는 검색 결과를 찾아 출력하는 파일입니다.　　　　　　　　　　　◆ 1

검색어 입력폼입니다.　　　　　　　　　　　　　　　　　　　　　　　　　　　◆ 2

옵션 선택폼입니다.　　　　　　　　　　　　　　　　　　　　　　　　　　　　◆ 3~8

form 태그에 입력된 내용을 전송하는 버튼입니다.　　　　　　　　　　　　　　◆ 9

이 예제도 게시글 목록 페이지에서 include하므로 브라우저에서 게시글 목록 페이지를 호출합니다.

실행 URL은 http://localhost/php200project/board/183-list.php입니다.

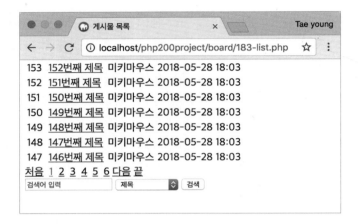

검색 결과 확인하기

실무
187

앞에서 생성한 검색폼에서 데이터를 전달받아 검색 결과를 출력하는 기능을 구현하겠습니다 검색 폼의 select 태그에 있는 옵션([제목], [내용], [제목과 내용], [제목 또는 내용])에 따라 쿼리문의 조건 문이 다르게 바뀝니다.

옵션에 따른 조건문의 변화

옵션명	옵션값	조건문
제목	title	title = 검색어
내용	content	content = 검색어
제목과 내용	tandc	title = 검색어 AND content = 검색어
제목 또는 내용	torc	title = 검색어 OR content = 검색어

다음은 검색 결과를 출력하는 예제입니다.

📁 **[코드 187] 187-searchResult.php**

```php
1: <?php
2:    include $_SERVER['DOCUMENT_ROOT'].'/php200project/common/171-session.php';
3:    include $_SERVER['DOCUMENT_ROOT'].'/php200project/common/179-checkSignSession.php';
4:    include $_SERVER['DOCUMENT_ROOT'].'/php200project/connection/163-connection.php';
5:
6:    $searchKeyword = $dbConnect->real_escape_string($_POST['searchKeyword']);
7:    $searchOption = $dbConnect->real_escape_string($_POST['option']);
8:
9:    if($searchKeyword == '' || $searchKeyword == null){
10:       echo "검색어가 없습니다.";
11:       exit;
12:    }
13:
14:    switch ($searchOption){
```

```
15:        case 'title':
16:        case 'content':
17:        case 'tandc':
18:        case 'torc':
19:            break;
20:        default :
21:            echo "검색 옵션이 없습니다.";
22:            exit;
23:            break;
24:    }
25:
26:    $sql = "SELECT b.boardID, b.title, m.nickname, b.regTime FROM board b ";
27:    $sql .= "JOIN member m ON (b.memberID = m.memberID) ";
28:
29:    switch ($searchOption) {
30:        case 'title':
31:            $sql .= "WHERE b.title LIKE '%{$searchKeyword}%'";
32:            break;
33:        case 'content':
34:            $sql .= "WHERE b.content LIKE '%{$searchKeyword}%'";
35:            break;
36:        case 'tandc':
37:            $sql .= "WHERE b.title LIKE '%{$searchKeyword}%'";
38:            $sql .= " AND ";
39:            $sql .= "b.content LIKE '%{$searchKeyword}%'";
40:            break;
41:        case 'torc':
42:            $sql .= "WHERE b.title LIKE '%{$searchKeyword}%'";
43:            $sql .= " OR ";
44:            $sql .= "b.content LIKE '%{$searchKeyword}%'";
45:            break;
46:    }
47:
48:    $result = $dbConnect->query($sql);
49:    if($result) {
50:        $dataCount = $result->num_rows;
51:    }else{
52:        echo "오류 발생 - 관리자 문의";
53:        exit;
```

```php
54:     }
55: ?>
56: <!doctype html>
57: <html>
58: <head>
59: <title>검색 결과</title>
60: </head>
61: <body>
62: <a href="./180-writeForm.php">글작성하기</a>
63: <a href="../signIn/177-signOut.php">로그아웃</a>
64: <table>
65:     <thead>
66:     <th>번호</th>
67:     <th>제목</th>
68:     <th>작성자</th>
69:     <th>게시일</th>
70:     </thead>
71:     <tbody>
72: <?php
73:     if($dataCount > 0){
74:         for($i = 0; $i < $dataCount; $i++){
75:             $memberInfo = $result->fetch_array(MYSQLI_ASSOC);
76:             echo "<tr>";
77:             echo "<td>".$memberInfo['boardID']."</td>";
78:             echo "<td><a href='./185-view.php?boardID={$memberInfo['boardID']}'>";
79:             echo "{$memberInfo['title']}</a></td>";
80:             echo "<td>".$memberInfo['nickname']."</td>";
81:             echo "<td>".date('Y-m-d H:i', $memberInfo['regTime'])."</td>";
82:             echo "</tr>";
83:         }
84:     } else {
85:         echo "<tr><td colspan='4'>{$searchKeyword}를 포함하는 게시글이 없습니다.</td></tr>";
86:     }
87: ?>
88:     </tbody>
89: </table>
90: </body>
91: </html>
```

6,7 ◆ 검색폼에서 전달받은 데이터를 변수에 대입합니다.

9~12 ◆ 검색어의 공백 여부를 확인합니다.

14~24 ◆ 검색 옵션이 올바른 값인지 확인합니다.

26, 27 ◆ 게시물을 불러오는 쿼리문이며 WHERE문은 포함되지 않았습니다.

29~46 ◆ 검색 옵션값에 따른 쿼리문의 WHERE문입니다.

74~84 ◆ table 태그에 검색된 게시물을 출력합니다.

85 ◆ 조건에 맞는 게시물이 없는 경우의 출력문입니다.

실행 URL은 http://localhost/php200project/board/183-list.php입니다.
다음은 검색어로 [테스트 내용]을 입력했으며 옵션은 [내용]을 선택한 그림입니다.

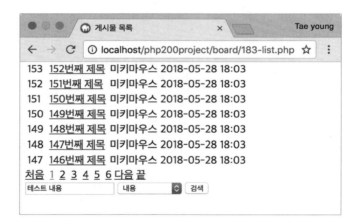

다음은 검색 결과입니다.

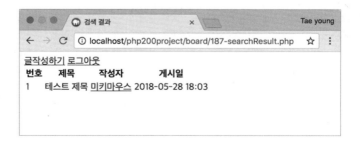

CHAPTER 4

설문조사
프로그램 만들기

survey 테이블 생성하기

간단한 설문조사 프로그램을 만들겠습니다. 이 프로젝트는 설문조사의 여러 항목을 선택 후 데이터 베이스에 저장하고 결과를 확인하는 방식으로 진행합니다. [CHAPTER 5]에서 차트에서 사용하는 데이터는 [설문조사 프로그램 만들기]에서 생성한 데이터로 제작하므로 이 프로젝트를 건너 뛸 수 없습니다. [설문조사 프로그램 만들기]는 [survey] 폴더를 생성 후 이곳에 파일을 저장합니다.

설문조사 데이터가 저장될 테이블을 생성하겠습니다. 테이블의 이름은 survey이며 survey 테이블 생성 쿼리문은 다음과 같습니다.

```
CREATE TABLE survey(
surveyID int(10) unsigned NOT NULL AUTO_INCREMENT,
memberID int(10) unsigned DEFAULT NULL,
kind enum('offlineStore','onlineStore','website','friends','academy','noMemory','etc'),
regTime int(10) unsigned DEFAULT NULL,
PRIMARY KEY (surveyID)
)CHARSET=utf8;
```

kind 필드에는 정해진 값만 입력될 수 있도록 enum을 사용하여 값을 지정합니다.

다음은 survey 테이블을 생성하는 예제입니다. [survey] 폴더에 저장합니다.

📁 [코드 188] 188-createSurvey.php

```php
1:  <?php
2:      include $_SERVER['DOCUMENT_ROOT'].'/php200project/connection/163-connection.php';
3:
4:      $sql = "CREATE TABLE survey(";
5:      $sql .= "surveyID int(10) unsigned NOT NULL AUTO_INCREMENT,";
6:      $sql .= "memberID int(10) unsigned DEFAULT NULL,";
7:      $sql .= "kind enum(";
8:      $sql .= "'offlineStore','onlineStore','website','friends',";
9:      $sql .= "'academy','noMemory','etc'),";
10:     $sql .= "regTime int(10) unsigned DEFAULT NULL,";
```

```
11:     $sql .= "PRIMARY KEY (surveyID)";
12:     $sql .= ")CHARSET=utf8";
13:
14:     $res = $dbConnect->query($sql);
15:
16:     if ($res) {
17:         echo "테이블 생성 완료";
18:     } else {
19:         echo "테이블 생성 실패";
20:     }
21: ?>
```

survey 테이블을 생성하는 쿼리문입니다.   ◆ 4~12

쿼리문을 실행합니다.   ◆ 14

쿼리문의 실행 결과를 확인합니다.   ◆ 16~20

실행 URL은 http://localhost/php200project/survey/188−createSurvey.php입니다.

터미널이나 phpMyAdmin에 접속하여 생성된 테이블의 목록을 확인할 수 있습니다.

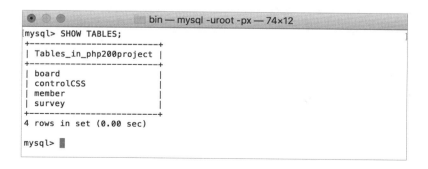

설문조사의 선택폼 생성하기

설문조사 데이터를 입력하는 페이지를 생성합니다. 보기는 한 개만 선택할 수 있도록 라디오 버튼을 사용합니다.

다음은 설문조사의 보기 선택폼의 예제입니다.

📁 **[코드 189] 189-surveyForm.php**

```php
1: <?php
2:     include $_SERVER['DOCUMENT_ROOT'].'/php200project/common/171-session.php';
3:     include $_SERVER['DOCUMENT_ROOT'].'/php200project/common/179-checkSignSession.php';
4: ?>
5: <!doctype html>
6: <html>
7: <head>
8: <title>설문조사 프로그램</title>
9: </head>
10: <body>
11: <h1>설문조사 프로그램</h1>
12: <h2>당신은 어떤 경로로 본서를 알게 되셨나요?</h2>
13: <form name="survey" method="post" action="./190-surveySave.php">
14:     <input type="radio" name="surveyKind" value="offlineStore" required/>
15:     오프라인 서점
16:     <br>
17:     <input type="radio" name="surveyKind" value="onlineStore" />
18:     온라인 서점
19:     <br>
20:     <input type="radio" name="surveyKind" value="website" />
21:     웹사이트
22:     <br>
23:     <input type="radio" name="surveyKind" value="friends" />
24:     지인을 통해서
25:     <br>
```

```
26:     <input type="radio" name="surveyKind" value="academy" />
27:     교육기관
28:     <br>
29:     <input type="radio" name="surveyKind" value="noMemory" />
30:     기억이 안남
31:     <br>
32:     <input type="radio" name="surveyKind" value="etc" />
33:     기타
34:     <br>
35:     <input type="submit" value="제출" />
36: </form>
37: </body>
38: </html>
```

비로그인 상태에서의 접근을 차단합니다. ◆ 2, 3

설문조사의 보기를 입력하기 위한 form 태그입니다. ◆ 13

설문조사 보기의 입력폼입니다. type 속성의 값으로 radio를 사용할 때 name 속성의 값이 같다면 하 ◆ 14~32
나의 태그에만 required 속성을 사용해도 전체적으로 required가 적용됩니다.

form 태그의 데이터를 전송하는 버튼입니다. ◆ 35

실행 URL은 http://localhost/php200project/survey/189-surveyForm.php입니다.

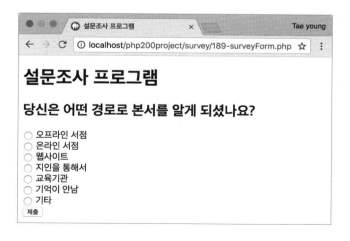

설문조사 데이터 테이블에 저장하기

설문조사 프로그램 페이지에서 입력한 데이터를 survey 테이블에 저장합니다. 설문조사는 한 계정당 1회만 할 수 있게 만들며 데이터 입력 전에 설문조사 참여 유무를 확인 후 테이블에 데이터를 입력하는 과정으로 진행됩니다.

다음은 survey 테이블에 데이터를 입력하는 예제입니다.

📁 **[코드 190] 190-surveySave.php**

```php
1:  <?php
2:      include $_SERVER['DOCUMENT_ROOT'].'/php200project/common/171-session.php';
3:      include $_SERVER['DOCUMENT_ROOT'].'/php200project/common/179-checkSignSession.php';
4:      include $_SERVER['DOCUMENT_ROOT'].'/php200project/connection/163-connection.php';
5:
6:      $surveyKind = $_POST['surveyKind'];
7:
8:      //값 유효성 검사
9:      switch($surveyKind) {
10:         case 'offlineStore':
11:         case 'onlineStore':
12:         case 'website':
13:         case 'friends':
14:         case 'academy':
15:         case 'noMemory':
16:         case 'etc':
17:             break;
18:         default :
19:             echo "잘못된 값이 입력되었습니다.";
20:             exit;
21:             break;
22:     }
23:
24:     $memberID = $_SESSION['memberID'];
```

```
25:
26:     //이미 설문조사를 했는지 확인
27:     $sql = "SELECT surveyID FROM survey WHERE memberID = {$memberID}";
28:     $result = $dbConnect->query($sql);
29:
30:     if($result){
31:         $dataCount = $result->num_rows;
32:         if($dataCount == 0){
33:             //설문조사 가능
34:             $regTime = time( );
35:             $sql = "INSERT INTO survey (memberID, kind, regTime) ";
36:             $sql .= "VALUES ({$memberID},'{$surveyKind}',{$regTime})";
37:             $result = $dbConnect->query($sql);
38:
39:             if($result){
40:                 echo "설문조사 참여 완료<br>";
41:                 echo "<a href='191-surveyView.php'>설문조사 결과로 이동</a>";
42:                 exit;
43:             } else {
44:                 echo "저장 실패 - 관리자에게 문의";
45:                 exit;
46:             }
47:         }else{
48:             //설문조사 불가
49:             echo "이미 참여했습니다.<br>";
50:             echo "<a href='191-surveyView.php'>설문조사 결과로 이동</a>";
51:             exit;
52:         }
53:     } else {
54:         echo "저장 실패 - 관리자에게 문의";
55:         exit;
56:     }
57: ?>
```

설문조사 선택 페이지에서 전달받은 값을 변수 surveyKind에 대입합니다.　　　　　◆ 6

변수 surveyKind가 올바른 값인지 확인합니다.　　　　　◆ 9~22

이미 설문조사에 참여한 회원인지 확인하기 위해 회원번호와 같은 레코드가 있는지 확인하기 위한　◆ 27
쿼리문입니다.

31 ◆ 이미 설문조사에 참여했는지에 대해 확인하기 위해 레코드의 개수를 변수 dataCount에 대입합니다.

32 ◆ 레코드의 수가 0이면 설문조사에 참여하지 않음을 의미합니다.

34 ◆ 설문조사 참여 시간을 변수 regTime에 대입합니다.

35, 36 ◆ survey 테이블에 데이터를 입력하는 쿼리문입니다.

survey 테이블에 데이터를 입력하기 위해 설문조사 페이지를 실행하여 데이터를 선택 후 [제출] 버튼을 누릅니다.

실행 URL은 http://localhost/php200project/survey/189-surveyForm.php입니다.

터미널이나 phpMyAdmin에 접속하여 survey 테이블의 레코드를 확인할 수 있습니다.

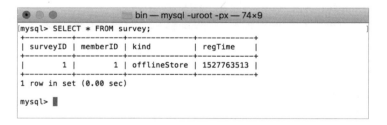

설문조사 결과 확인하기

실무 **191**

설문조사 결과를 확인하는 페이지를 만듭니다. Survey 테이블의 모든 레코드를 불러온 후 종류별로 합계를 구하여 표시하는 방식으로 구현합니다.

📁 [코드 191] 191-surveyView.php

```php
1:  <?php
2:      include $_SERVER['DOCUMENT_ROOT'].'/php200project/common/171-session.php';
3:      include $_SERVER['DOCUMENT_ROOT'].'/php200project/common/179-checkSignSession.php';
4:      include $_SERVER['DOCUMENT_ROOT'].'/php200project/connection/163-connection.php';
5:
6:      $sql = "SELECT kind FROM survey";
7:      $result = $dbConnect->query($sql);
8:
9:      if($result) {
10:         $surveyDataCount = $result->num_rows;
11:
12:         $offlineStore = 0;
13:         $onlineStore = 0;
14:         $website = 0;
15:         $friends = 0;
16:         $academy = 0;
17:         $noMemory = 0;
18:         $etc = 0;
19:
20:         if($surveyDataCount > 0){
21:             for($i = 0; $i < $surveyDataCount; $i++){
22:                 $surveyData = $result->fetch_array(MYSQLI_ASSOC);
23:
24:                 switch($surveyData['kind']){
25:                     case 'offlineStore':
26:                         $offlineStore++;
27:                         break;
```

```php
28:                        case 'onlineStore':
29:                            $onlineStore++;
30:                            break;
31:                        case 'website':
32:                            $website++;
33:                            break;
34:                        case 'friends':
35:                            $friends++;
36:                            break;
37:                        case 'academy':
38:                            $academy++;
39:                            break;
40:                        case 'noMemory':
41:                            $noMemory++;
42:                            break;
43:                        case 'etc':
44:                            $etc++;
45:                            break;
46:                    }
47:                }
48:            } else {
49:                echo "데이터가 없습니다.";
50:                exit;
51:            }
52:        } else {
53:            echo "에러 발생 - 관리자에게 문의";
54:            exit;
55:        }
56: ?>
57: <!doctype html>
58: <html>
59: <head>
60: </head>
61: <body>
62: <h1>설문조사 프로그램 - 결과</h1>
63: <h2>당신은 어떤 경로로 본서를 알게 되셨나요?</h2>
64: <h3>총 참여 인원 : <?=$surveyDataCount?></h3>
65: <hr>
66:     오프라인 서점 - <?=$offlineStore?>명<br><br>
67:     온라인 서점 - <?=$onlineStore?>명<br><br>
```

```
68:      웹사이트 - <?=$website?>명<br><br>
69:      지인을 통해서 - <?=$friends?>명<br><br>
70:      교육기간 - <?=$academy?>명<br><br>
71:      기억이 안남 - <?=$noMemory?>명<br><br>
72:      기타 - <?=$etc?>명
73: </body>
74: </html>
```

survey 테이블에서 kind 필드의 데이터를 모두 불러오는 쿼리문입니다. ◆ 6

쿼리문을 실행합니다. ◆ 7

레코드의 수를 변수 surveyDataCount에 대입합니다. ◆ 10

변수 offlineStore에는 survey 테이블의 kind 필드값이 offlineStore인 레코드의 합계를 대입합니다. ◆ 12

변수 onlineStore에는 survey 테이블의 kind 필드값이 onlineStore인 레코드의 합계를 대입합니다. ◆ 13

변수 website에는 survey 테이블의 kind 필드값이 website인 레코드의 합계를 대입합니다. ◆ 14

변수 friends에는 survey 테이블의 kind 필드값이 friends인 레코드의 합계를 대입합니다. ◆ 15

변수 academy에는 survey 테이블의 kind 필드값이 academy인 레코드의 합계를 대입합니다. ◆ 16

변수 noMemory에는 survey 테이블의 kind 필드값이 noMemory인 레코드의 합계를 대입합니다. ◆ 17

변수 etc에는 survey 테이블의 kind 필드값이 etc인 레코드의 합계를 대입합니다. ◆ 18

survey 테이블의 레코드의 수만큼 반복문을 작동시킵니다. ◆ 21

survey 테이블의 kind 필드값을 switch문을 통하여 분류하여 각각의 변수에 1씩 더하여 더한값을 집계합니다. ◆ 24~46

집계한 데이터를 출력합니다. ◆ 66~72

실행 URL은 http://localhost/php200project/survey/191−surveyView.php입니다.

보통 이러한 수치 데이터는 그래프를 활용하여 출력합니다. 다음 챕터에서는 survey 테이블의 데이터를 구글 차트를 사용하여 차트로 표시하는 방법에 대해 학습합니다.

CHAPTER 5

설문조사 결과 데이터를 차트로 보기

survey 테이블에 임의의 데이터 입력하기

앞의 그림을 보면 설문조사 결과를 단순히 숫자로만 표시하여 효과적으로 알기 어렵습니다. 그러므로 요즘은 이러한 데이터들을 차트로 표시하여 좀 더 눈에 보기 쉽게 표시하고 있습니다.

구글에서 제공하는 차트 라이브러리를 활용하여 데이터를 시각적으로 표현하여 더 알아보기 쉽게 만드는 방법에 대해 학습합니다. 이번 프로젝트는 [gChart] 폴더에서 진행합니다. [gChart] 폴더를 생성합니다. 많은 데이터가 없으므로 임의로 약 100개의 데이터를 survey 테이블에 입력하겠습니다.

다음은 랜덤으로 survey 테이블에 데이터를 입력하는 예제입니다. [gChart] 폴더에 다음의 예제를 저장합니다.

📁 **[코드 192] 192-inputRandomData.php**

```php
1:  <?php
2:      include $_SERVER['DOCUMENT_ROOT'].'/php200project/common/171-session.php';
3:      include $_SERVER['DOCUMENT_ROOT'].'/php200project/common/179-checkSignSession.php';
4:      include $_SERVER['DOCUMENT_ROOT'].'/php200project/connection/163-connection.php';
5:
6:      $kindList = array( );
7:      $kindList = ['offlineStore','onlineStore','website','friends','academy','noMemory','etc'];
8:
9:      $memberID = 2;
10:
11:     for($i = 1; $i <= 100; $i++){
12:         $memberID++;
13:         $kind = $kindList[rand(0,6)];
14:         $time = time( );
15:         $sql = "INSERT INTO survey (memberID, kind, regTime) ";
16:         $sql .= "VALUES ({$memberID}, '{$kind}', {$time})";
17:         $dbConnect->query($sql);
18:     }
19: ?>
```

survey 테이블의 kind 필드에 들어가는 값을 배열에 대입합니다. ◆ **7**

survey 테이블의 memberID 필드에 들어갈 값을 변수 memberID에 대입합니다. ◆ **9**

survey 테이블에 데이터 입력을 100회 시도하기 위한 for문입니다. ◆ **11**

survey 테이블의 memberID 필드에 서로 다른 값이 들어가도록 증감 연산자를 사용하여 값을 1씩 추 ◆ **12**
가합니다.

survey 테이블의 kind 필드에 들어갈 값을 kindList 배열에서 랜덤으로 정합니다. ◆ **13**

survey 테이블의 regTime 필드에 입력될 값입니다. ◆ **14**

survey 테이블에 데이터를 입력하는 쿼리문입니다. ◆ **15, 16**

실행 URL은 http://localhost/php200project/gChart/192-inputRandomData.php입니다.

터미널이나 phpMyAdmin에 접속하여 생성된 테이블의 목록을 확인할 수 있습니다.

```
● ● ●                    bin — mysql -uroot -px — 80×24
[mysql> SELECT * FROM survey;
+----------+----------+--------------+------------+
| surveyID | memberID | kind         | regTime    |
+----------+----------+--------------+------------+
|        1 |        1 | offlineStore | 1527763513 |
|        2 |        3 | onlineStore  | 1527766089 |
|        3 |        4 | etc          | 1527766089 |
|        4 |        5 | academy      | 1527766089 |
|        5 |        6 | offlineStore | 1527766089 |
|        6 |        7 | academy      | 1527766089 |
|        7 |        8 | onlineStore  | 1527766089 |
|        8 |        9 | offlineStore | 1527766089 |
|        9 |       10 | website      | 1527766089 |
|       10 |       11 | friends      | 1527766089 |
|       11 |       12 | etc          | 1527766089 |
|       12 |       13 | friends      | 1527766089 |
|       13 |       14 | onlineStore  | 1527766089 |
|       14 |       15 | offlineStore | 1527766089 |
|       15 |       16 | academy      | 1527766089 |
|       16 |       17 | noMemory     | 1527766089 |
|       17 |       18 | friends      | 1527766089 |
|       18 |       19 | website      | 1527766089 |
|       19 |       20 | etc          | 1527766089 |
|       20 |       21 | academy      | 1527766089 |
```

survey 테이블의 데이터를 JSON으로 생성하기

구글에서 제공하는 차트 라이브러리는 웹브라우저에서 작동하는 자바스크립트 언어로 구성되어 있습니다. 그러므로 서버와 클라이언트 간의 통신이 필요합니다. 서로 다른 언어 간에 데이터를 전달해야 하므로 survey 테이블의 데이터를 JSON 데이터로 생성하는 작업이 필요합니다.

다음은 survey 테이블의 데이터를 JSON 데이터로 생성하는 예제입니다. [코드 191]과 기능은 거의 흡사하며 출력하는 데이터를 json_encode( ) 함수를 사용합니다.

📂 [코드 193] 193-surveyResultJson.php

```
1:  <?php
2:      include $_SERVER['DOCUMENT_ROOT'].'/php200project/common/171-session.php';
3:      include $_SERVER['DOCUMENT_ROOT'].'/php200project/common/179-checkSignSession.php';
4:      include $_SERVER['DOCUMENT_ROOT'].'/php200project/connection/163-connection.php';
5:
6:      $sql = "SELECT kind FROM survey";
7:      $result = $dbConnect->query($sql);
8:
9:      if($result){
10:         $surveyDataCount = $result->num_rows;
11:
12:         $offlineStore = 0;
13:         $onlineStore = 0;
14:         $website = 0;
15:         $friends = 0;
16:         $academy = 0;
17:         $noMemory = 0;
18:         $etc = 0;
19:
20:         if($surveyDataCount > 0){
21:             for($i = 0; $i < $surveyDataCount; $i++){
22:                 $surveyData = $result->fetch_array(MYSQLI_ASSOC);
```

```
23:
24:                    switch($surveyData['kind']){
25:                        case 'offlineStore':
26:                            $offlineStore++;
27:                            break;
28:                        case 'onlineStore':
29:                            $onlineStore++;
30:                            break;
31:                        case 'website':
32:                            $website++;
33:                            break;
34:                        case 'friends':
35:                            $friends++;
36:                            break;
37:                        case 'academy':
38:                            $academy++;
39:                            break;
40:                        case 'noMemory':
41:                            $noMemory++;
42:                            break;
43:                        case 'etc':
44:                            $etc++;
45:                            break;
46:                    }
47:                }
48:
49:                echo json_encode(
50:                    array(
51:                        'result' => 'ok',
52:                        'offlineStore' => $offlineStore,
53:                        'onlineStore' => $onlineStore,
54:                        'website' => $website,
55:                        'friends' => $friends,
56:                        'academy' => $academy,
57:                        'noMemory' => $noMemory,
58:                        'etc' => $etc,
59:                    )
60:                );
61:            } else {
62:                echo json_encode(
```

```
63:              array(
64:                  'result' => 'noData'
65:              )
66:          );
67:      }
68:  } else {
69:      echo json_encode(
70:          array(
71:              'result' => 'error'
72:          )
73:      );
74:  }
75: ?>
```

6 ◆ survey 테이블에서 kind 필드의 데이터를 모두 불러오는 쿼리문입니다.

7 ◆ 쿼리문을 실행합니다.

10 ◆ 레코드의 수를 변수 surveyDataCount에 대입합니다.

12 ◆ 변수 offlineStore에는 survey 테이블의 kind 필드값이 offlineStore인 레코드의 합계를 대입합니다.

13 ◆ 변수 onlineStore에는 survey 테이블의 kind 필드값이 onlineStore인 레코드의 합계를 대입합니다.

14 ◆ 변수 website에는 survey 테이블의 kind 필드값이 website인 레코드의 합계를 대입합니다.

15 ◆ 변수 friends에는 survey 테이블의 kind 필드값이 friends인 레코드의 합계를 대입합니다.

16 ◆ 변수 academy에는 survey 테이블의 kind 필드값이 academy인 레코드의 합계를 대입합니다.

17 ◆ 변수 noMemory에는 survey 테이블의 kind 필드값이 noMemory인 레코드의 합계를 대입합니다.

18 ◆ 변수 etc에는 survey 테이블의 kind 필드값이 etc인 레코드의 합계를 대입합니다.

21 ◆ survey 테이블의 레코드의 수만큼 반복문을 작동시킵니다.

24~46 ◆ survey 테이블의 kind 필드값을 switch문을 통하여 분류하여 각각의 변수에 1씩 더하여 더한값을 집계합니다.

49~60 ◆ 집계된 데이터를 json_encode( ) 함수를 사용하여 JSON으로 변환된 값을 출력합니다.

실행 URL은 http://localhost/php200project/gChart/193-surveyResultJson.php입니다.

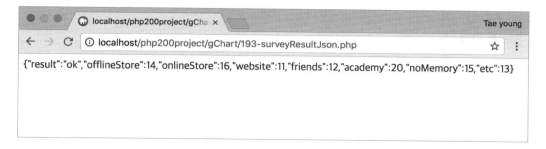

데이터는 랜덤으로 입력한 데이터이므로 실제 실행 결과와 데이터의 값과 다를 수 있습니다.

Google Chart

구글에서 제공하는 차트 라이브러리를 사용하면 여러 데이터를 목적에 맞게 시각적으로 알기쉽게 표현할 수 있습니다.

구글 차트의 사이트 URL은 https://developers.google.com/chart/interactive/docs/gallery입니다. 구글 차트 사이트에 접속하면 제공하는 차트의 종류를 볼 수 있습니다.

본서에서 survey 테이블의 데이터를 표시할 차트는 Bar 차트와 Pie 차트입니다. Bar 차트의 기본 코드를 보면서 사용 방법을 확인합니다.

📁 [코드 194] 194-googleChart.php

```
 1: <!doctype html>
 2: <html>
 3: <head>
 4: <script type="text/javascript" src="https://www.gstatic.com/charts/loader.js"></script>
 5: <script type="text/javascript">
 6:     google.charts.load('current', {'packages':['corechart','bar']});
 7:     google.charts.setOnLoadCallback(drawChart);
 8:
 9:     function drawChart( ){
10:         var data = google.visualization.arrayToDataTable([
11:             ['종류', '수'],
12:             ['오프라인 서점', 10],
13:             ['온라인 서점', 50],
14:         ]);
15:
16:         var options = {
17:             title: '제목',
18:             chartArea: {width: '80%'},
19:             hAxis: {
20:                 title: '명',
21:                 minValue: 0
22:             },
23:             vAxis: {
24:                 title: '경로'
25:             }
26:         };
27:
28:         var chart = new google.visualization.BarChart(document.getElementById('chart_div'));
29:         chart.draw(data, options);
30:     }
31: </script>
32: </head>
33: <body>
34: <div id="chart_div"></div>
35: </body>
36: </html>
```

4 ◆ 구글 차트의 라이브러리를 불러오는 코드입니다. script 태그 내에서 자바스크립트 코드를 작성할 수 있으며, src 속성을 사용하여 자바스크립트 파일을 불러올 수 있습니다.

5 ◆ 구글 차트의 데이터를 입력하기 위해 script 태그를 엽니다.

6 ◆ 구글 차트는 다양한 차트를 제공합니다. 그 중 어떠한 차트를 사용할지 명시합니다.

7 ◆ 4라인의 구글 차트 라이브러리 코드 사용 준비가 되면 실행할 함수명을 google.charts.setOnLoad Callback( ) 함수의 아규먼트로 사용합니다.

9 ◆ 7라인의 google.charts.setOnLoadCallback( ) 함수 아규먼트로 사용한 함수를 생성합니다. drawChart( ) 함수에서는 차트에 표시할 데이터와 옵션값을 지정하는 역할을 합니다.

11 ◆ 구글 차트에서 출력할 값의 필드명을 첫 번째 값으로 입력합니다.

12 ◆ 두 번째 값부터는 실제 출력될 데이터를 입력합니다. 첫 번째 값은 레이블명을 입력하고 두 번째는 수치 데이터를 입력합니다.

16~26 ◆ 구글 차트의 제목, 사이즈 등의 옵션을 지정합니다.

28 ◆ google.visualization.BarChart 클래스의 생성자에 전달하는 값은 id 속성의 값이 chart_div인 태그를 의미하며 이는 차트를 표시하는 태그를 의미합니다.

29 ◆ 차트에서 사용될 데이터와 옵션값으로 차트를 그립니다.

34 ◆ 차트를 표시할 태그입니다. 28라인에서 생성자로 보내는 값입니다.

실행 URL은 http://localhost/php200project/gChart/194-googleChart.php입니다.

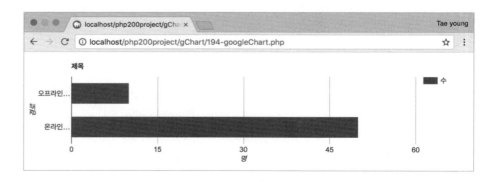

survey 테이블의 데이터를
차트로 보기

실무

195

앞의 그림은 코드에 직접 데이터 값을 입력하여 출력된 값을 보여줍니다. AJAX를 사용하여 파일 [193-surveyResultJson.php]이 반환하는 JSON 데이터로 차트를 출력하는 방법에 대해 알아보겠습니다.

앞에서 생성한 survey 테이블의 JSON 데이터로 bar 차트를 생성하기 위해 AJAX를 사용하며 AJAX 코드 안에서 차트의 데이터를 입력하는 방식으로 진행합니다.

📂 [코드 195-1] 195-1-surveyResultBarChart.php

```php
1: <?php
2:     include $_SERVER['DOCUMENT_ROOT'].'/php200project/common/171-session.php';
3:     include $_SERVER['DOCUMENT_ROOT'].'/php200project/common/179-checkSignSession.php';
4:     include $_SERVER['DOCUMENT_ROOT'].'/php200project/connection/163-connection.php';
5: ?>
6: <!doctype html>
7: <html>
8: <head>
9: <title>설문조사 데이터 차트로 보기</title>
10: <script type="text/javascript" src="https://www.gstatic.com/charts/loader.js"></script>
11: <script type="text/javascript">
12:     google.charts.load('current', {'packages':['corechart','bar']});
13:     google.charts.setOnLoadCallback(drawChart);
14:
15:     function drawChart( ){
16:
17:         var xhttp = new XMLHttpRequest( );
18:
19:         xhttp.onreadystatechange = function( ) {
20:             if(this.readyState == 4 && this.status == 200){
21:
22:                 result = JSON.parse(this.responseText);
```

```
23:
24:                    console.log('result is ' + JSON.stringify(result));
25:
26:                    var data = google.visualization.arrayToDataTable([
27:                        ['종류', '명'],
28:                        ['오프라인 서점',result.offlineStore],
29:                        ['온라인 서점',result.onlineStore],
30:                        ['웹사이트',result.website],
31:                        ['지인을 통해서',result.friends],
32:                        ['교육기관',result.academy],
33:                        ['기억이 안남',result.noMemory],
34:                        ['기타',result.etc]
35:                    ]);
36:
37:                    var options = {
38:                        title: '당신은 어떤 경로로 본서를 알게 되셨나요?',
39:                        chartArea: {width: '50%'},
40:                        hAxis: {
41:                            minValue: 0
42:                        },
43:                    };
44:
45:                    var chart = new google.visualization.BarChart(document.getElementById('chart_div'));
46:                    chart.draw(data, options);
47:                }
48:        };
49:
50:        xhttp.open("POST", "./193-surveyResultJson.php", true);
51:        xhttp.send();
52:    }
53: </script>
54: </head>
55: <body>
56: <div id="chart_div" style="height:500px"></div>
57: </body>
58: </html>
```

AJAX 통신을 통하여 [193-surveyResultJSON.php] 파일로부터 반환받은 데이터를 대입합니다.　　◆ 22

차트에 표시할 데이터를 입력합니다.　　◆ 26~35

차트의 옵션을 지정합니다.　　◆ 37~43

차트를 표시하는 태그이며, style 속성을 사용하여 세로길이를 500px로 조정합니다.　　◆ 56

실행 URL은 http://localhost/php200project/gChart/195-1-surveyResultBarChart.php입니다.

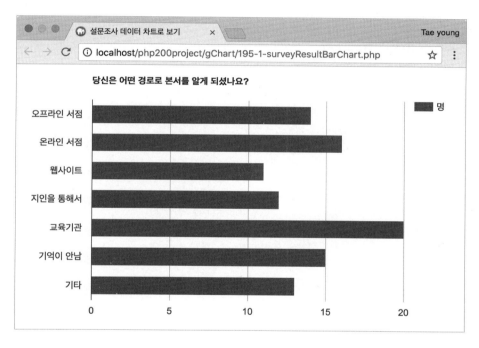

이번에는 survey 테이블의 데이터를 Pie 차트로 표현하겠습니다.

```php
1: <?php
2:     include $_SERVER['DOCUMENT_ROOT'].'/php200project/common/171-session.php';
3:     include $_SERVER['DOCUMENT_ROOT'].'/php200project/common/179-checkSignSession.php';
4:     include $_SERVER['DOCUMENT_ROOT'].'/php200project/connection/163-connection.php';
5: ?>
6: <!doctype html>
7: <html>
8: <head>
9: <title>설문조사 데이터 차트로 보기</title>
10: <script type="text/javascript" src="https://www.gstatic.com/charts/loader.js"></script>
11: <script type="text/javascript">
12:     google.charts.load('current', {'packages':['corechart']});
13:     google.charts.setOnLoadCallback(drawChart);
14:
15:     function drawChart() {
16:
17:         var xhttp = new XMLHttpRequest();
18:
19:         xhttp.onreadystatechange = function() {
20:             if (this.readyState == 4 && this.status == 200) {
21:
22:                 result = JSON.parse(this.responseText);
23:
24:                 console.log('result is ' + JSON.stringify(result));
25:
26:                 var data = google.visualization.arrayToDataTable([
27:                     ['종류', '수'],
28:                     ['오프라인 서점',result.offlineStore],
29:                     ['온라인 서점',result.onlineStore],
30:                     ['웹사이트',result.website],
31:                     ['지인을 통해서',result.friends],
32:                     ['교육기관',result.academy],
33:                     ['기억이 안남',result.noMemory],
34:                     ['기타',result.etc]
35:                 ]);
36:
37:                 var options = {
38:                     title: '당신은 어떤 경로로 본서를 알게 되셨나요?'
39:                 };
```

```
40:
41:                    var chart = new google.visualization.PieChart(document.getElementById('piechart'));
42:                    chart.draw(data, options);
43:                }
44:            };
45:
46:            xhttp.open("POST", "./193-surveyResultJson.php", true);
47:            xhttp.send();
48:        }
49: </script>
50: </head>
51: <body>
52: <div id="piechart" style="height: 500px;"></div>
53: </body>
54: </html>
```

Bar 차트를 표시하는 [코드 195]와 다른 점은 12라인의 배열값과 41라인의 아이디명, 그리고 52라인의 id 속성의 값입니다.

실행 URL은 http://localhost/php200project/gChart/195-2-surveyResultPieChart.php입니다.

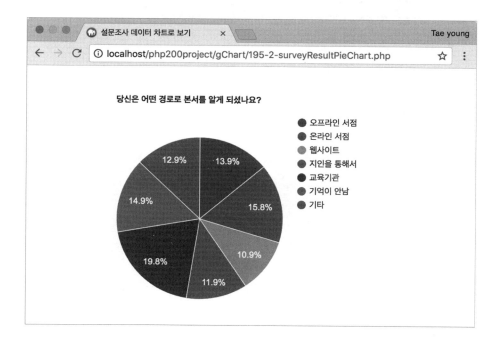

CHAPTER 6

웹에서 입력한
코드 결과 보기

코드 입력폼 만들기

웹페이지에서 입력한 코드를 실행하는 프로그램을 만들겠습니다. 프로그램의 흐름은 코드를 입력하는 폼을 생성한 후 입력한 코드를 파일로 만들어 실행하는 방식으로 구성됩니다. 이 프로젝트는 [webEditor] 폴더를 생성 후 진행합니다.

textarea 태그를 사용하여 코드를 입력하는 폼을 생성합니다. 다음의 코드를 [webEditor] 폴더에 생성합니다.

📁 [코드 196] 196-editorForm.php

```php
1: <?php
2:     include $_SERVER['DOCUMENT_ROOT'].'/php200project/common/171-session.php';
3:     include $_SERVER['DOCUMENT_ROOT'].'/php200project/common/179-checkSignSession.php';
4: ?>
5: <!doctype html>
6: <html>
7: <head>
8: <title>웹코딩 에디터</title>
9: </head>
10: <body>
11: <h1>실행할 코드를 입력하세요.</h1>
12: <form name="webEditor" method="post" action="./198-playCode.php">
13:     <textarea name="code" cols="100" rows="30"></textarea>
14:     <br>
15:     <input type="submit" value="PLAY CODE" />
16: </form>
17: </body>
18: </html>
```

로그인한 사람만 사용할 수 있도록 세션을 체크합니다.   ◆ 2, 3

코드를 입력할 form 태그를 생성합니다.   ◆ 12

13 ◆ 코드는 장문을 입력할 폼이 필요하므로 textarea 태그를 사용합니다.

실행 URL은 http://localhost/php200project/webEditor/196-editorForm.php입니다.

코드의 실행 결과 보기

[코드 196]에서 입력한 코드를 받아서 파일로 생성하는 기능을 구현합니다. 파일명은 mt_rand( ) 함수를 사용하여 랜덤으로 정하며, 중복 파일이 있는지 확인 후 중복 파일이 있다면 다른 파일명을 사용합니다. 파일명은 찾은 후 해당 파일을 생성하여 입력한 코드를 파일에 fwrite( ) 함수를 사용해 쓴 후 해당 파일로 이동하는 방식으로 구현합니다. 생성한 코드 파일은 [webEditor] 폴더에 있는 [codeList] 폴더에 저장하므로 [webEditor] 폴더에 [codeList] 폴더를 생성합니다.

다음은 입력한 코드를 실행하는 예제입니다.

📁 **[코드 197] 197-playCode.php**

```php
1:  <?php
2:      include $_SERVER['DOCUMENT_ROOT'].'/php200project/common/171-session.php';
3:      include $_SERVER['DOCUMENT_ROOT'].'/php200project/common/179-checkSignSession.php';
4:
5:      $code = $_POST['code'];
6:
7:      //파일명 만들기
8:      function makeFileName( ){
9:          $existsFileList = array( );
10:         $opendir = opendir('./codeList');
11:
12:         while(($readdir = readdir($opendir))){
13:             array_push($existsFileList, $readdir);
14:         }
15:
16:         $isEqualNameCheck = false;
17:
18:         while(true){
19:             $fileName = 'php200-'.mt_rand( ).'.php';
20:
21:             foreach($existsFileList as $efl){
```

```
22:              if($existsFileList == $fileName){
23:                  $isEqualNameCheck = true;
24:              }
25:          }
26:
27:          if($isEqualNameCheck == false){
28:              return $fileName;
29:          }
30:      }
31:  }
32:
33:  $fileName = makeFileName( );
34:  $filePath = $_SERVER['DOCUMENT_ROOT'].'/php200project/webEditor/codeList/';
35:  $myfile = fopen($filePath.$fileName, "w") or die("파일 열기 실패");
36:  fwrite($myfile, $code);
37:  fclose($myfile);
38:  header("Location:./codeList/".$fileName);
39: ?>
```

2, 3 ◆ 로그인한 사람만 사용할 수 있도록 세션을 체크합니다.

5 ◆ 전달받은 코드를 변수 code에 대입합니다.

8 ◆ makeFileName( ) 함수는 사용할 수 있는 파일명을 반환하는 함수입니다.

9 ◆ 생성한 파일명을 목록으로 생성하기 위한 배열입니다. 이 배열의 값으로 앞으로 생성할 파일명과 비교하여 이미 존재하는 파일명인지를 구분합니다.

10 ◆ 폴더 codeList를 엽니다.

12~14 ◆ 폴더 codeList에 있는 파일들의 이름을 배열 existsFileList에 추가합니다.

16 ◆ 변수 isEqualNameCheck는 파일명이 중복인지의 여부를 대입하는 변수입니다. 중복된 파일명이 없으면 계속 값은 false를 유지하며, 중복된 파일명이 있는 경우 true를 대입합니다.

18~30 ◆ while 반복문의 조건으로 true를 사용했습니다. 조건문에 true를 대입했으므로 while 반복문은 무한 실행됩니다.

19 ◆ 코드의 파일명을 mt_rand( ) 함수를 사용하여 랜덤으로 파일명을 짓습니다.

배열 existsFileList에 있는 값과 비교하여 변수 fileName의 값과 동일한지 확인하며 동일하면 새로운 ◆ 21~25
파일명을 찾아야 하므로 23라인에서 25라인의 if 조건문으로 인해 변수 isEqualNameCheck의 값에
true를 대입합니다.

변수 isEqualNameCheck의 값이 false이면 변수 fileName의 값이 사용할 수 있는 파일명을 의미하므 ◆ 27~29
로 return문을 사용하여 파일명을 반환하여 함수 makeFileName에서 빠져나옵니다.

함수 makeFileName이 반환한 값으로 변수 fileName에 대입합니다. ◆ 33

파일을 생성할 폴더의 경로를 변수 filePathName에 대입합니다. ◆ 34

fopen( ) 함수를 사용해 변수 fileName에 대입된 파일명으로 파일을 생성하여 파일을 엽니다. ◆ 35

fwrite( ) 함수를 사용하여 form 태그에서 입력한 코드인 변수 code의 값을 파일에 씁니다. ◆ 36

생성한 파일로 이동합니다. ◆ 38

[코드 197]을 실행하여 코드를 입력 후 실행하겠습니다.

실행 URL은 http://localhost/php200project/webEditor/196-editorForm.php입니다.

본서에서 입력한 코드는 다음과 같습니다.

```php
<?php
    $plus = 1 + 3;
    echo $plus;
?>
```

코드 입력 후 [PLAY CODE] 버튼을 클릭하면 결과를 확인할 수 있습니다.

이 프로그램은 실제 서버에 코드를 입력하는 기능을 갖고 있기 때문에 학습 목적으로 사용하면 편리하지만 나쁜 목적으로 사용하면 시스템에 치명적인 결과를 초래합니다. 그러므로 이 프로그램을 실제 서버에 업로드하여 활용 시에는 굉장히 신뢰를 할 수 있는 사용자에게 사용할 수 있도록 하거나 입력받은 코드에 악영향을 끼치는 것은 없는지 확인하는 과정이 필요합니다.

CHAPTER **7**

실시간 검색 키워드 1위 수집하기

realtimekeyword 테이블 생성하기

포털 사이트의 실시간 검색어 1위 키워드를 수집하는 프로그램을 제작합니다. 한국에서 가장 많이 사용되는 N사와 K사의 포털 사이트의 실시간 검색 1위 키워드를 각 시간별로 10분 간격으로 6회 (0분, 10분, 20분, 30분, 40분, 50분) 1위 키워드를 획득하여 데이터베이스에 저장하고 그 결과를 확인하는 페이지를 제작합니다. 이 프로젝트는 [parsing] 폴더를 생성하여 진행합니다.

실시간 검색어 키워드를 저장할 테이블을 생성하겠습니다. 검색어와 포털사 그리고 등록 시간을 저장합니다. 테이블명은 realtimekeyword이며, 다음은 테이블 realtimekeyword를 생성하는 쿼리문입니다.

```
CREATE TABLE realtimekeyword(
realtimekeywordID INT UNSIGNED AUTO_INCREMENT,
keyword VARCHAR(20),
media ENUM('naver','daum'),
regTime INT UNSIGNED,
PRIMARY KEY(realtimekeywordID))
CHARSET=utf8;
```

media 필드에는 어느 사이트의 검색어 1위인지를 구분하는 포털사의 이름이 들어가며 정해진 2개 사만 사용하므로 ENUM을 사용하여 생성합니다.

다음은 realtimekeyword 테이블을 생성하는 예제입니다.

📁 **[코드 198] 198-createRealTimeKeyword.php**

```php
1:  <?php
2:      include $_SERVER['DOCUMENT_ROOT'].'/php200project/common/171-session.php';
3:      include $_SERVER['DOCUMENT_ROOT'].'/php200project/common/179-checkSignSession.php';
4:      include $_SERVER['DOCUMENT_ROOT'].'/php200project/connection/163-connection.php';
5:
6:      $sql = "CREATE TABLE realtimekeyword(";
7:      $sql .= "realtimekeywordID INT UNSIGNED AUTO_INCREMENT,";
8:      $sql .= "keyword VARCHAR(20),";
9:      $sql .= "media ENUM('naver','daum'),";
```

```
10:        $sql .= "regTime INT UNSIGNED,";
11:        $sql .= "PRIMARY KEY(realtimekeywordID))";
12:        $sql .= "CHARSET=utf8";
13:
14:        $result = $dbConnect->query($sql);
15:
16:        if ($result) {
17:            echo "테이블 생성 완료";
18:        } else {
19:            echo "테이블 생성 실패";
20:        }
21: ?>
```

realtimekeyword 테이블을 생성하는 쿼리문입니다.   ◆ 6~12

쿼리문을 실행합니다.   ◆ 14

테이블의 생성 결과를 확인합니다.   ◆ 16~20

실행 URL은 http://localhost/php200project/parsing/198-createRealTimeKeyword.php입니다.

터미널이나 phpMyAdmin에 접속하여 생성된 테이블의 목록을 확인할 수 있습니다.

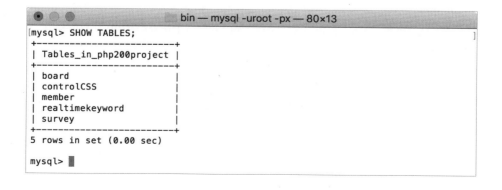

1위 검색어를 저장할 테이블을 생성했습니다. 생성한 realtimekeyword 테이블에 N사의 포털과 K사의 포털 사이트의 1위 검색어를 수집하여 realtimekeyword 테이블에 입력하는 기능을 생성하겠습니다.

이를 가능하게 하기 위해 cURL이라는 라이브러리를 사용합니다. cURL 라이브러리는 mamp(xampp도 동일) 설치 시 함께 설치되므로 별도의 설치는 필요하지 않습니다. 리눅스에서는 별도의 설치가 필요합니다.

cURL은 서버와 통신을 하는 기능을 제공하며 여러 가지 프로토콜을 지원합니다. cURL을 활용하면 다른 서버와 통신을 할 수 있으며, 이 cURL을 사용하여 포털 사이트에 접속하여 페이지의 코드를 불러와 1위 검색어만 따로 획득하여 realtimekeyword 테이블에 입력합니다.

각 포털사가 실시간 검색어를 API로 제공한다면 그 API를 사용하여 불러오면 되지만 제공하지 않기 때문에 이 프로젝트에서는 cURL을 사용하여 직접 검색어를 획득합니다.

cURL을 사용하여 포털의 코드를 가져오는 절차는 다음과 같습니다.

```
$curl = curl_init();
//curl을 초기화하고, 반환(리턴)된 핸들 정보를 변수 curl에 대입합니다.
//핸들에 대한 설명은 [087 폴더 열기]에 있습니다.

$url = 'http://www.everdevel.com'; //코드를 가져올 사이트입니다.

curl_setopt($curl, CURLOPT_URL, $url);
//curl_setopt() 함수는 cURL의 옵션을 설정하는 함수이며, CURLOPT_URL은 URL을 설정함을 의미하는 상수입니다.

curl_setopt($curl, CURLOPT_RETURNTRANSFER, 1);
//cURL의 옵션으로 CURLOPT_RETURNTRANSFER를 사용하면 가져온 데이터를 문자열로 반환합니다.
```

```
$htmlCode = curl_exec($curl);
//cURL을 실행하고 반환받은 값을 변수 htmlCode에 대입합니다.

curl_close($curl);
//cURL을 종료합니다.
```

다음은 N사의 포털 사이트의 1위 검색어를 가져오는 예제입니다.

📁 **[코드 199-1] 199-1-getKeywordN.php**

```php
 1: <?php
 2:     include $_SERVER['DOCUMENT_ROOT'].'/php200project/common/171-session.php';
 3:     include $_SERVER['DOCUMENT_ROOT'].'/php200project/common/179-checkSignSession.php';
 4:     include $_SERVER['DOCUMENT_ROOT'].'/php200project/connection/163-connection.php';
 5:
 6:     $curl = curl_init( );
 7:     $url = 'https://www.naver.com';
 8:     curl_setopt($curl, CURLOPT_URL, $url);
 9:     curl_setopt($curl, CURLOPT_RETURNTRANSFER, 1);
10:     $htmlCode = curl_exec($curl);
11:     curl_close($curl);
12:
13:     $pattern = '/span class=\"ah_k\"\>(.*)\</';
14:     preg_match($pattern, $htmlCode, $matchKeywords);
15:     $keyword = $matchKeywords[1];
16:     echo '현재 N사의 실시간 검색 1위 키워드 : '.$keyword;
17: ?>
```

cURL을 사용하여 변수 htmlCode에는 N사의 메인페이지 코드가 대입됩니다. ◆ 10

N사의 메인페이지에서 검색어 1위 키워드를 가져오는 정규식 패턴입니다. ◆ 13

다음은 현재 이 글을 작성 중인 시점에서 1위 키워드를 표시하는 태그입니다.

```
<span class="ah_k">wwdc 2018</span>
```

정규식 패턴은 앞의 코드에서 [class="ah_k">wwdc 2018</] 부분을 식으로 사용했으며 [wwdc 2018] 부분이 키워드이므로 [wwdc 2018] 부분에 모든 문자를 의미하는 (.)과 0번 이상의 반복을 의미하는 (*)을 사용하여 그룹화했습니다.

16 ◆ 정규표현식의 규칙에 맞게 나온 키워드들은 배열 matchKeywords에 대입됩니다.

배열 matchKeywords를 var_dump( ) 함수로 확인하면 다음의 값을 표시합니다.

```
array(2) {
  [0]=>
  string( ) "span class="ah_k">wwdc 2018<"
  [1]=>
  string( ) " wwdc 2018"
}
```

matchKeywords의 첫 번째값은 태그가 함께 포함된 값이고 두 번째 값은 순수한 검색어의 값이 있으므로 인덱스 1의 값을 사용합니다.

실행 URL은 http://localhost/php200project/parsing/199-1-getKeywordN.php입니다.

본서와 다른 환경의 이유로 cURL을 사용할 수 없는 경우 file_get_contents( ) 함수를 사용하여 포털 사이트의 코드를 가져올 수 있습니다.

file_get_contents( ) 함수는 파일의 내용을 반환합니다.

file_get_contents( ) 함수 사용 방법

$htmlCode = file_get_contents(파일명 또는 사이트 주소);

다음은 K사의 포털 사이트의 1위 검색어를 가져오는 예제입니다.

📁 [코드 199-2] 199-2-getKeywordK.php

```php
 1: <?php
 2:     include $_SERVER['DOCUMENT_ROOT'].'/php200project/common/171-session.php';
 3:     include $_SERVER['DOCUMENT_ROOT'].'/php200project/common/179-checkSignSession.php';
 4:     include $_SERVER['DOCUMENT_ROOT'].'/php200project/connection/163-connection.php';
 5:
 6:     $curl = curl_init( );
 7:     $url = 'https://www.daum.net';
 8:     curl_setopt($curl, CURLOPT_URL, $url);
 9:     curl_setopt($curl, CURLOPT_RETURNTRANSFER, 1);
10:     $htmlCode = curl_exec($curl);
11:     curl_close($curl);
12:
13:     $pattern = '/span class=\"txt_issue\"\>(.*)\</';
14:     preg_match($pattern, $htmlCode, $matchKeywords);
15:     $keyword = $matchKeywords[1];
16:     $koreaPattern = '/\>(.*)\</';
17:     preg_match($koreaPattern, $keyword, $matchKeywords);
18:     $keyword = $matchKeywords[1];
19:     echo '현재 K사의 실시간 검색 1위 키워드 : '.$keyword;
20: ?>
```

cURL을 사용하여 변수 htmlCode에는 N사의 메인페이지 코드가 대입됩니다. ◆ 10

K사의 메인페이지에서 검색어 1위 키워드를 가져오는 정규식 패턴입니다. ◆ 13

다음은 현재 이 글을 작성 중인 시점에서 1위 키워드를 표시하는 태그입니다.

```
<span class="txt_issue">
<a href="https://search.daum.net/search?w=tot&amp;q=%EC%A0%95%ED%9B%88%ED
%9D%AC&amp;DA=ATG&amp;rtmaxcoll=1TH" class="link_issue">
정훈희
</a>
</span>
```

정규식 패턴은 앞의 코드에서 [class="txt_issue"]>링크</] 부분을 식으로 사용했습니다. N사와 달리 K사의 키워드는 span 태그 안에 링크 태그가 있습니다. 그러므로 우선 링크 태그를 추출합니다.

14 ◆ 정규표현식의 규칙에 맞게 나온 링크 태그가 배열 matchKeywords에 대입됩니다.

배열 matchKeywords를 var_dump( ) 함수로 확인하면 다음의 값을 표시합니다.

```
array(2) {
  [0]=>
  string(166) "span class="txt_issue">정훈희<"
  [1]=>
  string(142) "정훈희"
}
```

matchKeywords의 첫 번째 값은 span 태그가 함께 포함된 값이고 두 번째 값은 링크 태그가 포함된 검색어의 값이 있으므로 인덱스 1의 값을 사용합니다.

16 ◆ 링크 태그에서 순수한 키워드를 추출하기 위해 정규식을 새롭게 선언합니다. 링크 태그의 닫는 태그와 여는 태그 사이의 모든 문자를 가져오는 패턴식입니다.

18 ◆ 패턴식에 일치한 키워드를 변수 keyword에 대입합니다.

실행 URL은 http://localhost/php200project/parsing/199-2-getKeywordK.php입니다.

두 개 사의 실시간 검색어 1위 키워드를 가져오는 방법에 대해 알아보았습니다. 다음은 [코드 199-1], [코드 199-2]를 응용하여 두 개 사의 실시간 검색어 1위 키워드를 가져온 후 realtimekeyword 테이블에 입력하는 예제입니다.

📁 [코드 199-3] 199-3-getKeyword.php

```php
1: <?php
2:     include $_SERVER['DOCUMENT_ROOT'].'/php200project/connection/163-connection.php';
3:
4:     function getMediaSource($url){
5:         $curl = curl_init( );
6:         curl_setopt($curl, CURLOPT_URL, $url);
7:         curl_setopt($curl, CURLOPT_RETURNTRANSFER, 1);
8:         $htmlCode = curl_exec($curl);
9:         curl_close($curl);
10:        return $htmlCode;
11:    }
12:
13:    function keywordCrawling($portal){
14:        global $dbConnect;
15:        switch ($portal) {
16:            case 'naver':
17:                $portalHtmlCode = getMediaSource('https://www.naver.com');
18:                $pattern = '/span class=\"ah_k\"\>(.*)\</';
19:                preg_match($pattern, $portalHtmlCode, $matchKeywords);
20:                $keyword = $matchKeywords[1];
21:                break;
22:            case 'daum':
23:                $portalHtmlCode = getMediaSource('https://www.daum.net');
24:                $pattern = '/span class=\"txt_issue\"\>(.*)\</';
25:                preg_match($pattern, $portalHtmlCode, $matchKeywords);
26:                $keyword = $matchKeywords[1];
27:                $pattern = '/>(.*?)</';
28:                preg_match($pattern, $keyword, $matchKeywords);
29:                $keyword = $matchKeywords[1];
30:                break;
31:            default :
32:                exit;
33:                break;
34:        }
35:
36:        $regTime = time( );
37:        $sql = "INSERT INTO realtimekeyword (keyword, media, regTime) ";
38:        $sql .= "VALUES ('{$keyword}', '{$portal}', {$regTime})";
```

```
39:        $dbConnect->query($sql);
40:    }
41:
42:    keywordCrawling('naver');
43:    keywordCrawling('daum');
44: ?>
```

4 ◆ getMediaSource( ) 함수는 cURL을 사용하여 포털사의 코드를 반환하는 함수입니다.

13 ◆ keywordCrawling( ) 함수는 아규먼트의 값에 따라 포털사의 코드를 getMediaSource( ) 함수에 요청 후 반환된 코드에서 키워드를 추출하여 realtimekeyword 테이블에 입력하는 함수입니다.

42, 43 ◆ N사와 K사의 포털사이트 1위 키워드를 수집하기 위해 keywordCrawling( ) 함수를 호출합니다.

실행 URL은 http://localhost/php200project/parsing/199-3-getKeyword.php입니다.

두 개사의 검색어를 가져와 realtimekeyword 테이블에 입력하는 예제를 만들었습니다. 원래 목적에 맞는 각 시간별 0분, 10분, 20분, 30분, 40분, 50분에 검색 키워드를 입력해야 합니다.

사람이 직접 각 시간별로 0분, 10분, 20분, 30분, 40분, 50분에 해당 데이터를 입력하기 위해 [코드 199-3]을 작동시킨다면 하루에 144회(24시간 * 6회) 행동해야 하며 한달의 기간 동안 수집을 한다면 4,320회(144회 * 30일) 행동해야 합니다. 그러므로 [코드 199-3] 예제가 자동으로 각 시간별(0분, 10분, 20분, 30분, 40분, 50분) 알아서 작동할 수 있도록 만들어야 합니다. 정해진 스케줄에 따라 명령을 수행하는 기능을 구현하려면 crontab(크론탭)을 사용합니다. crontab은 UNIX, LINUX 환경에서 사용할 수 있는 기능입니다.

crontab에 대해 설명한 후 windows에서 작동하는 crontab과 유사한 기능인 schtasks(스케태스크)에 대해 알아보겠습니다. 대부분의 서버가 LINUX 운영체제를 사용하므로 windows를 사용하더라도 crontab에 대해 알면 더욱 좋습니다.

macOS는 UNIX를 기반으로 만들어진 OS이므로 다음의 [crontab 사용하기]를 보고 따라하며, windows 사용자는 [crontab 사용하기] 다음에 있는 [schtasks 사용하기]를 보고 따라합니다.

crontab 사용하기

crontab의 명령문은 다음의 구조를 갖습니다.

> ＊ ＊ ＊ ＊ ＊ curl 실행할 파일의 주소

다섯개의 별이 있습니다. 이 별은 위치마다 담당하는 시간이 있습니다.

별의 자리에 따른 역할

자리	역할	범위
첫 번째	분	0 ～ 59
두 번째	시	0 ～ 23
세 번째	일	1 ～ 31
네 번째	월	1 ～ 12
다섯 번째	요일	0 ～ 7 (일요일부터 시작하여 토요일로 끝)

매분, 매시, 매일, 매월, 매요일 사용한다면 별을 그대로 사용합니다.

우리는 매일 매시 0분, 10분, 20분, 30분, 40분, 50분에 작동하기를 원합니다. 이럴 때는 다음과 같이 crontab의 시간을 설정합니다.

> 0,10,20,30,40,50 ＊ ＊ ＊ ＊ curl 실행할 파일의 주소

주의할 점은 분, 시, 일, 월, 요일의 값을 띄어쓰기로 구분하므로 10,20,30,40,50을 입력할 때 띄어쓰기가 없어야 합니다.

만약 매시 30분에만 작동을 원한다면 다음과 같이 설정합니다.

> 30 ＊ ＊ ＊ ＊ curl 실행할 파일의 주소

우리가 설정하려는 crontab의 명령문은 다음과 같습니다.

> 0,10,20,30,40,50 ＊ ＊ ＊ ＊ curl http://localhost/php200project/parsing/199-3-getKeyword.php

이 명령문을 등록하기 위해 터미널을 실행 후 다음의 명령문을 실행합니다.

```
crontab -e
```

crontab을 수정하는 명령문입니다.

crontab -e 명령문을 실행하면 다음과 같이 vi 에디터를 사용하여 crontab을 입력하는 공간을 볼 수 있습니다.

이 상태에서 텍스트를 작성하려면 키보드에서 [I]를 입력합니다. 다음과 같이 하단에 INSERT가 표시되면 텍스트를 쓸 수 있는 상태가 됩니다.

이제 다음의 명령문을 입력합니다.

```
0,10,20,30,40,50 * * * * curl http://localhost/php200project/parsing/199-3-getKeyword.php
```

```
● ● ●                    🏠 everdevel — vi ◂ crontab — 100×14
0,10,20,30,40,50 * * * * curl http://localhost/php200project/parsing/199-3-getKeyword.php█
~
~
~
~
~
~
~
~
~
~
~
~
-- INSERT --
```

명령문을 입력했으니 저장해야 합니다. 키보드의 Esc를 누르면 다음과 같이 INSERT 문구가 사라집니다.

```
● ● ●                    🏠 everdevel — vi ◂ crontab — 100×14
0,10,20,30,40,50 * * * * curl http://localhost/php200project/parsing/199-3-getKeyword.ph█
~
~
~
~
~
~
~
~
~
~
~
```

:(콜론)을 입력 후 [wq]를 입력 후 엔터를 누르면 crontab이 저장됩니다. wq는 저장을 하는 명령문입니다.

```
● ● ●                    🏠 everdevel — vi ◂ crontab — 100×14
0,10,20,30,40,50 * * * * curl http://localhost/php200project/parsing/199-3-getKeyword.php
~
~
~
~
~
~
~
~
~
~
~
:wq█
```

crontab의 설정에 맞게 [199-3-getKeyword.php] 파일은 매시 10분, 20분, 30분, 40분, 50분에 두 개 사의 포털 검색어를 realtimekeyword 테이블에 저장합니다.

10분의 텀이 길다면 crontab의 명령문의 분을 *로 변경(매분 작동)하여 바로 확인할 수 있습니다.

```
bin — mysql -uroot -px — 90×17
|    99 | 부산 날씨           | naver | 1528148400 |
|   100 | 임 은 숙           | daum  | 1528148400 |
|   101 | 애 플             | naver | 1528149001 |
|   102 | 임 은 숙           | daum  | 1528149001 |
|   103 | 애 플             | naver | 1528149601 |
|   104 | 임 은 숙           | daum  | 1528149601 |
|   105 | 이탈리아  네덜란드   | naver | 1528150201 |
|   106 | 임 은 숙           | daum  | 1528150201 |
|   107 | 이탈리아  네덜란드   | naver | 1528150801 |
|   108 | 임 은 숙           | daum  | 1528150801 |
|   109 | 노 블 레 스        | naver | 1528151401 |
|   110 | 임 은 숙           | daum  | 1528151401 |
|   111 | wwdc 2018        | naver | 1528152000 |
|   112 | 임 은 숙           | daum  | 1528152000 |
|   113 | 노 블 레 스        | naver | 1528152600 |
|   114 | 너 도  인 간 이 니  | daum  | 1528152600 |
|   115 | 기 각             | naver | 1528153200 |
```

schtasks 사용하기

windows에서 사용할 수 있는 스케줄러 시스템인 schtasks를 사용하여 앞에서 생성한 키워드 수집 프로그램인 [199-3-getKeyword.php]를 매시 0분, 10분, 20분, 30분, 40분, 50분에 자동으로 실행하는 방법에 대해 알아보겠습니다.

schtasks에 작업을 추가하는 방법에 대해 알아보겠습니다.

최종적으로 사용할 명령문은 다음과 같습니다.

```
schtasks /Create /Tn "php200parsing" /Tr "C:\xampp\php\php.exe C:\xampp\htdocs\php200project\parsing\199-3-getKeyword.php" /Sc minute /Mo 10 /St 00:00:00
```

하나씩 알아보겠습니다. 다음은 schtasks에 작업을 추가하는 명령문입니다.

```
/Create
```

작업의 이름을 짓는 방법은 /tn 명령문입니다.

```
/Tn "작업이름"
```

작업의 이름은 php200parsing로 합니다. 그러므로 /TN 명령문은 다음과 같이 작성합니다.

```
/Tn "php200parsing"
```

실행할 프로그램을 지정하고 실행할 파일을 지정하는 명령문은 /Tr 입니다.

```
/Tr "실행할 프로그램 실행할 파일"
```

php 파일을 실행하기 위해 사용하는 프로그램은 /xampp/php 폴더에 있는 파일 php.exe입니다. 그리고 실행할 파일은 /xampp/htdocs/php200project/parsing/199-3-getKeyword.php입니다. 그러므로 /Tr 명령문은 다음과 같이 작성합니다.

```
/Tr "C:\xampp\php\php.exe C:\xampp\htdocs\php200project\parsing\199-3-getKeyword.php"
```

실행할 시간 단위를 지정하는 명령문은 /Sc입니다.

```
/Sc 시간 단위
```

분 단위로 실행하므로 minute를 작성합니다.

```
/Sc minute
```

일정한 시간의 반복을 지정할 때는 /Mo 명령문을 사용합니다.

```
/Mo 반복할값
```

/Sc minute 명령문만 사용하면 1분마다 작업이 수행됩니다. /Mo 명령문을 사용하여 10분 동안 작동하도록 합니다.

```
/Mo 10
```

작업이 시작할 시간을 지정하려면 /St 명령문을 사용합니다.

```
/St hh:mm:dd
```

언제나 10 간격으로 실행을 시작하므로 00:00:00으로 지정합니다.

```
/St 00:00:00
```

앞의 schtasks 명령문을 실행하기 위해 명령 프롬프트를 실행하고 schtasks 명령문을 입력하여 실행합니다. 앞의 명령문은 10분 간격으로 실행하므로 빠른 테스트를 원하면 명령문에서 /Mo 10을 빼고 입력합니다.

노트북을 사용하는 경우 전원을 연결합니다. 전원이 연결되지 않으면 작업이 실행되지 않을 수 있습니다. 작동 여부를 테스트하기 위해 /Mo 10을 빼고 실행합니다.

```
C:\Users\disneyteyonkin>cd /

C:\>schtasks /Create /Tn "php200parsing" /Tr "C:\xampp\php\php.exe C:\xampp\htdocs\php200project\parsing\199-3-getKeyword.php" /Sc minute /St 00:00:00
성공: 예약된 작업 "php200parsing" 을(를) 만들었습니다.

C:\>
```

realtimekeyword 테이블에 입력되었는지 확인합니다.

```
MariaDB [test]> select * from realtimekeyword;
+-----------------+---------+-------+------------+
| realtimekeywordID | keyword | media | regTime    |
+-----------------+---------+-------+------------+
|               1 | 투표율  | naver | 1528880522 |
|               2 | 출구조사| daum  | 1528880522 |
+-----------------+---------+-------+------------+
2 rows in set (0.00 sec)
```

입력을 확인했으므로 앞에서 사용한 명령문에 /Mo 10을 추가하여 재추가합니다. 이미 같은 이름으로 등록되어 있으므로 변경할지 물어봅니다. y를 입력하여 재추가합니다.

```
C:\>schtasks /Create /Tn "php200parsing" /Tr "C:\xampp\php\php.exe C:\xampp\htdocs\php200project\parsing\199-3-getKeyword.php" /Sc minute /Mo 10 /St 00:00:00
경고: 작업 이름 "php200parsing"이(가) 이미 있습니다. 바꾸시겠습니까(Y/N)? y
성공: 예약된 작업 "php200parsing" 을(를) 만들었습니다.

C:\>
```

매시 0분, 10분, 20분, 30분, 40분, 50분에 작동하면서 검색어를 수집합니다.

schtasks에 추가한 작업을 삭제하는 명령문은 다음과 같습니다.

schtasks /Delete /Tn "php200parsing"

수집한 검색어 결과 보기

앞에서 수집한 검색어를 표시하는 페이지를 만듭니다. 페이지는 2개로 구성되며 1개의 페이지는 form 태그로 구성되어 검색하려는 포털사와 날짜를 선택하며, 다른 하나의 페이지는 전달받은 정보를 통해 해당 날짜의 검색어를 표시하는 기능을 합니다.

먼저 포털사와 날짜를 선택하는 폼을 생성합니다.

📁 [코드 200-1] 200-1-selectForm.php

```php
 1: <?php
 2:     include $_SERVER['DOCUMENT_ROOT'].'/php200project/common/171-session.php';
 3:     include $_SERVER['DOCUMENT_ROOT'].'/php200project/common/179-checkSignSession.php';
 4:     include $_SERVER['DOCUMENT_ROOT'].'/php200project/connection/163-connection.php';
 5:
 6:     $sql = "SELECT regTime FROM realtimekeyword";
 7:     $result = $dbConnect->query($sql);
 8:
 9:     $count = $result->num_rows;
10:
11:     //검색 가능한 날짜 수집
12:     $dateList = array( );
13:
14:     for($i = 0; $i < $count; $i++){
15:         $data = $result->fetch_array(MYSQLI_ASSOC);
16:         $date = date('Y-m-d', $data['regTime']);
17:         array_push($dateList, $date);
18:     }
19:
20:     //array_unique는 배열의 중복값을 없애는 함수
21:     $dateList = array_unique($dateList);
22: ?>
23: <!doctype html>
24: <html>
```

```
25: <head>
26: <title>실시간 검색어 리스트 선택 폼</title>
27: </head>
28: <body>
29: <h1>포털 사이트와 날짜를 선택하세요.</h1>
30: <form name="realtimekeyword" method="post" action="200-2-view.php">
31:     <select name="media" required>
32:         <option value="naver">네이버</option>
33:         <option value="daum">다음</option>
34:     </select>
35:
36:     <select name="date" required>
37: <?php
38:     foreach($dateList as $dl){
39: ?>
40:         <option value="<?=$dl?>"><?=$dl?></option>
41: <?php
42:     }
43: ?>
44:     </select>
45:     <input type="submit" value="검색어 보기" />
46: </form>
47: </body>
48: </html>
```

선택 가능한 날짜를 추출하기 위해 realtimekeyword 테이블에서 regTime 필드의 값을 불러옵니다. ◆ 6

쿼리문을 실행합니다. ◆ 7

레코드의 수를 변수 count에 대입합니다. ◆ 9

날짜 정보를 대입할 배열을 선언합니다. ◆ 12

레코드의 날짜를 yyyy-mm-dd 형태로 만들어서 배열 dateList에 대입합니다. ◆ 14~18

array_unique( ) 함수는 배열에서 중복된 값을 없애주는 함수입니다. array_unique( ) 함수를 사용하여 배열 dateList에 있는 중복값을 없앱니다. ◆ 21

포털사를 선택하는 select 태그입니다. ◆ 31~34

배열 dateList에 있는 값을 사용하여 선택 가능한 날짜를 표시하는 select 태그입니다.

실행 URL은 http://localhost/php200project/parsing/200-1-selectForm.php입니다.

앞에서 전달받은 정보를 토대로 해당 포털 사이트의 날짜에 맞는 검색어를 시간대 별로 출력하는 기능을 구현하겠습니다.

📁 [코드 200-2] 200-2-view.php

```php
1: <?php
2:    include $_SERVER['DOCUMENT_ROOT'].'/php200project/common/171-session.php';
3:    include $_SERVER['DOCUMENT_ROOT'].'/php200project/common/179-checkSignSession.php';
4:    include $_SERVER['DOCUMENT_ROOT'].'/php200project/connection/163-connection.php';
5:
6:    $date = $_POST['date'];
7:
8:    if(empty($data)){
9:        echo '날짜 정보가 없습니다.';
10:       exit;
11:   }
12:
13:   $date = explode('-',$date);
14:   $date[0] = (int) $date[0];
15:   $date[1] = (int) $date[1];
16:   $date[2] = (int) $date[2];
17:
18:   function checkInt($num){
```

```
19:        if ($num > 0) {
20:            return;
21:        } else {
22:            echo "잘못된 날짜값이 입력되었습니다.";
23:            exit;
24:        }
25:    }
26:
27:    foreach($date as $d){
28:        checkInt($d);
29:    }
30:
31:    $media = $_POST['media'];
32:
33:    switch($media){
34:        case 'naver':
35:        case 'daum':
36:            break;
37:        default  :
38:            echo "잘못된 미디어 값이 입력되었습니다.";
39:            exit;
40:            break;
41:    }
42:
43:    $viewDate = $date[0].'년 '.$date[1].'월 '.$date[2].'일';
44:
45:    $startDate = mktime(0, 0, 0, $date[1], $date[2], $date[0]);
46:    $endDate = mktime(23, 59, 59, $date[1], $date[2], $date[0]);
47:
48:    $sql = "SELECT * FROM realtimekeyword WHERE media = '{$media}' ";
49:    $sql .= "AND regTime >= {$startDate} AND regTime <= {$endDate} ";
50:    $sql .= "AND keyword != '' ORDER BY realtimekeywordID ASC";
51:    $result = $dbConnect->query($sql);
52:    $dataCount = $result->num_rows;
53:
54:    $hourList = array();
55:
56:    for($i = 0; $i < $dataCount; $i++){
57:        $data = $result->fetch_array(MYSQLI_ASSOC);
58:
```

```
59:        $hour = date('G', $data['regTime']);
60:
61:        if(!array_key_exists($hour, $hourList)){
62:            $hourList[$hour] = array();
63:        }
64:
65:        array_push($hourList[$hour], date('i',$data['regTime']).'분 : '.$data['keyword']);
66:    }
67: ?>
68: <!doctype html>
69: <html>
70: <head>
71: <title>실시간 검색어 날짜 선택 페이지</title>
72: </head>
73: <body>
74: <a href="./200-1-selectForm.php">선택 페이지로 이동</a>
75: <h1><?=$viewDate.'의 '.$media.'의 시간별 1위 검색어 목록'?></h1>
76: <?php
77:     foreach($hourList as $hl => $value){
78:         echo "<h2>{$hl}시</h2>";
79:         foreach($value as $v){
80:             echo $v.'<br>';
81:         }
82:     }
83: ?>
84: </body>
85: </html>
```

6 ◆ 날짜값을 변수 date에 대입합니다.

8 ◆ 변수 date의 값이 빈 값인지 확인합니다.

13 ◆ 변수 date의 값을 '-'로 구분하여 배열로 만듭니다.

14~16 ◆ 배열 date의 값을 정수형으로 형변환합니다.

18 ◆ checkInt( ) 함수는 값이 배열 date의 값이 올바른 값인지 확인하는 함수입니다.

27 ◆ 배열 date의 값이 올바른 값인지 확인하기 위해 각 값을 checkInt( ) 함수를 호출하여 확인합니다.

포털사 정보를 변수 media에 대입합니다. ◆ 31

switch문을 사용하여 변수 media의 값이 올바른 값인지 확인합니다. ◆ 33~41

결과 페이지에 표시할 날짜 값을 'yyyy년 m월 d일' 형태로 만들어 변수 viewDate에 대입합니다. ◆ 43

쿼리문에서 조회할 날짜 형태를 만들기 위해 mktime을 사용하여 조회를 시작할 날짜와 조회를 끝낼 ◆ 45, 46
날짜를 타임스탬프값으로 생성합니다. 변수 startDate에는 조회하는 날짜의 0시 0분 0초의 값이 타
임스탬프값으로 대입되며 변수 endDate에는 조회하는 날짜의 23시 59분 59초의 값이 타임스탬프값
으로 대입됩니다.

해당 날짜 동안에 수집되는 검색 키워드를 불러오는 쿼리문입니다. ◆ 48~50

쿼리문을 실행합니다. ◆ 51

레코드의 수를 변수 dataCount에 대입합니다. ◆ 52

불러온 레코드의 시간값을 담을 배열 hourList를 선언합니다. ◆ 54

시간의 시값을 0에서 24시간으로 표시하는 옵션 G를 사용하여 추출 후 변수 hour에 대입합니다. ◆ 59

변수 hour의 값을 배열 hourList의 인덱스로 사용하는 배열을 생성합니다. 해당 시값에 있는 키워드 ◆ 62
를 대입하기 위함입니다.

배열의 인덱스로 사용된 값이 중복으로 사용되지 않기 위해 이미 인덱스로 사용되었는지 확인합니 ◆ 59~63
다. array_key_exists( ) 함수는 배열에 인덱스가 선언되었는지 확인하는 함수입니다.

array_key_exists( ) 함수 사용 방법

array_key_exists(인덱스, 배열)

배열에 해당 인덱스가 존재하면 true를 반환하고 존재하지 않으면 false를 반환합니다.

같은 시값의 인덱스에 키워드 값을 추가하며, 키워드 값 앞에는 등록된 분 값을 붙여서 추가합니다. ◆ 65

배열 hourList의 값을 출력합니다. ◆ 77~82

실행 URL은 http://localhost/php200project/parsing/200-1-selectForm.php입니다.

[200-1-selectForm.php] 페이지로 이동 후 값을 선택하여 결과를 확인합니다.

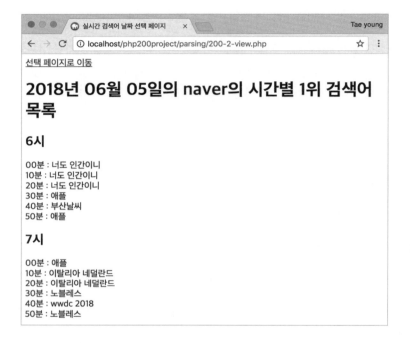

찾아보기

찾아보기

찾아보기